汉译世界学术名著丛书

十三世纪英格兰村民

〔美〕乔治·C.霍曼斯 著

王超华 译

商务印书馆
创于1897
The Commercial Press

George C. Homans
ENGLISH VILLAGERS OF THE THIRTEENTH CENTURY

Copyright © 1941 by the President and Fellows of Harvard College

Copyright © renewed 1968 by George Caspar Homans

Published by arrangement with Harvard University Press

through Bardon-Chinese Media Agency

Simplified Chinese translation copyright © 2025

by The Commercial Press, Ltd.

ALL RIGHTS RESERVED

根据哈佛大学出版社 1941 年版译出

汉译世界学术名著丛书
出　版　说　明

我馆历来重视移译世界各国学术名著。从 20 世纪 50 年代起,更致力于翻译出版马克思主义诞生以前的古典学术著作,同时适当介绍当代具有定评的各派代表作品。我们确信只有用人类创造的全部知识财富来丰富自己的头脑,才能够建成现代化的社会主义社会。这些书籍所蕴藏的思想财富和学术价值,为学人所熟悉,毋需赘述。这些译本过去以单行本印行,难见系统,汇编为丛书,才能相得益彰,蔚为大观,既便于研读查考,又利于文化积累。为此,我们从 1981 年着手分辑刊行,至 2023 年已先后分二十一辑印行名著 950 种。现继续编印第二十二辑,到 2024 年出版至 1000 种。今后在积累单本著作的基础上仍将陆续以名著版印行。希望海内外读书界、著译界给我们批评、建议,帮助我们把这套丛书出得更好。

商务印书馆编辑部
2023 年 11 月

译　者　序

美国社会学家乔治·霍曼斯(George C. Homans, 1910—1989)因"社会交换理论"(theory of social exchange)[1]闻名于世,对于其社会学理论建树,学界已经有不少研究。[2] 其实,纵观霍曼斯的学术生涯,中世纪英格兰乡村史研究在其中占有重要地位,不仅为他之后构建自己的理论框架打下了基础,还让他赢得了社会学界、历史学界以及人类学界的普遍赞誉,并由此获得哈佛大学的终身教职。故此,有学者称:霍曼斯可能是"自马克斯·韦伯以来,社会学家中唯一合格的中世纪史家"。[3] 这种说法不无夸张之处,却表

---

[1] 国内最早对该理论的介绍见黄晓京:《霍曼斯及其行为交换理论》,《国外社会科学》1983年第5期。

[2] A. Javier Treviño, ed., *George C. Homans: History, Theory, and Method*, London and New York: Routledge, 2006, pp.85-292; Thomas J. Fararo, "Homans, George (1910-1989)", in George Ritzer, ed., *The Blackwell Encyclopedia of Sociology*, Blackwell Publishing, 2007, pp.2144-2146.〔美〕玛格丽特·波洛玛:《当代社会学理论》,孙立平译,华夏出版社1989年版,第39—77页。〔美〕杰弗里·亚历山大:《社会学二十讲:二战以来的理论发展》,贾春增、董天民等译,华夏出版社2000年版,第115—144页。国内的研究见佟丽君:《论霍曼斯的人际交往理论》,《求是学刊》1997年第1期;高连克:《论霍曼斯的交换理论》,《齐齐哈尔大学学报(哲学社会科学版)》2005年第2期;等等。

[3] Lewis A. Coser, "Self-Portrait of a Maverick", *Contemporary Sociology*, Vol.14, No.4 (Jul., 1985), pp.429-432.

明学界对霍曼斯作为历史学家及其所取得成就的认可。然而，关于这一方面的系统论述至今仍付阙如，这不利于学界充分认识霍曼斯的学术思想和成就，也有碍于厘清20世纪上半叶欧美学界的中世纪史研究理路。霍曼斯本人的相关论著、英美社会学界和历史学界对他的研究和评价等多种资料使我们可以对霍曼斯的学术经历、理论背景、治史路径和史学主张展开系统探讨，也使我们得以管窥他及其所处时代的史学成就。

一

1910年8月11日，霍曼斯出生于美国马萨诸塞州波士顿的后湾区（Back Bay），是家中长子。母亲阿比盖尔（Abigail）来自美国政治和文学领域著名的亚当斯家族，属于该家族系谱中的第六代。这个家族产生了美国第二任总统约翰·亚当斯（John Adams）和第六任总统约翰·昆西·亚当斯（John Quincy Adams），也产生了数位学界大咖。霍曼斯的父亲罗伯特是一名律师。据霍曼斯回忆，其先祖名为约翰·霍曼斯，来自英国肯特郡的拉姆斯盖特（Ramsgate），于18世纪初，在伦敦和波士顿之间从事船运贸易。后来，约翰退出船运行业，在现属于波士顿的多彻斯特购买了一处农场，并与一名新英格兰女孩结婚。[①]1768年，他们的儿子进入哈佛大学学习医学，从而开启了霍曼斯家族成员都入读哈佛大学的传统。霍曼斯的父亲不仅毕业于哈佛大学，还是颇具影响力的哈佛社

[①] George Caspar Homans, *Coming to My Senses: The Autobiography of a Sociologist*, New York: Routledge, 2017, pp.1-2.

团（Harvard Corporation，成立于 1650 年）的成员（1858 年获得）。霍曼斯自然也不例外，而且他人生的大部分时光都与这所离其住处不足 5 英里的著名学府有关。只是与祖辈们大多从医、父辈学法律不同，1928 年，霍曼斯进入哈佛大学学习英国文学专业。

现在一般认为，霍曼斯的"社会交换理论"来源于三个方面：古典经济学的自由市场理论、功能主义人类学理论、斯金纳的行为主义心理学。[①] 如果说，转向古典经济学的交换理论是来自对时代形势的思考（大萧条破坏了人们对自由市场经济的信仰），那么对功能主义人类学和行为主义心理学的认识则是直接来自哈佛大学师友的熏陶。

进入大学之后，霍曼斯并未将全部时间用于"正业"的学习，而是积极涉猎古英语、选修天文学，并在导师伯纳德·德沃托（Bernard DeVoto）的影响下对社会学产生兴趣。德沃托督促他阅读意大利社会学家韦尔夫雷多·帕累托（Vilfredo Pareto）的《论普通社会学》（*Traité de sociologie générale*），并将他推荐给自己的导师生物哲学家劳伦斯·亨德森，为其进入社会学殿堂奠定了基础。正是在亨德森的指导下，霍曼斯学会了要在研究中进行"第一近似"（a first approximation）的描述和建立"概念框架"（conceptual scheme）。后来，他还成为亨德森的助手，参与后者举办的关于帕累托理论的研讨班（1932 年 9 月）。霍曼斯称，对帕累托作品的阅读和研究让他成为"哈佛大学乃至全美了解帕累托社会学的少数几人之一"，

[①] 〔美〕亚伯拉罕：《交换理论》，陆国星、史宇航译，谈谷铮校，《现代外国哲学社会科学文摘》1985 年第 7 期；高连克：《论霍曼斯的交换理论》，《齐齐哈尔大学学报（哲学社会科学版）》2005 年第 2 期。

而且，他确定自己将成为一名社会学家。[①]

在这种情况下，霍曼斯与家族好友查尔斯·柯蒂斯（Charles P. Curtis）将帕累托的主要理论进行简化和梳理，最终成果于1934年出版，名为《帕累托社会学导论》（*An Introduction to Pareto: His Sociology*）。这是英语学界关于帕累托社会学的首本重要著作。帕累托的社会学理论中起码有两个方面的观念对霍曼斯产生了影响：第一，社会系统论，主张将社会看成一个整体，强调各种制度之间存在相互依赖关系，并认为如果一种制度发生改变，所有其他制度都会发生某种程度的变化；第二，重视人的非理性行为，认为要构建社会学理论，必须思考人的非逻辑行为，即无意识、无目的的行为。受此影响，霍曼斯关心社会制度之间的"相互依赖"，更关心人们做出非逻辑行为的原因。为了进行更为深入的研究，霍曼斯放弃了以"脆弱"（或敏感）的20世纪为样本，转而研究相对稳定的13世纪。[②]因为在他看来，13世纪不仅具备验证理论需要的各种"事实"，而且还是"现存文献足以为我们提供完整的社会秩序图景的第一个时代"。[③]这就是霍曼斯进行中世纪英格兰乡村史研究的初

[①] George Caspar Homans, *Coming to My Senses: The Autobiography of a Sociologist*, pp.87, 104.

[②] A. Javier Treviño, "Introduction: The Sentiments and Activities of George C. Homans", in A. Javier Treviño, ed., *George C. Homans: History, Theory, and Method*, p.25. 当然，霍曼斯选择13世纪作为研究对象，原因还在于这个世纪里保存下来的英格兰庄园文献异常丰富。惯例租役簿、地籍册、庄园法庭案卷等原始档案可谓汗牛充栋，而关于地产管理、乡村生活的文学作品也不在少数。这些文献足以重建当时农民生活的细节，并向该世纪前后的时间进行推演。George C. Homans, *English Villagers of the Thirteenth Century*, Cambridge, Mass.: Harvard University Press, 1941, pp.4-5.

[③] George C. Homans, *Sentiments and Activities: Essays in Social Science*, New York: The Free Press of Glencoe, 1962, p.12. 除了利用哈佛大学丰富的中世纪文献馆

衷,而上述两种理念都将在他的历史论著中有很好的体现。[1]同时,在帕累托理论的影响下,霍曼斯认识到,如果想要建立关于社会的科学命题,应该首先研究初级单位,即作为组成单元的小群体,以及将人们约束为一个群体的途径。[2]这种认识成为他要进行的小群体(如村民)研究的理论起点。

除了德沃托和亨德森之外,在哈佛大学从事工人心理研究的澳大利亚心理学家埃尔顿·梅奥(Elton Mayo)是又一位对霍曼斯产生过重大影响的学者。在梅奥的建议下,霍曼斯广泛阅读了功能主义人类学的著作,包括拉德克里夫-布朗的《安达曼岛人》(*The Andaman Islanders*,1922)、马林诺夫斯基的《西太平洋上的航海者》(*Argonauts of the Western Pacific*,1922)等。这种阅读让霍曼斯认识了人类合作如何由既定仪式维持的社会图景,[3]进一步使他坚信交换是所有社会普遍存在的一种现象,是影响社会变迁的重要因素。

大学毕业后不久,得益于此前对帕累托的研究,霍曼斯有幸在哈佛大学研究员协会(Society of Fellows,成立于1933年)获得一个职位。[4]他利用该协会的初级研究员(Junior Fellow)身份,

---

藏,当时霍曼斯还得到供职于哈佛大学商学院的中世纪英格兰经济史专家埃德温·盖伊(Edwin F. Gay)和诺曼·格拉斯(Norman S. B. Gras)的指导和帮助,参见 George Caspar Homans, *Coming to My Senses: The Autobiography of a Sociologist*, p.167。

[1] George C. Homans, *English Villagers of the Thirteenth Century*, p.412.

[2] Daniel Bell, "George C. Homans (11 August 1910-29 May 1989)", *Proceedings of the American Philosophical Society*, Vol. 136, No. 4 (Dec., 1992), pp. 590-591.

[3] George C. Homans, *Sentiments and Activities: Essays in Social Science*, p.7.

[4] 正因如此,霍曼斯并没有博士学位。他在哈佛大学研究员协会得到了两期资助(1934—1939年),得以到英国大英博物馆搜集资料,并完成关于中世纪社会史研

不仅可以自由地进行多学科的独立研究，还结识了大量学术上的朋友，其中堪称人中龙凤者便是行为主义心理学家斯金纳（B. F. Skinner）。1934—1936年间，霍曼斯与斯金纳曾有颇多交往。"二战"结束后，二人同在哈佛大学任职，成为同事。斯金纳延续了由俄国生理学家和心理学家巴甫洛夫开创的根据动物行为研究来把握和检验人类行为的传统，在对鸽子和老鼠的实验中，他发现动物的行为是一种趋向报酬的"刺激反应"行为。在他看来，与自己所观察的动物们一样，人也是寻求报酬的有机体，总在寻求选择获得报酬最大、惩罚最少的目标，因此，"刺激反应"行为方式理应也是人类行动的基础方式。[1]霍曼斯深受上述刺激反应模式和强化原则（principle of reinforcement）影响，并在与斯金纳进行过多次交流后成为一名忠实的"斯金纳主义者"。在他看来，当应用于合适的给定条件时，斯金纳的理论不仅可以解释学习过程，还可以解释人在学习之后的行为的特征。[2]霍曼斯对斯金纳的理论如此推崇，以至于后来通过反复阅读斯金纳的《有机体的行为：一种实验分析》（*The Behavior of Organisms: An Experimental Analysis*, 1938）、《科学和人类行为》（*Science and Human Behavior*, 1953），他开始确信，

究的主体工作。Lawrence T. Nichols, "The Rise of Homans at Harvard: Pareto and the English Villagers", in A. Javier Treviño, ed., *George C. Homans: History, Theory, and Method*, pp.51-53.

[1] 于海：《斯金纳鸽：交换论视野中人的形象——读霍曼斯〈社会行为：它的基本形式〉》，《社会》1998年第4期。霍曼斯对斯金纳的动物行为理论的吸收和解释，参见 George C. Homans, *Social Behavior: Its Elementary Forms*, New York: Harcourt, Brace & World, Inc., 1961, pp.17-29。

[2] George Caspar Homans, *Coming to My Senses: The Autobiography of a Sociologist*, pp.330, 334-335.

自己的交换理论可以比功能主义更好地解释初级形式的社会行为。[1]

几年的思考和研究让霍曼斯的理论开始成形。他首先将其实践于历史研究中，并于 1941 年出版《十三世纪英格兰村民》（以下简称《村民》）。这是霍曼斯的第一本也是唯一一本历史学著作，同时还是他本人"最喜欢的作品"。[2]《村民》一书对霍曼斯此后的社会学理论构建起着铺垫作用。该书没有涉及多少理论，只是以适当的顺序考察了"有趣的"事实，这样，在后来出版的作品中，霍曼斯就可以超越事实，专心为建立一套可以解释群体组织和内聚方式的命题而努力。

二

在 19 世纪末 20 世纪初的欧美学界，中世纪英格兰乡村史研究开始兴起。当时研究者的关注点多在经济领域，如詹姆斯·E. T. 罗杰斯以七卷本《英国农业物价史（1259—1793）》让人们对中世纪英格兰乡村经济生活有了初步了解。[3] 尽管有法学背景的 F. 西博姆、F. W. 梅特兰和保罗·维诺格拉多夫将注意力投向农奴制、庄园、敞田和村庄共同体，并重视农奴的法律地位及其与领主的关系等话题，

---

[1] A. Javier Treviño, "Introduction: The Sentiments and Activities of George C. Homans", in A. Javier Treviño, ed., *George C. Homans: History, Theory, and Method*, p.11.

[2] George C. Homans, "A Life of Synthesis", *American Behavioral Scientist*, Vol. XII, No.1(Sep., 1968), p.2.

[3] 〔英〕乔治·皮博迪·古奇：《十九世纪历史学与历史学家》，耿淡如译，商务印书馆 1989 年版，第 222 页。James E. T. Rogers, *A History of Agriculture and Prices in England,1259-1793*, 7 vols., Oxford: Clarendon Press, 1865-1902.

但农民的婚姻行为、家庭形式和继承制度还没有进入他们的研究视野。① 到了20世纪二三十年代，G. G. 库尔顿、N. S. B. 格拉斯和亨利·贝内特的经济社会史研究让上述状况有所改观，乡村社会结构、普通农民的日常生活开始受到关注。② 正是在此基础上，霍曼斯运用大量的惯例租役簿和庄园法庭案卷等传统农业史文献，紧紧围绕"村民"群体，将社会学关注的家庭婚姻、继承制度以及节庆习俗等问题放在中世纪背景中去考察，并提出了不少令人耳目一新的观点。

第一，中世纪英格兰乡村存在两种不同类型的社会制度。

霍曼斯将13世纪的英格兰村民作为一个整体来进行研究，而研究的起点是土地制度。他发现，在当时的英格兰存在原野乡村（champion country）（或敞田乡村）和林地乡村（woodland country）两种不同的景观，相应存在两种不同的定居模式和土地制度。在原野乡村，流行着聚居性的村落、条状持有地、两圃制（或三圃制）的

---

① Frederic Seebohm, *The English Village Community: Examined in its Relations to the Manorial and Tribal Systems and to the Common or Open Field System of Husbandry*, London: Longmans, Green and Co., 1883; F. W. Maitland, *Select Pleas in Manorial and Other Seignorial Courts*, Vol.I, London: Bernard Quaritch, 1889; Paul Vinogradoff, *Villainage in England: Essays in English Mediaeval History*, Oxford: Clarendon Press,1892.

② G. G. Coulton, *The Medieval Village*, Cambridge: Cambridge University Press, 1925; N. S. B. Gras, *The Economic and Social History of an English Village, Crawley, Hampshire, A.D. 909-1928*, Cambridge: Harvard University Press, 1930; H. S. Bennett, *Life on the English Manor: A Study of Peasant Conditions 1150-1400*, Cambridge: Cambridge University Press, 1937; M. M. Postan, "Review: *English Villagers of the Thirteenth Century* by G. C. Homans", *The Economic History Review*, Vol. 15, No. 1/2 (1945), p. 89.

耕作方式；林地乡村则以分散的定居点和大块的围圈土地为特征。[1]在不同的土地制度下，村民的谋生技巧不同，家庭结构、亲属关系和继承制度也有差异。霍曼斯指出，原野乡村的继承习惯是不可分继承，即当一块土地的持有者死后，这块土地将完整地传给他的一个儿子——长子或幼子，或自己选中的那个儿子；而在林地乡村，继承习俗则是可分继承，即土地由儿子们联合持有，或在他们之间平分，即均分继承（gavelkind）。不可分继承的规则对应着人类学家所称的"主干家庭"（stem-family），即"三代同堂"的大家庭，其成员包括一对成年夫妻与自己的孩子，需要赡养的父母，未婚的兄弟姐妹，可能还有户主的依附者（如年轻的仆从）。相比之下，可分继承的原则对应着人类学家所称的"联合家庭"（joint-family），其中继承人聚居在一起，有一个共同的祖先，共同持有和耕作一块土地，或者他们将土地进行平分，但仍共同劳作，甚至共同生活。这种地理区域上的两分法在整个欧洲都是存在的。[2]霍曼斯认为，从社会制度的视角而言，"中世纪英格兰的土地制度、家庭组织、继承习惯等方面的差异是最重要的事实，因为它向社会学家表明，他所面对的是不同的社会组织类型，上述差异应该也对社会组织的其他特征产生了影响"。[3]上述制度以特定方式相互依赖的现象正是霍曼斯将人类学方法应用于历史研究的重大发现。在他看来，有些

---

[1] George C. Homans, "Men and the Land in the Middle Ages", *Speculum*, Vol.11, No.3 (Jul., 1936), p.339.

[2] George C. Homans, *English Villagers of the Thirteenth Century*, pp.109-132, 208-221.

[3] George C. Homans, "The Rural Sociology of Medieval England", *Past & Present*, No. 4 (Nov., 1953), p.36.

经济社会史家之所以没有注意到东盎格利亚的乡村有别于英格兰其他地区,在于他们没有向人类学家"取经"。[1]

　　成带状分布于英格兰中心区域的原野乡村是霍曼斯的研究重心。他提出并解答的问题是:敞田制是如何自我存续的?他注意到,在原野乡村,继承人与父亲订立"养老协议"后获得土地,并立即成立家庭,在生活和劳动中占据主导地位。继承人之外的其他孩子则离开家去其他地方寻找成家的机会,或者继续留在父亲的土地上生活,但前提是他们保持不婚状态,所以就有了"未婚姑"(maiden aunt)和"未婚叔"(maiden uncle)的说法。[2]霍曼斯说,这种做法至少可以保障一家人体面的生活,即使遇到意外波动也是如此,这样一来,英格兰的人口在社会规范中稳中有升。[3]敞田制度持续长达千年之久的原因也就在于此,即保障无处不在。这种保障还表现在"寡妇产"(free bench)上。霍曼斯发现,中世纪的爱情离不开对经济利益的考量,青年男女双方的父亲首先会在嫁妆问题上讨价还价。婚约缔结意味着事实婚姻的开始。待到他们在教堂门口举行婚礼之时,第一个孩子可能已经出生。新娘带着嫁妆到来,而新郎要在教堂门口给新娘一份"礼物",即"寡妇产",让她可以在守寡时独立生活。[4]"寡妇产"、"鳏夫产"(curtesy)、"养老协议"、

---

[1] George C. Homans, "Partible Inheritance of Villagers' Holdings", *The Economic History Review*, Vol. 8, No. 1 (Nov., 1937), pp.54-55.

[2] George C. Homans, *English Villagers of the Thirteenth Century*, pp.138-139.

[3] 在可分继承制度下,家庭土地分成若干块,可能就会导致每一块都无法满足谋生需求的情况出现,最后有的继承人不得不出售土地,以出卖劳动力为生。参见 George C. Homans, *English Villagers of the Thirteenth Century*, pp.139,158。

[4] George C. Homans, *English Villagers of the Thirteenth Century*, pp.144-184.

公地使用权等让村庄的每个人都能糊口,从而保证了共同体正常运转。

第二,习惯在中世纪英格兰乡村社会运行中具有重要作用。

在霍曼斯眼中,上述一连串制度的运转都是村庄的"习惯"(customs)发挥作用的结果。一个敞田村庄的全部土地分成几大块,农民的持有地则以条状平均分布于这几个区域,每个阶层的每个持有者的土地面积都大致相等,持有地的土壤质量也相同,他们共同使用村庄的荒地、林地和草场,以自家的牛与邻居的牛组成一支犁队来耕作他们的土地,以同样的方式休耕,在同样的地块上播种同样的谷物。在这种共同劳动中,农民们形成了一种"不设防"的心理状态以及共享的"习惯"。[1] "习惯"无处不在,拥有强大的力量,是维系村庄共同体的基础和纽带,也是农民做出各种行为的决定因素。霍曼斯指出,农民许多"非理性"的行为都是"习惯"使然。例如,一个农民耕地一天,其面积不是他尽其所能耕作的面积,而是习惯认可的一天的耕地量;他用八头牛耕地,不是因为八头牛正好足够拉动耕犁,而是因为习惯要求用八头牛;很可能,他去耕地,不是因为天气适合耕地,而是到了习惯要求的每年耕地的时间。[2] 这种习惯只属于本村庄。对习惯的维护演化为节庆活动中确认村庄边界的仪式行为。因此,在每年某些节日的游行中,每当走到村庄的边界之时,农民都会将孩子扔进水塘,或用孩子的屁股撞

---

[1] George C. Homans, *English Villagers of the Thirteenth Century*, pp.51-67,106-107.

[2] George C. Homans, "Men and the Land in the Middle Ages", pp.346-347.

击作为界桩的树木，使他们可以对边界标志形成深刻记忆。[①]

第三，中世纪英格兰村民丰富的节庆生活及其意义。

现代历史研究已经揭示，中世纪村民的生活远比我们之前想象得更有趣。贝内特曾以诙谐的文笔描写农民的休闲娱乐、运动游戏行为，以向人们展示"快乐的英格兰"的真实模样，认为这正是为过去的"荒唐描绘"所掩盖的那部分社会生活。[②]不过，囿于资料的分散，对于中世纪农民的时间节奏、节庆活动等情况，人们依然难以全面掌握，只能从相关庄园档案和教会文献中觅得一二。对此，霍曼斯独辟蹊径，找到了突破资料局限的办法。他依靠并不丰富的原始文献，并利用各种关于19世纪乡村节庆习俗的资料和16世纪民俗学家托马斯·塔瑟（Thomas Tusser）《农事五百条》（*Five Hundred Points of Good Husbandry*）中的描述，成功呈现出一幅有趣的中世纪村民生活图景。这种做法的前提是，假设19世纪的节日及其庆祝方式与13世纪大致相同。很明显，证据显示确是如此。[③]

霍曼斯确实完成了一个看似不可能的任务。接下来要回答的问题是，节庆，尤其是那些夹杂在宗教节日之中的民俗节日的意义何在？功能主义人类学的影响再次显现。在一些节日期间，如首耕周一（Plough Monday）、祈祷节（Rogation Days），村民会出现一些"非逻辑性"（甚至巫术）行为，如供犁灯、滚火圈等。霍

[①] George C. Homans, *English Villagers of the Thirteenth Century*, p.368.

[②]〔英〕亨利·斯坦利·贝内特：《英国庄园生活：1150—1400年农民生活状况研究》，龙秀清、孙立田、赵文君译，侯建新校，上海人民出版社2005年版，第230—245页。

[③] George C. Homans, *English Villagers of the Thirteenth Century*, pp.353-354.

曼斯认为，这些"仪式"（rituals）行为是村民们为了缓解"焦虑"（anxiety）而做出的，[①]它们是村民在表达心中渴望好年景的"情感"（sentiments）。教会非但没有排斥这些异教仪式，还在某些春夏节日的时候，带领着村民到田地里游行，为谷物生长祈祷。待上述行为完成之后，村民就"将其余的事情交给上帝"。[②]

第四，中世纪英格兰的领主与村民之间存在交换关系。

霍曼斯强调，他对中世纪英格兰乡村社会史的研究并非全新的创造，而是"旧知识与新认识的交织"。[③]因此，他也曾"走进"当时及之前研究者关注最多的庄园，讨论农民租佃类型和租役负担、庄园的官吏、庄园法庭、领主和佃农关系等问题，但他没有简单地重复前人的研究，而是根据自己的理论对上述问题进行了重新解读。在这方面，霍曼斯提出的一个重要观点是，领主和佃农之间并非是简单的奴役和被奴役关系，而是存在平等的交换关系，因为他们经常在实际生活中互相给予支持和安慰。佃农缴纳租役是为了换取领主的土地；佃农在收获期间进行的"布恩劳动"（boonwork）被认

[①] 在比较拉德克里夫-布朗和马林诺夫斯基的理论时，霍曼斯注意到，人们在希望完成某项目标而没有技术保证的时候就会产生"隐性"的"首次焦虑"（primary anxiety），并试图通过行"巫术"来缓解，并增强自信。当仪式没有正确进行的时候，人们就会表现出明显的"二次焦虑"（secondary anxiety），并举行"二次仪式"（secondary ritual），亦称"净化或补偿仪式"（ritual of purification or expiation）来克服。霍曼斯提到，这在原始人的打猎、捕鱼、生孩子等事情上表现得非常明显，中世纪欧洲的人也有这样的行为。George C. Homans, "Anxiety and Ritual: The Theories of Malinowski and Radcliffe-Brown", *American Anthropologist*, New Series, Vol. 43, No. 2, Part 1 (Apr.-Jun., 1941), pp. 164-172.

[②] George C. Homans, *English Villagers of the Thirteenth Century*, pp.360-361,369-370,375-381.

[③] Ibid., p.4.

为是出于对领主的"爱",会得到后者提供的谷物、羊羔之类的报酬;甚至,在圣诞节期间佃农带给领主的"礼物"(如一只母鸡)也是为了换得领主提供的晚宴;等等。霍曼斯指出,村民为领主工作,与之伴随的是这样一种情感:为领主做事,也对自己有益,这就是他作为一个强大的和被认可的村庄共同体成员所具备的情感。[①]

三

霍曼斯的理论形成期正值世界政治经济大变动的20世纪三四十年代,"大萧条"和第二次世界大战对人们的思想产生极大冲击。在这个时期的思想界,几乎所有领域都有人对传统观点提出挑战。在历史学领域,法国年鉴学派在20世纪20年代末创立,并主张使用社会学的概念和原则来解释历史。在英国史学界,亨利·贝内特等人的经济社会史研究回应了这种主张。对于上述理念,霍曼斯不仅是坚定的支持者,还是勇敢的践行者。[②] 不仅如此,霍曼斯还以社会学家的独特视角来考察中世纪英格兰村民的日常生活行为,并对农奴地位进行修正性评价,使人们获得了全新的认识。他的社会史研究方法,为中世纪英格兰乡村研究开辟了新的路径,也让他在该领域的学术史上占得一席之地。

[①] George C. Homans, *English Villagers of the Thirteenth Century*, pp.253-256, 263, 348, 357-358.

[②] Candice T. Quinn, "A Medievalist for the Twentieth Century: George C. Homans and Social History", in A. Javier Treviño, ed., *George C. Homans: History, Theory, and Method*, pp.65-67.

译　者　序

　　霍曼斯开辟了中世纪乡村生活史中一些新的研究领域。首先，他将当时研究者们尚未深入研究的家庭、婚姻和继承制度作为中心问题进行考察，而这些问题已成为今天学界的研究热点。[①] 其次，他强调领主与佃农之间的"交换关系"，强调他们之间通过赠礼与回报形成的"情感"纽带，以及习惯造就的契约性约束维持着这种相互的关系。再次，霍曼斯考察了中世纪英格兰村民的文化和精神生活，以及村庄共同体的各项保障制度，这在当时都是极为难得的。对此，有学者认为，霍曼斯在研究中抓住的不仅是"事实"，还是13世纪乡村的"精神"。[②] 最后，他试图重新评价普通人在历史进程中的价值。通过对庄园文献，尤其是法庭案卷的解读，他试图让那些失语的农民发声，而且是使用"形容自己的语言"。[③] 霍曼斯从中世纪农民在法庭上的发言中发现，那时的乡村已经高度组织成为一个有保障的共同体。他相信，"个人的性质决定了社会的最终性质"，[④] 农民的"自私"构成了他们在社会活动中合作的意愿。[⑤] 霍曼

[①] 此类论著见 Peter Laslett and Richard Wall, eds., *Household and Family in Past Time*, Cambridge: Cambridge University Press,1972; Jack Goody, Joan Thirsk and E. P. Thompson, eds., *Family and Inheritance: Rural Society in Western Europe, 1200-1800*, Cambridge: Cambridge University Press,1979; Zvi Razi, *Life, Marriage, and Death in a Medieval Parish: Economy, Society, and Demography in Halesowen, 1270-1400*, Cambridge and New York: Cambridge University Press,1980; Richard M. Smith, ed., *Land, Kinship and Life-Cycle*, Cambridge: Cambridge University Press,1984; 等等。

[②] B. Wilkinson, "Review: *English Villagers of the Thirteenth Century* by George Caspar Homans", *Journal of Political Economy*, Vol. 51, No. 1 (Feb., 1943), p.86.

[③] George C. Homans, *English Villagers of the Thirteenth Century*, p.74.

[④] George C. Homans, *Sentiments and Activities: Essays in Social Science*, p.8.

[⑤] George C. Homans, *English Villagers of the Thirteenth Century*, p.106.

斯还发现，中世纪乡村生活并不是僵化的、黑暗的、保守的，生活质量也非极端低下。农民对生活环境成功做出了调整，人口增长证明实际情况要比以前的估计乐观，也显示出农民的自我保障意识。①

实际上，霍曼斯反复强调中世纪英格兰农民是一个有自我意识的群体，而在20世纪上半叶，还很少有历史学家提出类似的见解。霍曼斯认为，农民在日常生活中保持自治状态，为了生存，他们挑选合适的人来管理田里的牛、规范挽畜的使用、决定收获如何进行、组织搜集木柴和干草等。霍曼斯写道："原野村庄的人组成了一个共同体，在其中，农业由一套约束全体村民的规则来管理……这些规则由村民集会制定和修正，在集会上，每个村民都有发言权。"②然而，违反规则的情况还是很多，法庭案卷提到许多村民诉至法庭的诉讼，有的是针对领主或他们的官员，有的是针对村民。法庭会组织调查并做出裁决。③农民阶层中维持着稳定和高度功能性的社会经济秩序，因此，在霍曼斯眼中，13世纪的农民及其共同体充满活力。我们看到，霍曼斯所做出的上述判断是有生命力的，目前仍然得到学界认可，并不断被更多的研究所证实。

当然，霍曼斯的中世纪英格兰乡村史研究难言无瑕。随着时间的推移，霍曼斯的有些观点已显陈旧，并受到挑战。例如，霍曼斯推崇19世纪法国社会学家弗雷德里克·勒普雷（Frédéric Le Play）

---

① Candice T. Quinn, "A Medievalist for the Twentieth Century: George C. Homans and Social History", in A. Javier Treviño, ed., *George C. Homans: History, Theory, and Method*, p.70.

② George C. Homans, *English Villagers of the Thirteenth Century*, pp.290-294.

③ Ibid., pp.262-263.

对于家庭的分类,即可分继承对应联合家庭,不可分继承对应主干家庭。勒普雷曾抱怨法国大革命期间的立法允许死者的不动产在继承人中均分,这导致家庭领地和共同体生活的解体,导致一个贫困的小土地持有者阶层的出现。[1] 很明显,他希望法国的家庭形式从工业时代的"核心家庭"(nuclear family,或不稳定家庭,仅仅由夫妻与子女组成)重回"主干家庭",因为那曾是欧洲的力量源泉之一。[2] 现在看来,核心家庭并非是工业化的产物,它在工业革命之前(16—19世纪)西欧和中欧的广大地区已经普遍存在,那里的大家庭数量"少得可怜"。[3] 同时,还有学者指出,可分继承不仅会促成联合家庭,也会促成核心家庭。[4] 而且,不少文献和考古证据都表明,中世纪的农民对小而简单的家庭青睐有加,大部分家庭都是只包含一对夫妻的四口或五口之家。[5]

与此同时,霍曼斯的家庭背景和个人经历在他的社会史研究中留下了深刻的印记。霍曼斯称,他对中世纪英格兰乡村社会史的研

---

[1] George C. Homans, "Partible Inheritance of Villagers' Holdings", p.50.
[2] 〔奥〕迈克尔·米特罗尔、雷因哈德·西德尔:《欧洲家庭史——中世纪至今的父权制到伙伴关系》,赵世玲、赵世瑜、周尚意译,华夏出版社1987年版,第22、24页。George C. Homans, *English Villagers of the Thirteenth Century*, pp.113, 119, 215.
[3] 〔奥〕迈克尔·米特罗尔、雷因哈德·西德尔:《欧洲家庭史——中世纪至今的父权制到伙伴关系》,赵世玲、赵世瑜、周尚意译,第28—29页。
[4] Lutz K. Berkner, "Rural Family Organization in Europe: A Problem in Comparative History", *Peasant Studies Newsletter*, Vol.1, No.1 (Jan., 1972), pp. 145-156.
[5] Judith M. Bennett, *Women in the Medieval English Countryside: Gender and Household in Brigstock before the Plague*, New York and Oxford: Oxford University Press, 1987, pp.60-61.

究纯粹是"个人兴趣",是为了"寻找自己的身份",是为了证明17世纪的新英格兰人是怎样"一个独特的群体"。[1] 年轻的霍曼斯曾在有序、自治的新英格兰看到一种堪称"民族精神"的东西,他试图回到英国历史,尤其是中世纪早期的日耳曼人那里寻找其根源。据霍曼斯回忆,在父亲的图书馆里,他最喜欢看的是"传统的日耳曼英雄故事",那些中世纪的史诗和小说对他产生了终生影响。[2] 英雄式情结弥漫于他的中世纪英格兰乡村史研究中,那些受奴役、不识字、生活拮据但又展示出自治、自足、自娱品质的村民实际上就是他心目中的"英雄"。[3] 通过研究13世纪,他觉得自己正在靠近那个英雄时代,"我在回溯中找寻着自我,我成了得知罗马皇帝已经从不列颠撤走军团从而穿越北海的弗里斯兰人中的一员"。[4] 因此,在解释中世纪英格兰为何存在两种乡村景观和土地制度的时候,他归因于两个日耳曼人群体、两种不同文化承载者的入侵。盎格鲁-撒克逊人建立了敞田制度,而弗里斯兰人(the Frisian)则在东盎格利亚建立了圈地。[5] 在霍曼斯看来,他的日耳曼人祖先将从大陆带来的社

---

[1] George C. Homans, *Sentiments and Activities: Essays in Social Science*, pp.11, 22.

[2] George Caspar. Homans, *Coming to My Senses: The Autobiography of a Sociologist*, p.46.

[3] Candice T. Quinn, "A Medievalist for the Twentieth Century: George C. Homans and Social History", in A. Javier Treviño, ed., *George C. Homans: History, Theory, and Method*, p.81.

[4] George C. Homans, *Sentiments and Activities: Essays in Social Science*, pp.12-13.

[5] 弗里斯兰(Friesland),即从斯凯尔特河(Scheldt)到威悉河(Weser)之间的狭长海岸地带。霍曼斯考证了中世纪东盎格利亚与弗里斯兰之间制度的相似性,并认为弗里斯兰人带着自己的语言和文化在5世纪越过北海来到不列颠,定居在东盎格利亚,

会制度和生活习惯移植到了英格兰。就像英国人到了新英格兰之后，还保持着与原来相同的生活方式一样。他认为，对于英格兰农业的区域差别不能使用政治或经济解释，而是要使用文化或民族解释，即盎格鲁-撒克逊人的制度都是在日耳曼尼亚"原创"的。从这个意义上，霍曼斯称自己是一个"日耳曼主义者"。[①] 然而，当前研究表明，农牧结合的敞田制与日耳曼人的原始生产方式差异颇大，它在英格兰出现的时间也要比5世纪晚得多。对此，不少研究者倾向于认为，敞田制是盎格鲁-撒克逊人定居不列颠之后很久（9—11世纪）才出现的，这尤其为近年来乡村景观史学者运用现代考古技术取得的证据所支持。[②] 同时，不论是强调生产工具（如重犁）的作用，还是强调领主或农民的创造力，经济因素都在敞田制的形成中发挥了重要作用。但霍曼斯并未重视类似的事实，因为他坚信，敞田制习惯的背后是"情感的力量"，很少是经济上的逻辑。[③]

四

从霍曼斯的学术经历来看，他的历史研究与其社会学研究息息相关。在霍曼斯眼中，历史学关注的是制度类型及其时间发展线

尽管证明这个结论的证据从11世纪才开始出现。George C. Homans, "The Frisians in East Anglia", *The Economic History Review*, New Series, Vol. 10, No. 2 (1957), pp. 198-206.

① George C. Homans, "The Explanation of English Regional Differences", *Past & Present*, No. 42 (Feb., 1969), pp. 29-32.

② 对于中世纪英格兰的敞田制和农业体系的发展有不少争论，参见向荣：《敞田制与英国的传统农业》，《中国社会科学》2014年第1期。

③ George C. Homans, "Men and the Land in the Middle Ages", pp.347-348.

索，社会学关注的是当代制度及其相互联系，两门学科有着明显的互补性，他无法相信，"二者是天然的敌人"。同时，他认为，只有社会学和历史学得到融合，才能使一种系统的科学的历史学成为可能。① 这样，霍曼斯将社会学方法运用于历史研究成为应有之义，也成为他的历史研究的最大特色。反过来，深入的历史研究又在他的社会学理论发展中发挥了重要作用。这种作用至少体现在以下三个方面：

首先，历史研究为霍曼斯的社会学理论提供了事实依据。如前所述，寻找"事实"是霍曼斯投身于中世纪英格兰乡村史研究的初衷之一，他曾说，"任何理论，如果不是直接出于它试图理顺的、为人长期且直观熟知的繁杂事实的话，就不可能持久"，同时，"当社会学家自己已经开始处理事实之时，他们才能够理解其他科学此前遇到的困难。只有那时，他们才能够将在更发达的科学中已经发展出来的一些逻辑方法应用于他们自己观察到的现象"。② 在13世纪的英格兰乡村，霍曼斯发现了大量"事实"，包括村民群体的情感表达和习惯行为模式、各式制度相互联系构成的内在系统、领主和村民之间的公平交换关系等，都成为此后他构建自己理论体系的证据来源。

其次，霍曼斯在历史研究中初步提出了自己在社会学上的理论构想。例如，在《村民》一书的最后一章（"社会剖析"）中，霍曼斯首次使用了"概念框架"，考察了习惯性社会行为中互相依赖的互

---

① George C. Homans, "The Rural Sociology of Medieval England", pp.32-33.

② George C. Homans, *English Villagers of the Thirteenth Century*, pp.402,413.

动、情感和功能等三要素及其角色。在这个框架中，三要素两两依存、互相适应，从而构成一个完整的社会系统，并实现乡村社会的正常运转。① 在此之后，他将"概念框架"正式运用到社会组织的研究之中，② 最终促成了《人类群体》(The Human Group, 1950) 的面世。再如，霍曼斯的社会学理论更多关注个体的行为，在对中世纪英格兰乡村社会组织的研究中，每当有变化发生之时，他总是注意人（村民）的行为，而不是组织、制度或社会，因为在他看来，正是个人的集体社会行为（村民群体行为）创造了制度，因此制度也应由人的行为特征来解释。而当时的其他社会学家（包括斯金纳）没有注意到制度包含了人及其行为，也没有注意到制度并不能决定人的社会行为。③

最后，历史研究为霍曼斯的社会学研究提供了"动态维度"(dynamic dimension)。④ 这是由历史研究以时间序列展开的特点决定的，它无疑可以增加社会学研究的纵深度和层次感。历史研究让霍曼斯对自己的理论更有信心，因此他督促其他社会学家也多学一些历史，并使用历史方法，只是当时的社会学家并不愿意做这种辛

---

① George C. Homans, *English Villagers of the Thirteenth Century*, pp.405-410.

② George C. Homans, "A Conceptual Scheme for the Study of Social Organization", *American Sociological Review*, Vol.12, No.1 (Feb., 1947), pp.13-26.

③ George C. Homans, *Coming to My Senses: The Autobiography of a Sociologist*, p.188; A. Javier Treviño, "Introduction: The Sentiments and Activities of George C. Homans", in A. Javier Treviño, ed., *George C. Homans: History, Theory, and Method*, pp.13-14.

④ A. Javier Treviño, "Introduction: The Sentiments and Activities of George C. Homans", in *George C. Homans: History, Theory, and Method*, p.17.

苦的工作。在霍曼斯生命的晚期，上述局面最终得到改观。[①]

历史研究不仅推动了霍曼斯在社会学理论方面的发展，也为他赢得了巨大声誉。在海军服役五年之后（1946年），霍曼斯重回哈佛大学，进入新成立的社会关系学院，并因在《村民》一书中体现出的学术思想和对社会学理论的推动而当选教授。[②] 在此基础上，霍曼斯先后出版《人类群体》、《社会行为的初级形式》（Social Behavior: Its Elementary Forms, 1961）、《社会科学的性质》（The Nature of Social Science, 1967）等著述，[③] 使自己得以跻身于当世著名社会学理论家的行列。霍曼斯的理论影响广泛。他的著作是20世纪中后期社会学系学生的必读书目。他的思想影响了一代学者，其中包括理查德·埃莫森（Richard M. Emerson）、皮特·布劳（Peter M. Blau）和詹姆斯·科尔曼（James S. Coleman）等，还成为今天流行的诸如理性选择、分配正义和网络交换等若干社会理论的

[①] George C. Homans, *Sentiments and Activities: Essays in Social Science*, p.13.

[②] 另一位当选者是著名统计学家萨穆埃尔·斯托弗（Samuel A. Stouffer, 1900—1960），他在"二战"期间进行军事中的心理学和社会学研究，最终于1949年出版了两卷本名著《美国士兵》（*The American Soldier*）。而霍曼斯击败的竞争对手是后来声名鹊起的哥伦比亚大学社会学家罗伯特·默顿（Robert K. Merton, 1910—2003）。对于这件事情的经过参见 Lawrence T. Nichols, "The Rise of Homans at Harvard: Pareto and the *English Villagers*", in A. Javier Treviño, ed., *George C. Homans: History, Theory, and Method*, pp.55-57。

[③] 虽然《社会行为的初级形式》（该书名是为了回应涂尔干的《宗教生活的初级形式》）是系统论述交换理论之作，但该理论的首次提出是在1958年纪念"小群体研究鼻祖"、古典社会学家乔治·齐美尔（Georg Simmel, 1858—1918）的文章中。参见 George C. Homans, "Social Behavior as Exchange", *American Journal of Sociology*, Vol. 63, No. 6, Emile Durkheim-Georg Simmel, 1858-1958 (May, 1958), pp. 597-606；〔美〕杰弗里·亚历山大：《社会学二十讲：二战以来的理论发展》，贾春增、董天民等译，第116页。

思想源头。①

作为一名优秀的社会学家，霍曼斯在理论的成形阶段进入历史研究，在研读丰富原始文献的基础上，以时间序列和动态维度来详述各类事实，为其社会学理论的完善和成熟打下了坚实的基础。同时，霍曼斯使用独特的社会学概念和研究方法，在中世纪英格兰乡村史研究领域取得了令人瞩目的成就。他对于庄园法庭案卷的使用，以及在此基础上取得的研究成果在当前学界依然有重要影响。②霍曼斯的社会学和历史学互涉的研究路径及其成功极具启示意义。第一，历史学的发展需要吸收社会学及其他学科的理论成果。过去如此，现在更是如此。在信息化、全球化时代，史学研究发生了"革命性"变化，原来那些被忽略的影响历史进程的因素，如文化与思想、生态与环境、疾病与卫生、心理与情绪等，受到了更多关注，传统史学因而出现各种"转向"。新时代的史学研究呼唤多学科的交叉、跨学科的综合，在此基础上实现进一步的扩展和深化才会成为可能。第二，历史研究是一切社会科学的基础。重视历史研究，从历史的叙述和分析开始，在一定的历史范围内探讨问题、寻找规律应是社会学及其他社会科学遵循的基本方法。历史学的重要性便是如此。正如马克思、恩格斯所说："我们仅仅知道一门唯一的科学，即历史科学。"③

---

① A. Javier Treviño, "Introduction: The Sentiments and Activities of George C. Homans", in A. Javier Treviño, ed., *George C. Homans: History, Theory, and Method*, p.1.

② Zvi Razi and Richard Smith, *Medieval Society and the Manor Court*, New York: Oxford University Press, 1996, pp.15-17.

③ 《马克思恩格斯文集》第一卷，人民出版社2009年版，第516页。

五

2018年年初,在接到这本书的翻译任务之后,我丝毫未敢怠慢,立即全力开展工作,以期这部学术经典的中文版能够早日问世。然而,我低估了这本书的翻译难度,尽管在研究中经常用到它。作为一名社会学家,作者虽然声称本书只提供历史事实,但在行文之中仍然难免使用若干社会学名词,尤其是最后一章完全是理论总结,对于一个外行而言,将它们准确地翻译出来并不容易。在书中,作者使用了大量庄园法庭案卷和中世纪英语文学作品,前者提供的案例有不少在注释中保留了拉丁语文本,后者提供的选段中的用词及其拼写与现代英语差异很大,如何将它们变成流畅(甚至押韵)的中文颇费一番周折。由于难题甚多,我不得不频繁地启用"求助键"。英国伯明翰大学中世纪教会史家罗伯特·斯旺森教授(Robert N. Swanson)对本书十分熟悉,总是能迅速而准确地回答我提出的问题,并就书中的相关内容进行详细说明,帮我跨越了翻译中遇到的主要障碍;我的英语老师尼克·德瓦斯夫妇(Nick and Pamela Devas)、朋友彼得·卡特夫妇(Peter and Janice Carter)虽不懂中世纪史,却总是想尽办法为我寻找解读非现代英语的线索;孙剑博士专攻中世纪教会史,精通拉丁语,多次不厌其烦地解答我对书中教会史名词和引文的疑惑;王丹博士出身高翻科班,在帮我理顺一些难度较大的句式时展示出了专业水准。感谢他们在我遇到困难的时候出手相助。当然,书中出现的所有问题皆由我一人担责。

在我完成基层锻炼任务回到北京之后,译稿的责编已经由杜廷广师兄变成了孙中华博士。廷广师兄性情耿直、待人宽容，对我给予充分的信任，并不遗余力予我以鼓励和支持。中华博士学识过硬、心思缜密，以高度的责任心和职业敏锐性发现并纠正了初译稿中的诸多问题，使它得以不断完善。因此，本译作的顺利出版缺不了他们的付出和辛劳。

在翻译本书过程中，我的思绪时常回到卫津河畔的北院，自己接受中世纪史启蒙教育的地方。我至今依然记得，老师们如何深入浅出地向我们描绘"黑暗时代"的农民形象，又是如何神采飞扬地与我们分享翻译《英国庄园生活》的经验和妙处。在工作中，每每有得意之处，我知道这只是从那时某位老师的话语中得到了灵感；每每逢艰难之时，我都会按照对那时某位老师授课的记忆来寻找线索。自搬离那里以来，北院在记忆中越来越模糊，似乎再也不可触及。当前这项工作让我感到，十几年来，自己从未离开。我要将这本译作献给北院，和曾在那里传授我知识的老师们。希望他们不要嫌弃，我尽力了，而且迄今为止，我所做的一切不过都是为了向他们看齐。

王超华

2022 年 3 月 27 日

目　　录

前言 ··· 1

参考文献注释 ··· 2

文本中经常提及的英王的统治时期 ····················· 4

文献及出处缩写 ·· 5

第一编　土地

第 1 章　导论 ·· 11

第 2 章　林地与原野 ···································· 20

第 3 章　十三世纪的地位 ······························ 39

第 4 章　农夫的技艺 ···································· 48

第 5 章　原野农业 ······································· 63

第 6 章　份地和公地 ···································· 84

第 7 章　村庄的设计与规划 ··························· 102

第二编　家庭

第 8 章　土地的可分继承 ····························· 133

第 9 章　土地的不可分继承 ·························· 148

第 10 章　无继承权的子女 ··························· 163

第 11 章	继承人的婚姻	176
第 12 章	订婚和婚礼	196
第 13 章	寡妇产、鳏夫产和监护权	216
第 14 章	土地转让	239
第 15 章	原野乡村的家庭	255

第三编　庄园

第 16 章	一个例子	271
第 17 章	人的类型和身份	281
第 18 章	劳役	305
第 19 章	商贩、仆人和官吏	342
第 20 章	庄园法庭	370
第 21 章	村庄及其以外的世界	392
第 22 章	领主和佃农	404

第四编　节日

第 23 章	农夫的一年	419
第 24 章	堂区教堂	453
第 25 章	社会剖析	476

注释 490
索引 563

地 图 目 录

地图 1　由议会法案围圈的公地 ……………………………… 28
地图 2　英格兰敞田制的边界 …………………………………… 30
地图 3　1719 年斯塔福德郡埃尔福德：条田和弗隆 …………108
地图 4　1719 年斯塔福德郡埃尔福德：敞田 ………………… 109
地图 5　日分村的系统规划 ……………………………………… 121

前　言

本书的撰写工作完成于作者在哈佛大学研究员协会（Society of Fellows）任初级研究员（Junior Fellow）之时。感谢高级研究员们提供出版本书的机会和资助。非常感谢劳伦斯·J.亨德森教授（Lawrence J. Henderson）、N. S. B.格拉斯教授（N. S. B. Gras）和埃德温·F.盖伊教授（Edwin F. Gay）通读手稿，并提出建议；感谢克兰·布林顿教授（Crane Brinton）、埃尔顿·梅奥教授、罗杰·B.梅里曼教授（Roger B. Merriman）和阿瑟·D.诺克教授（Arthur D. Nock）阅读部分手稿，并不吝赐教；感谢伯纳德·德沃托（Bernard DeVoto）、G. L.哈斯金斯（G. L. Haskins）提出宝贵意见。作者还受惠于海伦·M.米歇尔小姐，她绘制了精确的地图。在作者逗留英国期间，大英档案馆（Public Record Office）和大英博物馆（British Museum）的工作人员非常友好，并提供了许多帮助，如他们对待所有来自海外的学者那样。同样非常感谢教会委员会（Ecclesiastical Commission）提供使用其所藏手稿的机会，这些手稿目前已被转移至大英档案馆。最后，向数以百计的健在和故去的英国古文物学家致以敬意，有赖于他们在地方史研究领域的细致工作，这本综合性著作的可靠性才得以确立。

G. C. 霍曼斯

马萨诸塞州剑桥市，1940 年 4 月 1 日

参考文献注释

时至今日，并非所有学者都可以阅读拉丁语，因此，看起来最好在本书中将所有那些来自文献和中世纪拉丁手稿中的引文都译成英文。但许多被援引的手稿从未而且很可能永远也不会被编辑出版，看起来最好不要从只有翻译版的此类手稿中进行引证。鉴于此，本书采取了以下策略。如果文本中的一段引文翻译自已经编辑出版的手稿，那么注释将仅提及该引文的拉丁文本所在的卷数和页码；如果该引文译自尚未编辑和出版的手稿，那么注释中提及的不仅有它所在的手稿，还有译文所出自的拉丁文本。大多数情况下，编辑这些文本遵守了"历史文献编辑报告"，《历史研究所简报》，I（1923年），第6页及以下各页（"Report on Editing Historical Documents"，*Bulletin of the Institute of Historical Research*, I (1923), 6 ff.）规定的原则。尤其是，那些意义最不明确的缩略语未被延伸，而是由一个省略的撇号进行代表。在使用 v 和 u 时，本文全部采用将 v 作为首字母、u 作为中间字母的惯例做法。至于 c 和 t 的使用，由于它们在手稿中难以区分，本书努力使其在单个文本中保持一致。本书尽可能避免使用"原文如此"（sic）。作者恳请研究者们原谅他对这些来自手稿的引文的编辑。大多数情况下，这些引文来自庄园法庭案卷。此类案卷在最初书写时就不够工整，此后也没有得到很好保存。这些引文还来自英国各地区的大量不同类型的案卷。它们不具有一个书记员在单个手稿的誊写中体现出来的那种一致性,尽管错误很一致。鉴于以上原因,对它们的编辑难以做到统一和美观。

文本中经常提及的英王的统治时期

亨利三世：1216年10月18日—1272年11月16日

爱德华一世：1272年11月16日—1307年7月7日

爱德华二世：1307年7月7日—1327年1月20日

文献及出处缩写

手稿文献

Add. MSS.	Additional Manuscripts (at the British Museum).
Add. Rolls	Additional Rolls (at the British Museum).
Brit. Mus.	British Museum.
DL	Duchy of Lancaster rolls (at the Public Record Office).
Eccl.	Rolls in the possession of the Ecclesiastical Commission and deposited at the Public Record Office.
PRO	Public Record Office.
SC	Special Collection (Class of rolls at Public Record Office).

已出版文献

Bleadon Custumal. E. Smirke, "Notice of the Custumal of Bleadon, Somerset" in *Memoirs Illustrative of the History and Antiquities of Wiltshire and the City of Salisbury* (Royal Archaeological Institute of Great

Britain and Ireland). London, 1851.

Chertsey Abstract. E. Toms, ed., *Chertsey Abbey Court Rolls Abstract* (Surrey Record Society). Frome and London, 1937.

Chichester Custumals. W. D. Peckham, ed., *Thirteen Custumals of the Sussex Manors of the Bishop of Chichester* (Sussex Record Society). Cambridge, 1925.

Durham Hallmotes. W. H. D. Longstaffe and J. Booth, eds., *Hallmota Prioratus Dunelmensis* (Surtees Society). Durham, 1889.

EETS   Early English Text Society.

Estate Book of Henry de Bray. D. Willis, ed., *The Estate Book of Henry de Bray* (Camden Society). London, 1916.

Glastonbury Rentalia. C. I. Elton, E. Hobhouse, and T. S. Holmes, eds., *Rentalia et Custumaria Michaelis de Ambresbury (1235-1252) et Rogeri de Ford (1252-1261) Abbatum Monasterii Beatae Mariae Glastoniae* (Somerset Record Society). London, 1891.

Gloucester Cartulary. W. H. Hart, ed., *Historia et Cartularium Monasterii Sancti Petri Gloucestriae* (Rolls Series). London, 1863-1867.

Halesowen Court Rolls. J. Amphlett, S. G. Hamilton, and R. A. Wilson, eds., *Court Rolls of the Manor of Hales* (Worcestershire Historical Society). Oxford, 1910-1933.

Lyndwood, *Provinciale.* W. Lyndwood, *Provinciale (seu Constitutiones Angliae).* Oxford, 1679.

Maitland, *Manorial Courts.* F. W. Maitland, ed., *Select Pleas in Manorial and Other Seignorial Courts,* Vol. I (Selden Society). London, 1889.

Neilson, *Customary Rents*.　N. Neilson, "Customary Rents," *Oxford Studies in Social and Legal History,* II. Oxford, 1910.

Oseney Cartulary.　H. E. Salter, ed., *Cartulary of Oseney Abbey* (Oxford Historical Society). Oxford, 1929-1936.

Ramsey Cartulary.　W. H. Hart and P. A. Lyons, eds., *Cartularium Monasterii de Rameseia* (Rolls Series). London, 1884-1893.

Stenton, *Danelaw Documents.*　F. M. Stenton, ed., *Documents Illustrative of the Social and Economic History of the Danelaw, from Various Collections* (The British Academy: Records of the Social and Economic History of England and Wales, Vol. V). Oxford, 1920.

Tusser.　T. Tusser, *Five Hundred Pointes of Good Husbandrie,* W. Payne and S. J. Herrtage, eds. (English Dialect Society). London, 1878.

Wakefield Court Rolls.　W. P. Baildon and J. Lister, eds., *Court Rolls of the Manor of Wakefield* (Yorkshire Archaelogical Society, Record Series). Leeds, etc., 1901-1930.

Wilkins, *Concilia.*　D. Wilkins, *Concilia Magnae Britanniae et Hiberniae.* London, 1737.

xiv

第一编

土　地

第 1 章 导论

通过研究事物的整体,即各部分和更多要素的总和,我们能够获得的认识往往为其他方式所不能及。这是老生常谈,但正如许多老生常谈一样,它很重要,且常被遗忘。

接下来,我们试图将过去的一种社会秩序,即13世纪英格兰村庄的社会秩序,作为一个整体来描述。描述始于农业,开始于人们在英格兰的气候条件下练就的在英格兰的土地上谋生的本领。然后,它告诉我们,这些人如何运用这些本领,如何在一个村庄中作为邻居一起生活和劳作。由于一个村民不仅是一个邻居,还是他人的父亲、兄弟或叔伯,因此,关于英格兰家庭的事情也将得到讨论。我们尤其强烈地感觉到,一块份地应该保留在那些原本持有它的家族成员的手中。由于一个村民也是一个佃农,所以庄园领主与其佃农的关系就不可忽视。从某种程度上来讲,领主并不将他的佃农视为单个的人,而是将其看成一个共同体的成员。描述终于由村民来举行或见证的民间仪式和教会仪式。也许,声称将这种社会秩序作为一个整体进行描述有些自命不凡。所有这些词汇意味着,我们将尝试考察的不仅是社会的一些重要层面,而且是尽可能多的层面。这份清单实际上不可能是完整的,一方面是因为关于13世纪村民的记录是不完整的和片面的,一方面是因为不同代际的学者采用的视角不同：今天的人不可能发现未来的人才会发现的那些被他们忽略的事情。

做出这种尝试主要基于以下几个原因。事实本身是有趣的，在这种情况下，与在其他情况下一样，对事实尽可能做出系统论述的过程可以得出某些以其他方式所无法得出的结论。社会科学中许多最富有成效的成果是由人类学家做出的，他们的研究对象是原始社会，也就是那些足够小、简单和孤立的社会，这使他们有可能考虑到每个社会的方方面面，以及各方面之间的关系。

尝试将13世纪英格兰乡村的社会秩序作为一个整体来进行研究并不容易。首先，这种研究应该建立在许多人的工作之上，包括西博姆（Seebohm）、梅特兰（Maitland）、维诺格拉多夫（Vinogradoff）、库尔顿（Coulton）、斯滕顿（Stenton）、格雷（Gray）、格拉斯（Gras）和其他许多人的工作，其中最新近的是亨利·贝内特（H. S. Bennett），《英国庄园生活（1150—1400）》(*Life on the English Manor: 1150-1400*)的作者。这些人的工作侧重于中世纪社会中不同的制度。对敞田制和庄园组织的论述已经很多，但关于其他方面，仅举两例，家庭习惯或农民传统年度活动涉及较少。这种不均衡无疑将继续存在，部分原因是文献使学者们在某方面比其他方面进展更多，部分原因是有些因素导致其他研究的进展并不整齐。因此，如果有人试图将英格兰乡村的这个社会阶层作为一个整体组织来研究，那么，他在自己论著的某些部分将只是重复他人的发现，而在其余部分必须依赖自己的研究。他的研究将是旧知识与新认识的交织。本书就是这种研究。

若干原因促成我们选取13世纪作为研究英格兰乡村社会秩序

的时间段。首先，正是在这个世纪里，足够多的关于英格兰农民生活细节的记录最早得以保存。若重建之前诸世纪的社会，需要从关于13世纪的知识出发，然后倒着推演。另一个原因是，13世纪是中世纪城乡经济社会最为繁荣的世纪之一，而且这一点很少受到挑战。

  1200—1300年间并无特别之处。当12世纪结束，13世纪开始，13世纪结束，14世纪开始时也并无剧烈的变化。但上述界定对一项研究来说是方便的，那些最容易被记住的，如一个世纪的开始和结束，是所有界定中最为方便的，如果它们不被严肃看待的话。这里引用的大多数文献的时间始于13世纪，特别是那个世纪的末期。其他文献将跨越14世纪早期，甚至比那还要晚。在中世纪，甚至在数代人的时间里，惯例都没有如此改变，以至于在一年中持续的事情必然不会在一百年之后仍然持续。《农夫皮尔斯》(*Piers Plowman*)成书于14世纪末期，在许多方面证实了我们所知的13世纪末农民的情况。甚至，当我们关于早期惯例的知识有所欠缺时，如果拒绝使用关于更晚时期的英格兰，甚或更晚时期其他农民共同体的认识来弥补的话，那将是非常迂腐的，当然前提是关于早期的和晚期的认识可以互相兼容，而且它们结合在一起能够呈现出完整而严密的画面。

  任何研究都不能涵盖一种事物的所有方面；在一定程度上来讲，它应是抽象的。由于技术不足或信息缺乏，当前的研究也将是抽象的，而且至少在一个方面是有意为之。对于英格兰乡村中这个社会阶层的变化将不做解释。我们对它进行考察，仿佛它保持不变，或仿佛它是梅拉尼西亚(Melanesia)一个岛屿上的社会阶层，人类学家只能够研究它当时存在的状态。由于岛民们提供的关于他们的历史的信息是传说,而非事实,因此,他很难对这个社会已经发生的变化,甚至正在发生的变化,做过多阐述。这样的研究与事实不符。所有的社会秩序都发生变化。比起14世纪末的不安年代,13世纪的社会秩序变化速度很慢,当然这两个时段与发生剧变的19世纪更不可同日而语。但当探讨社会变迁的速度时,我们并不完全清楚自己在讲什么。这里要假设的只是,变迁的速度并不如此之快,以至于无法将1220年一份记录提供的信息与得自1280年的一份记录的信息,及来自其他时间的信息,放在一起进行讨论,在许多情况下,这种讨论在上述任一时期都与实际情况接近,至少就社会史有别于政治史而言是可行的。

  本书尝试研究13世纪英格兰农村的社会秩序——这些词汇并不如其字面显示得那样意义清晰。它们的意思是,许多英格兰乡村或多或少与某一类型的社会秩序相近,而这种类型正是本文将要研究的对象。尽管如此,近些年来,许多关于中世纪英格兰不同地区的诸事状态的研究,已经使那些之前总是认识不清的东西逐渐明了,即每个地方的村民的习惯都有较大差异。对这种差异需要解释,方法是将英格兰大部分地区的习惯忽略。我们将尝试研究的社会秩序,不是来自于英格兰所有的乡村,而仅仅是来自那些被称为原野乡村(the champion country)[①]的地方。英格兰其他地区村民的习惯当然也会被提及,但仅仅是为了它们可以与原野乡村的习惯进行比较。

---

  ① 原野乡村,是指敞田制主导的乡村,也是庄园化比较完全的地区。——译者

根据第一近似理论，原野乡村中的村庄可以作为同一种类型的社会组织来处理。它们在若干方面的相像程度，甚于它们与英格兰其他地区的农村和小屯的相似程度，但即使是原野乡村内部的习惯也有很重要的差别。一来，在英格兰北部庄园中，如林肯郡和其他各郡，佃农在领主自营地上的劳役负担比在米德兰兹南部和威塞克斯要轻得多。也许，正是由于那种情况使领主没必要保留关于佃农劳役的复杂记录，关于北部村民的信息因此少之又少。除了一些重要的例外，比如约克郡维克菲尔德庄园的法庭案卷，北部还没有出现类似于南部关于村民记录的文献。本书研究的乡村不仅限于原野乡村，而且大多限于原野乡村的南半部。甚至在英格兰的这个地区，也没有理由相信所有乡村都符合一个统一模式，接下来的任何内容也都不能被理解为暗示着它们是那样的。

最初的档案书写及其幸存皆属偶然，以至于没有一组文献使我们能够描述任何特定毗邻地区的乡村生活的所有方面。我们可能对某地的耕作习惯，另一地的继承和婚姻习俗，及再一个地方的庄园组织知之甚多，但对所有这些事情在单个地区如何知之甚少。结果，我们不得不假设，在某个特定地区，社会阶层在最重要的方面是相同的，在本书中指的是原野乡村。否则，如果只是将来自许多不同地方的信息片段拼接在一起，用来构建针对整个社会阶层的合理描述，那我们很难自圆其说。

13世纪的英格兰村民与现代人类学家笔下的人群之间最大的区别在于，前者早已逝去，许多重要事情将再不会为人类学家所知悉，因为他们无法与自己所研究的那个社会阶层的人进行交谈。但是如果研究中世纪英格兰的学者不能够与那个时期的村民对话，那么由于拥有其他信息来源,他就比自己有权利成为的任何学家都更幸运。与其他任何拥有法律传统的民族一样,英国人在数个世纪的时间里重视所有古老的文件和羊皮卷,并在它们失去实际效用之后仍将其保存很久。而且,英国的历史基本上远离革命,这使档案不容易受到破坏。鉴于以上原因,包含中世纪乡村信息的手稿得以保存下来,它们的数量可能要比欧洲其他任何国家都要多,明显多于法国,尽管它在中世纪是一个人口更多、更为富裕的国家。

8　　在关于中世纪英格兰乡村的各类手稿中,有两类需要在这里特别提及:庄园惯例租役簿(manorial custumals)和庄园法庭案卷(court rolls)。惯例租役簿属于被另称为登记簿(registers)、土地估价册(extents)、地租簿(rentals)或地籍册(terriers)等的一众文献,这些文献因本身提供的一种或另一种信息的侧重点不同而得名。之所以被称为惯例租役簿是因为它记录了惯例,也就是一个或更多庄园的佃农向领主承担的惯例地租和劳役。一份上佳的惯例租役簿详细地记录了一个中世纪共同体的农耕方式、人的分类和状态。在已经得到编辑和出版的惯例租役簿中,最好的来自奇彻斯特主教的萨塞克斯庄园和格拉斯顿伯里修院长的庄园,以及萨默塞特郡布林登(Bleadon)的惯例租役簿,它是引人关注的温彻斯特圣斯维森小修院(St. Swithin's Priory, Winchester)庄园惯例租役簿中唯一得到编选的那部分。在尚未得到编辑的重要惯例租役簿中,有两份来自伊利(Ely),它们被保存于大英博物馆。[1]这份清单同时清晰表明的一件事情是,最好的惯例租役簿来自于修道院,特别是那些拥有大片地产的修道院。在它们提供的信息被认定为代表英格兰各地的典型情况之前,它们应该与包含于百户区案卷(the Hundred Rolls)的惯例租役簿进行比较，因为百户区案卷描述了修道院之外的那些地产的情况，尽管并不详细。

在这里主要引用的两类手稿之中的第二类，也是更为重要的一类是庄园法庭案卷。近来我们已经知晓了不少关于"庄园账簿"（compoti）的内容，即庄头或管家的年度庄园账册，由书记员誊写，然后进行审计。毫无疑问，它们为中世纪经济史家提供了大量信息，但当梅特兰督促出版法庭案卷时，他的直觉是对的。它们是关于所谓中世纪社会史的最重要的资料。法庭案卷记录了庄园法庭（hallmotes）的召开程序，该法庭处于英格兰中世纪法庭体系的最低等级，是普通村民唯一经常出席的法庭。庄园法庭的功能是多样的，裁决的事项涉及从违反村法（breaches of village bylaws）到土地诉讼，它是契约的登记处，也是一种如同法庭（courts of law）的司法集会。在庄园法庭案卷中，几乎任何对村民而言具有重大实践意义的惯例或事件都早晚会被提及。如惯例租役簿一样，庄园法庭案卷以拉丁语书写，而且往往是粗糙的、草率的和缩略的拉丁语。

不幸的是，迄今为止，我们发现很少庄园法庭案卷或其他形式的法庭记录开始于13世纪上半叶。但到了13世纪下半叶和14世纪初，它们越来越常见。在已经得到编辑的系列法庭案卷中，最著名的来自位于伍斯特郡和什罗普郡（Worcestershire and Shropshire）边界的黑尔斯欧文（Halesowen），以及约克郡的维克菲尔德。但许多上佳的法庭案卷尚未得到编辑。其中最好的是圣奥尔本斯修院位于赫特福德的庄园（the Hertfordshire manors of St. Albans Abbey）的法庭文书（court books），其中大部分保存于大英博物馆。[2] 它们是法庭文书，即来自法庭案卷的节选汇编，相较于法庭案卷本身而言，法庭文书的记录开始于一个更早的日期，并比当前出现的任何庄园法庭记录都要持续更长的时间。拉姆西修院的庄园案卷（the rolls of the manors of Ramsey Abbey）也应该被提及。它们其中有些已经得到编辑，[3] 但大部分仍然保持原样。它们一部分保存于大英博物馆，一部分藏于大英档案馆。还有，属于教会委员会的牛津郡的纽因顿（Newington, Oxon.）、白金汉郡的霍尔顿（Halton, Bucks.）、坎特伯雷基督堂小修院庄园（manors of Christchurch Priory, Canterbury）的法庭案卷也保存在大英档案馆中。毫无疑问，大量的法庭档案仍然属于私人收藏。任何人将它们的内容公诸于世都将是为历史学和社会学做出的最伟大贡献。几乎所有的法庭档案都包含一些关于中世纪英格兰社会阶层的重要信息。

惯例租役簿和法庭案卷中的案例都具备宣誓证词（sworn testimony）的性质，而这种证词是村民自己做出的。一块地产的惯例租役簿一般是将由不同庄园的人组成的陪审团的调查结果进行誊写而成的。这种调查的记录在拉姆西修院的几个庄园上保留下来，尽管很可能根据它们进行汇编的拉姆西登记簿（Ramsey Register）并没有幸存。[4]（我们知道一份拉姆西登记簿的存在，是因为拉姆西庄园的法庭案卷有几次记录了向它做出的申诉。）法庭案卷应该是由堂区神父（parish priest）或一些其他书记员誊写，完成于召开的法庭上或者是稍后，案卷中记录的许多案件是在由庄园的人组成的陪审团的宣誓下裁决的。惯例租役簿和庄园法庭案卷不仅具备宣誓证词的性质，而且，最重要的是，当它们被起草之时应保证准确性。如果有领主试图增加佃农向他负担的劳役，或者佃农拒绝承担他们以前承担的劳役，受害方可能会诉诸一份惯例租役簿或一份登记簿的记录。同样,庄园陪审员的裁决,正如它们在法庭案卷中记录的那样,阐释了在类似土地继承或转让等问题上的庄园惯例。诚然,这些案卷给出的证据往往是偶然的。庄园案卷的一次调查的某个要点对于13世纪的村民极其重要,但它对于一名20世纪的研究者而言并非如此。现在最有吸引力的是当时那些被认为理所当然的事情。由于不能与中世纪的村民进行某种形式的亲密接触,就像人类学家拥有活着的研究对象并可以与之交谈一样,我们唯一的慰藉就是,惯例租役簿和法庭案卷可能是冷静的和可信的事实记录,而不是想象,正如过去时代的任何档案所能做到的那样。

许多书写中世纪史的人已经对那个时代的生活做出了两类判断中的一种或另一种。有些人将它看作是一种悲惨和压迫的不幸状态。另一些人将其看成一种野蛮人的田园诗。这些关于过去的判断很可能与对当前的判断有关联。如果将当今看成是一个人类能充分实现可能性的时代,那么你就会采取看待中世纪的第一种态度:中世纪的人是悲惨的,因为他们没有如生活在现代民主制下的体验。如果将当前看成社会混乱的时代,你就会采取第二种态度:中世纪的人很快乐,因为他们都是普世教会(a universal Church)的孩子。造成两种判断不同的一个原因是,它们关注不同类的事实。当然,一个农民生活的物质条件是艰苦的,但是没有什么比下面的话更加常见或更经常被遗忘:"人们并不仅仅靠面包生活。"本书将寻找事实来验证上述判断,但作者希望,他没有接受任何一种作为全部的真相。

第 2 章　林地与原野

对于研究人类社会而言，研究景观是一个很好的开始，因为人类必须以土地作为他们生存的首要条件。景观的不同之处在于耕地、篱笆和房屋，还在于它们的水域、林地和山丘：人们所知的谋生方式，以及与同伴一起劳动和居住的方式，给它们留下标记。由于每个社会都有其自身进行上述行为的方式，因此每个社会都有自己的景观。研究人们生活或曾经生活的景观不仅仅是研究地理和地质；也不仅仅是研究农业和林业技术；而是将社会作为整体来研究，关注的是它们的形式与对土地的使用之间的决定或被决定关系。

一个社会打造的景观可能是它最为持久的印记。可能尤其难以磨灭的是，那些了解耕牛和犁，以及培植谷物的人在土地上留下的印记，因为这些人清理了土地、修建了篱笆，后来者将发现，很难抹掉他们的前辈所做的工作。因此，排排干燥的石墙将是殖民定居新英格兰的英国人最为持久的纪念。他们从土地里挖出冰川留下的巨石，以使土地适于耕种，并用这些巨石建造了石墙。尽管霜冻使石头很难层层摞起，但他们所建的石墙将比他们另一个最具特征的纪念物，白色的木结构教堂，更为持久。

中世纪的欧洲人很忙碌，几乎整日都忙于耕作土地，由此才留下了明显的中世纪景观，这种景观应成为任何中世纪社会研究的一

第 2 章 林地与原野

部分。谈论中世纪景观并不比谈论中世纪艺术无趣，因为在欧洲许多地方，我们依然可以看到中世纪景观，就像我们依然可以看到主教座堂一样。事实上，二者之中，景观更为古老。它们日期不定，它们是社会的印记，比成文的历史更为古老。

在四百年前的英格兰，当人们最开始对这类事情产生兴趣之时，他们区分了两种主要的英格兰乡村，即所谓的"林地"（woodland）和"原野"（champion）。champion 一词当然来自中世纪拉丁语 campania，经由法语 champagne 和英语 champaigne 演化而来，英语 champaigne 一词至少在 14 世纪初之前都还在使用，跟它后来的意义差不多。[1]16 世纪旅行者眼中林地与原野的区别最明显地体现在法国的景观中，出于这样或那样的原因，那里的地貌比英国的更接近于中世纪。在博斯的沙特尔（Chartres in the Beauce）附近，或在香槟地区的兰斯（Rheims）周围，土地嵌在大片条田之间，只是偶尔被树木和村庄的建筑隔断，这些村庄拥簇在每个堂区教堂的尖塔周围。以前，这些土地在英国本来叫 champion，在法国叫 champagne（香巴涅）：香槟省之所以得名，就是因为它明显是一个开阔的乡村。另一方面，在诺曼底西部——如果我们以库唐斯（Coutances）周围乡村中一个主教座堂来确定自己所处的方位的话——耕地面积很小，周围是水沟和挖水沟造成的泥巴堆积的矮墙。篱笆和树木长在这些矮墙周围，使这种乡村看起来被树林覆盖，至少在那些习惯于原野敞田的人眼中就是如此。在法国，这样的乡村叫作波卡奇（bocage）——矮林丛生之地（bosky），在旧时的英国，它本应该叫林地，尽管它当然不是我们印象中的林地，即森林。它也不是绝对的林地，只是在与原野乡村比较的时候才叫林地。[2]

观察者们早晚都在搭建环绕林地乡村的小块土地的围墙。有时，它们是沟渠和地垄，上面种上树，正如在一片绿色的诺曼河谷那样：这是严格意义上的林地。有时，它们是草泥和石头建造的墙，上面是开花的葡萄藤，就如在康沃尔[3]或一块黄色的爱尔兰高地牧场，即蓝色的凯里山丘（Kerry Hills）的另一面。有时它们是干燥的石头墙，有时就是简单的篱笆，但不论使用什么材料，使用恰当的专业术语来表述就是，林地乡村的土地都是围圈起来的，而原野乡村是"敞田"乡村：它的田地并没有用固定的栅栏规则地围起来。也许，林地的围墙和小块土地，对养牛和在冬天保护它们有用。[4]也许，它们存在的理由是，在旧时的农业条件下，因缺乏对圈地的有效控制，围以墙体的小块土地是土地使用的方便单位。但这样的问题不能由生活在城市的人来解决，因为他们对农耕仅是纸上谈兵。它们只能由一个以古老的方式耕种的布列塔尼人或一个爱尔兰人解决，他视自己的古代围墙和田地为理所当然。

本书的研究对象是13世纪原野乡村的社会阶层。相应地，我们必须估计英格兰的哪些部分是围圈地，哪些是敞开的原野，我们也要估计，这些部分在13世纪是什么区域。做出这样的估计有两个困难。第一，几个世纪以来，圈地和未圈地的数量并非保持不变。从技术层面上来讲，今天整个英格兰都是围圈起来的，也许除了一两个村庄外，但众所周知，它并非总是如此。圈地运动已经改变了英格兰的面貌。它们在中世纪开始很早，在15世纪末开始变得重要，只是在19世纪上半叶接近于大功告成。第二，我们掌握的关于圈地的大部分信息的日期都晚于13世纪。但是，在已知的关于这些事情的基础上，这里要做一个明确的假设。具体如下：英格兰

第 2 章 林地与原野

圈地和未圈地的分布，在 1500 年前后，即圈地运动第一次开始变得重要之时，跟它诺曼征服以来的样子完全一样。

16 世纪及之后的旅行者提供了关于英格兰的林地和原野分布的最原始和最明确的证据。当他们从肯特骑行到康沃尔，他们能够看到，这个国家的面貌是如何改变的。《论英国本土的公共福利》15（成书于 1549 年）的作者宣称："我们看到，那些圈地最多的乡村最为富有，如埃塞克斯、肯特和德文，及其他郡"[5]——也就是西部和东南部诸郡。托马斯·塔瑟是伊丽莎白时期的一位农场主-诗人，著有《农事五百条》，全书充满了敏锐的判断和有趣的打油诗，将会在接下来的篇章中被引用。他论及的范围是东部诸郡，他认识到，在他生活的时代，萨福克和埃塞克斯是林地，诺福克是原野，或至少是敞田。[6] 对于后来的观察者而言，一位 19 世纪的旅行者这样提及德文郡：

> 我们在德文郡看到，有数英亩大小的四边形田地可能曾经被分成适于耕种的条田；但条田都很小，这些田地很少能同时耕种。高高的篱笆墙起于巨大的土堆之上，农田由此连接起来，看起来几乎好像它们从远古就已经出现，而且已成为当地景观的一个明显特征。[7]

也许，更好地表现古时林地乡村的例子来自埃塞克斯的景观中。该郡位于伦敦东北方向，可以肯定的是，在中世纪，它的乡村全都是森林，即王室森林。它是国王的狩猎区，但这并不意味着整个乡村都处于林地之中，即便是在那个时期。格里格斯先生们

(Messrs. Griggs),几位 18 世纪末的农业专家,如此描述埃塞克斯:

> 围圈地,从未知的时期开始几乎就已经普遍存在,这使埃塞克斯比邻近的一些郡更受青睐;这里的每个人一年到头都忙活自己的土地……他的壕沟从他的地里引走水,浓密的白荆棘篱笆墙,生长在从沟里挖出来的土堆砌的垄墙上,用来保护他的牲畜免遭冬季暴风雨的侵扰,也用来保护他的谷物免遭牛群的践踏;将自己的土地分成不同的小块,他就可以养活两倍于用其他方式养活的牲畜数量;这种优势是敞田乡村无法享有的。[8]

诸如格里格斯先生们之类的人,都是农业实干家,他们为了实用目的而做出的记录,在旧农业制度仍然残存之时,给我们理解人们依靠土地谋生时所面临的问题,以及土地耕作者在不会表达的数百年间解决它们的方式,提供了一些最有用的视角。若干年之后,该郡的历史学家以同样的笔调写道:

> 这个郡正在被围圈,使其比那些敞田乡村更加适合舒服的生活和旅行;它没有任何保护,暴露于冬季和天气的严酷条件之下:它也使每个人的财产,不论多少,比那些未围圈的、易于为每一个联合持有者或贪心的邻居所侵犯的地方,都更加有保障、更加属于自己。此外,围栏中的树木提供了大量燃料;这并非小事。[9]

第2章 林地与原野

这是早期旅行者的证词，但一位现代旅行者并不会因此就有了不去亲眼见证的借口。如果他愿意，他可以看到德文郡，及其小块的、方形的地块和高墙，与牛津郡的景观并不相同，尽管今天两个郡的田地，在该词的专门意义上而言，都是围圈的。

这些篇章段落再次告诉我们更多林地乡村的标志。它的田地是围圈的，即它们是被篱笆围起来的。但这并不意味着，在林地为主的英格兰地区，就没有敞田乡村（open country），尽管这样说听起来有些矛盾。德文是一个古老的圈地郡，然而，我们立即想到德文郡的沼泽地。它仅仅意味着，在林地乡村，正常耕作的土地更趋向于被围圈。此外，对林地的围圈是一种特定类型；它们是壕沟配土墙，辅以树木和荆棘篱笆；它们是永久的。但那些篇章段落告诉我们的比这更多。描写埃塞克斯林地景观的人并不仅仅描述它，还将其与敞田乡村的劣势进行比较："这里的每个人整年都在自己的地里忙活……它也使每个人的财产，不论多少，比那些未围圈的、易于为每一个联合持有者或贪心的邻居所侵犯的地方，都更加有保障、更加属于自己。"从16世纪的托马斯·塔瑟到18世纪末的阿瑟·扬，这都是英格兰农业专家常谈的话题。很明显，林地和原野之间的区别并不仅仅在于一个是圈地，另一个不是：在原野乡村，流行着一种与林地乡村不同的特殊的农业和财产制度。原野乡村的制度将在后面详细描述，但现在应先了解一下其基本情况。一个村庄的耕地被分成两三个区域。在这些田地上，一个村民并不拥有一整块土地，而是以一些条田的形式与邻居类似的条田混合分布在一起。这两三个区域作为整体按照惯例作物轮作体系来耕作，最后在某个特定季度，这些耕地被用作村里所有牛的共同牧场。这个制度被现代学者称为"敞田制"(open-field system),看起来没有理由给已经有名字的制度再起一个现代的名字。英格兰人所指的原野乡村不仅仅是一个敞田乡村,而是流行这种特殊惯例性农业的一块开放土地。由此,敞田制将被称为原野农业。正是这种原野农业为农业专家们所谴责。他们认为,它阻碍了全新和改良性农业方法的引入。另一方面,他们推崇林地乡村的农场,因为它们类似于我们今天的农场。用格里格斯先生们的话来说,由于每个人都有自己的不同地块,并不采取与邻居相混合的条田形式,他就可以整年忙于自己的土地,并不被迫服从惯例的作物轮种制度或公共牧场的权利,他能够无限地改善农业技术。但说到这里,我们需要谨慎为之。有理由相信,在早期,许多林地乡村,像原野一样,服从于公共农业形式。重点在于,这些形式与原野农业不同,而且尤其基于以下事实,即它们早先是分散的,后来让位于类似于我们可以自由管理的整块农场的某些东西,以至于专家们认为林地具有一种进步农业的因素。

这个土地被围圈的过程被称为圈地(enclosure),它可能意味着几种事情的任何一种。它可能意味着,将粗放的牧场、荒地围上篱笆,并看着它变成耕地。它可能发生在英格兰的任何地方,林地或原野,在达特穆尔荒原(Dartmoor)或在舍伍德森林(Sherwood Forest)。这是英格兰早期圈地最显著的类型。根据《莫顿法令》(the statute of Merton)(1235),补充以《威斯敏斯特法令》(the statute of Westminster)(1285),庄园领主被允许将自己认为合适的牧场纳入自己的庄园,只要他们给自己的自由佃农留下足够的牧场来饲养牲畜即可。但这里重要的圈地就是涉及侵入原野农业敞田的那些类型。圈地可能意味着这样的过程,即个人据其按照司法

第 2 章 林地与原野

买卖和对敞田上分散条田的交换,将自己的持有地集中为一块或更大的地块,然后将它们围上篱笆。我们最早关于村民土地交易的记录,即 13 世纪的庄园法庭案卷,貌似表明该过程在那时这个国家的某些地区已经处于进行之中。[10] 如果村民们并不坚持这些围圈地块上的公共权利,这项工作可能会更安全地向前推进。最后,圈地可能意味着这样的过程,即一个原野村庄,整体或部分地被重新分为整块耕地,然后被围以篱笆,公共权利丧失。在 15 世纪末的第一波圈地大浪潮时期,这个过程往往是由领主来完成的,他们驱逐了公簿持有农和其他佃农从而将自己置于独自占有敞田的位置上。他们的目的是将耕地变成牧场,用来从事有利可图的养羊业。在 18 世纪,这个过程往往是按照村庄土地持有者的一致同意来完成的,目的是为了改进农业生产方法,并增加土地产出率。农业专家们已经通过争论和抨击使人们信服,原野农业是无效的,人们期待的那种农业进步只能通过整块耕地的单独管理来实现,而不受共同习惯的制约,这个制度目前普遍流行于西方世界。

在所有的圈地中,最后那些在本书所论中最为有趣。它们涉及许多人的法律权利,它们由特殊议会法案或一般圈地法案来实施。最后,许多关于村庄如何被围圈的官方记录被完好地保存下来。如此围圈的土地是整块区域的一大部分,而这个区域曾经是原野乡村。

如果我们在一张英格兰地图上,将由议会围圈的村庄圈成黑色,我们将发现,黑色区域的分布并不混乱,而是呈带状集中,斜斜地贯穿于从北海沿岸经过米德兰兹到英吉利海峡的英格兰地区。这就是整个中世纪以原野为主导的乡村地区。当然,其中大块地区

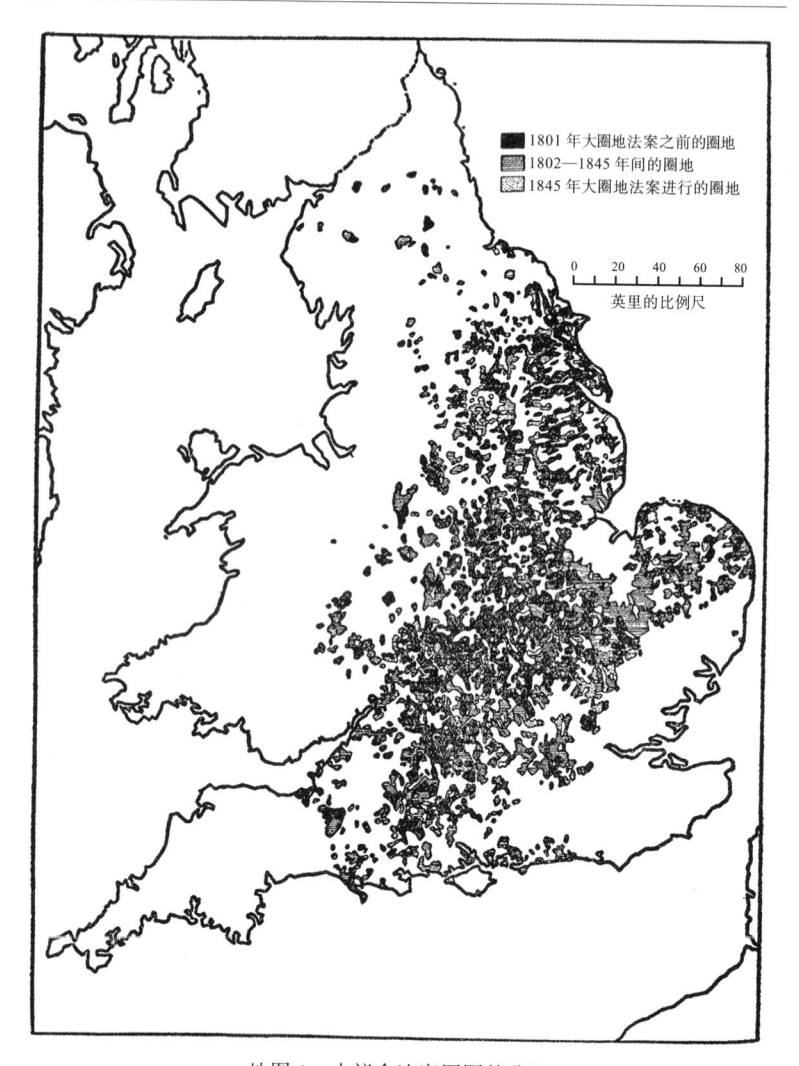

地图1 由议会法案围圈的公地

（原图出自 G. Slater, *The English Peasantry and the Enclosure of Common Fields*, p.73。当前的地图形式出自 H. C. Darby, ed., *An Historical Geography of England before A.D. 1800*, p.472，经剑桥大学出版社同意进行了复制。）

是荒地，部分地区，如图所示，流行着甚至比原野更为原始的农业形式。我们不应过于看重农业实践的统一形式。但这个国家肯定曾是以原野为主。这个带状的一侧是从西到西北的一块白色大区域，另一侧是该岛东北角的一块更小的白色区域。往西是康沃尔和德文郡、威尔士全部及从威尔士到苏格兰的西北部诸郡：柴郡、兰开夏、威斯特摩兰和坎伯兰。往东南是埃塞克斯、米德尔塞克斯和肯特全部，再加上萨福克、赫特福德郡和萨里。其中大部分应该已经被围圈了好多世纪，或至少已经流行有利于圈地的农业体系。其他的区域形成了一个可以探讨的范围，那里的原野农业制度，如果它曾完全流行，并不像米德兰兹那样组织得如此坚固。村民出售和交换小块土地在当地可能早已很常见，这使得小块圈地逐渐侵占公共土地。[11] 经济边界并非如边疆般的测绘线。

另一幅有趣的地图可以而且已经被绘出。中世纪及后来保存下来的土地调查册和土地估价册显示，对于许多村庄而言，这实际上很可能决定了它们是否具有原野农业的特征。当原野乡村在地图上被圈出，它们就落入一块有明确边界的区域，而这种区域，如我们期许的那样，与议会法案围圈村庄的耕作区域惊人地一致。唯一的例外是诺福克，它不属于原野乡村，但属于由议会法案围圈的乡村之列。产生这种分歧的一个原因是：在诺福克，如果一个村镇（township）的任一区域被围圈的话，程序上应该是向议会申请对整个村镇进行名义上的再分。事实上，被围圈的地块通常是很小的。其他的土地很早以前就已经被围圈了，以至于议会法案圈地地图让我们对诺福克曾经的敞田耕地的数量产生一个错误的印象。[12] 最后一个原因是，诺福克的农业总是有其特殊性，后面将要对此进行

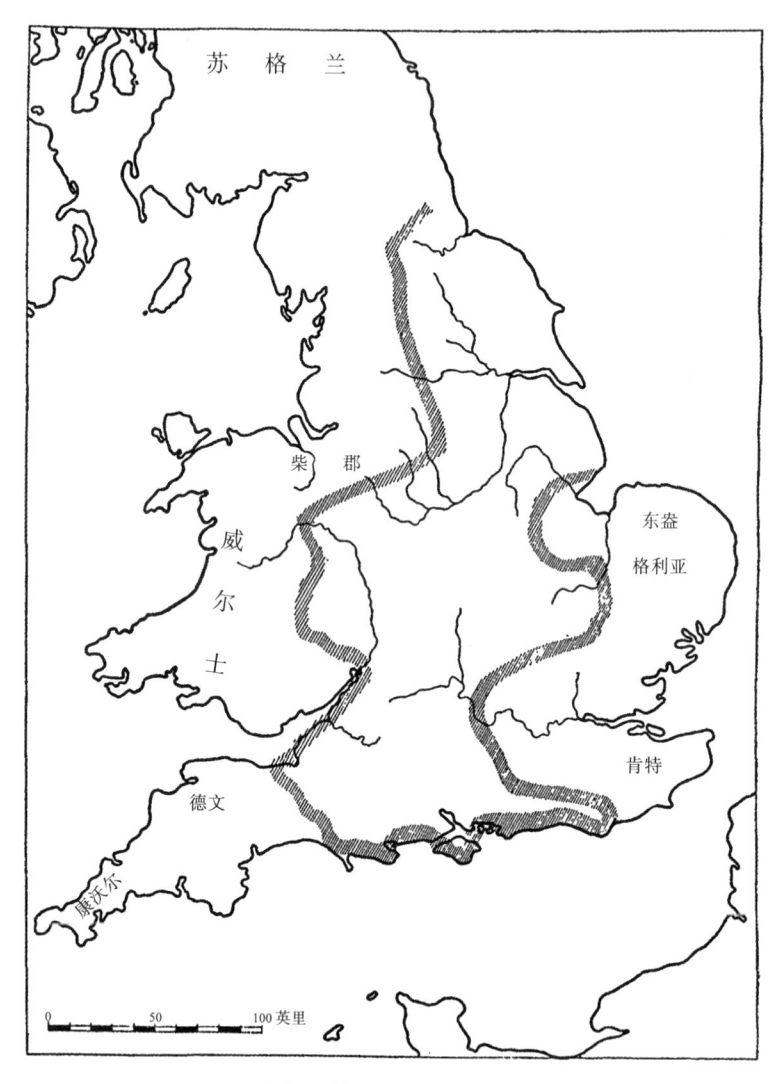

地图 2 英格兰敞田制的边界
（出自 H. L. Gray, *English Field Systems*）

描述。

旅行者的证词、根据议会法案圈地的地图、原野乡村分布图都显示，在大圈地运动之前的日子里，从英格兰的北海沿岸到英吉利海峡分布着一条广阔的乡村地带，在其中流行着一种农业体系，其最显著的特征是敞田的广泛分布。人们称之为原野乡村。这个带状的一侧是德文和康沃尔、威尔士和西北诸郡，另一侧是萨福克、埃塞克斯、肯特和其他英格兰东南角的诸郡，它们之间流行的农业类型有所不同，但在一点上类似，即它们都以圈地为特征。

更重要的是，原野和林地之间的差异还在于其他方面，而不仅仅是农田的特征。这两种不同的景观对应着两种不同类型的人居模式。与此前一样，最初的观察看起来是由伊丽莎白时期的英国人和旅行者提供的，这次是威廉·哈里森（William Harrison）。哈里森的描述如下：

> 它是这样的，即我们的土地被分成原野和林地，前者的房屋在每个村镇都一致地坐落在一起，加上街道和小路；但是在林地乡村（除了那些大市场村镇的地方），它们分散地位于外面，每一个都位于自己那块区域的中心。[13]

简单而言，原野乡村流行的是紧凑村庄；林地流行的是某种分散的定居点。这个主张具有科学人士称为第一近似的所有便利和危险，哈里森肯定已经认识到了这一点。

景观的分界线是跨国的，也是国内的。相同的比照出现在英吉利海峡的南北两岸，而今天它们很大程度上已经模糊了。"波卡奇"和"香巴涅"在法国北部的分布方式与英格兰南部林地和原野的分布方式十分相似。相对于康沃尔和德文的林地，布列塔尼和诺曼底大部分地区分布着面积不大、有围墙的耕地和分散的定居点。同时，大致从塞纳河口延伸到卢瓦尔河最北端的拐弯处一线的东北部，则是由原野农业和密集的大村庄构成的乡村地区，集中在博斯、香槟地区和皮卡第。正如英格兰的肯特，它们是林地，因此法国香巴涅地带以东，弗兰德尔的大部分是古老的围圈地。我们不能轻率地说它也是一种分散着定居点的土地。18世纪最著名的农业专家阿瑟·扬，在大革命之前造访法国时，注意到香巴涅地带的东部边界。他是这样说的：

> 在布尚内（Bouchaine）和瓦朗谢讷（Valenciennes）之间，陪伴我从奥尔良到这儿的全部旅途的是大小不一的敞田。过了瓦朗谢讷，这个国家被围圈起来；另一方面，这里也是一条分割线。敞田乡村的农场通常很大；但在富饶、低深的弗兰德尔河谷，它们很小，大多在小财产所有者手中。[14]

在法国之外，大村庄和敞田为主的乡村重新出现在丹麦和瑞典南部，出现在日耳曼人占有或征服的古老土地上。事实上，它覆盖了远至乌拉尔的大部分的北欧平原，尽管存在地方差异。

这就是农业革命之前数个世纪里西北欧两类乡村的实际分布，一种以大村庄和敞田、公地为标志，另一种以相对分散的定居点和围圈耕地为标志。这些事实在某种程度上是确定的；但对它们的解释，即将它们与其他现象联系起来，就不那么确定了。

第2章 林地与原野

　　人类的一个共同特征是，试图将一系列事实解释为单一原因的结果，他们也试图这样解释林地和原野在欧洲的分布。根据流行做法，这种单一原因往往可以在许多经济影响中找到：对历史的某些形式的经济解释已经得到应用。一种这样的理论来自地理学家。地理学家关于人们在土地上的定居方式的看法可以由土壤的性质来解释。在法国，他们指出，或曾指出，分散定居的土地，不论是在弗兰德尔还是在西部，一般说来都是保水土壤的土地。另一方面，大村庄都坐落于利于雨水迅速渗透的土地上。在第一种类型的乡村，地表水丰富，定居点可以分散，但在另一种乡村，泉水很少，井水很深；相应地，人们根据耕牛和他们所需要的少数水源而大量聚居。

　　不幸的是，土壤与人类定居模式之间的一致关系仅仅是大体上符合。将林地和原野之间的区别归因于这种地理影响因素，此类观点的不足在于，林地往往出现在那些应该，根据理论，产生原野乡村的土地上，而原野乡村则出现在那些应该产生林地的土地上。[15] 这个问题应该比地理学家理解得更为复杂。

　　在人类行为的经济动机中，最大限度利用地理环境的愿望肯定是其中之一。它曾何等强烈？可以明确的是，此类动机构成了所有其他动机的基础，因为大多数人总是必须获取足够吃的食物，并让自己保暖。但他们一旦创造出能够合理满足这些需求的技术，他们就会慢慢地使它们更有效率。他们并不采用那些别人使用而且比自己的技术更好的方法，因为他们并不知道它们。他们并不上心琢磨他们的方法是否有可能发明出更好的方法，或改进旧方法使其更加精确地适应环境的需求。他们既不采用，也不调整。这对于有用信息传播缓慢的时代而言尤其正确，而且改变现有习惯是一种错误的感觉要比当前强烈得多。在那些年代，一个农民会以邻居采用和父亲传授的方式来干活。他不会梦想另一种可能的方式。而且，当他流动到一个新的国家，他会试图改变这个国家来适应自己的习惯，而不是改变自己的习惯来适应这个新国家。

当下就有这样一个证据。旧世界村庄与分散定居点之间的对照在新世界得到重复。马萨诸塞最早的殖民者以大村庄聚居，甚至试图建立如英格兰那样的敞田和公地。[16] 同样，许多世纪之前，他们的撒克逊祖先带着英格兰村庄的雏形从德国横跨北海而来。最终，"公地"（commons）不得不被放弃，除了以公园的方式——大多都受制于美国地理——但大村庄仍然存在，并成为新英格兰生活中重要的社会和政治单位，即新英格兰村镇。另一方面，魁北克的第一位法国人，来自布列塔尼和诺曼底的林地乡村，像在法国那样按村庄定居，而不是以分散的农场定居。村庄当然成长起来，但只是伴随着教堂的建立，以及店主和商贩的住房簇拥在这些大众聚会场所的周围。至少在最初，殖民者试图尽可能地像过去在大洋彼岸的祖国一样生活。美洲的法国人和英国人的样子毫无疑问就是他们的那些创造林地和原野景观的古代欧洲先祖的样子。

有更强烈的理由将地理原因考虑进西北欧林地和原野的分布之中，如果那里没有其他事实可以与这种分布有联系的话。如果我们不考虑诸如肯特和弗兰德尔等地方，只看欧洲西部边陲的林地乡村：布列塔尼、康沃尔、威尔士和爱尔兰，任何人都会立即说，它大致与那些我们模糊地称为凯尔特人的人群在中世纪和现代所居住的乡村吻合。这样的判断不仅仅指的是林地景观是凯尔特人的杰作，也意味着原野景观是日耳曼种族的杰作。[17]遗憾的是，众所周知，种族一词的意义复杂。它所指是否就是共同的血缘、共同的语言、共同的文化，是否就是一系列情感，或指的是上述要素的结合？在这里，我们无须进入这种讨论，但不论这些要素的哪一个被赋予种族一词，如果西方的林地覆盖的乡村与凯尔特种族所占据的乡村一致的话，它的分布就无法直接根据经济原因来解释。种族引入了其他要素。

同样的话也可以用在英格兰东南角的林地上。没有理由相信有大批凯尔特人生存在如肯特一样的郡中。但尊者比德（Venerable Bede）确实在这些事件发生四分之一个千年后曾有著述，他说肯特是第一批侵入英格兰的日耳曼人占领的地方，而他称这些人为朱特人（Jutes）。比起盎格鲁人或撒克逊人之间的相似程度，朱特人似乎并不像两者中任何一种。在整个中世纪，肯特的习惯都是很特殊的。[18]景观上的差别再次被发现与民众的差别有关系。

此外，中世纪土地继承习惯的地理分布与原野和林地分布的吻合程度极高，不论是在英格兰东部还是西部，都是如此。在原野乡村，惯例可能是，土地传给上一任持有者的一个儿子，且只传一人；在林地乡村，土地为所有儿子们联合继承。下文还将对此详述。继承习惯上的差异是传统家庭组织类型差异的明显特征。

林地乡村的一个特征是，居住类型以小聚落为主，原野乡村则是大村庄。但定居点并不仅仅是小而分散：它们还有其他的特征。它们并非孤立的农场，每一个都是一对夫妻与他们的孩子、雇工的家，就像美国的乡村地区一样。相反，林地的定居点在古代可能已经出现，这可能由一个林地国家，即威尔士的例子得到解释。在威尔士，与康沃尔一样，这些小的居民点被称为特雷弗（*trefs*），或更复杂一点，特雷弗高德（*trefgordds*）：特雷弗在威尔士和康沃尔的地名中很常见，正如英格兰地名中的"顿"（ton）一样。根据一项威尔士法律：

> 一个合法小屯（hamlet [trefgordd]）的构成是：九座建筑、一套犁具、一处炉窑（kiln [odyn]）、一个奶桶（churn [gordd]）、一只猫、一只公鸡、一头公牛和一个牧人。[19]

在以这种方式描述一个特雷弗的时候，古代立法者无疑正在形成一种理念。实际中很少有特雷弗可以在所有方面都与他的描述对应。但其中几个要素得到其他证据的支持。特雷弗不是一个孤立的农场。它也不是一个村庄。它是二者之间具有某种规模的东西——法律中提及的九座房屋的数量，以及这些房屋看起来彼此聚集在一起。它又是一个小屯，住在其中的人共同使用一套犁具，并将牛放在一起牧养。

特雷弗的居民按照经济联系共同持有土地；它们看起来也按照亲属关系共同持有土地。他们是一个近亲的和共同的祖先的一群后代，他们共同劳动，也许还不断重分特雷弗的土地，以至于每个成年男性都有一份。用人类学的专业术语来说，特雷弗是一个联合家庭（a joint family）。今天，在爱尔兰的偏远地区，与亲属有关的情感和仪式比原野乡村更为复杂。但村民们通过更大共同体中的邻里关系来弥补亲属感情的缺失。在数个世纪的小屯或村庄生活后，每个人典型的、由老一辈传给他们的孩子的态度特征，应该仍

第2章 林地与原野

然是很明显的，即使在那些已经离开自己老家的人群中也是如此。一个新英格兰的美国人（Yankee），原英国殖民者的后代，并不像他的爱尔兰同胞一样，对其远亲有强烈的义务感。

说威尔士的特雷弗是所有早期凯尔特边缘地区的林地乡村中具有典型性的社会秩序并不完全准确。对威尔士文本本身的解释是不确定的。可以肯定的是，小屯居民点是布列塔尼、爱尔兰和苏格兰的常态，在威尔士和康沃尔也是如此。同样可以肯定的是，举一个更进一步的例子，苏格兰的"农场"，在那个国家至少到18世纪末依然存在的农业生活细胞，是一个类似于特雷弗的经济单位，它的居民是持有土地并共同使用犁具的人群。在苏格兰和凯尔特西部的其他地区，与威尔士一样，这些经济组织上的特殊性很可能伴随着社会秩序上的特殊性，并与之相联系。

按照以上论述，解释西北欧林地和原野此等景观的特征和分布，一般并不依据一个或一类影响，而是依据几种或几类影响。按照一种方便的方案，决定景观特征的影响因素类别被分为三种，即所谓地理的、技术的和社会的。地理影响包括地形、土壤、矿物和气候。技术影响包括人们居住在土地上并从中谋生的方式：他们饲养的驯化牲畜是什么及他们如何照料它们，他们种植的谷物、蔬菜和水果，他们使用的工具及使用方式，等等。上述前两种影响是经济的。第三类影响，社会影响，包括特定人群，即部落、村庄、家庭的习惯，据此他们共同劳动谋生，并进行对一个社会生存而言是必要的其他活动。

不仅景观特征应该被视为几种而不是一种影响因素的结果，而且任何上述影响都不应认为是在单独地发生作用。使用犁具是决定人类群居特征的一个影响因素,而人类群居的特征是决定犁具使用的影响因素之一。地理的、技术的和社会的影响因此处于一种直接相互依赖的状态,每一种都与其他因素相互依赖。经验表明,它们也处于一种间接性的相互依赖状态中,即它们都是当时存续的有组织的整体或系统的要素。这些系统拥有其组成要素没有的特征,尤其是拥有这样一个特征,即一个要素的变化引起所有要素变化,而且它们会作出反应以减少最初的变化。这样的系统可以在许多现象中找到;这里要研究的那些系统被称为文化,所有的社会和经济规则、社会制度。

对威尔士特雷弗的描述被用作对英格兰,至少是西部的林地乡村的社会秩序的速览。这种速览将不作详述。原野乡村,即村庄乡村的社会秩序依然存在。对它在历史上的一个特定时期的形态的描述是本书其余部分的主题。

第 3 章 十三世纪的地位

在这里将要被描述的英格兰原野乡村的社会阶层处于历史上的一个特殊时期。[1] 那个时期就是 13 世纪。我们都知道,一年与接下来的一年差不多,即使它们处于不同的世纪;但比较 19 世纪与 20 世纪,我们就会发现,这种比较有些意义。同样,我们可能恰当地论及历史上 13 世纪的地位。我们可能也会论及英格兰历史上的 13 世纪,但我们将尽力记住,英格兰发生的许多事情与海峡对面发生的事情是相似的。就像今天,尽管经济的民族主义正在增长,但繁荣和衰退是世界性现象,因此在中世纪,经济和社会活动具有极相似的发展进程。西北欧:英格兰、法国和低地国家就是这样一个地区。即使在中世纪,英格兰也不处于孤立之中。

在我们论及的 9 世纪,也就是查理大帝后裔的时代,西北欧进入了一个长期的政治、经济分裂的低谷,这种分裂开始于罗马帝国的最初几任凯撒的繁荣之后,间或有复苏出现。如果下降曲线的坡度并不陡,低谷也就不像它们有时被提到的那样如此低,尽管没有人会否认,存在一个下降趋势和一个最低点。更早的时候,日耳曼部落深入帝国境内。他们没有"打破军团的铜墙铁壁",但当军团撤退或失败的时候就会进军。有些日耳曼人穿越大海到了英格兰,将罗马化的不列颠人清除殆尽,并如我们今天所知道的那样,建立起原野农业大村庄。他们给这个新的国家带来了原属于北德意志故乡的制度。其他人则已经成为法国、西班牙和意大利的新统治阶层。

老派历史学家用过于花哨的词汇来描述这次入侵中的混乱。在政治上控制拉丁世界之前,日耳曼人与罗马人接触已久,两种文化已经处于互相影响之中。[2] 罗马生活方式已经不陌生。经济上的大衰退并不是哥特人、汪达尔人、法兰克人和其他部落造成的。这种衰退在他们进军之前已经出现,在他们定居在新家之后仍然在继续。相反,如果有人要被追责的话,那最后阶段的衰退看起来要归咎于萨拉森人(Saracens)和北欧人。罗马帝国是格雷厄姆·华莱士(Graham Wallas)眼中的"伟大社会"(a Great Society):它的繁荣依赖不同地区商品的长途贸易。当交通网被切断的时候,这个伟大社会衰落了:这是萨拉森人和北欧人造成的后果。萨拉森海盗在地中海的所有海岸不断进行劫掠,最终几近灭绝了帝国的沿海商业。只有在拜占庭周围水域,古老的交通是安全的。在北海,丹麦人和挪威人有组织地抢劫了他们可以接触到的海岸。

9、10世纪处于一个长经济周期的低谷。但如果它们处于持续自1世纪以来的衰退期的末尾的话,它们也处在了一个日益繁荣的伟大时期的开端,这种繁荣自那时持续到今天,尽管稳定度时有不同。复苏很快在衰退之后出现。在地中海,意大利城市接管了对海上异教徒的防御,并在12世纪的十字军东征中进行了反攻。事实上,来自阿尔卑斯山另一侧的粗野的战争狂人成了意大利城市的工具,因为这些城市是十字军东征所推动的地中海商业复兴的主要受益者。在北方,维京海盗时代之后是维京殖民时代。在9世纪,丹麦人在英格兰东北部繁衍,并重新定居在这个国家。那些不愿意屈从国王金发哈拉尔德(King Harald Fairhair)领主权的西挪威贵族和农民占据了冰岛和苏格兰的岛屿,并为诺曼底带来了强大的新统治者。维京殖民时代孕育了维京贸易时代。一种北欧经济体系得到发展,它的动脉是北海、波罗的海和俄罗斯的河流,它的前哨站是格陵兰岛和拜占庭。

在这些因素的影响下,西北欧的生活开始活跃,南北皆是如此。由此可以观察到,经济发展的互动、不同社会等级的重要性、他们的利益和情感的变化,以及政治方式和标准的改变,从此之后成为时代特色。第一个被观察到的发展是市镇和城市的复兴与成长。在许多情况下,这些地方最初是主教或修院长、国王或贵族的驻地。一个大领主的地租有很大一部分花在他的市镇里;许多附庸所需要的商品主要在领主的市镇里购买或制造。这样,一种天然的贸易核心就形成了。[3] 另一个影响也在发生作用。整个中世纪,欧洲都有贸易者,他们带着自己的货物旅行到他们认为最有机会获得利润的地方。贸易量的增长伴随着一个常驻商人阶层(sedentary merchants)的出现,在贸易中心,他们是贸易事业的管理者和金融家。我们不应试图在城市的发展中寻找单一的具有决定性的影响因素。此类情况总是由许多因素之间的平衡关系决定的。

从事商业和制造业的弗兰德尔城市首先进行财富和影响力的竞争,但即使微小的英格兰市镇也在经历新的繁荣和成长。那些在城市出人头地的商人阶级想要的是脱离封建制度的自由,而封建制度的发展是与农业文明相适应的。他们想要的是,他们在城市中的不动产可以免于封建秩序的限制和奴役。他们想要管理自己的市场，评估自己的税收。他们在 12、13 世纪根据由国王和其他领主授予市镇共同体的特许状条款获得了上述特权。

任何重要的经济活动都不局限于一地：经济复兴并不局限于城市。在乡村，人口也在增长。新的土地正在被开垦。许多大西多会修院有意建在废墟、高地和沼泽上，因此僧侣们可以使荒野焕发生机。在许多教俗大领主的地产上，庄园农业系统，一个领主的自营地据此由他的农奴提供的惯例劳役来耕作，得到巩固和有效地组织。我们不应认为城镇的特质与乡村不同。许多市镇起始于农业村庄，有些甚至还保持着自己的公共土地。乡村向城市输送人口：早在 13 世纪，农民已经在把自己的儿子送到城市当学徒。诸如约翰·麦钱特（John Merchant）或威廉·查普曼（William Chapman）的名字出现在庄园惯例租役簿中，它们表明，即便是乡村也受到了商业精神的感染。

英格兰尤其幸运。借助军事力量，它的盎格鲁-丹麦统治阶级——这个阶级擅长艺术而疏于国家治理——被诺曼贵族所取代，而诺曼人是统治过英格兰的最著名的精英群体之一。在诺曼底，公爵的统治机器已经有效运行了一代人；征服者威廉将其完全移植到英格兰。通过诸如分配没收地产之类的措施，他阻止了他的新国家在未来出现获得地方热烈支持的强人割据贵族的可能，由此避免了造成法国和德国统一拖延如此长时间的难题。此后，在 12 世纪末和 13 世纪，一连串精力充沛的王室法官的引人注目的判决，为英格兰巩固了一批简单的普通法。

我们已经得知，13 世纪被称为"最伟大的世纪"。因为它是大学的世纪，是经院哲学的世纪。它是大主教座堂建设的世纪：沙特

第3章 十三世纪的地位

尔、巴黎、兰斯、亚眠、索尔兹伯里、林肯。它们由一个虔诚的民族建造,他们在天主教会塑造的仪式和世界观中实现团结。但让我们想一想,当说到所有这一切的时候,我们意欲何为。至少,我们所指的一个事情是,尽管哲学史家或艺术史家并未向我们提及,13世纪是一个物质上极大富裕的时期。像圣托马斯一样的学者不可能由一个贫穷的社会供养,诸如沙特尔之类的主教座堂不可能由一个贫穷的社会建造。我们应该认为,建造座堂的主教们最像那些大学里的校长,后者,在另一个富裕的世纪,乐于将钱花在砖头和泥灰上。但当我们说,13世纪是沙特尔和圣托马斯·阿奎那的世纪,我们说的是比物质富裕更重要的事情。社会当然感受得到它的基础,并对未来充满信心。在此意义上而言,这是一个信仰的时代。

就像此前和此后其他这样的时代,自信毫无理由。从14世纪初开始,经济发展减缓。学者们并无很多信息作为依据来估计当时英格兰和法国的人口,但他们最好的猜测是,人口增长的放缓在持续了数个世纪后没有再继续增加。尽管没有明显的减少,但这意味着,它也没有进一步增加,增长几乎停滞,直到两个世纪之后发现美洲带来的人口扩张之时。人口被认为是一个社会经济秩序繁荣的有用指标。另一个指标是诸如谷物之类的重要商品的价格:物价上涨是繁荣的指标。我们知道相当多的英格兰谷物价格,它们提供的证据是,物价在整个13世纪上涨,此后变得稳定,或至少没有以同样的速度增长。[4]

大发展未得以保持的一个原因是充斥于14、15世纪的灾难。1315年的严重饥荒只是不幸的开始。随后是发生于这个世纪中叶的瘟疫：据估计，它们杀死了至少1/3的西北欧人口。农民起义是瘟疫打击之后的混乱时代的特征。它们被上层阶级残酷镇压。上层阶级并未被变化或思想的骚乱所撼动，以至于他们准备完全使用武力来保持其处于最上层的社会结构。最糟糕的是，百年战争来来回回的进军和撤退摧毁了法国，耗竭了英格兰。除了边界战争和由莱斯特伯爵西蒙·德·孟福尔（Simon de Montfort）领导的反对软弱的国王亨利三世的起义外，对于英格兰人而言，13世纪是一个相对和平的时代。而在14、15世纪，国内外战争几乎是接连不断的。

也就是说，经济生活的许多停滞可以归咎于这些来自外部的灾难。但它更多地来自社会结构内部的发展。它本身的大扩张产生了自我限制的力量。如此多的事情泛泛而谈：但实际过程往往是模糊不清的。它们中许多出现在城市的历史上，尤其是低地国家的那些城市。商人阶级是贸易复兴的产物，到13世纪末已经在许多城市成为一个封闭的占统治地位的寡头集团。这个阶级解放了城市，而且现在统治着城市。像许多这样的阶级一样，它倾向于将在活跃的商业经营中积累起来的金钱投入不动产，尤其是地产，这会产生一种稳定的收入。这个寡头集团越来越由拥有相同情感的人组成，这群人靠自己的租金为生，他们与共同体的积极生产力量的接触比他们的父辈要少得多。

一个已经上台的阶级接下来要做的是，压制另一个试图在社会中攫取更稳定地位和更大权力份额的阶级。正如在19世纪，金融家和工厂主的社会和政治力量胜出之后是无产阶级带来的不安，因此，中世纪的城市寡头也受到了下层社会的挑战。伴随着城市作为制造业中心的发展，它们也发展成为贸易中心，以至于在商人和地主之下出现了一个更大的手工业工人群体。这个群体的组织形式手工业行会，为了成员的利益，它们控制着每个行业的秘方。越来越多的手工业者和他们的手工业行会，以暴力或和平的方式，挑战着寡头的权力。随着他们在立法中取得话语权，他们越来越多地实施限制性的条例，其效果，如果不是目的的话，是限制手工业中新生产和分配方式的引入。在许多城市，特定的商品能够被出售，仅仅是因为它们是在那里制造的。正如19世纪自由放任资本主义时期之后，政府开始规范工业和金融一样，自由商业的早期发展之后是14世纪的立法管制。

在农业中，与工业一样，中世纪晚期的停滞过程是模糊的，但在英格兰，这种变化可能已经具有了以下特征。土地贵族，不论是骑士还是教士，将用来耕作自营地的农奴劳役折算为货币地租，这样他们就能够雇用农业劳动力了。到14世纪末，这种发展得以再进一步。但许多贵族也开始将土地出租，尽管那些土地曾经是由自己直接来管理的。而在13世纪，上层阶级曾全身心地努力改善农业生产方法和庄园组织，到15世纪，绅士们，就像城市寡头集团的成员那样，通常可能已经拥有了食租者（rentiers）的情感和主张。只有在玫瑰战争末期，随着乡村中一个新兴的朝气蓬勃的，而且具有商业头脑的上层阶级出现，变化才发生。不论作何解释，英格兰农业在15世纪的停滞是事实。土地被抛荒，甚至耕地的生产率也在下降。[5]

我们很容易过分强调历史上的经济力量，因为一般而言，比起其他力量，我们对这些力量知道得更多。很可能，14世纪英格兰最重要的发展不是百年战争或无法保持经济扩张，而是约翰·威克里夫和他的支持者罗拉德派的出现。当然,罗拉德派不可能与经济形势毫无关系:一个国家的任何历史变化都不是互相独立的,但罗拉德运动肯定不是一种经济现象。此外,威克里夫强调布道,强调堂区教士的工作,强调个人对《圣经》的认知。他也攻击教会在弥撒中关于变体论(Transubstantiation)的教义。他提出的这个问题是很重要的。因为它们正是一百多年后新教徒再次挑起的话题,所以它们应该与北方人的某些潜在趋势是相符的。但在14世纪,威克里夫攻击教会的理由可能不如他确实攻击了教会这一事实重要。他应该已经使人们对教会的不满情绪公开化,如果它曾经是模糊的话。类似罗拉德派的宗教运动往往在病态社会中出现。这种观点是不明确的,它表达的仅仅是一种直觉。一个病态社会的特征还没有被说清楚,甚至对于我们自己的社会秩序而言也是如此。但威克里夫是一个符号,它象征着中世纪文明在14世纪正在失去它原来的一些道德性的东西。实际上,农民起义的年份(1381)也是威克里夫攻击变体论的年份,这是富有戏剧性的事实。14、15世纪的饥荒、战争和瘟疫,那些年的经济停滞,不应该与那时社会的不幸割裂来看。[6]

为方便起见,13世纪因其自身的特征可以被视为一个独立的时代。这是一个和平繁荣的时代,它是数个世纪经济扩张运动的结果。它是一个自信的时代,社会秩序稳定的时代,尽管扩张过程已经开始破坏那种秩序。就像所有的繁荣时代一样,它是一个变革时期,尽管不是一个包含现代人所习惯的那种快速变革的时期。但英格兰和法国在13世纪之后紧跟着是两个世纪的停滞发展——非衰退,而是停滞发展,或者如果那种表述看起来过激的话,就是说中世纪早期的进步速度并未得到维持。在另外一种情况中,这种论断仅代表着一种对发展的普遍印象,而这种发展变化很复杂,而且还没有得到很好的研究。在有些方面,这几个世纪肯定催生了新的有活力的制度:一个例证是英格兰本土纺织业。而且这个论断仅可适用于法国和英格兰,而不适用于整个欧洲。任何人都不能说,意大利在14、15世纪出现了发展停滞。如果没有美洲的发现,西北欧是否会再次开始发展,我们不得而知。事实上,一种新的发展已经在那里开始,而且如浪潮般持续,直到今天。

第 4 章　农夫的技艺

很久以来，学者们已经放弃了完全从经济上对历史进行解释。人类社会的习俗完全是由人们居住的乡村的性质和他们依靠乡村谋生的技艺来决定的，证实这一点的任何成功尝试都还没有出现。但毫无疑问，习俗在某种程度上是由这些经济因素决定的。而从有些人类学者的工作中，你不可能知道这些。在研究任何社会时，他们即刻关注它更吸引人的方面，它的神话、仪式，而忽视了它的实践活动，它的狩猎、捕鱼和农耕。我们不可能从他们的作品中获知，那个社会的人必须为活着而烦恼。但大多数人类学者没有人类思维的一个普遍偏好。今天的人们倾向于认为，他们的时代是唯一产生伟大发明的时代。由于汽车和收音机的出现，他们忘记了重要的发明在整个人类历史上时时都会出现。任何试图在历史上定位13世纪的人都不会犯人类学者或普通人的错误。他会尽可能快地考虑那个世纪里人类谋生的技艺，他会描述这些技艺如何区别于之前和之后的世纪中人们使用的技艺。

当今天的文化人将诚实但贫穷而被压迫的人设定为一类可怜人之时，他们将其塑造为一个产业工人。他们的中世纪伙伴则将其塑造为一个农民——农夫皮尔斯。他们喜欢设想，他在犁地，脚踝没于沼泽之中，粗糙的双手扶着犁把，他那四头老弱的牛在他前面套着轭,并由他妻子手中的尖头棒驱打着。[1] 在十个人中九个是农夫的时代,农夫皮尔斯是一个合适的同情目标。

但几乎所有现在书写这些农夫及他们的劳作方式的人都不能理解自己写的是什么,因为他本人从未是一个灰头土脸的农夫。数年来,书写中世纪商业史的人们重复着这样的故事,即那时的小船在它们的旅行中紧靠海岸,这样它们应总是靠近一个港湾,在其中它们能够找到暴风雨中的安全之所。这些作者并非水手,而是学者,因此他们并不理解,中世纪一艘小型帆船的主人在糟糕天气时的第一个念头应该是出海到深水中去,而不是驶向岸边,就像现在一样。他知道他的船能够冲破普通的暴风雨,但咆哮的大海、避风的港湾和沙滩才是真正的危险。如果中世纪的船只紧靠海岸航行,原因并不是它们不想远离安全的抛锚处。在城市中长大的人在论及中世纪的农业时很可能犯同样的错误。有许多事情是任何有经验的水手或农夫——不论现代还是中世纪的——都知晓的,这些事情是书写水手和农夫故事的大多数人不知道的,而且是从书中学不到的。如果社会中的劳动分工是,作者与他们的论文无须等待实践之人的批评,那么他们就应该理解,他们所犯的错误很可能会导致农夫或水手称呼他们为傻子。在理解这个之后,让我们来考察13世纪的农夫对农业都知道些什么。[2]

用一种美式表达来说,中世纪的农夫,农夫皮尔斯,是一个仅能糊口的农夫。他种植谷物,在市场上出售的粮食数量并不如自己、家庭和家畜消耗得那么多。而且,他的生计主要靠谷物和豆子,它们被烤成面包,煮成布丁,或酿成麦酒。他在菜园中可能会种些葱或卷心菜。他饲养着一些肉厚的、阉过的猪,或者在树林半放养,靠啃橡树和山毛榉树干长肥,或者在村子里,圈起来或牵着以防止它们拱坏草皮。猪肉,不论是腌的还是熏的,就是皮尔斯通常吃的那种肉。他也养母鸡和鹅,有时还杀一只羊、一头牛,或他的一头耕牛。但他不可能每晚都吃肉。在整个中世纪,面包是主要食物。

正如伊里斯在《暴风雨》(*The Tempest*)中所见证的那样,英格兰的土地是

富产小麦、黑麦、大麦、野豌豆、燕麦和豌豆的膏田。

这些就是主食作物,辅以各类种子的变体,如玛斯林(maslin)和德拉奇(drage),它们由两种或更多基本谷物人为混合而成。[3] 对于它们,需要牢记的是,依据播种的时间,它们主要被分为两类。前两种,小麦和黑麦,在秋天播种,这个处于米迦勒节和圣诞节之间的季度被中世纪的人称为冬季。它们是冬季种子(*semen hiemale*)。后四种:大麦、野豌豆、燕麦和豌豆,再加上菜豆,在初春播种。它们是大斋期种子(*semen quadragesimale*)。两类作物在8、9月几乎同时成熟。

当第一个种植谷物的人发现他的土地每年生产的粮食越来越少时,应当会从自给自足陷入绝望。也许,说农夫从那时就已经知道田地持续耕作会耗竭地力,并不正确。这并非完全绝产意义上的地力耗竭问题,除非由于耕作,表层土壤被洗刷或冲走,田地才会最终绝产,就像美国部分地区发生的那样。但它们所产出的谷物会比它们本来可能产出的要差得多。农夫皮尔斯至少知道三种给播种中的土地恢复或改善地力的方法。第一种最简单。他知道,如

果田地只是搁置不管一段时间，就会长出更好的谷物。这种方法被他称为休耕（fallowing）。第二种方法是撒泥灰（marling）。在英格兰的许多地区，他能够挖到泥灰，一种带有石灰碳酸盐的黏土。泥灰是一种肥料。第三种方法是施肥。他能够在田地上系统地养羊。或者，他会在地里撒上牛粪，通常混上秸秆变成肥料。在有些乡村，一头母牛或公牛作为产肥工具的作用要比其他功能更为重要。由于皮尔斯很少能够得到大量泥灰，而且也并不拥有大量粪堆，因为当时存在的技术缺陷，他只能选择休耕作为恢复农田地力的唯一方式。

迄今为止，农夫皮尔斯对农业拥有一种令人尊重的理解。他在技术上的障碍是，他不知道芜菁或草，如三叶草或苜蓿，可以作为田间作物。[4] 现代农民使用草作为直接或间接保持肥力的方式。直接方面，一种类似于苜蓿的作物种植在地力耗竭的土地上，并被翻入土壤，将为土壤恢复产粮所需要的氮。间接方面，草可以作为牛饲料来种植；牛产粪，粪可以撒在田里。灵活结合使用这些方式，一个现代农民几乎可以制造任何自己想要的土壤。人工种植草地和芜菁被引入英格兰的时间看来不会早于17世纪中叶太多，而且直到一个世纪之后也未得到普遍使用。新方法的引进被称为农业革命，它很少被提及，但其重要性并不次于同时期发生的工业革命。但最好这样处理这个问题：农业革命带来的重要东西并非特定方法，而是一种理念——这种理念是，任何农业生产方法都应该被研究和改良，这是一种理性农业（rational agriculture）的理念。这种理念在欧洲是新鲜事物，至少是自罗马时代以来。在中世纪，农业是依惯例的。人们如他们的父辈那样耕种，并不梦想着什么更好的事情。

农夫皮尔斯并不知道草可以作为田间作物。他对将草籽播种在耗竭的田地上来恢复地力一无所知。他只有休耕一种方式来使自己大部分土地再次适于耕作,因此不论他如何努力工作,他都受限于土壤的最初质量。更为重要的是,他不知道种草来作为耕牛的饲料。中世纪农业和现代农业的最大区别就在于这种简单但重要的干草问题。中世纪的人对干草可以有目的地当作物播种一无所知。这是一种对我们而言很难适应的想法,但它看起来是真的。这并不意味着农夫皮尔斯没有干草。但他拥有的干草只是天然而茂密地生长在河谷,及其他低洼、潮湿的地方。同样,这并不绝对意味着,它的生长是未经培育的。皮尔斯的先辈们不得不把沼泽地开垦为草地,皮尔斯自己必须每年割草,并看水沟是否已经清理。但他并不像播种谷物那样种草。不幸的是,英格兰的水草场(water meadow)数量很有限,在中世纪,一英亩草地的价值相当于三英亩耕地。皮尔斯的干草作物很少,而且正因如此,他的牛也不多。在夏季,他们可以在牧场里放牧,但在冬季,他们必须靠干草饲养,再加上许多皮尔斯用作饲料的春季谷物。而且由于他的牛不多,皮尔斯在田地里撒的粪肥不得不也很少。农业中充满了这样的恶性循环。然后,皮尔斯仍然以另一种方式被带回到将休耕作为他大规模恢复地力唯一方式的状态。每一次,他需要做的仅仅是将田地空下来。

为了准备播种,皮尔斯使用一驾由一组牛或马来拉动的犁来开田。犁是最重要的农业工具,而且农民将他用在犁上的劳力看成他唯一的农业劳动力类型。皮尔斯本人就是个犁把式。犁地工作应

第4章 农夫的技艺

该早干,被霜冻或坏天气打断,是他担心的事情;"上帝,请加快耕速!"是他的祷告。

当时欧洲流行使用两种主要的犁。[5]一类非常古老。它包括一个钩状木棒,底部可能套上了铁。这种钩状木棒的一段构成了犁把(the hale),即犁的扶手,另一端抓地。木棒中间,另一部件被设计成前伸,犁辕被固定于此。上述就是这种犁的要件:它的构造因地而异。这就是原始犁具;它的名称来自全欧洲语言拥有的同一词根。这就是拉丁语中的 *aratrum*,法语中的 *araire*,古斯堪的纳维亚语中的 *arðr*。由于它很轻,并不深入土壤,因此它在土质松软的地方得到成功使用,草皮厚的地方,如在英格兰,是不适用的。由于它能由一两头牛或一两匹马来拉动,因此,这个犁队可以很容易地转向。相应的,轻犁(*araire*)适用于十字翻耕,首先在一个方向上拉出垄沟(furrows),然后以另一角度进行交叉,由此促成了一种方块地(squarish fields)系统。此类田地存在于法国南部和其他地中海国家,那里的轻犁已经使用了很长时间。在极北的地方,这种犁也在使用,尤其是作为传统北欧农业的一部分。到18世纪末期,它仍在设德兰群岛使用,在中世纪,这种轻犁(light hoe-plow)在欧洲许多地区可能已经很常见。[6]

与轻犁对应的是严格意义上的重犁(the plow),一种更加有力的工具。一副长而重的犁辕在前端固定。在犁辕下面,与其捆绑的是厚重的十字支架,一组犁铧悬挂于上。这是耕犁深入土壤的部分,在其前端安置的是一个可拆卸的熟铁帽,用来破土和割开草皮,即犁铧(the plowshare)。另外的铁片,剑状的犁刀,由犁辕驱动置于犁铧之前数英寸,在犁铧破土之前将其切开。然后,在犁铧后面,总是安在耕犁右侧的是木制的翻板(mould-board)，如此得名是因为它于犁铧破土之后在右侧翻出垄沟。最后，两把扶手(two hales or stilts)安置在耕犁后面，通过它们，犁把式手持耕犁以控制合适的路线和深度。有时，在犁辕的前端附着一个或一对轮子，以使翻耕更加均匀，来使垄沟保持一致的深度。但这个轮子并非耕犁的要件。这些就是它的力量和重量，使其在重土(heavy soils)中可以比轻犁翻耕更深的土壤，它的犁铧和翻板，使其翻出一个垄沟。轻犁只是划过土壤。

这就是那时的重犁，农夫皮尔斯的耕犁，中世纪北欧常见的耕犁。轻犁的词根在所有的欧洲语言中都是常见的，但对于重犁却没有共有的词语。在低地拉丁语中，它被称为卡鲁卡(caruca)，源于它通常安装的轮子。(常见的罗马耕犁当然是 aratrum。)在日耳曼人的语言中，它是 pflug。如果将普林尼文本中的 plaumorati 重构为 ploum Raeti 是正确的话，那么，我们所知第一群按照这个词根称呼它的人是 1 世纪的莱蒂人(Raeti)。那时，他们居住在多瑙河上游的南岸。普林尼也提到这个工具在高卢的使用。[7] 当然，它是一个比轻犁更晚的发明，是对它的一种改进，而且应该在大范围地区取代了轻犁。

装有翻板的耕犁的一个优点在于其可以作为排涝工具，这使其为北欧人知晓。在潮湿如英格兰的国家，长期面临的严重问题是将地表从长期水浸中解救出来，以防止谷物被浸泡。有些事情可以通过挖沟来解决，旧时的筑坝工和挖掘工的工作辛苦，但挖沟是耗时的工作。18 世纪末农业革新时代的巨大进步是地沟(earth drains)的引进。这些排水道，由砖瓦砌成，松散地位于土里数英寸深，排干地表水。中世纪的农夫对于排水一无所知,却通过特殊方式的翻耕来对土地进行排涝。在整个英格兰,那里曾经被耕作的土地长期以来都是草场,你将看到它们排列成长长的、平行的地垄(ridges),地浪如海浪那样,但更加规则。一个村民称这样的土地处于"地垄和垄沟"之中。这些耕地是中世纪犁把式(plowmen),或此后仍然如他们的祖先一样耕作土地的那些农夫的杰作。

这些地垄有好几种"整理"(gathering)方式,如浇筑和切割,但描述其中之一就够了。[8] 耕犁会沿着一块条田中心线的左侧进入,然后从中心往外一圈圈地翻耕这块地,翻板(在耕犁的右手边)由此总是将土壤翻至条田的中央。在几次这样翻耕之后,土壤就会在这块条田的中心堆起一条地垄,溢向其两边的垄沟。如果农民认为他的地垄太高,他会翻转这个过程,让耕犁正好进入垄沟的左侧,并将所有的土翻过去。这就是英语中的 rigs、ridges 或 lands,中世纪拉丁语中的 *seliones*。

一旦土地被好好地翻耕,它们似乎就得到了维护,而且它们就成为土地持有、耕地和秋天时收割的单位。一队收割工会沿着地垄干活。[9] 地垄的习惯面积在英格兰各郡差别很大。

> 翻耕土地的方式有三种:它们或者是大田(great Lands),有高高的地垄和深深的垄沟,如在这个国家的北方那样,在南部有些地方也是如此;或者是平的,没有地垄或垄沟,如在剑桥郡的大部分地区;或是小田(little Lands),任何土地都不包含两三个以上的垄沟,如在米德尔塞克斯、埃塞克斯和赫特福德郡那样。

一位"I. R."在他对1598年版马斯特·菲茨赫伯特（Master Fitzherbert）的《农书》所作的附录中这样说。[10]

以地垄的形式耕地为何是一种为土地排涝的好办法，其原因是，在潮湿的天气中，地垄顶部及其上面的谷物将保持干燥，而水分被收集在垄沟之中，或更好，从垄沟排向一个水渠。在有斜坡的土地上，地垄这样排列，水就可以以这种方式排干。当然，在地垄两侧较低的谷物就会遭到损害。格洛斯特修院在13世纪制定的庄园管理规则中，就这个问题规定如下：

> 不论这块土地哪个地垄上的谷物在冬季被水淹，那里的土壤都应该被挖开，然后种上另一种谷物，以防土地因那种灾害而减产。[11]

按照托马斯·塔瑟的说法，地垄顶部和底部潮湿度的差异造成了种植在那里的谷物种类的区别。他建议道：

> 小麦播孬地，那里有水滞；
> 在那地垄下，撒上豌豆种。[12]

重犁是重型农具，它破土很深。因此，用来牵引它的犁队要比轻犁的大。无疑，英格兰中世纪文献中提到的犁队通常有八头挽畜，或牛，或牛马混合，以四套轭直线排在前列。有时甚至提及更大的犁队，即十头挽畜的犁队，但它们不像较小的犁队那样常见。事实上，在中世纪英格兰的手稿插图中，还没有出现超过四头牛的犁队。很难将八头牛聚在页面边缘；然而，学者们很可能并没有将手稿中的插图当成中世纪生活的现实画面来认真对待。也许八头牛的犁队应该是一组挽畜的标准，而不是实际上使用的犁队。也许八头牛的犁队被分成两组，每组四头牛，轮流干活。[13] 然后，犁队需要的挽畜数量因土质和季节而不同。但一个八牛或八马的犁队在档案中得到特别说明，被提及次数比任何其他用来犁地的牲畜都要多。这样一个犁队对我们来说看起来很大，而我们忘记了干草并不充足，以至于牛可能只有很少的谷物吃，在大部分的时间，它们的食物不可能比秸秆更好，因此在牛棚中一个冬季或一个辛苦的耕地季之后，它们应已经皮包骨头了。大犁队的使用，也许是因为牛弱且小，但为劳动实践寻找纯粹的经济理由总是危险的。中世纪的人可能用八头牛耕地，仅仅是因为习惯如此。18世纪的经济学专家肯定认为，许多农民很可笑，因为两匹马可以干的耕地工作，他们却要用几头牛来干。

一个人不可能既控制耕犁，又管理一个八牛犁队甚或一个四牛犁队。两个人操作这样一个犁队。一个人在犁尾，握着犁扶手，或者，也许他"左手握着犁扶手，右手用犁柄来打碎土块"。[14] 这就是严格意义上的犁把式，卡鲁卡特（carucator），驾驭耕犁的人。犁把式是犁队的头儿，听他指挥的是赶牛人弗加托（fugator）。他与牛同速前进，走在牛的左边，向牛喊它们该怎么走，并用一根鞭子或棍子撵它们。[15]

犁把式本人，或犁队的驾驭者，往往也是牛倌（oxherd）。英格兰人巴托洛谬（Bartholomew）这样描述牛倌的职责：

一名牛倌叫布布尔库斯(Bubulcus),被正式任命来照料牛群:他喂养牛,将它们带到牧场,再带回家;当它们在牧场和草地的时候,用一根绳子拴住它们的脚,并接近和拦住它们,还要驾驭它们并使它们在耕地时挽犁:用一个木棒敲打走得慢的,让它们匀速前行。用口哨和唱歌让它们高兴,让它们因对声音韵律的喜爱而更好地驾辕。这个牛倌驾驭和驱赶它们匀速前行,告诉它们犁出平均深度的垄沟:不仅强迫它们要听话,而且也要踏面和脱粒。引着它们走在谷物上,踩断秸秆来脱粒,并踩踏出面粉。当工作完成,放开它们,带到牛圈,并在那里喂它们。[16]

13世纪的另一个英格兰人说,牛倌应该爱他的牛,并在夜里与它们睡在一起。[17]在萨默塞特的布里登,牛倌

当在冬天喂养领主的牛时,应该看管它们,找到它们需要吃的干草和秸秆,他将把牛赶进牛棚,并将得到两头牛面前剩下的东西,这被称为 orte,整个期间,领主的牛待在牛棚里;从复活节到耶稣升天节中午,他将自己的牛跟领主的两头牛一起喂养;他将日夜看管领主的耕牛和奶牛,以及棚里的其他牲畜,在需要的时候,他要喂它们饲料和水。[18]

在这个犁把式和犁队的赶牛人之外,其他几个男女也可能与耕犁一起前进。有些人拿着犁板(plow-bats)碎土。其他人可能在耕地之后立即播种。耕地是一个许多人一起干的活。关于《农夫皮尔斯》

第4章 农夫的技艺

中象征性的犁队,我们读到:

> 现在皮尔斯与朝圣者们去动犁,
> 借众人相助来平整他那半亩地。[19]

人们已经从经验和对现代劳动群体的研究中认识到,在人们一起进行的任何劳动中,会形成一套惯例,它针对相互关系和工作内容规范着群体成员的行为。这样一种规则应该主导着中世纪一起耕地的那些群体。例如,对人们何时休息,他们为自己的劳动得到的报酬和补贴,惯例应该做出了规定。但我们对此几乎一无所知。《农夫皮尔斯》的那一段文字继续说道:

> 到了日头高升起,皮尔斯收住了犁,
> 亲自去监督他们,看谁干活最卖力,
> 今后他应再被雇,当收获季节到来时。

我们不可能认为,《农夫皮尔斯》真实描述了一幅14世纪犁队工作时的情景。它的寓言的要求阻止了这样一种图景的描绘。但是,在讽喻的层面上,皮尔斯可能反映出了真实犁把式的一些态度。

农民在周围环境中定位自我的一个重要框架是围绕犁地工作建立的。他身着紧身裤、衬衫和罩衣,弯着腰,尾随耕犁,沿着地边前进,他倚在犁扶手上,这样,犁铧应该可以犁出均匀深度,并切出均匀的土块,对于他的工作和乡村,他如何看待自己在其中的位置?我们的认识方式可以是与现代农民交谈,可以是观察中世纪的耕地，可以是研究农民曾经使用过的一些常见词汇。在耕犁的右侧总是翻板，在犁铧破土之后将土翻过来。为何自从最早关于耕犁的绘画出现而且无疑远在那之前，翻板应该在耕犁的右侧，我们不得而知。有些与人的右撇子有关的因素可能使其如此。因为，右侧是垄沟被翻出的一侧，黑土地已经被打破的那侧，耕犁的那一侧，从犁把式的视角看来，被称为垄沟侧（furrow-side）。耕犁的左侧，未打破绿草皮的那侧，是田侧（land-side）。耕犁的前方走着犁队的挽畜。犁把式会在垄沟侧驾驭着其最强壮和最快的马或牛，因为垄沟侧的牲畜在垄沟里挽拽，而且立足点在那里不如在田侧牲畜挽拽的未翻耕的草皮上好。在犁队旁边是手持尖头棒的赶牛人。他自然也会走在立足点好的地方，在犁队左侧的草皮上，即田侧。犁队的赶牛人的习惯地位已经在劳动语言中留下了它的痕迹。任何犁队的右侧牲畜总是被称为远马或远牛（off-horse or ox），因为它远离赶牛人，而且离垄远，在垄沟中。左手牲畜被称为近马（nigh-horse），因为它更靠近赶牛人。甚至今天，当人们不再以古老的方式耕地的时候，引领犁队的人也习惯性地站在它的左侧。当然，他由此可以右手握住缰绳，而且，这是另一种便利。

耕地的古老方式自然产生了土地的特定丈量标准。一个八牛犁队通常无法方便地掉头，但当它耕地的某时必须掉头。耕牛需要多次从拉犁中休息。犁队休息和掉头之前的垄沟长度就成为一种传统长度。这样一种长度在我们的弗隆（furlong）中保存下来，正如其名字显示的那样：它是一条垄沟的长度。因此，一垄地可能就是一个弗隆的长度。反过来，地垄的形状有助于决定另一种丈量标准，英亩。法定英亩曾经不仅是面积测量单位，而且是一块特定形状的面积。它长 1 弗隆 (40 杆)，宽 4 杆。它包含一个或多个长而窄的地垄。它可能也与惯例规定应该在一个特定时间内翻耕的土地的数量有一定关系。这个犁队干的活并非是一整天的标准工作，而是仅仅持续到中午，或下午很早，然后耕牛被解套，被赶向牧场或牛棚。也许，《农夫皮尔斯》和许多档案提到的半英亩土地是习惯上被希望在这样一个长早晨所要翻耕的土地数量。英亩本身，直到由法令固定，从林地到敞田乡村在面积上因地区而异。此外，重要的是记住一个事情，弗隆和英亩是长度和面积单位，而不是实际的长度和面积。农田中很少有被翻耕的条田正好长 1 弗隆，宽 4 杆。相反，它们多少都在长度上少于 1 弗隆，都在面积上少于 1 英亩，因土壤和田地的位置而定。实际中，农民亦无法创造出它们。

当一个庞大的犁队到达垄尾的时候，会发生什么？通常而言，一块条田在右侧留下一组地垄，它们的头部，实际上，被称为头田 (a headland)。在这里，耕犁可以调头。这个犁把式会倾斜耕犁，这样它可以从土里出来，赶牛人会将手放在头辕上以引领犁队掉头。但他会转向哪条路？如果观察一下英格兰的地垄和垄沟，你会发现，地垄通常不是直的，而是弯曲的，它们弯曲的形状往往是一个反向的字母 S，也就是说，如果沿着地垄从一头看向另一头，你会发现，它们几乎总是在远端弯向左边。另一些人已经观察到这个事实，对此进行了评论，并如往常一样为其寻找了理由。这里无须对此赘述，但一个最令人信服的原因如下。犁队的赶牛人手握尖头棒走在犁队的左边。他应该领着它，犁队在地垄尾转弯的时候转向左边，还有什么比这更自然的呢？在使用一个大犁队的时候，转弯应该开始于垄沟到头之前,此时,地垄本身就会变得弯曲。[20]但在中世纪,实际做法从来都不能与惯例做法区分开来。即使在一些假设的起因中,地垄的弯曲是由实际考虑造成的,但无疑它只是作为一种惯例而继续存在。实际做法在惯例中被忘记了。

这里所有关于中世纪耕犁和耕地的讨论可以一段有趣的古英语谜语来总结,它出现于《埃克塞特书》(Exeter Book)中,翻译如下:

> 我的鼻子向下;我深入土壤前行;我按照灰色木质敌人的引领前进,我的主人是我的守护人,弯着腰走在我后面;他在平地上推着我,扶着我,催着我,在我留下的沟里播下种子。我急速前进,被从园子里带出来,被强力绑起来,载于马车上,我受了很多伤;我走过的地方,一侧是绿地,我的辙印的另一侧是清晰的黑色。一个刺尖穿过我的背悬在下面;另一个被固定在我头上,易于落在边上,这样我能用牙撕咬,如果我的主人正好从我后面服侍我的话。[21]

"我是谁?"这个问题的答案当然是"一张犁",任何读过上述内容的人都将会认识谜语中描述的一张中世纪耕犁的组成部分,以及这张耕犁的使用方式。

第 5 章　原野农业

　　这就是13世纪的农夫皮尔斯所知晓的一些重要农业技艺与方法。迄今为止，它们仅仅被描述为可供利用的知识；它们实际上被付诸实施的方式还很少被提及。可以肯定的是，将它们付诸实施的方式很多。我们可以从当今的历史中来理解。今天的美国人和俄国人掌握着大致相同的农业技术。俄国人正在尽可能快地制造出美国式的拖拉机。但运用技术的人群在美国被称为个体农场，在苏联则被称为集体农场。要吸取的教训是，任何技术的具体应用，不仅取决于技术本身和使用它们的客观环境，而且取决于使用它们的人的情感、传统和理念。因此，英格兰原野乡村的农夫对技术的独特运用部分地是由这些农夫的社会传统来决定的。一方面，他们生活在一种特定类型的大村庄中，另一方面，他们以一种特定类型的小家庭生活。原野乡村的农业活动无法抽象地从家庭和村庄的传统中得到考察。

　　首先说一些关于名字的事情。今天，一个英国人口中的村庄就是村庄（village）。一个美国人，或至少是一个新英格兰人，所说的村庄，是村镇（town）。在这一点上和在其他方面一样，他在语言上比英国人更过时，因为整个中世纪，村庄的英文词是 town，村民的英文词是 townsman。village 一词仅仅是一个法语外来词。在其他方面，新英格兰人也比英格兰人更落伍。当他考虑整个属于村庄的区域之时，不论这块区域上是否有房屋，他用的词都是村镇。他心中有如一个镇区（township）的概念；英格兰人没有，除非它是一个堂区（parish）的概念。但英格兰人此前数世纪的先祖应对镇区的概念相当熟悉，它不仅仅是有明确边界的区域，而且是地方行政单位。事实上，这个概念为新英格兰人所熟知的原因在于，三个世纪之前，一些老派（the old school）英格兰人来到美国，并尽最大可能地像他们在家乡熟知的那样组织村镇。

但中世纪的英格兰人在两种意义上使用村镇。要记住，立即能给旅行者留下深刻印象的原野乡村的两个特征，第一，人们的房屋聚集在一起；第二，在聚集的房屋之外是广阔的耕地。现在，中世纪的英格兰人使用村镇一词的意义是镇区。但它在一个更为严格的意义上来指代狭义的乡村，围绕堂区教堂而聚集的房屋。他把围绕房屋群而展开的敞田乡村与这个意义上的村镇加以对比。他称之为农田（field）。"村镇和农田"的表述成为定式。一个人会提及"他在村镇和农田上的所有财产"，指的是他在他的镇区的任何地方拥有的所有财产。[1] 使用中世纪英格兰农民自己所用的词来讨论他们是令人愉快的。但这个领域内的大部分工作已经由现代英国人完成，因此，习惯上是谈论村庄和村民，而不是村镇和市民。

这里将要探讨的顺序，首先是村镇，然后是农田。在许多现代英国村庄，现存唯一的中世纪建筑是堂区教堂。教堂是村庄的中心。它不但是上帝的居所，而且是储藏室、法庭、监狱、堡垒。它是村庄里最坚固的场所。教堂塔楼里的钟提醒在田里干活的人有危险或喜讯，就像它告诉人们，上帝已经在弥撒庆祝中升天。正如一个人的房屋建在一个院子里，上帝的房屋也是如此。在教堂庭院中，村民们在一个主日弥撒之后聚集起来，说些闲话，或举行集市，甚或进行运动。中世纪的主教们都谴责将教堂庭院用作市场，或村中青年男女的舞场，但他们似乎并没有给古老的习惯带来哪怕是最细微的改变。在教堂庭院，村民们也在有人去世时聚集，就像日常生活中那样。

关于堂区教堂，在中世纪英格兰与今天法国东北部的原野乡村一样，聚集着村民的房屋，有时是村庄街道旁形成两排，有时以其他传统形式。当前它的房屋的位置往往显示出一个村庄古时的规划。这种聚落正是威廉·哈里森所说的，他在原野乡村发现，房屋"在每个村镇里都整齐地与街道和小路建在一起"，而且不像林地乡村那样分散在外。但这些房屋并非真建在一起。它们并没有墙挨着墙建。每栋房屋都建在一块狭窄的宅地（messuage or toft）上，这为外部建筑和菜园留下了些许空间。在房屋后面，会有几处自留地（closes or crofts），也许被持有它们的村民用来补充牲畜的饲料。"宅地和自留地"是特许状中的一个常见词组。宅地和自留地能以持有者所认为合理的方式来管理：它们并不像敞田那样，受村庄惯例控制。

这就是村镇，也就是现在的农田，即围绕着原野乡村的房屋和围圈地延伸开来的开阔的耕地。一份关于包括农田在内的原野农业的研究的起点，可以是对曾经出现在英格兰部分地区的更加原始的农业的研究。在世界上许多地区，这曾是以农为生的人们的长期做法，他们将一块地上的灌木砍光烧尽，并在上面耕作数年，直到粮食产量太低以至于不值得再在种植上下功夫。然后,他们移动到另一块土地上,并让原来那一块重新长满野草和灌木丛。这就是轮作种植最简单的形式,当地力不足,而有大量土地闲置时,它运行得还算不错。

当有些土地长期耕作,其余的像以前那样抛荒,两种形式各持续一段时间,这就到了另一个发展阶段。永久耕作的土地很可能尽可能多地施以肥料来维护。在舍伍德森林的村庄里,迟至18世纪,类似这样的安排还在流行。村庄周围的少量耕地被永久围圈,并用于持续的耕作或放牧。在此外围,"其余的敞开,日常用于放牧居民的牛羊和国王的鹿。对于村中居民而言,休耕,或暂时将40至250英亩的土地进行某种程度的围圈,并将其用于耕作五六年已经是无法追忆的习惯。"[2] 不论哪里的村镇拥有大片森林或荒地的使用权,类似的安排都可能会出现。这就是所谓的内田(infield)和外田(outfield)系统,这些词汇借用自苏格兰农业。在苏格兰,内田是永远处于放牧或耕作中的土地;外田,通常由一堵墙将其与内田分离开来,由几块耕作数年并种以燕麦的沼泽地组成。内田-外田制度是粗犷的不列颠群岛北部和西部的一个特色,但它们也出现在条件适宜的英格兰地区。它们出现在舍伍德森林。它们出现在诺福克西南和萨福克西北的布雷克兰(Breckland),[3] 而新田(intakes),暂时耕作的围圈地,出现在约克郡的沼泽地带。[4] breck、brock、brech 等词汇,独自或作为农田名中的词素,出现在中世纪的许多文献中,指的是新近或已经围圈和清理了一段时间的土地。

在英格兰,村庄完全封闭的地方,没有丰富的牧场用来放养

第5章 原野农业

村镇的牛羊的地方，所有土质均属上乘的地方，流行着一种更密集型的农业体系。这就是原野农业。它最初在弗雷德里克·西博姆的经典著作《英格兰的村庄共同体》(The English Village Community)中得到描述，此后便经常被提及。与庄园组织一道，它就是我们对其大部分已经熟知的中世纪经济社会秩序的一部分。这里再次提及它的唯一原因在于，社会的其他特征只有与它联系起来方能得到理解。甚至那时，任何对原野乡村的新解释可能都会给人一种令人误解的印象，因为在首次论述之时，它应该多强调这种制度的差异性，少论及其正常形式，才更为合适。确实存在许多差异，但惊人的事情是，原野乡村的正式制度有多少出现在英格兰所有的原野地区。

在原野村庄的宅地和自留地之外，耕地被分成几大块，通常是两块或三块。这些就是严格意义上所谓的农田。村民往往用农田位于村镇房屋的方向来命名它们。也许有北田(Northfield)、西田(Westfield)和南田(Southfield)。这些农田，或塞森斯(seasons)，正如它们有时被称谓的那样，是谷物轮作的单位。假设一个村庄有三块农田，这看起来是最正常不过的安排。在某一年，这些农田中的一块，全部在秋天被翻耕，并种上冬季作物——小麦和黑麦。此时，在那块农田上持有土地的每个村民都必须撒播同种作物的种子。事实上，我们不需要把这说成是强制的事情；任何村民可能都没有想要种植其他作物。他可能想在每个秋天都种一些谷物；村庄的习惯仅仅决定了他将在哪里播种。在第二年春天，第二块农田将会被翻耕，然后种上春季作物，即燕麦、大麦、豌豆、菜豆和野豌豆。（春季作物农田是一块，用民谣的歌词来说，"生长燕麦、豌豆、菜豆和大麦的地方"。民谣是乡村歌谣,以孩童的语言反映出英格兰敞田乡村的许多态度和利益。)第三块农田会全年休耕,也就是从收获到下次收获。第二年,种植冬季谷物的那块农田会被种上春季作物;种植春季作物的那块地会休耕,最先休耕的那块地会被种上冬季作物。就这样,一年接一年,一个世纪接一个世纪,周而复始。一个农民会用他自己的术语称这种轮作为三圃制(a three-coure husbandy),其构成是冬季作物、春季作物和抛荒的休耕地。

当村庄农田只有两块的时候,它们的管理会是上述做法的变种。第一年,其中一块地会被种上冬季和春季作物,另一块抛荒。第二年,原先的抛荒地会被耕种,之前被耕种的土地则会休耕。第三年,最初被耕种的那块地再次被耕种,差别在于,这块地上两年前播种冬季作物的那部分现在会被种上春季作物,种春季作物的那块种上冬季作物。[5]不论是两块地还是三块地,这些做法都呈现出农夫皮尔斯所知晓的两类谷物:秋季播种作物和春季播种作物,它们都考虑到了他所知的保持他的大块土地肥力的唯一方法。在每一个第二或第三年,这块地仅是被搁置一边。有时,不是两块或三块,一个村庄的耕地会被分为数块,相当于上述数量的倍数,如四块或六块。谷物轮作将仍然主要是三圃制耕作,但很可能,这样的安排是后来的事情。[6]

一个村庄流行二圃制还是三圃制,部分地受制于土壤质量的好赖。流行两圃制的乡村有的是完全"荒凉、白垩质、不肥沃的高地"。拥有肥沃土地的村庄,它并不需要在作物生长的周期内休养如此长的时间,这个村庄很可能流行三圃制。在三圃制下,每年休耕的土地比两圃制下少 1/6。[7]

第5章 原野农业

现在，让我们根据14、15世纪喷泉修院（Fountains Abbey）的庄园法庭案卷节选来考察这种制度。它涉及的是位于约克郡北雷丁的迪什福斯的马顿庄园（Marton in Dishforth）：

> 鲍波索普的理查德（Richard of Pobthorp）、埃斯基尔比的理查德（Richard of Eskilby）、约翰·沃德（John Ward）代表自由人；约翰·罗宾逊（John Robynson）、罗伯特·哈丁（Robert Hardyng）、皮特·利比（Peter Libi）代表领主理查德·斯克洛浦（Richard Scrope）；罗伯特·汤姆森（Robert Thomson）、罗伯特·戴康森（Robert Dyconson）和威廉·伊萨克森（William Ysacson）代表修院长，在获取本人和所有佃农的同意后，被选出来尽他们所能地将农田分为三部分，这样每年应休耕一块。[8]

这一段并未告诉我们，在实行三圃制之前，马顿的耕作方式是什么样的。也许它是两圃制；也许是更原始的做法。但这一段内容显示，村庄改变了它们的土地制度，它也表明，至少在这一案例中，改变是由一个经佃农同意而选举的团体来做出的，其中，村庄里重要土地主人的利益都有代表。

在中世纪的进程中，有几个村庄已经将两圃制变成三圃制。这是进步的方向。档案显示，这些村庄某时流行一种农业制度，后来又流行另一种制度；应该是在此期间，转变得以做出。[9] 其他许多村庄应该进行着同样的事情，只是这没有在任何幸存的档案中显示出来。有些村庄通过长期的清理土地，并将其进行耕作，从而在原来的两块地上增加一块。其他的村庄将两块地再分为三块，他们认为土壤和技术可以满足对它们的新要求。他们希望在相同的面积上收获更多的谷物。

与激进地改变他们生存的制度相比，人们更可能在现存制度框架内引入细微的新鲜因素。从两圃制到三圃制的转变是增加村庄耕地的一种方式。但还有另一种更加简单的方式。那就是每年在正常休耕土地上划出一块来播种。这被称为一块新田（inhoc、innam、ofnam 或 intake），在英格兰，一个地区使用一个名字，另一个地区使用另一个名字。这些词汇也用在被暂时耕种的外田上。nam 是一个古英语词根，意思是拿来、抓住；一块新田（innam）就是一块被拿来耕作的土地，此时它通常保持在外，或因为它是休耕地的一部分，或因为它是外田的一部分。

新田（inhoc）的产生是对一个原野村庄的惯例农业的打破，而这种打破通常并不允许未经挑战地通过。拉姆西修院诸庄园的档案保存得如此完整并不常见，它们将在本书中被引用。亨廷顿的布劳顿（Broughton, Hunts.）是这些庄园中的一个。布劳顿法庭案卷在 1290 年的一个案例表述如下：

> 那些在自由人和农奴都有放牧权的休耕地上播种的人的名字（这里列出了小面积播种的 10 个人的名字，它们都不超过 3 路得，种的明显是豌豆）；然而，自由人和整个村镇都证实，上述土地在休耕的时候就被播种了，而且已经持续了 20 年甚至更长的时间，因此，前述 10 人被允许在下次法庭上寻求领主修院长的意思，如果他们不这样做，就让他们仍然受惩罚。[10]

第 5 章 原野农业

无疑，领主拉姆西修院长会允许他的人继续在休耕地上播种，如果他们向他交罚金的话。至少，这就是其他地方发生的事情。[11] 需要注意的是，领主的法庭忙于维持庄园的农业和其他习惯。

有时，人们认为，他们的权利已经被其他人所使用的新田损害了，麻烦随后而至。这种事情也发生在另一个布劳顿庄园——伍斯特的布劳顿哈凯特（Broughton Hackett, Worcs.）。1287 年于伍斯特举行的一项调查，结果如下：

> 在布劳顿，殉道者圣托马斯化身节（the translation of St. Thomas the Martyr）之后的周五（1287 年 7 月 11 日），阿普顿斯诺兹伯里村（Upton Snodsbury）的百姓和布劳顿的半数村民带着他们的牛到布劳顿的牧场上放牧。约翰·洛维特（John Lovet）的人在公地，即休耕地上耕了一块地播种，当他们看到牛在那里吃草的时候，他们赶来并试图扣押它们。争吵由此发生，在冲突中，斯诺兹伯里的西蒙·弗朗西斯（Simon Fraunceys）、布里格拉斯顿的奥斯波特（Osbert of Bryghlaston）的儿子约翰和斯诺兹伯里的威廉·凯鲁斯（William Kelus），杀死了托马斯·勒布莱克（Thomas le Blak'）。许多其他人在场，但他们无人有罪。[12]

对于新田产生的方式，我们所知甚少，除了它们一般种以春季作物，并往往由少数村民使用以外。在休耕地上持有份额的个人可能很乐意将其进行播种。当然，他们会不得不将它们围起来。他们会不得不施以充足的粪肥来保持地块在这种更加密集型的农业中的地力。而且，他们将必须获得邻居们的同意。但新田可能也由共同体共同完成，尽管，如果真是如此的话，我们对他们的管理方式知之甚少。有一个事情是清楚的，即产生新田的做法，如果它持续一些年，可能导致比两圃制或三圃制更加复杂的作物轮作体系，也许还会导致村庄耕地的再分。一块新田是严格的原野系统的一种调剂（relief）。任何主导人们行为的规划都不是完全简单和规则的。[13]

不论是在亨廷顿的布劳顿，还是在伍斯特郡的另一个布劳顿，对于圈地和在应该休耕的土地上种几英亩粮食的做法的反对意见都是，它侵犯了村庄的公共牧场。为了理解这种异议，人们必须熟悉原野农业的一个最为重要的规定。据我们所知，农夫皮尔斯并没有将草当农田作物来种，而且，他的牛群永远缺少饲料。在河谷的水草场上割的干草是其牲畜过冬的饲料；一年中其他时间里，牲畜们必须去野牧场（rough pasture）。有些村庄，靠近沼泽或盐沼（saltmarsh），靠近湿地或村庄，就有大量的牧场。另一些村庄的牧场不多或根本没有，这样的村庄如何来填补匮乏呢？

他们解决问题的方式是，将农田既当牧场也拿来耕作。要记住，三圃制中的一块地是全年抛荒，其他两块则是一年中有时抛荒，它们其中之一直到秋天种植冬季作物都是如此，另一块则一直到春天种植春季作物为止。在休耕地上，牲畜可吃的东西很多：上次收割剩下的残茬、自己长出来的青草和野草，还有从未翻耕的部分农田上的青草——路边、低洼地，其他的偏僻处和角落。在收割完成、谷物捆被运走之后，所有村民的牛都被赶到休耕地上。事实上，在适当的防护措施下，村庄的所有牲畜都被赶到上面。一方面，牛在羊之前被赶上去，因为羊群过后，寸草不留。只要天气允许，牲畜们就依次进入休耕的公共牧场,直到耕地时间的到来。当然,冬季谷物农田在秋季播种;春季谷物农田,在冬季谷物研磨并再次到春季播种之后翻耕;第三块地全年抛荒,直到晚春和夏季,那时,这块地被用来进行所谓的抛荒翻耕,以除尽杂草。但到夏天,在林地,或湿地,或沼泽,另一些牧场变绿,对休耕地的需求就没那么多了。[14]草场用作放牧的方式与农田相同。在收获节(8月1日),干草被收割和运走之后,牲畜被赶上草场去吃再生新草。按照这种习惯,草场通常被叫作"收获节草场"(Lammas meadows)——在古老的英格兰农作年份中,收获节标志着干草收获的结束和谷物收获的开始。草场保持着放牧状态,直到第二年早春,那时草地开始再次生长——圣烛节(Candlemas)(2月2日)是向牲畜关闭草场的传统时间。在这种草场上,农民将不再有放牧权。

如果人们在一部分休耕地上进行翻耕和播种,制造出一块新田,他们会粗暴地清除他们的邻居用来喂牛的那点牧场,邻居很可能会反对,除非他们在新田上分得一杯羹。牛当然会被撵到谷苗上,并以它们为食:这就是1287年发生于布劳顿哈凯特的事情。有了休耕牧场,一个原野村庄就有办法解决养活牛群的问题。在他们看来,散落在休耕地上的牛群将粪便留下来,在一定程度上有助于恢复土地的肥力。甚至在休耕地变成牧场之后,一个村庄还会出现牲畜过多,牧场因过度放牧而被破坏的危险。因此,许多英格兰村庄的规定是,牛群只被允许在牧场上"卧倒和站起"(*couchant et levant*),就像它们在每个村民的田地上那样。有时,每个村民被允许在公共牧场上放养的牲畜数量是限定的。

当中世纪的法学家说到上述制度时,他们称之为牧场共有

(common of pasture)。所有村民都有权将他们的牛赶到村庄的牧场上，而且所有的牛都可以在所有的牧场上放养，如天然野牧场、荒地，也如休耕地牧场，还有处于休耕的农田。我们可以说说村民们将牛群赶到村庄的牧场上的情况，当牛群在牧场上之时，它们如其他牛一样奔跑，合成一群，"角抵着角"，中世纪的村民这样称呼它，正如我们将公地上混杂的条田描述为"一英亩挨着一英亩"。在原野农业中，正如农田都是村庄农田，牛也在村庄的牛群中奔跑。在英格兰的部分地区，增加的牲畜像它们在今天牧场上那样放养，即允许公牛与母牛一起自由地奔跑。这为乔叟提供了机会，让他可以在《牧师的故事》中以精巧的比喻来描写淫荡的教士。他写道：

> 这种教士是以利（Helie）的儿子，如《列王纪》（Book of Kynges）所示，他们是彼列（Belial），即魔鬼的儿子。/ 彼列说，"没有约束"；而且他们就是这样；看起来，他们是自由的，没有约束，就像有一头自由的公牛，可以得到村镇上它喜欢的任何母牛。/ 他们对妇女也是如此。正如一头公牛对于一个村镇已经足够，一个邪恶教士的腐败对于一个堂区，或对整个国家也足够了。[15]

如果一个文学的比喻可以被视为农业活动的一种实际画面，那么《牧师的故事》中的这段文字告诉我们，一头自由的公牛对于一个村镇就足够了，它可以与任何一头它中意的母牛为伴，最后，如看起来那样，它自由地到它想要去的地方闲逛。如果这头自由的公牛仅仅出现在文学作品之中，那么有足够的理由对它产生怀疑，但它也出现在真实的司法文献中，它与有类似功能的另一种动物相联系,即自由的公猪。自由的公牛和自由的公猪都是法律术语。它们代表着特权:拥有一头公牛或一头公猪的权利是村庄领主的特权,或村庄的一个领主的特权,这头公牛或公猪表面上是自由的。例如,在1279年牛津郡的纽因顿,罗伯特·德·克利福德(Robert de Clifford)持有一块面积为5码地的采邑,外加一处住宅和一个磨坊:

> 他的那头自由的公牛在村镇的所有土地上游荡。[16]

诺福克的埃克尔斯(Eccles in Norfolk)的领主的自由公牛和公猪可以到的范围甚至更大。根据爱德华一世三十三年时对其权利和财产进行的调查:

> 他拥有自由公牛和公猪,它们可以在整个哈平百户区(hundred of Happing)转悠,任何地方都不得扣押。[17]

干涉公牛的自由是法律诉讼问题。有个案件出现在1232年,米迦勒节期的国王巡回法庭(Eyre at the Michaelmas Term)上,它记述如下:

> 斯蒂芬·德·哈亚(Stephen de Haya)被附带答复威廉·罗塞尔(William Rossel),因为他抓住了他的牲畜,并不公正地控制它们作为抵押(against gage and pledge);威廉陈述说,尽管他应在威科姆[牛津郡西威科姆]拥有一头公猪和

62 　一头公牛可以自由地穿越农田和其他地方，而且它们习惯性地到了自己应去的地方，但上述斯蒂芬不公正地抓住那些牲畜，并控制它们作为抵押，由此造成他的损失，等等；他说，他应该拥有权利让那些牲畜在村镇的所有空地、草场、农田和其他地方自由行走。[18]

引起麻烦的原因是，斯蒂芬和威廉都宣称在西威科姆（West Wickham）有自由公牛和公猪的特权，而且这个案子在其中一人事实上被赋予这项权利时出现了。对于自由公牛和公猪，有许多事情我们应该想要知道，而司法档案并没有告诉我们。它们没有告诉我们，自由公牛和公猪是仅仅被用作增加领主的牲畜，还是由领主饲养也为村民所用。它们没有告诉我们，一头公牛对于一个村镇是否足够，如乔叟所说的那样。无疑，在许多村镇，一头是不够的。布雷克隆的乔斯林（Jocelin of Brakelond）写到12世纪末伯里圣埃德蒙兹修院司窖员（cellarer of the Abbey of Bury St. Edmunds）的收入时抱怨说：

　　此外，司窖员自己应该，或习惯于在这个村镇的地面上有一头公牛；现在，他们［村民们］拥有许多。[19]

档案也没有告诉我们，村民是否因为使用领主的自由公牛而向其缴费。真实情况是，他们有时愿意缴费以免受自由公牛侵扰，但原因可能是，这头公牛践踏了他们正在生长的谷物，而且不能被扣押，而不是因为他们厌恶因使用领主的公牛而向他缴费。在1309

第 5 章 原野农业

年到 1311 年，亨利·德·布雷（Henry de Bray），北安普顿的哈尔斯顿（Harleston, Northants.）的一个大领主，与北安普顿外的圣詹姆斯修院长（Abbot of St. James）和拉尔夫·德·布尔梅（Ralph de Bulmere）（都是哈尔斯顿的领主），以及村里的 28 个自由佃农订立协议，其条款显示，亨利有权每年在此前通常每隔一年被当作公共财产的牧场上圈出两英亩，代价是放弃他的"自由公牛和公猪的领主权"：

> 这样，不论是上述亨利还是他的继承人此后都将永远不能在哈尔斯顿的地界上拥有一头公牛或公猪放养在公共农田或草场上。[20]

在此后的世纪里，也许如 13 世纪那样，这个村镇的公牛并非庄园领主所有，而是一个村民委员会或堂区长（parson）所有。关于村镇的种马或公羊，未见一词。新的文献可能还没有告诉我们所有这些事情。[21]

如果一个村庄的土地一时被用作牧场，另一时被用作耕地，那就应该采取某种方式让牛在休耕地上牧养，并远离谷物。两种这样的方式在使用中：牧人（herdsmen）和篱笆（hedges）。也许，通常每个家庭都会派出一个成员作为自己羊群的羊倌。至少，这项规定出现在许多庄园惯例租役簿中，它称任何家庭都无须派其羊倌去收割和运送领主的谷物；因为他无法从自己的工作中抽身。有时，每个家庭可能都有自己的牛倌和猪倌。但英格兰各地的做法不尽相同，而且对于村民而言，正常情况是选择村庄的牛倌、村庄的羊倌、村庄的猪倌，来看管村庄的所有牲畜，邻居们自行评估公共牧人的工资。托马斯·塔瑟这样描写原野乡村的不足：

> 在那里，照料阉猪的猪倌，
> 领着恶狗、怀揣号角的牛倌，
> 带着哨子和牧羊犬的羊倌，
> 为草场和农田围上栅栏。[22]

他说的是他所知道的16世纪的原野农业，但这些安排是传统的，而且可能更加古老。

在这个国家的某些地区，至少在此后的世纪里，牛倌清晨很早就走过村庄的街道，吹响他的号角，沿途每家都将自己的牛交给他。这种做法可能影响了村庄的面貌。许多古老村庄的房屋整齐而紧密地位于村庄街道的一侧，街道通常比贸易和交通所要求的宽度更宽。原因可能在于，街道也曾被用作村庄牛群的一个围栏。当时，牧人或牧人们将村庄的畜群赶到牧场、沼泽、林地或湿地上，如果村庄在这些地方有放牧权，或如果畜群被安排到村庄的休耕地上的话，那么牧人们的职责可能是将牛驱赶于全部这些土地上，这样所有地块都应该被同等程度地施肥。到了傍晚，他将牛群带回村里，除非也许在夏天，他与牲畜一起睡在牧场上。在冬季，如果牛在棚里，他的工作就停止了。

档案罕见地为我们了解土地上牧人的生活打开了窗户，然后它只是顺便成为更多重要事情的线索。这里，在1251年的一份调查中，北安普顿萨德伯勒（Sudborough, Northants.）的牧人们被看到在中午吃饭的时候一起坐在地里的篱笆墙下。他们的牲畜，我们猜，就在他们周围的地里：

> 羊倌萨德伯勒的约翰（John of Sudborough）的儿子亨利称，当他在圣灵降临节坐在萨德伯勒农田的篱笆墙下吃饭，与他一起的有扬场工的儿子威廉，萨德伯勒村镇牧牛人威廉·拉塞尔（William Russel），领主的牛倌登福德的罗杰·卢博（Roger Lubbe of Denford），都是他的牧人伙伴们，此时，德雷顿的威廉（William of Drayton）到来，身穿一件绿色罩袍，带着弓和箭；其他两人，他不认识，也带着弓和箭，与威廉一起到来。
>
> 他还称，他们之后，来了一个骑马人，他骑着一匹黑马，身前膝盖上驮着一只小鹿，在他身后驮着鹿肉，用树叶遮住。
>
> 他还称，在他们之后，来了两个侍者，牵着八条猎狗，其中有些是白色，有些是黄褐色，有些是红色。[23]

这些人被怀疑在王室森林里干坏事，看到他们的牧人们在森林总管和护林人面前被仔细盘问。这是中世纪的一个典型场景：一个村庄的牛倌坐在地里的篱笆墙下吃饭，遇到一场猎人的聚会，而这些猎人正在擅自狩猎国王的鹿。

将牛牧养在休耕地上并远离谷物的第二种方式是篱笆。当一个村庄的土地播种之后，篱笆墙就在周围树起来以防止牛群践踏。档案没有说明这些树篱的确切种类。它们并非现代外貌的篱笆，即活山楂树篱笆，至少大部分不是这样。相反，它们是由木棒和枯树枝做成的死篱笆,而且许多村民有权为此从领主的树林里取木材——这种权利叫"取材权"(heybote)。由于hedge一词甚至并非中古英语中通常所指代的这样一种枯树篱笆,而是haya,该词的拉丁语形式。它在现代英语中的衍生词是暗墙(haha)。一份特许状(约1221—1229年)记载了汉普顿的威廉(William de Hamptone)和奥森尼修院(Oseney Abbey)之间关于牛津郡的汉普顿波伊尔(Hampton Poyle, Oxon.)的一份协议,它告诉我们关于这些篱笆的一些事情,威廉授予这些修士:

> 汉普顿教堂附近的新田,由此打造了一个入口通往这个村的北田,它将在休耕时期开放,而当农田不被耕作的时候,这群修士的牲畜总是能够畅通无阻地通过它,如我们关于它及其他事情的协议规定的那样。尽管如此,当这块地被耕作的时候,那时将为上述新田建一个墙梯,由此人们和上述修士的仆人可以总是畅通无阻地沿着那块地的小道通过。[24]

这一段文字显示,一个村庄的敞田周围的篱笆大多常年树立。但篱笆上肯定有缺口,它们或敞开或关闭以允许或拒绝牲畜的进入,与土地处于休耕或耕作的状态相一致。

当一块地播完种,每个村民都有责任在其周围建特定数量的篱笆墙,沿路或其他地方。如果我们从后来的做法判断,那么,他必须建篱笆的地方既是自己的那块地的边界,也是整片农田的边缘。或者更好的情况是,他必须看到,一定数量的篱笆已就绪,其中所有的缺口已填补。许多农奴也必须按照自己持有地的面积围着领主的自营地建一定比例的篱笆,在庄园法庭案卷中,没有完成自己那部分篱笆的村民被处以罚金。在1300年亨廷顿的国王的利普顿(King's Ripton, Hunts.)的一次法庭上,这是拉姆西修院的一个庄园,法庭陪审员发现:

> 勒赫恩的伊沃(Ivo in le Hyrne)朝农田开了一个口,对邻居造成损失和伤害。因此,伊沃被处罚3便士。[25]

在伍斯特郡的黑尔斯欧文,1281年3月27日的法庭案卷记录到,五个人犯错并被处以罚金:

> 因为他们没有在恰当的时间关闭自己的篱笆墙,因此领主和邻居们遭受损害,他们被处以半马克罚金,并在一周之内合理地补好篱笆。[26]

当篱笆墙围着耕地建立,其中的缺口被填补,档案说它们的关闭时间就开始了。然后,这些地被说成"处于保护之中"。当收获结束,篱笆再次被推倒,村庄的牲畜被允许吃收割后的谷物残茬。接下来,开放时间开始。何时建篱笆,何时推倒,都有规定,打破这些规定通常会在庄园法庭上被处以罚金。在格洛斯特的明钦汉普顿(Minchinhampton, Glos.),下面这段文字出现在1273年的法庭案卷中:

> 弗伍德的阿兰(Alan of Forwood)被控,他将西田的耕地

周围的篱笆在到期之前拆除了,他回复称,收割工和其他人拆掉了部分篱笆,以至于在许多地方都有一个入口,因此牛在他拆除所有东西之前有一个共同入口。[27]

这份调查的用词比法庭案卷中常见乡村法律语言更为不恰当,但指控和辩护非常常见。原野乡村的耕地总是被说成敞田的原因现在应该清楚了。这些土地本身很大。它们周围的篱笆墙部分在谷物被运走之后即被推倒。由于每个村民都与邻居们,在同样的地方和同样的时间,种同样的谷物,因此就不需要用篱笆墙将这些农田分割成更小的单元,而且这种围圈会浪费时间。不幸的是,由于一致性,上述描述过于笼统。至少有一个村庄——我们知道存在这样一个村庄,我们可以确定,还有我们不知道的其他村庄——有许多小块地,这些地块用壕沟和篱笆墙围圈;它们被永久圈起来。同时,这些地块被分成三组,并适用日常的三圃制轮作。这个村庄是赫特福德郡的蒂滕汉格(Tittenhanger, Herts.),在爱德华三世统治之初的情况即是如此。[28] 可以肯定的是赫特福德郡,位于原野乡村的边缘,那里的敞田与圈地的混杂可能已确立许久。在一个完全的原野乡村,如牛津郡,这些土地可能已经更接近于开放。

当篱笆上出现未经许可的破坏时,当牛群游荡并穿过篱笆进入庄稼中时,一个村庄的最重要的一个官吏有责任监看破坏是否得到修补,并将牛关进栏中。这个官吏就是看护员(hayward),篱笆墙的守护者,中古拉丁语中的 *messor*。他相当于以前新英格兰村镇中的巡逻员(fence-viewer)。但看护员的责任比后者更多,后面在村庄官吏和领主的仆人的联合能力的章节中,将对其进行考察。

第5章 原野农业

原野农业呈现出一个村庄的土地管理、牛群管理和篱笆管理。这些元素的季节性变化决定了乡村中一年的节奏，而在像中世纪英格兰这样的农业文明中，这就是全部生活的节奏。从收获结束，米迦勒节（9月29日）前后——米迦勒节事实上标志着农业年的结束——让我们随着月份的前进，看看原野村庄的三块地都会发生什么。对这种描述无需多少变化即可吻合于两圃制乡村的周期。正是在米迦勒节，所有三块地都被休耕，其中两块留着新茬。村庄的牲畜在三块地上游荡觅食。在十月的某时，它们被驱赶出先前那块全年休耕的地块；这块地被翻耕，并被播种上冬季谷物：小麦和黑麦，其周围的篱笆墙被围起来。它被保护起来。另外两块地仍然是休耕的牧场。有时，在初春——圣烛节（2月2日）是传统日子——牲畜被赶出上述地块，即去年种植冬季谷物的那块农田。事实上，它们可能更早被赶出去，当这块地在圣诞节前进行初次翻耕之时。无论如何，它现在被翻耕，并被种上春季作物，其周围的篱笆被圈起来。播种的两块地一直处于防护中，直到秋天收获完成。还有一块地，它将继续作为休耕牧场，直到十月，除了两次也许在五月和七月休耕期的翻耕之外。农业周期如此进行着，一年又一年，一个世纪又一个世纪，人们的节日和仪式性周期与之紧密地联系在一起。

第6章 份地和公地

原野农业的形式是由两个因素共同决定的，一是13世纪英格兰人所熟知的谋生技巧，二是这些英格兰人共同生活和劳作所依据的传统。目前，人们作为村民伙伴共同劳作所依据的传统已经得到了考察。一个原野乡村已经得到描述，好像这个村庄本身就是农作单位。而且在某个意义上就是如此：农田是村庄的农田；牛与村庄的畜群一起走动；牧人和看护员是村庄的官吏。但村庄是乡村生活的细胞这一概念明显是一种虚构，它的用处仅在于一种第一近似的描述。村庄本身的构成者是更小的细胞——家庭。接下来要考察的是传统安排，据此每个家庭在劳动中承担份额，并分享村庄土地上的产出。

也许这个话题可以在文末更有保证地得到探讨，如果能从一定距离接近它，并通过对一个原野村庄的敞田进行更密切观察的话。迄今它们已经作为两个或三个大农业单位得到考察，但它们本身被分成更小的单位。首先，它们被犁成地垄。这些地垄在英格兰的各个地区的宽度差异很大，长度上也是如此。尽管它们很少仅构成一块弗隆，它们却包含了那种面积范围。但弗隆不仅仅是一种长度；它也是一块区域。一组地垄平行排列，并相互临近，以至于它们形成了一块方形的地块，它在有些地方被称为弗隆，另一些地方被称

第6章 份地和公地

为 shott、wong 或者拉丁语中的 cultura。跨过这样一块弗隆中的地垄的头部，沿着它们的右侧，往往是一块头田，它为大耕犁留足了掉头空间，也使村民获得不同的地垄。头田是一块弗隆中最后播种、最先收割的那部分。

农田排列的系统必须足够灵活以符合村庄的自然特征。弗隆是一个长度单位，而不是一个面积单位。它仅仅是一块区域的名字。任何连续和平行的地垄都被称为一块弗隆，但这种意义上的弗隆的面积是最不相等的，包含了或多或少、或长或短的地垄，都随土地所允许的空间而定。有时，如果一块好地被用作耕地，它不可能被作为一块长方形地垄来翻耕，而是仅仅作为一块长三角地块，朝向尾部逐渐变窄。这样一块地被叫作高尔（gore），高尔一词已经被用来指有一个短底边和长垂线的三角形。同样，巴特（butt）是一块在长度上没有形成合适弗隆的地垄，但突然中断了。一块弗隆，为了使其自身吻合于土地，往往会包含高尔和巴特，还有适当的地垄。弗隆是耕地的主要次分割单位，而且每块弗隆都会被给予一个自己的名字。一个靠近这种土地居住的人都会意识到地貌上的所有地方差异，而且熟记无数土地的名字。

中世纪用来丈量土地的方式与土地在原野农业下的安排方式紧密关联。而且，实际上，对土地的丈量就是对要进行的耕作量的衡量。当犁队在早上出发到田里耕地的时候，那个负责监督他们干活的人，如果是为庄园领主干活的话，就会丈量他们在一天或一个早上应该犁耕的土地。至少，我们应该认为这就是真实情况，因为根据1285年威尔特郡的塞文汉普顿（Sevenhampton, Wilts.）的一个庄园法庭的案卷：

领主的所有犁把式都被处罚,因为他们让犁停止,没有完成标准任务。[1]

还有一次,在1313年的亨廷顿的霍顿(Houghton, Hunts.),杰弗里·莱西(Geoffrey Lacy)在法庭上被处以3便士罚金:

因为在没有领主及其管家的许可下,他用自己的码杆丈量领主的土地,在布恩耕地(boon plowings)中侮辱了管家。[2]

杰弗里很可能设定了自己要干多少活的标准,而没有接受领主的标准。

两种丈量土地的方式,用绳子,这较不常见,用木杆、木棒(rod)、码杆(yard or perch)。使用的丈量方式成为丈量工具的名称。杆(rod)作为一个长度单位,在所有地方都不符合法定杆的16.5英尺,但它总是在那个幅度之内。每个地方都有自己习惯的杆。码(yard)最初指的是所有的杆,如帆杆,当它被用来作为长度单位的时候,就有了许多不同的码。我们今天的码来自布码(cloth-yard),即用来丈量布匹的杆。在丈量土地的时候还有另一种码,即地码(land yard),它通常是与杆相同的长度,也许赶牛用的尖头棒习惯和方便的尺寸决定了二者的长度。

由于任何要耕作的地块的长度就是地垄的长度,而且就是传统意义上的一弗隆,因为,当这样一块地的宽度被测量之时,可以知道它的面积是非常近似的。因此,在英格兰,几种宽度单位的名字也成为面积单位的名字。一杆是16.5英尺的长度:路得(rood)就是这样一块区域，其宽度为一杆，长度为一弗隆。码作为一种面积单位同样也是如此：它是一块大致的长方形区域，敞田上的一条，宽度为一码、长度为一弗隆的区域，与路得是同样的面积，因为杆和地码通常是相等的长度。英亩，土地面积最重要的度量单位，可能与习惯规定得要在一天之内翻耕的土地数量有某些关系，这已经得到论述，但它的大小也与传统的杆丈量系统有关，因为一英亩正好是四路得。人们因此将这些标准的用法普遍化，直到它们成为任何区域的丈量标准，但它们最初是用在一种特殊的土地布局系统，即原野农业系统中的单位。

这篇关于中世纪测量的文章是论述主要问题的导言。一个原野乡村的村民，与他的家庭和户，主要靠产出于该村特定部分土地上的谷物来生活，这块地被称为他的份地（holding）。或者，将份地一词直译为拉丁语，它被称为他的地产（tenement）。听起来，好像它是村民实际拥有的东西，就像他的剑或他的犁。他自己是一个持有者，一个佃农。一个村民的持有地就是他和他的家庭成员耕耘，与邻居合作耕种的土地，就是收获谷物的土地，当然也是与邻居合作。将他的持有地说成他的财产是不对的。财产一词说的是诸如今天英国之类的国家的特殊法律制度；当提到中世纪不同的法律制度的时候，我们应该运用当时流行的概念。

一个现代农民的农场几乎总是一整块地；原野村庄的一块份地并非如此。它包括若干分开和被分开的地块。一块就是这个农民位于村中的房屋，加上周围或屋后的土地，靠近其他邻居的房屋。这是宅院，或者，如它在英格兰北方被叫作的那样，被称为宅地。除了他的宅地，一个村民在靠近房屋的某个地方拥有另一处自留地。与农田中的条田不同，对于这块地，他可以随意处置。他可以将它当作放养牲畜的牧场，或种植他喜欢的谷物。这种安排是自然而然的。没有人是高兴的，如果他的所有劳动都由一个计划来决定的话，不论那个方案是由空洞的传统还是由独裁的政府来设定。一个人应该拥有一些他个人可以自由处理的空间。

但份地的更大部分并不是由宅地或自留地构成的。它包括一定数量的耕地，不是在单独的小块土地里，而是以条田的形式散落在村庄的大田里。这些地块是条田，因为每一块都由一块或多块翻耕的长地垄组成。在一个人及其邻居的条田之间，可能只是地垄之间的犁沟。在这些状况下，一个不诚实的人在耕地时很容易牵引着自己的犁铧，切入邻居的条田，并将土地划归己有。在《农夫皮尔斯》中，贪婪(Avarice)描述自己仿佛是一个村民。贪婪说：

> 如果我要去耕地，就会占他半英亩，
> 到我近邻农田里，占上一尺或一垄；
> 如果我要去收割，也会偷偷越界去，
> 带上我的小镰刀，割走不是我种的粮食。[3]

《农夫皮尔斯》的魅力之一，而且是彰显其价值的因素之一，就是它谴责的那种乱行，往往可以由法律文献中记载的实际案例得到佐证。因此，在1287年斯塔福德郡奥尔勒斯(Alrewas, Staffs.)的庄园法庭上：

> 一项调查称，拉尔夫·昆廷(Ralph Quintin)不公正地砍倒

了休的儿子杰弗里的两棵橡树，挪走了它们之间的一块界石，并不公正地占据了他的两弗隆土地，因此被处罚，而上述杰弗里，由于自己多占了半英尺的土地，因此被处罚。[4]

在原野村庄上，边界问题总是很尖锐。在缺少篱笆或壕沟隔开邻居的条田的情况下，界桩或界石被立在条田尽头的土里，来标记它们的边界。但坏邻居会移动边界；边界争端经常出现在庄园法庭上。在亨廷顿郡的阿普伍德，1318年的一天，几个人因"未经法庭允许"乱置界桩而被处罚金。法庭案卷中的这份案例继续说道：

> 管家和庄头被命令要使这些人对大拉夫利(Great Raveley)和阿普伍德的领主完全效忠，并到那里去。让他们监督，直到上述每一个人都持有按权利应该持有的土地，然后让他们在份地之间设置界桩，这样，那里就不会产生任何抱怨或争吵了。[5]

中世纪英格兰一个村庄中的村民不仅被划分为家庭，也被划分为社会阶层，他们拥有不同的财富和思想。事实上，日耳曼部落在历史上任何时间里都是由大量平等的自由人组成的观念——一种曾经盛行的理论——已经走上了其他类似理论的老路，如原始共产主义理论。在大多数村庄里，有两个主要社会阶层。后面对这个问题还有许多事情要说，但现在应该首先做一次概览。较为富裕的村民被称为农夫(husbonds)，或者至少他们在英格兰东北部是如此被称呼的。他们是有住房的农奴，与之形成对比的是最贫穷的村民，那些人被称为茅舍农(cotters or cotmen)，因为他们的住房仅是一处茅舍（cots or cottages）。在13世纪，一个农夫不仅是一个已婚男人，而且是属于某一特定阶层的人，一个富裕的农民。从该词的这第二种意思中，我们当然得到了农事（husbandry）一词。

73　　这种将村民分成两种主要阶层的方法在旧农民社会秩序下的欧洲许多地区貌似很常见，并且这主要是由经济上的差异所决定的。例如，在古代法国，两个阶层被称为大农（laboureurs）和小农（manouvriers）。大农是富裕的农民，他们的地产足够大，使他们能够拥有耕牛；后者是较贫穷的农民，这些人只有用自己的双手劳作。大农会将自己的耕牛借给小农用来翻耕后者的小块土地。反过来，小农向大农提供他们的大块土地所需要的体力劳动。两个阶层之间维持着大量的互助，还有大量的相互不信任。[6]英格兰的农夫与茅舍农之间的关系可能像极了法国的大农和小农之间的关系。

现在，关于中世纪英格兰社会秩序中最有趣的事实应该得到考察。在许多村庄上，村民的地产根据大小被分成特定的种类，而且，每个阶层的地产都趋向于相等。当时存在标准的地产单位，而且我们知道，它们被村民这样认可，因为它们以特殊的名字被称谓。按照第一近似——在对任何复杂事物的阐释中，我们都应该先进行一系列的近似估算——可以肯定，存在两种主要的地产单位，正如存在两个阶层的村民。这两种主要阶层也是第一种情况下人们口中被认可的两种类型。首先按照英格兰南部原野村庄使用的词汇，大地产单位被称为码（yards）或码地（yardlands），拉丁语中是 virgatae terrae。尽管码地面积因村庄不同而有差异——每个村庄都有自己标准的码地——一个需要记住的平均面积是30英亩。持有一码地的人往往被叫作码地农（virgatarii）。[7]

小的地产单位是薄田（cotlands）。它们在面积上是五英亩或更少，每个人在敞田中有很少或没有土地，在村中只有一处茅舍，这个阶层因而得名。薄田的持有者是茅舍农（the cotters、the cotsetles、the cotmen），正如他们总是被称谓的那样——最穷的村民。通常还有次级地产（sub-classes of tenements），如半码地或四分之一码地，或者大小不规则的土地——这就对第一种论断做了更接近事实的修正。

码地是英格兰南部原野乡村标准份地的名字；半码地（oxgang [bovata]）是北方标准份地的名字。（学者们已经习惯使用拉丁派生词来为地产单位起名，称呼 virgates 和 bovates，但它们也有古英语名字，yardlands 和 oxgangs，接近村民观点的意义可能因使用他们形容自己的语言而得到加强）。半码地的面积要比码地小；在另一些方面，它在村庄经济组织中的位置是相同的。一个村庄的半码地可能比另一个村庄的半码地大，或小，但在任何指定的村庄，所有半码地的大小都是相等的。每一个较为富裕的村民、农夫，都持有一块半码地，或更普遍的情况是，每一个人持有两块。

在中世纪英格兰，被码地和半码地划分的地区是严格的原野乡村。如果你在一张地图上标出文献所指的叫不同名字的两块敞田区域，那么这张地图将显示，在整个区域中，半码地主导了从沃什湾到默西河一线以北的乡村。[8] 林肯郡、莱斯特郡北部、德比郡和它们以北的各郡都是半码地乡村。原野英格兰的其余部分是码地乡村。在它们之间，是一条狭窄的有争议区域，那里既有半码地，也有码地。两种类型土地的分割线可能追溯到古盎格鲁-撒克逊王国之间的边界，但它在此后的社会史中并不重要。大体而言，相同的社会经济制度同时主宰着莱斯特郡的南部和北部。

在中世纪英格兰土地丈量的习惯中,半码地和码地都是更大单位的固定部分。在北部,8半码地组成1犁地(plowland [carucata]),在南部,4码地组成1海德(hide)。由于犁地和海德的面积范围相同——120英亩是便于记忆的绝佳平均数字——半码地往往是码地面积的一半。犁地通常与半码地同行,海德与码地同组,但并非总是如此。有时,犁地仅仅是海德的另一个名字。在不同的地方,被指定为犁地和海德的区域随一系列情况而定,其决定方式还从未被满意地提出来过。最重要的情况可能是,犁地是一个犁队被期待习惯上在一年时间里可以翻耕的土地数量。13世纪的农业专家说的好像就是这种情况,[9]犁地的名字看起来证实了它们。如此,犁地的面积应该随着一个村庄土壤的特征和那里流行的农田制度的不同而异,不论是两圃制还是三圃制。也许,它的面积也有赖于财政上的考虑:它是一个评估税收和其他费用的单位。更有趣的是,海德可能衍生自一个意为家庭的古老词汇,在诺曼征服之前,海德可能曾被认为是一个家庭的惯例所有土地。但在13世纪,海德和犁地的重要性体现在它们是衡量大地产面积的单位,而非单个村民份地的丈量单位。只有少数富裕的村民会持有如此多的土地。这些单位的起源可能看起来对我们很重要;它们对于村镇民众并非如此。

不管码地和海德出现于何时,让我们考察一下半码地和犁地。13世纪的农业作家说,一犁地是由一个犁队一年内实际上可以翻耕的土地数量。13世纪最常见的犁队由八头牛组成。鉴于以上事实,半码地和犁地被叫作现在的名字,以及每犁地有八半码地,就不重要了吗?在之前对原野农业的考察中,人们认为,半码地是养

第6章 份地和公地

活一头牛的土地，而这头牛是常见八头牛犁队的一员，八半码地的犁地由这种每半码地提供一头牛组成的联合犁队来耕作。同样的事情也被用于码地，即每一块码地都派出两头牛、一架辕，来组成海德的联合八牛犁队。

不论最初的设计是什么，实际上在13世纪，这样整齐的规则几乎从未被记录，尽管有时会出现关于它的一些痕迹。爱德华一世治下第十年，在鲍德温·维克（Baldwin Wake）的庄园的地籍册中，位于约克郡柯比穆尔赛德的布兰斯代尔（Brandsdale in Kirkby Moorside, Yorks.）的农奴对领主负担的役务有详细记录。在那里，威廉·巩蒂（William Gondi）持有一块宅地和两块半码地。这个案例继续如是说：

> 他的三个邻居带上他们的牛，加入他和他的牛的队伍，将在冬天播种期耕地一天，他的工作价值一便士……他将按上述方式在大斋节播种期耕地两天。[10]

威廉的三个邻居每一个都持有两半码地，如他那样，以至于在这种情况下，八半码地实际上就在他们中间组成了一个犁队。每个邻居是否正好派出两头牛组成普通犁队，我们就不得而知了。

一块常见的村庄份地，一码地或半码地，通常无法提供一个完整的犁队，即使犁队少于八头牛是很常见的，尽管对于这个规则其至仍有例外。[11]一个农民必须与他的邻居一道养牛来组建一个普通犁队，或者他必须借牛或租牛。所有这些安排都是常规操作，对它们每一个都应进行研究，在它们之中有许多差异。但必须首先记住这一点，关于中世纪村民的各种信息都是如此：文献所告诉我们的主要是，当一个村民为其领主劳动的时候必须干哪些活。当他与邻居们一起或自己劳作的时候也以同样的方式干活是一个假设。偶尔，尽管只是偶尔，它也有事实的支撑。例如，毫无疑问的是，他在干自己的活的时候所定的标准通常应该就是他为领主干活时的标准。他被期待的事情是，在他翻耕自己的土地的那几周来翻耕领主的土地，或者，驾驭着翻耕自己的土地的几头牛去翻耕领主的土地。

77　当一个农民不可能从他自己的地产上组建一支犁队的时候，没有规定要求他要搭档的伙伴的数量。有时两个，有时三个，有时四个，有时八个村民组成一个联合犁队。[12] 证据表明，最常见的犁队有八头牛，但犁队的组成方式无定制，每块地产提供的牛的头数也无定制。这是很自然的。农业上的意外很可能会阻止一码地能够每年向联合犁队提供仅仅一套轭，不多也不少。在一个好年份，一码地能够提供得较多，一个不好的年份，一块贫瘠的码地无法提供必要数量的牛，甚至一头也没有。在亨利三世治下第三十九年的一份拉姆西修院的调查中，关于贝德福德郡泥中巴顿（Barton-in-the-Clay）的一块码地的劳役的论述提供了例子：

> 尽管如此，在上述时间（米迦勒节到圣诞节）内的每个周五，如果他有自己的犁队的话，他将翻耕半英亩地，当它将被播种之时，他要将其耙松。但是，如果他没有一个自己的完整犁队，他将带着耕作自己土地的牲畜来翻耕领主的土地。四个人或八个人，如果需求紧迫，实际上可能要加入耕地，如果他们没有更多办法，那么他们免于翻耕半英亩土地，就像上述联

合耕犁属于一个人那样。[13]

有时，四块地产以最灵活的可能方式组建一个八牛犁队，但它表明，它们并非码地而是半码地，以至于一个犁队是由半犁地提供的牛来组建的，而非是一整犁地，正如它应与理论相吻合的那样。因此，在伊利主教的一个庄园，即剑桥郡的迪顿的霍宁西（Horningsea in Ditton, Cams.），主教的惯例租役簿中1277年的一个案例说：

> 罗杰·霍尔蒂（Roger Holdeye）持有15英亩的半码地……此外，他将在同一时间内（从米迦勒节到八月一日）的每个周一翻耕一块地，其方式是，他和其他三个人，他的伙伴们，带着八头牛组成一个犁队。[14]

最后，在拉姆西修院的有些庄园上，畜养挽畜以组建一个联合犁队的人的数量随季节而变。更多的人合作的时间是在春夏而非冬天，即中世纪的冬天，圣诞节之前。也许，度过了寒冷的天气，在牛棚里待了一个冬天之后，牛比较虚弱，必须将更多的牛套住来耕地。也许，冬天来临的时候，农夫会屠宰一头或更多头自己的耕牛，因为他并不能将它们养过整个冬季。然后，他在春天拥有的牛较少，更多的人必须合作来组建一个完整的犁队。这些是推测；真正的原因是什么，是上述或是其他原因，我们不知道。但这个事情很常见。例如，在亨廷顿的阿普伍德，一码地的劳役在1252年是这些：

在种小麦的时候,他将因自己的码地而独自耕一英亩地,没有任何伙伴相助,在种大麦的时候,随着他的犁队加入了其他人,他将翻耕一块地,并耙松它;因此,他自己和他的搭档们将被免于翻耕上述土地。[15]

在联合耕地中产生的争议往往是证实联合耕作存在的方式。以自己的耕牛或马参与联合耕作的人的毁约引起庄园法庭上的诉讼。例如,1338年汉普郡奥尔顿(Alton, Hants.)法庭案卷中的一个案例如下:

尼古拉斯·厄佩彻平(Nicholas Upechepyng)被召集来应答亨利·阿斯蒂尔(Henry Astil)的一件契约诉讼。这个亨利在法庭中抱怨说,上述尼古拉斯没有遵守与他的契约,即他与亨利同意,在奥尔顿村,现任国王治下第十一年万圣节之后的周一,他会为亨利的犁找来三匹马,使用时间为上述周一直到同年接下来的圣诞节,他违背了这份契约造成亨利损失20先令,由此提起诉讼。上述尼古拉斯辩护,并完全否认了上述契约,因此他发起六人作证的诉讼。[16]

在南方如此,在北方也是如此。1286年,在召开于约克郡西赖丁地区的拉斯特里克的布里奇(Bridge of Rastrick, West Riding of Yorkshire)的一个法庭上,其程序如下:

邻居们调查发现,托西尔的理查德(Richard of Tothill)是

第6章 份地和公地

伍德的罗杰联和耕地时的合伙人,但在耕地期间抛弃了他,导致他的土地没有得到耕作。因此,让他补偿他的损失,估计为10先令。[17]

很自然地,人们不愿意与品行不好的邻居一起耕地。在1275年,当为百户区案卷进行一项调查的时候,福尔贝克的约翰(John of Fulbeck)抱怨图尔奈的杰弗里(Geoffrey de Turnai),林肯郡艾克斯霍姆岛(the Isle of Axholme in Lincolnshire)的管家,对其所做的不公正行为,并说:

> 他对他做出的伤害是,这个约翰无法在贝尔顿村(Belton)找到一个邻居愿意驾着一头牛与他一起耕地,因为他(这个管家)的禁令和权力。[18]

对于这些没有自己的耕牛,因此无法与邻居组建一个联合犁队的苦命人,到底发生了什么?他们可能就是那些持有地不够大,在公共牧场的权利不允许他们饲养耕牛的人。但因管理不善,即使是较富裕的村民也可能陷入这种情况。甚至码地有时也没有耕牛。亨廷顿郡国王的利普顿的法庭案卷在1293年的一个案例如下:

> 约翰·威廉的儿子,经努克(Nook)的约翰·戴克和尼古拉斯担保被带至法庭,因为他没有去为领主耕地,对此,约翰来到法庭上,并称他自己没有任何可以耕地的牲畜,只有向别人借,于是他宣称,只要他借牲畜耕地,他就没有义务为领主

做任何耕地工作，于是他将自己录入拉姆西登记簿。因此，在下一次法庭召开之前，那份登记簿将被核实。[19]

拉姆西登记簿录入了修院长的佃农向他负担的所有租役。约翰·威廉的儿子申请确认他的诉求，其他佃农貌似也做着同样的事情。登记簿没有保存下来，但有些调查，由村民的陪审团进行，登记簿由此汇编，包含在拉姆西契据集（Ramsey Cartulary）中，它们为我们所见。佃农们在登记簿中呈现出如此自信的原因可能在于，它是基于来自属于他们自己阶层的人的宣誓证词做出的。

有时，法庭上会出现涉及挽畜在借方手中受到伤害的诉讼。在1292年萨福克郡波尔斯特德（Polstead, Suffolk）的庄园法庭上：

> 罗伯特·勒考克（Robert le Coc）到来，抱怨前述菲利普（Philip [Denelind]），称菲利普按一份契约从他那里借了一匹马，即前述菲利普应该保有这匹马，放牧它，在耕地时驾驭它。同时，他称菲利普抽打这匹马，并在它的耳朵上绑一块石头，他应补偿前述罗伯特一天的犁地工作。[20]

按照最后一条，或者菲利普已经同意为罗伯特做一些犁地工作，以换取使用马匹，或者他必须通过犁地来补偿损失。一个犁队被期待在一天翻耕的土地数量在所有地方都是按习惯固定的，这个事实使人们容易用耕地作为一种偿付形式。庄园法庭上的罚金往往是以多少天的耕地工作的形式来征收的。对我们而言，为何要将石头挂在可怜的马儿的耳朵上还是一个未知数。

第6章 份地和公地

有时，借耕牛并没有经它们的主人同意，而是通过盗窃。牛津郡纽因顿法庭案卷 1287 年的一份案例如下：

> 他们（即所有农奴）称，约翰·格鲁格（John Grug）和他的兄弟杰弗里，未经同意，在米迦勒节前夕，在晚上牵走了好人们的牲畜，并耕了两英亩半地，即耕了三次。一项调查由此进行，去弄清贝里克的理查德（Richard of Berwick）是否出借了自己的两头挽畜，调查称：在那个时间，没有。[21]

耕地在晚上是如何成功完成的，这又在我们这些并非灰头土脸的农民的人的认知之外，但另一些证据显示，有人确实在夜晚耕地，而且是用偷的牛。

如果一个人无法借到耕畜，而且有钱，他就可以与其他人约定翻耕自己的土地，甚至完成他向领主负担的耕地劳役。在明确规定亨廷顿的萨默舍姆（Somersham, Hunts.）佃农的劳役时，1222 年伊利惯例租役簿定下了这个规则：

> 它应被知晓，即如果恰巧有人持有一码地，但由于自己的贫困而不能提供一个犁队所需的任何东西，那么他必须一年花钱耕地九英亩。[22]

甚至一码地也可能缺乏耕牛。另一方面，我们被告知，一些人"因犁耕他人的土地而得到钱"。[23]

但最后，一个如此贫困以至于无法靠自己的土地畜养耕牛或租借耕牛的人该怎么办呢？不得已，他要靠一把铁锹刨翻自己的土地。如果一个人的份地很小，他可能用一把铁锹就可以做好所有的播种准备。亚当，作为人类之父，在中世纪的神话中是一个家庭的普通父亲形象，是一个刨地人。照例，我们应该从农奴为领主所做的事情推测，当他没有耕牛的时候，他会为自己做什么。在1325年萨里的班斯特德（Banstead），村民向领主负担的劳役是：

> 如果他没有一个犁队，每个拥有一码地的佃农应该干四天的刨地工作。[24]

这种可能性再次被注意到，甚至一码地也可能没有耕牛。日工（daywork），如英亩和路得一样，是一个土地面积单位，但它比它们更小，因为它可能代表着习惯上一天刨翻而非犁耕的土地的数量。

所有这些证据还未确定证实的事情是，每半码地为犁地的联合八牛犁队提供一头，仅仅一头牛，每码地要为海德的联合八牛犁队提供一副，仅仅一副轭。这样一个整齐和恰当的安排有时被发现，但仅有少数几次。在13世纪，联合犁队的差异有很多，不论它们在较早的年代曾经是什么。但重要的事情是共同耕地的事实，而非共同耕地的形式，而且这一事实不容置疑。有许多农民，甚至那些较富裕的农民，他们无法靠自己的地产畜养组建一整套犁队的挽畜。这样的农民，以两个或更多人组成的团队，会成为搭档，或伙伴（marrows），如北方人所说的那样，[25]并将他们的牛合起来组建联合犁队，然后翻耕所有搭档的土地。这是一种做法，它使村民的土地无论是单独一块，还是分散的条田都变得无关紧要：联合犁队在任何情况下都必须从一个搭档的土地移动到另一些搭档的土地上。

在任何人们贫穷、谋生艰辛的共同体中,互助应该是一件自然的事情,如果这个共同体想要存活下去的话。在一个农民共同体中,出借工具或牲畜,与邻居一起劳动完成一项超出一个家庭能力的工作是最为常见的操作。在从前的新英格兰,流行举办聚会(bees)的习俗,据此一个人可以召集他的邻居帮助他完成一些重体力劳动,比如搭建一个新谷仓的架子。同样,在中世纪英格兰的村庄里,农业劳动中的互助是乡村生活的基础。由于耕畜是进行农业运输的最重要单个工具,它们的出租、借出和联合耕作的习惯是这种合作的重要组成部分。复杂的借用规则出现在大多数的农业共同体中,尽管我们对它的形成还一知半解。对于借出的工具、牲畜、一天的工作,邻居希望能够在此后某个时间要求并得到为他提供的某种服务,它并不必须是一种同样的工作。互惠并非严格对等,而是基于人们认可的习惯而定。如果没有这些互助传统,土里刨食本会比实际上更加困难。它们一定是得到了邻居——英格兰村民称之为邻里(vicinitas)——之间自信和善意的强烈情感支持。[26] 在原野乡村,村庄就是根据这些互助习惯得以连结的社会群体。

第7章 村庄的设计与规划

在村民的不同阶层中，他们的土地单位在面积上趋于相等。这种平等可能曾经伴随着村民们的这样一种情感，即土地应该相等，但这样一种情感表达并没有出现在档案之中。一个过去社会的研究者发现，他与那些能够与其描述对象交谈的同事相比，存在一种劣势。后者可以轻易将这样一种情感表达出来，如果它存在于当今村民之中的话。但村庄各阶层的地产平等，并不仅仅是每块地产所拥有的可耕地面积的问题。而是使用村庄所有资源的完全平等。这种设计可以由这种方式来描述：村庄的资源被分成若干份；一个人可能比其他人持有更多的份额，但这些份额本身是相等的。

一方面，存在新垦地（assarts）的问题。迄今所描述的村庄，仿佛他们的农田在面积上都曾是相等的，而且所有耕地均是如此。当然，情况并非如此。在中世纪早期，直到13世纪，人们做出大量努力来将新土地纳入耕作，它们来自沼泽、湿地、林地。人们正在创造的是法语中的assarts，北方英语中的riddings。它们是新清理的土地。[1] 新垦地有时是整块开发，通过有进取心和富裕的地主的努力，如建立于12世纪的大西多会修院。他们将整个地区变得有利可图。有时，一个庄园的领主围圈并重新开垦他的部分荒地。如果他这样做，他就必须按照莫顿法令和威斯敏斯特法令的要求，留足牧场来放养他的佃农的牲畜。有时，个别村民也在领主的帮助或允准下新开垦土地。但有时，也有一个村庄作为一个共同体参与进清理土地的事业中，并将其纳入农田。

因此，在亨利·德·布雷的地产书中，1308年的一份案例这样描述北安普顿的哈尔斯顿的几块地：

> 整块荒地，当经过村镇共同体的同意后，它应该被分割，由此我保有一块半码地，它曾属于书记员理查德的女儿比阿特丽克斯（Beatrix）。[2]

这块被清理的荒地并非严格意义上的一块新垦地。它是一块新田，一块耕作了几年然后被当成草场的一块地。但很可能，许多新垦地开始被当成新田，只是随着时间的推移，变成了永久性耕地。这个案例呈现的重要事实是，开垦是在村镇共同体的同意下进行的，一块半码地有权获得一定"份额"的新垦地。

有时，当一个村庄的人持有的土地在惯例租役簿中被提及的时候，许多或全部村民看起来都持有一小块 *forlond*，也就是，在这个词的常见意义上，新垦地。他们每个人都将一小块地纳入耕地。有时，这些地块，尽管面积都很小，与他们持有的土地面积是不成比例的。但有时它们是成比例的，有时，文献清楚地显示，当一个人进行新垦时，他的所有持有类似土地的邻居都有权获得同样大小的新垦地。[3] 在亨利二世治下，约克郡斯波尔丁顿（Spaldington, Yorks.）的半码耕地，被授予奥姆斯比（Ormsby）的修女们，规定如下：

如果恰好耕地的边界应在当前的基础上进一步扩展，那么她们的半码地将如其他半码地那样增加同样的面积。[4]

正如哈尔斯顿的半码地，当荒地被开垦时，它就有权获得一定面积的荒地，斯波尔丁顿的半码地，当村庄的耕地有任何增加时，也都与其他半码地那样增加同样的份额。这种地产单位是相等的，每个阶层都是如此，不仅是在原有耕地上，而且也在于任何经济开发的新机会上。按照这些安排，新垦地可以轻易被纳入原野农业的规划之中。每个村民都有一小块新垦地，可能是一条，如果因其他原因方便的话，能够立即与敞田中其他混合条田一道并入。事实上，一个假设解释了一块土地上的条田的分散是一个村庄的耕地通过新垦地扩展的长期结果。另一个需要注意的事情是，任何新的半码地或码地都不会由新垦地构成。原有土地单位仅仅是面积上的增加。[5]

同样，在草场的处理上，土地单位在经济机会中的平等性也得到保持。鉴于已经考虑到的原因，干草在中世纪很少。它不是一种栽培作物。它只生长在天然草地上，如河谷，而且每英亩的价值至少是耕地的两倍。每块半码地或码地也许都会在村庄的草场上附有两英亩。但通常，与耕地的条田不同，这两英亩不会是特定的两英亩，年复一年保持不变。通常，它们是每年通过某种抽签方案而加入份地的两英亩。这种设计是否由草地的巨大价值所决定，是否符合一个特定阶层的土地持有者在经济上应该平等这种情感，我们不得而知。我们也不知道，是否是因为这样的考量，即干草地（hay-fields）既不用耕种，也不用施肥，因此，一个人如果每年被授予一块不同的草地，也就不存在掠夺他的劳动成果一说了。村民们很可能从不表达这样的情感，但他们视这种安排为理所当然，视为既定秩序的一部分。毫无疑问的一个事实是，村庄的草场通常是签定草场（lot-meadows）。[6]

除了自己的宅地、耕地和草地，一个村民还对村庄的土地有其他多种使用权。他将自己的牛放到村庄牧场上吃草，将猪放到山毛榉和橡树林里养肥。在开放时间，他的所有牲畜，从耕牛到鹅，都在村庄的谷物茬上漫步。在村庄的树林里，他砍伐木材来盖屋、建篱笆和烧火。他在村庄的泥煤田里挖泥煤。他也有权在村庄的土地上打猎。[7]在村庄的边界内，他期待找到能满足他的大部分需求的东西。

因此，在糊口农业（subsistence farming）时代，村庄的安排是为了能够尽可能地实现自足。村庄不再是农业和管理的单位，也不再拥有明确的边界，但堂区边界往往沿袭古代村庄的边界线，而且告诉我们许多古代村庄经济的信息。因此，萨里的尤厄尔（Ewell）呈现出大致的方形，从唐斯丘陵的一座山脊顶部延伸到一个河谷的底部，以至于这个村庄的内部既有高地牧场，也有低地草场，二者之间还有完整的耕地。[8]同样的原因，在一个不同的背景下，决定了林肯郡东南角的弗利特村（Fleet）的边界。弗利特的房屋建在沃什湾和大沼泽之间的低矮山脊上，村庄的土地绵延在山脊旁的长条上，从海边的盐池到另一边的大沼泽，二者之间是耕地。[9]在过去的某一天，村庄的边界首次确立，它们确立后每个村庄都会拥有上述所有类型的地貌。

在任何原始社会，或在任何古代和稳定的社会中，人们的行为都可能会陷入某些模式，这些模式貌似比他们所需要的更为复杂。对于一名观察者而言，这些模式往往看起来好像它们因自己的目的而复杂，尽管当然这不是描述它们实际如何发展的一种令人满意的方式。在中世纪，这种趋势可能会在村庄规划问题中得到解释。今天，我们所说的城镇规划指的是这样一个过程，即制定一个城镇将来发展遵循的规则以最大化地利用它所在位置的景色和资源。在中世纪，有迹象表明，村庄这样设计较少是因为逻辑，更多是因为习惯。固定在人们的思维和情感之中，并将二者与他们的经济利益和设想这个世界的方式相联系的是，一种对房屋和份地的安排，人们认为，所有合理的村庄都应该这样做。为了更仔细地观察这个案例，许多英格兰村庄的建立者可能已经在脑子里有了一些传统村庄的规划，并将村庄设计成与之完全一致的模样。他们的后人或多或少很好地保持着这种设计。到 13 世纪，尽管它的痕迹消失很快，但足够的残迹显示，传统的村庄规划可能曾经是这样的。

关于下列地图的说明

斯塔福德郡埃尔福德村（Elford, Staffordshire）的这些地图，如在1719年时一样，来自《斯塔福德郡历史汇编》（*Collections for a History of Staffordshire*）(Wm. Salt Arch. Soc.) 1931卷中印刷的地图，与之一起的是同卷第61—99页的H. R. 托马斯（H. R. Thomas）的"斯塔福德郡敞田与公地的围圈"（"The Enclosure of Open Fields and Commons in Staffordshire"）。这幅地图在斯塔福德郡档案协会（Staffordshire Record Society）的同意下进行了复制，这里对托马斯先生的慷慨协助表示感谢。这幅附图日期晚，但很少有村庄地图的日期早于17世纪，而且任何一个村庄的地图，在村庄被围圈前所绘，都呈现出中世纪村庄的一些本质内容。这里呈现的第一幅图显示了埃尔福德村敞田中的条田和各种其他特征。一个佃农耕地的分布也呈现出来。第二幅图显示四块敞田的临近边界。庄园的房屋看起来坐落在河边的教堂旁，自营地一部分是整块，一部分与敞田上其他条田混杂在一起。这些细节没有出现在地图上是因为担心它们过于详细。托马斯先生认为，那里最初有两块地：公园（Parke）和山脊道（Ridgeway），高地（Up Field）是后来增加的，形成了三圃制系统。低地（Down Field）出现得更晚，包括"对原先的公地或草场的不规律地侵占"。

地图3 1719年斯塔福德郡埃尔福德：条田和弗隆

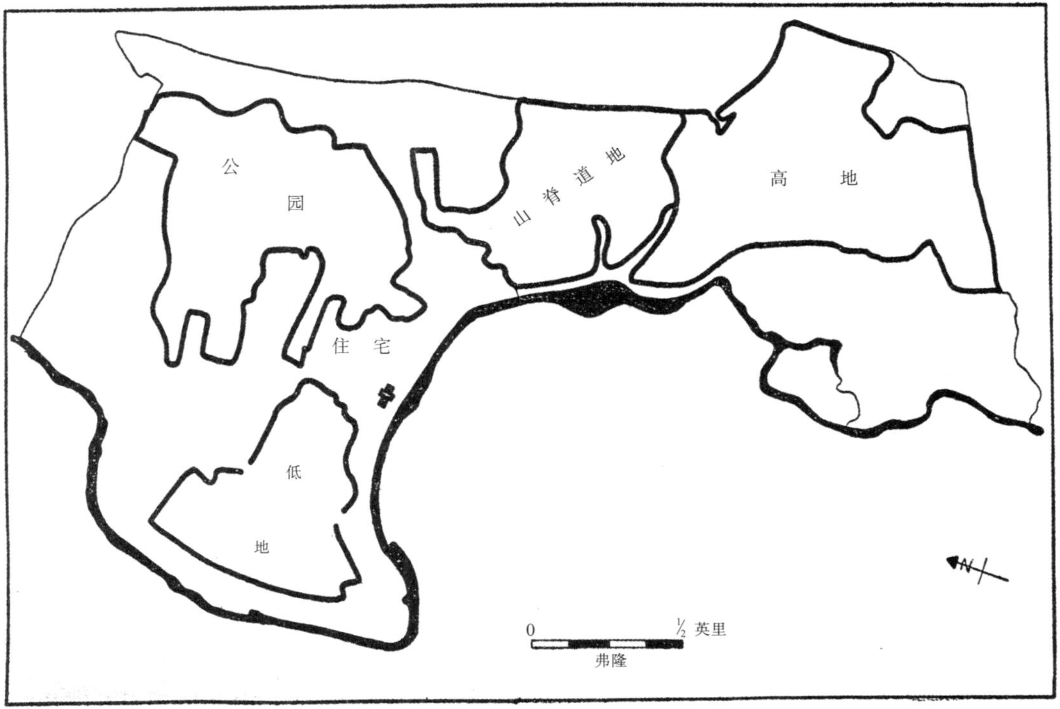

地图4 1719年斯塔福德郡埃尔福德:敞田

为了接近传统村庄规划,我们应该回到份地及其在敞田上的条田。到目前为止,这种分散状被描述为好像是随机产生的。实际上,它是由好几种规则来决定的。第一个规则是,任何份地都应该在村庄的那两三块地上有相同面积的条田。一个村民生活在糊口线上。与今天的许多农民一样,他很少有现金在土地颗粒无收的年份去购买粮食。因此,他的那部分用于种植作物的土地必须保持近乎持续耕种状态,而且为了做到这一点,三圃制村庄的一块三十英亩土地应该如此分布,即在每一块都有十英亩。然后,二十英亩每年都要耕种,当然每块地上的作物都是按照村庄的轮作习惯来决定的,所有在敞田上持有土地的人都会遵守。当作物被运走,每个村民的条田,如他的邻居的条田一样,都将会成为村庄牲畜的牧场。

第二个规则是,不同份地的条田应该分散在农田上,每一块份地都应该在村庄中占有相同份额的好与不好的地和位置。再一次,每个阶层内份地的平等性,看起来不仅是面积上的平等,而且是普遍经济机会的平等。中世纪的英格兰村民关于份地的条田应该这样分布的情感是什么样的,并没有传达给我们。[10]但这些事情已经如言语般流畅地被记录了下来。通常,当一块份地在两个人之间分割之时,例如,在联合女继承人间,并不是一方获得这块份地的某些条田,而另一方持有相等面积的其余条田。相反,每一单块条田被纵向分割,每一方持有一半。

让我们考察发生于1297年维克菲尔德庄园法庭上的一则诉讼:

奥维尔索普(Alvirthorpe)……罗伯特·丹内斯(Robert Daneys)控诉威廉·阿特巴尔(William Attebarre),称当他从

亚当·德·纽顿（Adam de Neuton）那里购买一块半码地时，威廉·阿特巴尔，此前曾购买了另一块半码地，将上述两块半码地最差的部分给他，并占了最好的部分。被告称，当他买地的时候，亚当向他确定了那块地在农田中的位置，他没有占据另一块地。他们提到邻居们的一项调查，……他们的发现支持了原告。上述宅地［原文如此］将在他们之间分割，根据他们持有土地的数量，这块地同样如此，按照属于他们的半码地的比例。[11]

这是一段有启示的文字。它显示，亚当·德·纽顿向买主指出了那块地的位置，这块地据推测位于奥维尔索普农田上的分散条田中。它显示，不同的半码地的条田如此混杂在一起，以至于它们很容易引起混淆。至少有迹象显示，半码地如此分布以至于每一块都包含好地和坏地。阿特巴尔的错误在于，他企图使自己的半码地只包含好的土地。

正像敞田农业中的其他安排，不同份地的条田的分散，并不像在现代条件下长大的人第一眼看到的那样反常。在这种情况下，它完全是天然的。由于他们并不知道今天的技术，13世纪的村民只有粪肥和泥灰来增强土壤肥力，这些肥料的数量很小。他们可能无法摆脱，也没有办法逐渐改善土壤的最初肥力。然后，这就无怪乎，如果他们，或者最初这样设计敞田乡村的他们的先祖，坚持认为，不同的份地应该在土质有好坏的村庄内分享等比例的份额——不是说采光和排水的问题——这种分享将必然意味着，每一块份地都将包含一定数量的分散于耕地上的小块。这种解释当然基于一个前提，即一个村庄的土地被分割成地产单位，这些单位对于每个阶层而言在经济机会上都是平等的。这个前提本身还没有得到解释。

份地的条田平均分布在村庄的两三个地块上，并成比例地分布在好位置和坏位置。但在建村的时候，将这些规则付诸任何大数量的份地并非易事。除非有某种简单的方法，通过它，大致相等的份地条田的分布可以自动完成，否则村民就会不停地就他们的份额而争吵。这样一种方法的痕迹已经被发现。学者们已经注意到，在绝大多数情况下，某一份地的条田在一侧或另一侧，与相同的另一份地的条田为邻。举一个例子——另一个会在后面列举——在14世纪中叶，白金汉郡的温斯洛（Winslow, Bucks.）村，约翰·莫尔德森（John Moldeson）的码地包括72英亩的条田，其中66英亩挨着约翰·沃特金斯（John Watekyns）的条田。[12]

当记录着一块份地所有条田位置的现存文献提及另一些份地的条田时，人们可以通过观察发现，这块份地在农田里的大多数弗隆是否与同样的另一些份地为邻。但这样的文献很少。幸运的是，另一种文献提及这样的事实，即在所有地方某一块份地都挨着另一块份地，但它们没有说那块条田的位置。因此，在14世纪初北安普顿的哈尔斯顿村亨利·德·布雷关于土地的备忘录中，一块码地被描述如下：

整个农田上的一块码地都是以半英亩的形式挨着多德福德采邑（Doddeford fee）的地块。[13]

要注意，温斯洛和哈尔斯顿的码地都是半英亩的条田；半英亩是耕地工作的标准单位。在许多村庄里，尽管离它们很远，但份地可能就以各种大小的条田散落于农田之中。[14]

按照这种证据，原野农业研究者进一步推论，在有些村庄，不同份地的条田设计为一个有规律的轮作顺序，这样每块份地的条田很可能临着在村庄耕地的每一弗隆的两侧，相同的两块其他份地的条田。更多这种类型的证据已经给出。处理这些证据的困难在于，它仅仅显示，当每个文献中列出的两三块份地被涉及时，就会出现一种规则的条田轮作顺序，而且我们可能找到对这种现象的解释，而不用假设这样一种有规律的轮作顺序适用于一个村庄所有或大多数的份地。当敞田被分割之时，一个惯常的做法是将每一块土地都纵向分割。两块或更多块份地的条田无疑因为这种分割而相互毗邻，而村庄的所有份地的条田并不存在一种有规律的轮作顺序。

对这种异议的最好答复是，这种分割通常出现在一个领主的土地上，即某些封建乡绅的采邑上。采邑上的码地和半码地，由农民持有的领主的土地，会保持完整，尽管出现了这种分割。文献显示，有些村庄，一种有规律的轮作顺序出现在有些上述标准份地的条田上，而且没有理由相信，如果在一些份地中存在这样一种有规律的轮作顺序的话，在全部份地上就不存在一种有规律的轮作顺序。

如果假设这种有规律的轮作顺序存在，那么就会跟出一些有趣的推论。例如，一犁地包含八半码地，它们的条田在地块上相互毗邻并处于同样的轮作顺序中。那么换一种方式来考虑这个案例：在任何弗隆中，属于任何给定犁地的区域都会是一块完整的地块，由属于作为组成部分的半码地的八块相邻条田组成。这种设计明显是方便的，如果持有包含一犁地的八半码地的人也是每家派出一头牛组成一个八牛犁队的人的话。当这个属于一块半码地的条田被耕作的话，有必要将犁和犁队运到这块农田中可能很远的一块条田上。相反，这次犁地工作能够在同一弗隆的下一块半码地的条田上开始。

我们也可以设想，这种安排的操作性便利将分割规则运用于一个村庄农田的份地上。如果汤姆、迪克、哈里和他们的邻居的份地的条田依次进入这种存于村庄所有土地上的顺序的话，一种大致平等的条田分布将会自动出现。很可能，这些条田将几乎相等的被分割在两三块土地，以及好坏两种位置上。

我们还可以观察到另一个有趣的事实。在许多文献中，它们的用词明显指向，在村庄敞田的不同份地上，存在一种有规律的条田轮作，这些份地的位置相对于其他份地的位置的表述用词是太阳（sun）。一块半码地，与其他半码地相比，尤其是与它是其中之一的更大的份地的半码地相比，其位置被说成朝阳、向阳、靠近太阳（versus solem, ex parte solis, propinquior soli）。或者这块半码地的位置被说成背阴（versus umbram）。相对于太阳和阴影的方向被有规律地对比起来。

例如，根据亨利三世统治初年的一份特许状，贝尔福德的克斯帕特里克的儿子罗尔德（Roald, son of Cospatric de Bereford），将位于约克郡蒂斯河畔巴弗斯（Barforth-on-Tees, Yorks.）的一块半码地授予他人，表述如下：

　　蒂斯河畔贝尔福德的一块半码地，即在整个农田的所有部

第 7 章 村庄的设计与规划

分中,他的两块半码地中的朝阳的那一块。[15]

许多其他的这种案例可能也被引用。当土地被分割之时,包括阳和阴在内的用词很常见。1234 年的一份最后合约证实,林肯郡哈拉克斯顿(Harlaxton, Lincs.)包含两块半码地的一块份地应该被分成两个半份(moieties)。对其中之一的描述很有趣,因为它提及了村庄上一个常见类型的两块大地。它是:

> 在北地和南地中的所有地方都朝阳的那一半。[16]

另一个例子更充分。1302 年,一项协议达成,北安普顿郡布林顿堂区的奥尔索普(Althorp in the parish of Brington, Northants.)的两块码地被两方均分,两个妇女为一方,亨利·德·布雷为另一方,方式如下:

> 此外,上述阿格尼丝和伊莎贝拉将获得位于哈默·德·维尔斯顿的自营地上的一块码地的一半,以及位于奥尔索普地上的一码地的一半,即两块前述码地的每一块的一半,在朝阳一侧。[17]

然后,这份协议继续以几乎同样的用词描述了这两块码地中将归于亨利·德·布雷的那一半,以及他的每块地的一半都位于阴面(*ex parte umbrali*)。

现在问题是:朝阳、背阴,以及在前引文献中的类似表述的意义是什么？它们是否仅仅意味着"朝南""朝北"？可能不是，或并不总是，因为还有以下的理由。村庄地图显示，构成一个原野村庄的弗隆的相似条田群，并不全部处于一个方向上，尽管它们在有些情况下是这样的。有些弗隆的条田几乎以直角延伸至其他弗隆的条田，等等。现在假设，一份特许状描述一块半码地，由敞田上不同的弗隆的分散条田组成，其在所有地方都位于另一块这种半码地的条田的旁边，并"更靠近太阳"。"更靠近太阳"意味着"更靠南"，这只有在土地上所有的条田都沿着东西线并列时才有意义。但如果，情况经常如此，只有一定数量的弗隆由处于这种方向的条田组成，而其他的弗隆则由通常沿南北线（或另一方向）并列的条田构成，那么，"更靠近太阳"不可能仅仅意味着"更向南"，这讲得通。相反，"更靠近太阳"会被给予一个更一般的意义，如"更靠南和更靠东（或靠西）"。

有迹象表明，诸如"朝阳"通常意味着"朝南和朝东"，太阳升起的方向，以及早晨和春天，尽管对此没有充足的证据。相反，"背阴"将意味着"朝北和朝西"。在更加常见的表述中，很少有用词显示情况就是这样的。例如，在1262年前的某时，亨利·戴夫（Henry Dyve）将自己在北安普顿的小布兰普顿（Little Brampton, Northants.）的持有地的一半，转让给了自己的儿子，当时后者成家，这块地即

位于小布兰普顿东侧和南侧的整块份地的一半。[18]

这里，东侧和南侧（*ex parte orientali et australi*）的表述也可能是

第7章 村庄的设计与规划

朝阳一侧（*ex parte solari*）：这是争论的焦点。还有一次，1208 年，林肯郡巴克纳尔（Bucknall, Lincs.）的两块半码地被分割，吉尔伯特·德·托因顿（Gilbert de Tointon）和妻子爱芙塔（Ivetta）得到

> 上述土地上朝北和朝西的一半。[19]

这里，"朝阴"的表述可能也已经被用过了。不幸的是，看起来还没有文献将朝阳对等于朝东和朝南（*versus orientem et australem*）。

在 13 世纪英格兰人的心目中，把南方与作为其世界阳面的东方联系起来，北方与作为阴面的西方联系起来，这一假设得到以下事实的支持，即他们认为好的事物位于南方和东方，坏的事物位于北方和西方。《农夫皮尔斯》开篇的其中一个异象是，他看到魔鬼与其朋友，以及它们控制的地狱在北方。[20] 它们取代了巨人，巨人位于异教国的家就在北方；这些信仰是古老的，而且对于总是在南方和天很低的地方看到太阳光的人而言，这完全是很自然的。在朝阳的一侧，路西弗（Lucifer）对面，坐着基督，在东方是天堂：

> 所有那些犯错的人，将四处游荡。
> 往东是天堂，永远去停留。

请记住，由于教堂的习惯朝向，中世纪的人，与现在一样，往东看向圣地。再一次，在《农夫皮尔斯》最初的异象中，皮尔斯看到真理之塔（the tower of Truth）位于东方，死亡幽谷（the dale of Death）位于西方：

> 我向东仰望，去追随太阳，
> 有一座高塔，是真理所在；
> 我向西看去，在片刻之后，
> 是一条深谷，死亡在那里。
> 邪恶的世界，与主的圣所，
> 二者之间是，喧嚣的尘世。[21]

南方和东方、北方和西方的配对，作为视线上两个明暗对比的部分，是大众宇宙学的一部分。

我们有更强烈的理由猜测，在英格兰曾经存在一种制度，将不同份地的条田设计在一种有规律的轮作顺序中，而且这种顺序与关于太阳的路线和方向的传统观念有关，因为事实上，这样一种制度曾经在丹麦和瑞典的村庄里流行直到最近，这两国的村庄也具备英格兰原野村庄的一般特征。[22] 在那里，它被称为日分（solskift），可以被翻译为"太阳分割"（sun-division）。由于宅地、房屋选址可能在村庄街道两侧成行排列，它们被认为是以顺时针方向围绕村庄依次排列的。宅地的这种顺时针方向排列是很有意义的，因为太阳的轨道从北半球的任何一点来看都是顺时针的，而且民俗中的一个流行观点是，任何循环运动的幸运方式都是顺时针的。因此，"在英格兰北方，一支送葬队伍，当到达教堂的墓园时，应该以太阳的轨道行进"。[23] 相反，与太阳的轨道逆向前进，这个方向在英语中叫逆时针（withershins），被认为是不幸的。老百姓认为，靠近恶魔的方式只有逆时针运动。

村中宅地的顺序就是农田上属于这些宅地的条田的顺序。用丹麦人的表述而言就是，"宅地是农地之母"。[24] 因此，每个村民都可能会，在每弗隆耕地内，在自己的条田的两侧有邻居的份地条田，而这些邻居正是在村中他的宅地两侧拥有宅地的人。在所有的地方，他都有相同的两个邻居。此外，这种有规律的轮作顺序使用的方向很特别。条田的顺序从东向西或是从南向北，依据的是不同弗隆的朝向。很明显，这种设计，就像宅地的顺序设计一样，是与对太阳轨道的传统解释相联系的。在丹麦，日分被描述为"由太阳轨道决定的一种分割：它事实上追随太阳的运动，从东到西，从南到北"。[25]

然后，下面的话看起来是日分的重要特征：

不同村民在村庄农田上的份地是按照一种有规律的轮作顺序来安排的。

尤其是，在弗隆上的耕地条田的顺序就是那些条田所属的村庄中的宅地的顺序。

这种顺序所使用的方向就是传统上太阳运行的路线和方向。 98

很明显，日分的两种特征——份地条田的有规律的轮作顺序，以及这种顺序与传统上太阳运行方向的关系——就像，如果不是完全相同的话，中世纪英格兰文献所呈现的那种安排。但没有证据表明，在英格兰，日分的另一特征是存在的，即村庄宅地的顺序决定了弗隆上条田的顺序。偶尔，有迹象显示，如果两个或更多的份地在村庄的农田上临近的话，属于这些份地的宅地在村庄中也是临近的，但这样的证据很少。文献并不包含那种显示这是否是一种常见安排的证据。然而，举一个例子，罗伯特·德·托莱布（Robert de Tolebu）授予约克郡克利夫兰的吉斯伯勒的修士们（Canons of Guisborough, in Cleveland, Yorks.）在亚姆村（Yarm）的一犁地，条件如下：

> 在亚姆村中的一犁地，属于我的自营地，即更靠近罗伯特·德·莱斯特里亚（Robert de Lestria）的那一块，再加上我的半块草场，位置临近前述罗伯特的草场，还有一块宅地，临近同一个罗伯特的宅地。[26]

按照古斯堪的纳维亚法律，日分不仅是一种关于宅地和份地位置的简单规则。它完全是一种村庄规划。日分是一种四分（quadrata divisio）；日分村镇被称作四分村镇（villae quadratae）。四条道路被认为贯穿于村庄，即比（by），以直角交叉，一个严格意义上的村庄的边界被认为大致是一个四边形。[27] 如果情况正是如此的话，林肯郡特许状中的特定表述可能就是极有意义的。亨利二世时的一份特许状授予：

> 莱格斯比（Legsby）村，整个和全部，加上包括在上述村镇的四方边界内的所有附属物。[28]

此外，亨利二世统治时的一份特许状授予奥姆斯比的修女们：

> 斯波尔丁顿界内的一块半码地，我将其从我的自营地中拿出，并经丈量，在上述斯波尔丁顿的农田中分成四份授予她们。[29]

第 7 章　村庄的设计与规划　　　*121*

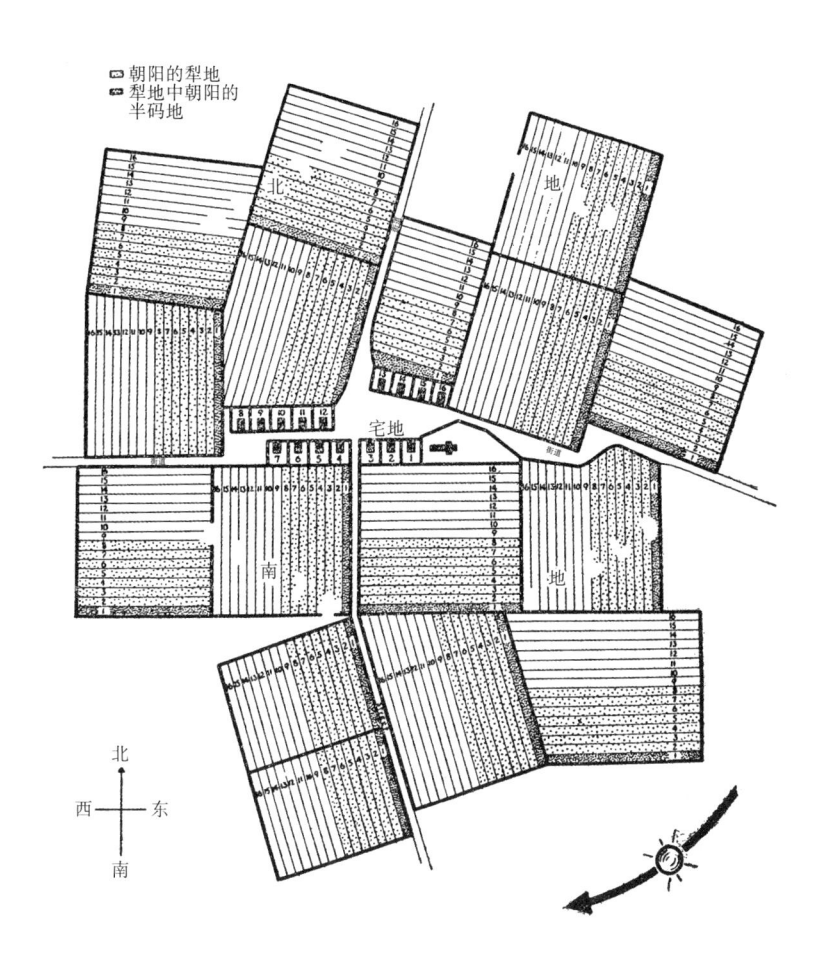

地图 5　日分村的系统规划

（2 犁地 =16 半码地）

在英格兰的一些原野村庄中，如果曾经存在一种类似日分的制度，主导着属于不同份地的地块的位置，那么这种制度充满了不规则性，至少到13世纪是这样。日分制度很复杂。在高低不平的乡村，它很难以一种严格的形式得到运用。土地的传承和转让将带来进一步的差异，除非村民周期性地按照古老的规则重新分配村庄的土地。在欧洲的有些村庄中，土地再分配是惯例，但很少有证据表明，它在英格兰也是如此。[30]在13世纪，这种制度看起来已经完全衰落了。也就是说，用词显示某一块份地在所有地方都挨着某一块其他份地，或用太阳来描述它的位置，在文献中变得越来越罕见，很可能因为不断增加的土地交易数量，在那个繁荣的世纪及此后，事实上已经推翻了条田的所有规则顺序。但甚至引用特许状语言和罚金来对英格兰的日分进行假设性的重建也已经依赖于那些并非总是可证实的假设。一方面，我们曾假设在一个村庄的一块敞田上，数块半码地是由分散的条田组成的。但我们知道，半码地，或者被称为半码地的地块，通常是紧凑的地块，或分布在几个大的地块上，特别是在类似约克郡的北方各郡。至少在一个村庄，所有的耕地是这种类型。[31]也许，这种事情解释了当我们试图调和特许状用语与类似日分制度的实际情况时出现的一些困难。此外，向阳的一侧通常仅仅是南面，仅此而已。一个恰当而谨慎的观点将是如下内容：在13世纪英格兰的某些村庄，存在与斯堪的纳维亚的日分的某些方面相似的一些细节，这可能可以从特许状和最终协议的用词中推断出来。

对于许多人而言，这种传统的村庄规划提出的最有趣的问题将是其起源问题：它是如何到达英格兰的？无疑，可以用来解释为展示这种规划的用词仅仅大量出现于与东北英格兰相关的文献中，尤其是在林肯郡和约克郡，它们都是诺曼征服之前的数个世纪里丹麦人大量定居的郡。无疑也正确的是，丹麦是日分村庄甚至存续于现代的国家之一。人们理所当然地持有这个理论，即丹麦人带着日分的原型进入英格兰，作为他们文化遗产的一部分，并根据这些原则来设计他们在新国家建立的村庄。不幸的是，与在林肯郡和约克郡的文献中被发现的那些用词相同的词语也出现在，尽管更加稀少，与诸如沃里克、牛津和白金汉各郡相关的文献中，它们并非丹麦郡。也许，传统村庄规划也是丹麦人到来之前英格兰的民族的文化遗产的一部分。[32] 然而，关于所有日分最有趣的事情不是其起源，而是北方人用来设计他们的世界的那个方案的证据：他们将世界分割成好与坏，幸运与不幸，而这种二分法与天堂的四等分和太阳的运行轨道相关。此外，这种宇宙观影响着他们的日常生活。他们耕作土地的方式都是由他们的哲学决定的。

这里对原野农业的描述好像它们是自动运行的，仅仅由古代习惯的重复所决定。许多事情是按照习惯解决的，在今天人们眼中数量庞大，现代人习惯于快速改变自己的方法作为对经济条件的变化的回应，但没有一个社会将所有事情都交给习惯；总是有一个时间，人们应该思考，并做出他们的一个决定。甚至原野农业也必须根据每年变化的条件来做出调整：一方面，农民无法将天气视为理当如此。村民们必须决定，何时篱笆被围圈和开放；他们必须选择村庄的仆人，如牧人，并对公共的牲畜做出规定。一个人的耕地条田与邻居的那些混杂在一起，开放且没有围墙。村民们必须规定，一个人不应该践踏邻居条田上的庄稼，或不应在收获时偷盗邻居的麦捆。正如我们看到的那样，他们也必须决定，何时、以何种方式来开垦一块新田或一块新垦地。在这些会议上，他们决定上述事情，而且也应注意到，在这些会议上制定的规则，叫村法(bylaws or byrlaws)。有时，一个村庄的村会(bylaw)应该与庄园法庭，即领主的庄园法庭一起举行；有时，它应该单独举行，但在任何一种情况下，它都处理相同的事情：村庄农业的组织实施。

在13世纪，村法很少写进庄园法庭的案卷中。村法被援引，违反村法被处以罚金，但村法本身从未成文。村民们有关于村法所约定内容的记忆就已经足够。在14世纪，越来越多的做法是将村法写进庄园法庭的案卷中，尤其是将它们用英语写出来，而案卷中的另一些案例仍以拉丁语保存。村法是说英语的农民特别关心的事情；其余的是书记员的职责。

制定和实施村法对于紧张的收获时期而言尤为必要。白金汉郡霍尔顿的法庭案卷包含了，以拉丁语入卷，一些收获村法的最早例子。第一条出现在1325年，但1329年的那条更为完整，并解释了村法中的许多典型规定。它行文如下：

> 领主的管家和无比忠诚的共同体规定，不论是自由人还是农奴，如果一个人能够付出一天的劳动获得一便士和食物便不能拾穗。亦规定，拾穗人无论老幼，都应尽其所能，好好地、忠实地拾穗。同样规定，任何人不应收留外来者抑或在拾穗时或其他地方有不良行为的本地人。同样，任何人都不能从自己的自留地中开一条出路穿过另一个人的土地，如果他有一条路穿过自己的地，他应保证他的邻居不受损害。同样，任何

第7章 村庄的设计与规划 　　　　　　　　　　*125*

人都不可以在日落之后进入农田运输谷物。同样，任何人都不可以在犁队的挽畜在谷物残茬上放牧完之前让自己的羊或其他牲畜进入。同样，任何人都不可以将马拴在谷物正在生长，或谷物被收割完的农田中，以免产生损害。同样，任何人都不可以在晚上或任何其他时间，通过行走、驾车或运输谷物，在另一个人的谷物地上开辟道路，给邻居造成损失。同样，今后任何人都不可以在农田里收集菜豆和绿豌豆，除非是在两次钟响之间。这些规定应该被遵守，否则将处罚金6先令8便士。菲利普·阿特·林奇（Philip atte Lynch），[和其他五人]宣誓监督这些规定是否得到遵守，将违反上述规定的人抓住，并将他们带到下一次法庭上，不论他们被发现有多少次、有多频繁。[33]

大多数情况下，这些规则解释了它们自己。任何身体健全的人，即一个能够参与农业劳动来赚取工资的人，都不能被允许拾穗。拾穗专属于老幼，贫穷且年老的妇女看起来曾是主要的拾穗者。其他地方的村法规定，拾穗应该在麦捆被运走之后才开始，或任何人都不能拾穗，直到那块弗隆的收割已经结束。有时，为了给拾穗者一个机会，村庄的牲畜在庄稼被运走之后的数日里都不能到谷物残茬上觅食。村庄在收获期间也缺少人手，它试图通过村法保证对至少是自己的劳动力供应拥有一种垄断权，其结果是生活在村庄的任何人都不应在收获期间到其他村工作。当人们的份地的条田在农田上混杂，不诚实的人有数不清的机会去收割属于他人的庄稼或偷麦捆。因此，村法规定，应当对所有收获工作进行大力宣传。这就是制定以下规则的原因，即任何人都不应该夜间到地里运输谷物，任何人都不应该在某些时间内收豌豆或菜豆[3]。堂区教堂塔楼上的钟往往被用来规定共同劳动的时间。因此，有些村法规定，任何谷物都不应该在夜间的"两次钟响"之间被运输。牛固定地被允许在羊前面去吃谷物残茬，因为羊吃得干净，身后寸草不留。另一个常见村法规定，猪应该戴上轭或脖圈以防止它们将草连根拔起。

完整的村法法典只是在 14 世纪才出现在庄园法庭的案卷中，但后来构成上述部分条款的一些规则出现得更早，法庭上的罚金往往明确显示，有诸如那些后来入卷的村法一样的规定存在，而且被违反过。例如，1278 年在赫特福德郡的瑟菲尔德（Therfield, Herts.），伊迪丝·奥迪纳（Edith Ordinar）被处以罚金：

> 因为她在夜间运输谷物，违法了收获规定（statutes of harvest）。[34]

村法存在于 13 世纪初的证据也源于剑桥郡威尔伯顿庄园（Wilburton, Cambs.）的一份案例，它出现在 1222 年伊利主教的庄园惯例租役簿中。这份案例如下：

> 众应周知，领主应得到村会的罚没物和出售灯芯草的所得，半便士。[35]

事实上，村法，不论以何为名，是否成文，都曾出现在原野农业的所有生活中。

除了特别村法的内容，村法的执行和村会作为一个审议机构，都是关注的问题。村会，或所谓的 byrlaw，在北方最为重要。实际上，在约克郡的部分地区，一个村会是一个不同的地理区域，一个地方行政单位，往往包括好几个庄园。[36] 在那里，村会也不是与庄园法庭一起召开，而是一个单独的集会。通常，村法是由全体村民，不论身份是否自由，在庄园领主或他的官员的同意下做出的。原始民主集会的程序并不经常是通过投票。实际上，每个牵扯到利益的人都表达自己的看法，直到最后，经过讨论，达成一个如同共识的东西。群体成员之间任何持久的异议都不能被忍受。在英格兰，一个人在村会中如果不愿意同意其邻居的看法可能会被处以罚金。[37] 一次村会也会选举出它自己的官吏，他们的职责是监督破坏规则的行为，并将它们汇报给庄园法庭或村会本身。在北方，这些人被称为村事倌（byrlawmen or byrlawgraves），在南方一些村庄，农事倌（custodes statutorum autumpni）被选举出来施行特殊的收获村法。

违反村法会被处以罚金。有时，这些罚金在庄园法庭上被征收，因此就到了庄园领主手里。我们看到在威尔伯顿，村会罚没物的一半到了领主手里。在其他地方，罚金到了堂区教堂那里，甚或，也许到了共同体手中。有些村法规定，对因违反规则而受到伤害的人给予赔偿。在 1297 年维克菲尔德的一次法庭上，杰曼·菲尔考克（German Filcok）抱怨道，四个人抓走了他的马。被告回应如下：

> 他们称，抓走行为是村会共同体以 4 便士的报酬让他们做出的，因为它（这匹马）在斯坦利的农田里造成了损害。杰曼称，他们从他的地界上抢走马匹，并非是在处于保护之中的斯

坦利的农田里。[38]

很明显,这匹马被怀疑破坏了斯坦利敞田上正在生长的庄稼。[39]

现在应该清楚的是,为什么早期的旅行者总是将英格兰原野村庄的土地描述为敞田。它们实际上只是被山丘和树林,以及围绕着两三块大田的篱笆墙隔开,而不是由围绕小块耕地的许多墙体和围栏隔开。也应该清晰的是,为何旅行者将村民的房屋描述为集中的聚落,为什么房屋"在每个村镇都统一地建在一起,加上街道和小巷"(uniformelie builded in euerie town togither, with streets and lanes)。一个村民的份地以窄条田的形式分散在农田中。他在那里没有整块土地来建立一个独立的农庄;他被迫在一个中央的位置紧挨着邻居住。但关于这种情况的论述很少,因为它表明,社会阶层的特征是由其他因素,而不是他们全都处于一种互相依赖的状态决定的。尤其是,在一个原野乡村中,所有的安排和设计:农田、庄稼轮作、牲畜、篱笆、份地,以及作为村镇中心的聚落房屋——全都是内在互相依赖的,正如它为这个事实所证实的那样,即这个系统一损俱损。事实上,它的要素的相互依赖性是原野乡村在数个世纪里保持巨大稳定的一个原因。圈地运动的历史表明,如果要改变的话,就必须对敞田村庄进行大刀阔斧的改革。

这就是被称为原野农业的习惯。我们不应该认为所有这种制度,即使是如此复杂的一种制度,是强加给人们,并被他们视为束缚的。大多数人会感到极不愉快,如果被阻止按照习惯行事的话。此外,村民的工作并不仅仅是一种传统上的默从,尽管这种默从是自愿的。村民在进行村庄共同体的各类事务的时候一起成功协作,人们一起劳作通常并不因为他们认识到,这样的合作对他们有利,而是因为他们所感受到的特定的积极情感使他们能够并愿意与自己的伙伴合作。在其成长过程中,因为与父母、同时代人以及共同体其他成员的接触,这些情感在每个村民身上被诱发出来。村民甚至为这些情感起了一个名字:他们称之为邻里关系(neighborhood)。当然,在任何特定的村庄里,邻里关系可能会沦为互相的不信任。也许,它总是处于被破坏的危险之中,可能当它真被破坏的时候,因为人与人之间的接触很密切,这种痛苦就更大了。但如果我们可以从现代的农业共同体来看,合作传统很可能已经很牢固地建立起来,以至于它们可以承受大量微小的冲击。邻居互相埋怨,但同样一起劳作。

尤其是,村会表明原野乡村是一种积极协作的事情。一个村庄构成了我们称为共同体的东西,不仅是因为它的所有成员遵循同样的习惯模式——因为每个村民的土地以条田的形式与邻居的那些条田混杂,因为每个村民都遵循同一传统的作物轮作,都将牛养在公共畜群中。一个村庄构成一个共同体主要是因为,它的所有成员都被培养作为一个群体做决定,并一起行动。事实上,原野农业的详细规则无法得到维持,如果一个村庄没有在这种更为重要的意义上形成一个共同体的话。村会是这样一个共同体,它不仅遵循了源自遥远过去的习惯,而且积极地思考如何为一个成功的未来提供条件。

第二编

家 庭

第 8 章　土地的可分继承

在英格兰的原野乡村，农民生活在大村庄中，也生活在小家庭中。大村庄的社会秩序已经得到考察；从某种程度上而言，家庭和村庄之间的关系也是如此：一个村庄的土地被分成若干家庭的份地。接下来的几章将更详细地论述家庭及其份地之间的关系，尤其是在继承和婚姻习惯中展示出来的，这些习惯反过来显示出村庄组织的维护方式。我们希望能够对中世纪的农民家庭进行研究，而不仅仅是他们持有土地的习惯，但这些习惯是现存档案中详细记录的唯一事情，这些档案主要是法律文献。由于缺乏关于当时农民的新材料，我们不能跟着它们走进他们的亲密家庭生活。接下来，我们会论及血缘和土地。

理论上而言，一个村民，如果也是一个农奴的话，按照领主的意愿持有土地。他的领主可以在任何时候随意剥夺他的土地。实际上，这种事从未发生过。如果农奴缴纳了惯例租役，他就可以安全地持有土地。当他去世之时，他拥有的土地还可以按照庄园的习惯由他的继承人来继承。继承人必须到庄园法庭上，并向领主缴纳一笔罚金——也叫作继承税（relief or gersum）——以便获得进入这块份地的权利。他还必须向领主缴纳死手捐（heriot），通常是死者最好的牲口，也许还要向堂区的神父提供第二好的牲口。他还必须对领主效忠。但一旦他履行这些义务，他的占有权就稳固了，而且这块份地可以以这种方式在这个家庭中一代代传递。

110 　　一个村民并非可以自由地将份地遗赠给他青睐的人。它的继承是由习惯规定的，而且那种习惯是因地而异的当地习惯。任何庄园上的一块份地都是根据庄园的习惯继承的。村民土地的继承习惯可以在法庭案卷中找到。它们记录了在上一个持有人死后，为进入某块土地而支付罚金的人的名字，并由此显示，这些土地在实际中是如何传下去的。它们记录了继承争议在实际中是如何解决的。继承习惯也出现在惯例租役簿中，它们告诉我们不同庄园的继承习惯是什么。根据这些资料，两种主导村民土地继承的主要习惯在中世纪英格兰流行。方便起见，这两种习惯在这里被称为可分继承和不可分继承（partible and impartible inheritance）。这里要考察的是农奴份地和自由持有地，它们是农民持有土地的两种方式，因为军役土地的继承规则一直是长子继承制。

　　按照不可分继承的习惯，一个村民的土地——码地、半码地、薄田（cotsetle），或其他可能的土地类型——在他死时传到他的一个儿子手中，只传一人。有些庄园的习惯是长子继承，其他庄园的习惯是幼子继承，此即幼子继承制（Borough English rule）。可能，在有些村庄，父亲选择某个儿子在他死后持有土地。在任何情况下，有且只有一个儿子继承土地。没有儿子时，一个女儿会成为继承人，或这块土地在女儿中分割。在自己没有继承人的情况下，这块土地通常会传到死者的一个兄弟手中。在不同的庄园上，有不同的习惯，但主导的继承规则是，一个村民的土地应该传到他的一个儿子手中。

第8章 土地的可分继承

关于可分继承习惯，最突出的是均分继承（gavelkind），这是肯特郡的继承习惯。按照均分继承的习惯，如果我们接受据说是1293年巡回法庭的法官批准的对该规定的解释，[1]那么一块土地可能在上一任持有者的儿子们中间均分。在没有儿子时，在女儿中均分。附属宅地可能也会如此分割，条件是守灶的责任仍然要留给最年轻的儿子或女儿。

乔利夫（J. E. A. Jolliffe）在他的《前封建时代的英格兰：朱特人》（Pre-Feudal England: The Jutes）一书中已经提到肯特郡的许多重要的古代制度。他的有些观点应该得到回顾。他指出，当我们谈论均分继承，或类似的其他继承习惯时，我们不是在讨论一件事情，而是两件可能令人混淆的事情。或者，这块土地在儿子们中间分割，然后每个人自己单过，或者它由儿子们作为一个继承人群体共同持有，共同生活。正如将要看到的那样，在这两种现象之间有很大不同。

在肯特郡，有文献显示，土地在持有者死时通常并不分割，而是由继承人共同持有。至于奥尔（Oare）的兄弟们，据说他们"共同靠那块地生活"。[2]在1301年肯特郡刘易舍姆（Lewisham, Kent）的庄园法庭上：

> 沃尔特、罗伯特、理查德和约翰，杰拉德·阿特·皮里（Gerard Ate Pirie）的儿子们和继承人，为蔑视法庭等行为的处罚做出担保。[3]

而且，他们后来为他们的父亲的土地，现在由他们持有，向领主缴纳了继承税，并宣誓会做他们应做的任何事情。儿子有好几个，但他们的父亲的继承人只有一个——这是常见的表述。他们共同而不可分地持有土地。按照这种方式，如果一个儿子无嗣而终，那么他所有的兄弟都会在他的这块土地上继承一定份额。按照法律的用词，它增加到他的兄弟们那里。在刘易舍姆的法庭案卷中，同年有这样一份调查：

> 理查德和理查德，（原文如此）还有威廉，亨利·勒隆（Henry le Lung）的兄弟们和继承人，宣誓以上述亨利为榜样，会做这种权利要求他们做的所有事情。而且他们保证缴纳继承税，并效忠领主。[4]

我们注意到，这里没有提及亨利持有任何特定数量的土地。这块份地如何传到第三代和第四代，共同持有的土地的收益如何在继承人之间分割是仍然有待解答的问题。那些答案会显示出中世纪肯特郡家庭的社会组织。已经清晰的问题是，一块由连续的继承者群体持有的土地通常在许多年内保持完整。有一个案例说，哈默·德·盖尔德的继承人们（heredes Hamonis de Ghelde）在13世纪持有一块完整土地的时间至少长达80年，也许更长，但它没有告诉我们这位同名的哈默生活的时代。[5]

还很少有人根据隐藏其中的社会秩序来尝试解释中世纪手稿中的经济和法律现象。一个地方的继承习惯是那里曾流行的家庭组织类型的最佳证据之一。13世纪和14世纪初的肯特家庭应该类似于那些仍然存在于19世纪的奥弗涅、尼维奈（Nivernais）和法国其他地区的家庭：一个共同祖先的后人，居住在一个大房子或一片毗邻的房屋群中，共同持有一块完整的领地。通过连续数代联合继承人之手传递，有些家庭领地在数个世纪保持着其完整性。[6] 当然，这种家庭并不仅仅可以出现在法国，还散见于整个欧洲和所有时代。它们之中最著名的也许是 10 世纪的冰岛家庭，在最伟大萨迦《尼亚尔》（Njal）的高潮部分，这个家庭被烧死在自己的家园之中。

根据均分继承的习惯，一块土地可以由一群继承人共同持有，但这个习惯也允许通过法律行为来测量并在继承人中分割这块土地。实际上，许多这样的土地分割在 13、14 世纪的庄园法庭或其他法庭上得到实施。如果我们根据在其他地方和其他时代发生的事情判断，这些分割涉及的东西不限于简单的土地分割。它们包括家庭共同体，也就是自给自足的农业单位的解体，并导致一大批小持有者阶层的形成，他们在连续的分割过程中可能会发现自己已经没有足够的土地维持生计。爱德华一世治下第四年的一份特许状，国王据此非均分地分割了约翰·德·科巴姆（John de Cobham）在肯特的土地，显示出当时的情况。（非均分继承是一个改变规则的过程，而通过该规则，对一块土地的继承从均分继承转变为普通法的长子继承制。）这份特许状的部分内容如下：

> 按照肯特郡关于土地分割应均分持有的古老习惯，常见现象是在特定人手中的一整块土地习惯上完全能够养活许多人，并保持王国的稳定，此后在联合继承人中被分割为大量小块土地，然后它们其中任何一块就不再能够满足一个人生活所需了。[7]

在读到它的时候，我们也可以阅读弗雷德里克·勒普莱（Frédéric LePlay）对法国大革命立法的抱怨，它允许一个去世之人的财产在他的孩子们中间分割，已经导致了奥弗涅和尼维奈的家庭领地的分割，随着领地的分割，家庭共同体的生活解体，最终结果是一大批的贫困的小土地持有者的出现。这些过程，尽管发生在不同的国家，并相隔六个世纪，却是相似的。

在13世纪的肯特，正如19世纪的法国，一块家庭持有地仍然由继承人们共同持有，除非其中有人想要强制分家。在法国，导致有人做出这种举动的动机是多样的：个人经营自己的私有土地会更富有的想法，与共同体领袖的恩怨，等等。我们不知道想要分割家庭土地的肯特人的动机是什么，但很可能也是类似的。13世纪是一个经济上富裕和多变的时代，而上个世纪的经验已经表明，在这样一个时代，古代忠诚变弱和古代社会秩序解体的速度会有多快。

最著名的可分继承习俗当属肯特的习俗。但可分继承绝不仅限于肯特。学者们还没有对这样的事实给予足够关注，即它们显示，类似均分继承的习惯主导着英格兰其他地区自由土地和农奴土地的继承。例如，1317年，诺福克的西牛顿（West Newton, Norfolk）的法庭案卷中的一个案例如下：

> 罗伯特·肯普（Robert Kempe）、威廉·肯普（William Kempe）和磨坊主杰弗里的儿子阿兰，起诉威廉·肖勒（William Scholer）的儿子阿兰，认为西牛顿的一块宅地及其附属物的占有权属于罗伯特、威廉和阿兰。他们说，他们的先祖，罗伯特·斯庞德利夫特（Robert Spondrift）获得了这块土地及其附

属物的占有权。在这个罗伯特死后,这份权利传给,而且应该传给他的两个儿子和继承人理查德·肯普和杰弗里·豪茨(Geoffrey Hauche)。从上述理查德和杰弗里,这份权利传给,而且应传给提起诉讼的罗伯特·肯普、威廉·肯普和磨坊主杰弗里的儿子阿兰。他们请求对这份属于他们的权利进行调查。[8]

调查团因原告而成立,但案卷中并未给出判决的任何原因,也没有解释威廉·肖勒的儿子阿兰是如何进入这块土地的。现在已经清楚的是,西牛顿的土地继承规则很像均分继承的规则。被继承土地传给了罗伯特·斯庞德利夫特的两个儿子,而且两个儿子是一个继承人——这个用词与刘易舍姆法庭案卷中的用词相同。在他们死后,这块土地传给了两兄弟中一人的两个儿子,也就是,两个肯普,并传给了另一个兄弟的一个儿子,也就是磨坊主杰弗里的儿子阿兰。(一个合理的推测是,杰弗里·豪茨与磨坊主杰弗里是同一个人。)而且,很明显的是,这块土地是被共同继承的。此外,在英格兰其他地区,与在肯特一样,如果一个人死后无嗣,他的土地会归他的兄弟或叔伯,也就是他父亲的兄弟所有。1306年,林肯郡萨顿(Sutton, Lincs.)法庭案卷中的一份案例如下:

> 西蒙·霍尔曼(Simon Horman)的儿子罗伯特,从领主那里持有一块宅地和两英亩的农奴土地,无嗣而终,因此,威廉·霍尔曼的儿子们杰弗里、皮特和托马斯,上述西蒙的兄弟们来到法庭上,他们请求法庭接受他们缴纳涉事土地的死手捐,他们向

领主缴纳了10先令的进入费。[9]

更重要的是,如果同一代所有的继承人,也就是那些兄弟们都死了,一个死而无嗣之人的土地就到了他最近的侄子们手中。至少,在接下来1310年萨顿案卷中的一个案例,相关人员都姓多德,也许都是最近的侄子:

> 杰弗里·多德(Geoffrey Dod)的儿子尼古拉斯过世了,他持有一块宅地,半英亩和18杆(perches)的农奴土地,其中半英亩和9杆地的持有是以嫁妆的名义。由此,威廉·多德的儿子约翰、他的哥哥威廉和福尔克·多德(Fulk Dod)的儿子约翰,来到法庭上,他们作为最近的继承人请求法庭接受他们,按照该庄园的习惯,为涉事土地缴纳死手捐。[10]

这就是法庭案卷的证据,类似均分继承的习惯实际上在肯特之外也流行。这种习惯的出现可能也能从地籍册和惯例租役簿中的案例中推导出来。在1222年伊利主教的庄园惯例租役簿中,有关于诺福克的沃波尔庄园(Walpole, Norfolk)的以下记录:

> 希尔德布兰的儿子理查德和他的哥哥亚当,以及他们的侄子理查德因持有60英亩土地而缴纳10先令。[11]

或者,如1277年伊利的惯例租役簿,在威斯贝奇:

约翰·高瑟林(John Gocelin)的儿子梅纳,与他的侄子亚当和皮特,持有一块宅地。[12]

其他类似案例出现在伊利惯例租役簿中,很难相信,它们并不涉及那些传给有一个共同先祖的继承人的土地。在这方面,我们很幸运,因为我们有这两份伊利惯例租役簿,它们都来自13世纪,在时间上相隔55年。13世纪的家庭名字很不稳定,但将那些出现在1222年租役簿中的持有者名字与那些1277年租役簿中明显持有同一块土地者的名字相比,往往显示,1277年持有土地的共同继承人(participes)就是在1222年持有它的共同继承人的后人,这些共同继承人也许是亲属。这种论断可以适用于剑桥郡泰德庄园和诺福克的特灵顿、沃尔顿庄园。

所有这些材料显示,在除肯特之外的英格兰地区,土地完整地传给共同持有它们的继承人群体。然而,再次如肯特一样,有些这种份地,在13世纪和14世纪上半叶,实际上正在被分割。例如,爱德华二世治下第二年林肯郡的萨顿的案卷有如下记录:

> 罗伯特·丹尼尔(Robert Denyel)给予领主12便士,目的是他根据该庄园的习惯可能已经获得了其父亲土地的合理份额,而且它是由品行良好和守法的邻居来测量的。法庭下令,这块土地应该在下次法庭之前被测量,并在他和他的兄弟们之间分割。[13]

然而,罗伯特·丹尼尔在法庭上这样做的事实表明,一次继承的土地通常不会在兄弟们之间分割,而是由他们共同持有。在一块土地被分割之后,流行的继承习惯无疑适用于其组成部分。例如,一个死而无嗣之人的土地被分割后的份额会仍旧传给他的兄弟们。上文引用的一些案卷可能已经涉及这种案例。这一旦变成在土地持有者死时就分割土地的普遍做法,一大批小的,甚至微小的持有地当然就会出现在英格兰其他地区,如肯特一样。[14]

在中世纪的英格兰,肯特之外其他地方村民持有地的可分继承习惯也在肯特流行。下一个要考察的问题是:它曾是哪里的习惯?首先,历史学家已经指出,可分继承习惯在东盎格利亚都很普遍,[15]而且有可能详细地确认这一观察结果。可分继承可以被认为是具备下列任一条件的庄园的习惯:那里的庄园地籍册显示,土地由三个或更多亲属组成的群体共同持有,或在亲属之间分割;在那里,通常有两个以上的儿子在庄园法庭上为父亲的份地支付继承税;最后,在那里的任何文献中,可分继承都被明确当成庄园的习惯。

当英格兰东部乡村,按照上述任一标准,可分继承习惯被标在地图上之时,它们的分布显示是有趣的。最明显的村庄群集中在大沼泽(Fens)的北部边缘,在大沼泽和沃什湾之间:林肯郡的萨顿和弗利特,剑桥郡的威斯贝奇和泰德,诺福克郡的沃波尔、沃尔顿、蒂尔尼和特灵顿。但这种习惯通常也出现在诺福克,出现在分布如此广泛的村镇,如布兰克斯特(Brancaster)、维松塞特(Whissonsett)、马瑟姆(Martham)、卡布鲁克(Carbrook)和蒂韦歇尔(Tivetshall),它也出现在萨福克的几个村镇,以及更为稀少的埃塞克斯的村镇,也许还有临近的赫特福德郡的斯蒂夫尼奇(Stevenage)。[16]这些村庄当然不能穷尽保持这种习惯的那些地方的名单。它们只是第一批集中出现的那些地点，无疑并未形成一个充分的样本。

关于可分继承习惯村庄的分布的有趣事情，在中世纪肯特和英格兰东部的其他郡，就是这样的。除了后面将会得到考察的少数例外，它们都位于被严格称为原野乡村的东部边界以东[17]——在这个体系内，一个村庄的耕地被分成两个或三个大块，面积上相等，进行习惯上的冬季谷物、春季谷物和休耕地的轮作，其中一个村民的份地是一定数量的条田，分散在村庄农田上的各个地方。

肯特是一个古老的圈地乡村地区。东盎格利亚，尤其是诺福克，包括位于大沼泽和沃什湾之间的村镇，并不因圈地而出名。但它的惯例耕地（customary field）和土地安排与原野乡村的安排不同。在东盎格利亚，一个村庄的耕地并不被分为两个或三个大块。在 16 世纪和毫无疑问更早的时间，流行着一种三圃制农业，但它适用于个人的份地，而不是整个村庄的。一块份地通常是以条田的形式存在，但条田很可能集中在村庄农田的一块区域。可分继承的习惯，通过数代人在位于一块或少数大块土地上的耕作，可能造成了这种安排，尤其是，如果我们认为，共同继承人之间分割的单块土地往往包含这块区域所有不同类型的地块。正如东盎格利亚的持有地不同于原野乡村的土地，赋予它们的名字也是如此。那里有土地单位，但它们不像在威塞克斯、米德兰兹和北方一样被称为码地或半码地。它们在有些地方被称为 eriungs，在有些地方被称为 plenae terrae，有些地方仅仅被称为 tenementa，在 13 世纪它们可能已经是仅用于评估租役的土地单位了。由于可分继承习俗，伴随着也许大量的小块土地的买卖，这些土地已经在许多共同继承人之间分割，而且有些人是几个不同的土地单位的共同继承人。养羊的重要性和羊圈管理的特殊方式构成了东盎格利亚社会和经济秩序的特殊性。[18] 我们对它的理解仍然远未扎实，而且它在原野农业乡村之外，也不属于本书的讨论范围。

到目前为止，只有英格兰东部地区得到讨论。但正如可分继承习惯保持在原野农业区东部边界以东一样，它们也保持在西部边界以西。威尔士和爱尔兰的习俗也是可分继承。实际上，当威尔士的英格兰征服者注意到这个事实的时候，他们记得肯特的习俗，也提及威尔士的均分继承。西部古老圈地乡村其他地区的地方继承习俗还没有得到充分考察，但一个合理的猜测是，诸如康沃尔那样的郡在这方面和其他方面都与威尔士相似。

尽管流行可分继承习俗的村庄集中在两圃制和三圃制区域之外，但在其边界之内也有一些这样的情况。至少在丹法区的两个大索克区（sokes），即莱斯特郡的罗斯里（Rothley）和诺丁汉的奥斯瓦尔兹贝克（Oswaldsbeck），可分继承的习惯是存在的，无疑在其他地方也是如此。[19] 有时，据称是在法律上，所有自由持有地（socage tenements）都是可分的，但这种观点的产生仅仅是因为，自由持有地根据地方习惯传承，而不总是传到长子那里，就像军役持有地那样。[20] 在英格兰的部分地区，自由持有地是可分的；在其他地区，却不是这样的。但任何广泛涉猎 13、14 世纪庄园法庭案卷的人都会同意，在严格流行原野农业的英格兰地区，规则是只有一个儿子在庄园法庭上为自己父亲的土地缴纳继承税。也有不合乎常规的行为，这在任何习惯问题上都是必然存在的。如果父亲的土地很多，他可能会想到，它应该在自己的两个儿子中间分配。[21] 但流行的习惯是，一个村民的土地传给自己的一个儿子，而且是唯一一个。

我们也不能坚称，两圃制或三圃制农业东部边界以东的所有地区，可分继承习惯是规则，例如，在1293年萨福克郡斯特拉特福-圣玛丽（Stratford St. Mary）的一份法庭案卷中，我们读到一个持有12英亩土地的农奴罗伯特·塞布里斯（Robert Sebrith）去世，我们接着读到：

> 约翰，这个罗伯特的幼子，按照该庄园的习惯，是罗伯特最近的继承人。[22]

这不是可分继承，斯特拉特福当然是位于严格原野农业体系东部边界以东。萨福克的南部和西部、埃塞克斯的许多其他村庄的习惯是，土地传给一个儿子。[23]不是的，诺福克和肯特是唯一流行农奴和自由持有地的可分继承的两个郡。它们也是充斥着小土地持有者，也许是贫穷的土地持有者的郡，而且这两个郡是受1381年起义冲击最大的地区。我们不难发现这三种事实模式之间的联系。但为了做出更为保险的论断，当前的争论仅仅是其次的。在中世纪原野农业流行的地区和一个村民的份地习惯上传给自己的一个儿子的地区之间存在一种联系，这种联系可能是极为重要的。在流行其他土地制度的地区和流行可分继承习惯的地区也存在一种联系，而且这种联系很可能是重要的。

假设村民份地继承的两种主要习惯出现在中世纪英格兰。古代和现代都有很好的证据表明，不同的继承习惯对应不同的传统家庭组织类型。弗雷德里克·勒普莱，研究欧洲社会等级的第一位社会学家，观察到这些类型在数量上有两种，它们将被分别称为主干家庭(stem-family)和联合家庭(joint-family)。根据主干家庭组织的概念，一个人的农场或店铺传给自己的一个儿子，而且是唯一一个；另一些孩子必须离开家，如果他们想要建立自己的家庭的话。按照联合家庭的概念，一个人的土地由儿子们共同继承。他们和他们的后人共同持有和耕作这块土地，并居住在一个大房子或一个毗邻房屋的聚落之中。威尔士的特雷弗就是此类群体，或萨迦中的大农场，或奥弗涅和尼维奈的家庭公社。随着联合家庭人口一直在增加，它们可能会分裂，或成长并组建新家庭。在特定情况下，联合家庭的习惯有衰退为仅仅是法律规则的危险，这种规则允许或规定，一个人的土地在其去世之时会在所有的儿子之间分配。然后，人们持有的单块土地迟早会因太小而不再适于单块耕作。这种衰退看起来早在13世纪初的肯特就已经发生。无疑，欧洲家庭在旧社会秩序之下裂变为主干家庭和联合家庭仅仅可以在第一近似的程度上被容忍。也许，当两种家庭组织形式被大致描述之时，它们比表面上更像彼此。[24] 但这里要被认识的重要事情是，对继承习惯的证据应这样解释，它显示主干家庭和联合家庭的代表们生活在中世纪英格兰。

现在假设中世纪英格兰的主干家庭和联合家庭居住在这个国家的不同区域。它们的分布该如何解释？肯特的居民是一个特殊的民族，即朱特人。有证据表明，他们在可分继承和其他方面近似于法兰克人。法兰克国王们的习惯当然是可分继承，证据就是查理曼帝国的分裂。但问题仍然是解释肯特的继承习惯与东盎格利亚、威尔士和爱尔兰的那些习俗的近似性。没有理由相信，大量威尔士人的亲属生活在肯特或东盎格利亚。为什么这些相距甚远的地区之间的习惯,彼此之间更相似而不是与原野乡村的习惯相似?所有我们可以说的是,在欧洲许多地区,在古代和现代,两种继承习惯都出现过,两种家庭组织也是如此。即使像挪威这样一个国家,我们认为它在文化上是同质的,但在古时候也流行两种习惯。在挪威西部,一个家庭的土地是可分的,但事实上往往是由一群联合继承人共同持有。在挪威东部,一个家庭的土地传给上一个持有者的一个儿子。[25] 是什么因素造成了继承习俗在挪威、英格兰和欧洲其他地区的这种分布?我们不知道原因,但我们有理由相信,这个问题可能是重要的。[26]

第 9 章　土地的不可分继承

村庄份地的可分继承仅仅被描述为可以忽略不计的事情。它们存在于原野乡村的边缘之外。在其中，大量村庄的主流习惯是，一个人的土地完整地传给他的一个而且是唯一一个儿子。由于这里要研究的是原野乡村的社会阶层，不可分继承的习惯就成为应详细考察的对象。

村民使用的词汇足以表明他们的态度。当 13 世纪的村民说到继承时，他们使用自己的英语表达，而是不是法学家们使用的拉丁语。当我们说一个人有权继承一块土地时，指的是，他对于那块地有继承权(kind)。在英格兰许多地区的法庭案卷中有继承权(*habere kendam*)的表述频繁出现。[1] 因此，均分继承也许意味着继承权适用于缴纳地租(*gafol*)的土地。(到 13 世纪末，肯特的份地缴纳少量或零劳役，几乎都是缴纳租金。)在这个词的另一个用法中，一个人的继承人由他的血缘亲属组成。亲属(kin)和亲属关系(kindred)是相关的词汇。需要注意的重要事情是，亲属关系与土地继承的联系是何等紧密。

村民在提及土地继承时用到的另一个词，我们今天用得也很多，是血缘(blood)一词。一个人的继承人所在的那个群体就是他的血缘亲属。根据围绕血缘观念而形成的制度，亲属关系是依据一

第9章 土地的不可分继承　*149*

对原始配偶，即一男一女的血统程度来计算的。因此，对于继承一块土地而言，儿子比侄子"血缘上更近"(propinquior sanguine)。一个庄园的领主在事实上和理论上自由选择谁持有一份农奴土地的唯一机会，是当土地因血缘缺失(pro defectu sanguinis)回到他手里，即最后一任持有者没有血缘亲属来继承他的土地。

有时，"村庄血缘"(the blood of the village)的表述被用来指在村里总是持有土地的家庭的成员，至少存在一种情况，与按照家庭血缘更接近继承但没有村庄血缘的人相比，一个有村庄血缘的人对继承村中的一块土地享有优先权。因此，在1307—1308年亨廷顿的国王的利普顿的法庭上：

> 全村的人都说，教士托马斯·阿诺德，在国王的利普顿得到一块宅地和14英亩土地，去世的时候拥有全部上述财产。他们说，在他死后，他的兄弟拉尔夫·阿诺德在血缘上是更近的继承人，但他们说，按照庄园的习惯，勒赫恩(Le Hyrne)的约翰的儿子尼古拉斯，是涉事份地的更近的继承人，因为勒赫恩的约翰，拥有村庄血缘的上述尼古拉斯的父亲，娶了上述托马斯的姐姐玛格丽特，出生在拉姆西的伯里，并与她生育了本案所涉的尼古拉斯。[2]

很明显，这个村的人在说："托马斯·阿诺德并非国王的利普顿一个古老家庭的成员，而是一个在这里'获得'土地的外来户。他有兄弟拉尔夫，和姐妹玛格丽特。作为兄弟，按照所有一般规则，拉尔夫都会是托马斯·阿诺德的继承人，如果托马斯没有自己生出的继承人的话，但拉尔夫仅仅是村中与托马斯有血缘的兄弟。然而，玛格丽特，他的姐妹，嫁给了拥有村庄血缘的勒赫恩的约翰，而且他们有个儿子尼古拉斯。按照庄园习惯，他就是更近的继承人。"因此，上一任持有者的姐妹的儿子优先于他的兄弟。要不是一个人是村庄的血缘亲属，而另一个不是的话，上述情形永远都不会发生。

　　某一村庄的人是否认为他们都是血缘亲属，我们不得而知。在13世纪，一个人的女儿嫁到庄园外，通常需要向领主缴纳一小笔罚金。很明显，这种习惯保留着古时的痕迹，即每个村庄的女孩都被希望嫁给同村的一个男孩，这样村庄就是族内婚的单位。如果事实如此，村民将很快是同一血缘，尽管对这个事情没有正式的规则，但一个人的女儿应该通常嫁给他的邻居的儿子。在任何情况下，国王的利普顿的人认为，任何人都不应该是共同体的完全成员，如果他们的先祖并非成员的话。实际上，同一个家族应该在同一个村庄上生活了数个世纪，否则那种情感将没有机会建立。主持国王的利普顿法庭的总管或其他官吏并不容易对村镇的事情做出判决，证据是他给予双方一天时间面见庄园领主拉姆西修院长，在1310年，与村镇的判决相反，拉尔夫·阿诺德牢固地控制着他兄弟的持有地。[3] 然而，重要的事情不是这块土地实际上变成了什么，而是国王的利普顿的人表达了什么样的情感。

　　村庄土地不可分继承最为人熟知、可能也是最常见的规则是长子继承制（primogeniture）。按照长子继承制，一块土地传给上一任持有者的长子。他是儿子和继承人。如果没有儿子，有些庄园的习惯是传给长女，但更常见的是，所有的女儿成为共同继承人——只有在这种情况下，土地是分割的。[4] 如果没有孩子来继承，土地就传给上一任持有者的最年长的哥哥，等等，这是我们熟知的教会法的规定。下文将表明，一些习惯性的生活利益可能会阻止他的继承人占据遗产的某些部分，但至少他的继承权，即他的 kind，按照这些规则是属于他的。

按照长子继承制进行土地继承的法律是很常见的；幼子继承制的那些习惯，英国法律中的叫法是 ultimogeniture，[5] 看起来是很奇怪的。正如长子继承制一样，土地传给上一任持有者的一个儿子，而且是唯一一个儿子和继承人，但是这个儿子是最年幼的那一个，而不是最年长的那个。他也是他父亲的原配妻子所生的最年幼的儿子。[6] 如果原配所生的儿子活着的话，第二任妻子所生的儿子不被考虑。如果没有儿子，土地或者在女儿之间分割，或者由最年幼的女儿继承。而且，在缺少继承人的情况下，土地传给与上一任持有者年龄最接近的兄弟，即他最年幼的兄弟。简单来说，幼子继承制习惯就像长子继承制，除了继承权从最年幼的儿女开始，然后是最年长的儿女，正如法学家们已经说过的那样，在顺序上向上。在有些地方，并非全部，幼子继承制习惯是一个地位问题：只有农奴的土地才按照那种规则继承。

按照幼子继承制习惯，一个人很可能会留下一个未成年的继承人。然后，有时就会出现很奇怪的现象，即长兄掌握幼弟的土地，直到后者足够年长可以占有土地为止。1273 年，斯塔福德郡奥尔勒斯法庭案卷的一份案例如下：

记住：亨利，赫林（Hering）的儿子，向领主缴纳 13 先令以持有其父亲的土地，直到他的弟弟，即上述土地的继承人罗伯特成年。当上述罗伯特成年时，他将进入这块土地，无须再向领主缴纳费用。此外，上述亨利获得两英亩土地，直到上述期限结束，上述两英亩土地将回到领主手中。[7]

当到时间的时候，亨利是不会轻易地将这块已经耗费了他多年劳动的土地转交给自己的兄弟的。

甚至，幼子继承制习惯存在的地方，会出现规避它的安排，就像如果有必要规避任何继承习惯而做出的安排那样。萨塞克斯的沃布尔顿的巴克斯迪普庄园（manor of Bucksteep in Warbleton, Sussex）的习惯就是幼子继承制；但在1299年，下面一份案例出现在法庭案卷中：

> 赫洛伊丝（Heloise），罗伯特·勒卡佩尔（Robert le Capel）的妻子，来到法庭上，并将上述罗伯特以前持有的农奴份地的两部分交回到领主手中，而这两部分土地由领主授予上述罗伯特的儿子菲利普，以向领主缴纳以前罗伯特按习惯承担的各种租役，他向领主缴纳6先令以获得进入权……上述罗伯特·勒卡佩尔的小儿子斯蒂芬来到法庭上，并将自己在上述土地上拥有或能够拥有的所有权利作价5先令6便士转与他的哥哥菲利普，由此占有权被给予上述菲利普，他向领主缴纳了8便士的继承税。[8]

一言以蔽之，较年轻的儿子，为了获得一份现金回报，将继承土地的权利放弃给较年长的儿子。如果要以任何方式从传统的继承关系中转让土地，通常需要征得继承人的同意。我们没有获知，在这种情况下，为什么继承人会认为出卖自己与生俱来的权利是有好处的，我们也不知道是什么压力让他这样做的。也许，他在思想上或身体上已经无药可救，实际上已经无力再持有这块土地。我们可以想到诸多理由，为何下面的做法是有必要的，即一块土地不应该传给习惯安排做继承人的那个人。巴克斯迪普的习惯是，寡妇持有她上一任丈夫的所有土地，直到她最年幼的儿子，这块土地的继承人，长到15岁为止。这就是为何赫洛伊丝在罗伯特·勒卡佩尔的法庭上放弃土地继承的原因。毫无疑问，她放弃2/3的份地的原因在于，她已经决定将1/3的土地掌握在自己手里作为寡妇产（widow's bench）。

中世纪的农民没有机会谈论自己习惯的优点与不足。或者他们根本没有想过这个问题，或者他们视这些习惯为事物本质的一部分。今天的人们可能会反思，并推测长子继承制或幼子继承制习惯对乡村家庭生活的影响，但他们可能大错特错了，因为本来应是村民首要考虑的事情并没有在他们身上发生。规定份地传给长子的习惯有它的长处，如果它是一种长处的话，那就是在父亲去世的时候，继承人可能已经成年，并有能力管理这块土地。幼子继承制习惯的优势可能不明显，但绝非不是真实存在。如果他们要获得养活自己并建立家庭的土地的话，没有继承土地的儿子们就必须离开父亲的持有地。在长子继承制下，这些儿子都是幼子；在幼子继承制下，他们是年长的儿子。因此，在后一种习惯中，无法继承土地的儿子们是那些最有能力为自己找到土地的儿子。也有证据显示，一块土地的继承人并没有结婚,直到他事实上持有土地,或者在他父亲死后,或者在父亲做出将土地传给继承人的决定后,条件是他的继承人给他养老。一个幼子继承人很可能能够比长子继承人更早地结婚。但在缺乏村民自己的陈述的情况下,所有这些讨论都是假设。

村民至少曾在档案中表达过一次,说他们觉得幼子继承制习惯对他们不利。1339年,萨里郡布克姆(Bookham,Surrey)的村民告诉切特西修院的总管(切特西修院长是他们的领主)说:

> 那个庄园的古老习惯是,每一个持有者死后,幼子继承父亲的土地,这对于完全的忠诚和他们的份地是严重的伤害和损失。[9]

他们并没有给出他们觉得这种习惯是有害的原因,但他们请求修院长和女修院长将其改变为长子继承制,并为此向他们缴纳40先令。这个习惯在布克姆改变了,后来其他切特西庄园的居民也来到法庭上,并实现了同样成功的请求。

其他地方却与此背道而驰,从长子继承制变为了幼子继承制习惯。这出现在1316年剑桥郡格雷夫利(Graveley,Cambs.)法庭的一份诉讼中:

> 沃尔特,杰拉德·勒考克(Gerard le Koc)的儿子,未经许可离开领主的领地很长时间,现在来到法庭上,并声称他应该获得那块半码地,该土地由他的大哥威廉·勒考克,此前以继

承权持有自领主,其理由是沃尔特是上述杰拉德的小儿子,由此他说,他比现在持有土地的威廉有更多的继承权。上述威廉称,沃尔特索要那块土地是不公正的,他本人在四十年前,当威廉·德·戈梅赛斯特(William de Gomecestre)是拉姆西修院长的时候,根据庄园习惯为之缴纳了罚金,因为他说,当时的习惯是,长兄在其父辈去世之后应该为占据和持有不自由土地缴纳罚金,但沃辛利的威廉(William of Washingley),那时是领主的总管,改变了那个习惯,他为自己的权利而请求一项调查。[10]

很明显,沃辛利的威廉,在13世纪末的某时,将格雷夫利的习惯从长子继承制改成了幼子继承制。在他的辩护中,威廉·勒考克承认了这个事实,但上诉说,他已经在变化做出之前作为父亲的长子获得了那半块标准份地的占有权,而且这个改变没有追溯效力。没有记载说明这个改变是为何做出的,是为了取悦佃农,抑或是保证领主的利益,对此我们现在无法判断。这个案例和切特西修院的案例中所体现的做出一个改变的容易程度表明,长子继承制和幼子继承制之间的区别并非一件重要的事情。从一个变为另一个看起来并没有剧烈地改变村庄的社会秩序。重要的是,上述继承制度的一种与由一组联合继承人来继承土地的习惯之间的区别。

幼子继承制习惯的地理分布证实了这种印象。与可分继承不同,它并不集中在这个国家的特定区域,而是分散在这块区域的所有地方,而这块区域内的规则是一个儿子继承土地。以幼子继承制为庄园习惯的村庄与那些由长子继承主导土地传承的村庄是邻居。

也许，它在东南部最常见——在萨塞克斯，它数量尤其多——在北方最少见，但即使是那里，在丹法区的五个市镇中，有四个：德比、莱斯特、诺丁汉、斯坦福，流行幼子继承制习惯。这同样适用于德国，在那里，古时农民份地按照长子继承制传承的区域与幼子继承制（jungsten recht）习惯的区域混杂在一起。如果继承法上的不同已经是一般社会组织中剧烈差异的一部分的话，那么这种混杂将很少被发现。

第三种习俗，在长子继承制和幼子继承制之外，一个村民的份地据此传给他的一个、也是唯一一个儿子，现在应该得到考察。在英格兰的部分地区，习惯可能允许一块土地的持有者为自己选择哪个儿子作为继承人，并将自己的土地于在世时传给儿子。只有持有者去世之时没有机会做出这样一种选择时，继承人才由庄园习俗来决定。1306年，赫特福德郡巴内特，这是圣奥尔本斯修院的一个庄园，村庄法庭上的一件诉讼记录显示，至少在那个村，可能会存在这样一种选择。它也显示出结果可能是什么。[11] 沃尔特·巴托罗缪（Walter Bartholomew）有三个儿子，按照他们的年龄，分别名叫沃尔特、罗伯特和约翰。老沃尔特，在领主允准下，将自己的土地转给幼子约翰，约翰对之终身持有。当约翰死后无亲生儿女作为继承人时，二儿子罗伯特，进入并持有这块土地。同时，三个儿子中的最年长者，已经有了一个自己的儿子，名叫托马斯。这个托马斯就对他的叔叔罗伯特提起诉讼，称罗伯特不公正地抢占了他的土地，称其不公正是因为在约翰死后，土地已经被授予他，"继承权应该回到长子的子嗣手中"。对此，罗伯特回复到，"按照巴内特村的习惯，他在弟弟约翰死后正常进入这块土地，理由是血缘上的亲近关系"。双方都要求调查，结果如下：

> 按照巴内特村及其法庭的习惯，上述那块土地给予幼子，如果还有几个哥哥，应该总是回到出生年月上最近的哥哥手里，因为他们血缘上的相近，并不应交给较年长的哥哥及其后人手中。他们是根据其庄园法庭的习惯，而非普通法的规定来持有和使用这块土地。

最后，托马斯被判定败诉。

很明显，如果这块土地并没有被沃尔特·巴托罗缪有意给予自己的幼子，而是被允许按照庄园惯例来遗赠土地，那么它会被交给长子。长子的儿子托马斯，也就没有理由去提起诉讼。但假如土地被授予了幼子，那么继承上的问题就是：当那个儿子死而无嗣之时，土地是要回到长子一系，还是回到离死者年龄最近的兄长手中？这个调查发现，按照巴内特村的习惯，它回到离死者年龄最近的兄长手中。当然，这个规则正是当相同的情况出现在幼子继承制习惯之下时才适用。但有趣的问题并不在于子嗣问题，而是那些双方都明显赞同的事情。双方都不否认沃尔特·巴托罗缪选择自己的任一喜欢的儿子作为继承人的权利，不论这个庄园正常的规则是什么，也不否认那个儿子将这块土地继续转让给自己的儿子的权利，而且这次调查认可了土地作为礼物传给"任何幼子"都是正常现象，结果，习惯中就多出了这种规定。

现在让我们来看看下面的案例，它发生于1269年，来自赫特福德郡帕克法庭案卷中的一本案例汇编，帕克是另一属于圣奥尔本斯的庄园：

> 艾伍德的约翰（John of Eywode），将被叫作"朱利安的土地"（Julian's land）的一整块地交还给领主手中，以使其为自己的儿子约翰所占用，领主按照庄园法庭的习惯收回了上述土地及其所有收成，并做了其他事情。他为这种占有支付了半马克。此后，约翰，上述约翰的儿子，来到法庭上，并将上述土地及其附属物交给他的父亲约翰以终生持有。[12]

初看起来，这次交易相当愚蠢。艾伍德的约翰将自己的土地移交给领主，仅仅是让领主立即将占有权给予自己的儿子。这仅仅是一个形式问题：一次放弃紧跟着再次授予是村庄法庭上转让土地采取的形式。当放弃行为做出之时，领主，或者领主的总管，主持法庭，并不会将土地再次授予他所想的人，尽管理论上他有权这样做。他将其授予上一任持有者希望他转交的那个人。因此，艾伍德的约翰将土地移交到领主手中，以便为自己儿子所用。此外，一个父亲将土地交给自己的儿子看起来是愚蠢的，只会让儿子再次将土地转交给自己的父亲，为后者终生使用。但这次交易并不像它看起来那样模糊。按照这种类型的解决方案，对土地的永久权利被转移给这个儿子。用律师的话而言，他成为主佃户（tenant in chief）；他的父亲仅仅是终身佃户（tenant for life）。在父亲去世后，这块土地重回他和他的继承人手中。这种方式字面上讲是"为他所用"（to his use）。通过这个办法，一个父亲能够在其活着时安排他的这块土地的全部或一部分在他死后如何处理。他能够选择自己的继承人。

沃尔特·巴托罗缪可能做出了一些这样的决定,当领主允许他将土地"给予"自己的幼子约翰及其继承人之时。

土地应该传给上一任持有者的唯一一个儿子,同时允许这个持有者选择哪一个儿子作为继承人,坚持这个原则的习俗看起来比严格的长子继承制或幼子继承制更加合乎情理。在古时的德国,在将农民土地的继承者固定为最年长或最年幼儿子的习俗之外,就存在这样的习俗。甚至,在所有人生来就是农民的共同体中,并非所有的人都有一个儿子有能力或特质来合理地管理家庭的持有地,也许并非每个人都愿意承担责任,而且无法肯定的是,最有能力的儿子是长子还是幼子。如果父亲在自己的儿子中自由地选择继承人,他拥有一个令人满意的继承者的机会将比按照习俗确定继承人的机会大得多。

但现在说,诸如引自帕克法庭案卷中的那些方案保持着土地应该传给上一任继承者的唯一一个儿子的原则还为时过早。有时,他们还有相反的做法:他们并不是坚持这个原则,而是规避这个原则。这样的方案有时用来保证一块土地应该在儿子间分割,那里由于缺乏其他解决办法,庄园的习惯要求,土地应该传给一个而且是唯一一个儿子。让我们来看一下来自1306年赫特福德郡巴内特法庭案卷中的案例:

> 托马斯·弗雷斯茅斯(Thomas Freysmouth)放弃了一块宅地及一个庭院和其他附属物,它的一边是亨利·杰弗里的持有地,另一边是冈尼尔德维尔(Gunnildewelle)的土地,毗邻巴内特的圣约翰的教堂庭院。领主获取了上述托马斯的儿子威廉的上述房屋及其宅地的主要部分,以及一间屋顶室(a solar)和

一个房间，以让其自己及其继承人持有。这位领主也获取了上述托马斯的儿子杰弗里的两个房间和上述房屋的一间阳光房和宅地，以让他自己及其继承人持有，每年向他的兄弟上述威廉支付1便士，向领主缴纳由此产生的其他地租和习惯役务。他不会做任何浪费。他因占有土地向领主缴纳2先令。担保，等等。占有的形式是，上述托马斯和他的妻子阿格尼丝将持有上述宅地直到去世。[13]

弗雷斯茅斯的房子大而坚固。它有许多房间，至少两层。（屋顶室是上层的房间。）我们所知的中世纪村民住房的粗糙特征应该通过这些事实而得到修正。可以肯定的是，巴内特是一个大而富裕的村庄。房屋在弗雷斯茅斯的两个儿子中间分割。这个安排在我们看来很奇怪，但在那时很常见。在正式分割之后，一个普通家庭会得到维持吗？我们不得而知。

这些都是偶然事件。重要的事情在于，按照这次解决方案，托马斯·弗雷斯茅斯的两个儿子成为他的宅地的名义上的佃农。但是，他对其终生持有，因此实际上，解决方案就是确定宅地在他死后传给谁。如果托马斯去世时并没有在法庭上做出决定，我们猜测，他的儿子威廉会得到整个宅地，因为长子继承制看起来是巴内特庄园的固定习惯。事实正是如此，他得到了房子的主体部分，而且他名义上的优先权也因自己的弟弟向他支付的便士年租而得到认可。不过，他必须得到领主的同意，类似这些被引用的解决办法允许一个人对自己的土地做出自由处理，即他今后可以自行做出的安排。但所有这些解决方案都是在奥尔本斯修院位于赫特福德郡的那些庄园的法庭上做出的。很少有村庄允许一个人可以如此自由地处理自己的土地。通常，习惯上被指定为继承人的那个人的同意都是一块土地进行任何方式的转移之前所必须的。

在有些村庄，如果一个人没有自己的继承人，他可以到法庭上，并指定某人为自己的继承人，而这个人会在他死后被承认为他的土地的持有者。因此，在1298年白金汉郡霍尔顿的法庭上：

> 理查德·海茨曼（Richard Hychman）支付给领主12便士以调查，杰弗里·鲁文（Geoffrey Leuwyne）是否让理查德在杰弗里死后成为他在霍尔顿的份地的继承人……这调查团来到法庭上并称，杰弗里出席法庭，并手牵着理查德，在法庭上说："由于我没有自己的继承人，理查德是我姐妹的儿子，因此，我确定其在我去世之后成为这块土地的继承人。"[14]

正如我们看到的那样，被指定为继承人的那个人是姐妹的儿子可能并非毫无意义。

根据每一个上述习俗，不论是长子继承制还是幼子继承制，或者是一个父亲能够选择自己的一个儿子作为继承人的制度，都是家庭的土地传给这个继承人。在有些庄园上，家庭持有地并不仅仅是这个家庭的父亲所持有的土地，但只有这些土地通过血缘来被继承。新垦地，或他以任何其他方式"新获的"土地，这个父亲经领主的同意就可以转交或留给他看中的任何人。[15]在这种情况下，他并不受庄园继承习惯的约束。只有这样的土地才能传给继承人，就像传给他之前的一系列继承人一样。村民们觉得，一个家庭的土地并不会通过转让而减少,也不会因获得而增加。它们可以很好地被用来养活孩子与继承人。经过一代又一代,这块土地在面积上应该是不变的。

第10章　无继承权的子女

　　原野村庄的一般习惯是，一块土地传给上一任持有者的一个血缘亲属继承人，在正常情况下会是他的儿子：长子、幼子或他选中的继承者。接下来的问题是：习惯对于没有继承权的孩子们的规定是怎样的？在回答这个问题时，应做出两个区别。首先是儿子和女儿之间的区别。对儿子和对女儿的规定相似但不相同。第二是不动产（土地）与动产之间的区别。被称为儿子和继承人的那个人是家庭持有地的未来继承者。规定并没有提到其他孩子可以从土地上获得什么，至少并没有在是否让他们成为份地的佃农的意义上进行规定。他们必须从父亲的动产中得到某些东西：他的个人动产。

　　习惯主导着个人动产的传承，就像它主导着土地的传承一样。按照一种常见的习惯，如果一个村民死去，而且他是个农奴的话，他的个人动产处置如下。他最好的牲畜作为死手捐由领主获得，如果他没有牲畜的话，就以钱或某些值钱的工具代替。他第二好的牲畜作为丧葬费（mortuary）由堂区神父获得。理论上而言，它可以抵消什一税，如果死者生前没有缴清该税赋的话。然后，在债务被偿清、丧葬费用结清之后，一些为农业和持家所用的工具和器皿必须留在土地上为继承人所用。有时，每一类工具中最好的那些须留在这块份地上。它们就是 *principalia*，即英语中的遗物（heirlooms）。[1]

(loom，在古英语中指的是工具，任何工具）。有时，遗物清单被列在法庭案卷中，当一个人继承了土地并获得占有权时，如在爱德华二世治下第二年白金汉郡的沃顿安德伍德（Wotton Underwood, Bucks.），那里的一块宅地和略多于五英亩土地上的遗物，包括一套犁刀、一个犁头、一副牛轭、一架车、一把斧头、一口大锅、一个平底锅、一套餐具和一个木桶。[2] 最后，死者其余的个人动产被分成三等份，其中一份留给自己的遗孀，一份留给孩子们，一份留给死者自己。[3] 留给孩子的那部分在儿女们中平分，继承人除外。留给自己的那部分，如当时的用词所称，习惯允许他通过自己的遗嘱和遗言赠给自己青睐的任何人。如果没有儿女，个人动产被分成两份，一份留给遗孀，另一份留给死者。

因此，死者的个人动产的 1/3 在除继承人之外的儿女们中平分，这个观点需要立即纠正。这里，教会档案成为我们的主要信息源。鉴于对于当前无关紧要的原因，教会宣称拥有保护和执行死者遗嘱的权力，整个中世纪，主教和教士会议在这些事情上制定了许多主导他们的信众行为的规则。一方面，一个人的遗嘱应当着堂区神父和其他两个值得信赖的见证人的面订立。对于农奴而言，他的领主有时也要求庄头或管家出面，其理论依据是农奴的物品是他的领主的财产。[4]

在这些教会规则中，最有趣的是 1287 年埃克塞特宗教会议（the Synod of Exeter）法案的一章，它解决的就是遗嘱问题，尤其是描述儿子们分割父亲的物品的章节。这段文字如下：

在实际中，如果立遗嘱人之前从自己的物品中为自己的儿子提供了生计,而且没有另外的一个或几个儿子没有获得份额,那么我们通过法令禁止,那些获得份额的人,立遗嘱人的继承人(如果他们被允许与其他人一起参与分割,并获得了自己应得的份额),被允许获得在儿子们中分割的份额,但应让他们保持满意,只要立遗嘱人或他的合法继承人向他们提供了生计,而且让其他人的份额并不因此减少。[5]

这一段文字显示,儿子们通常并不需要等到父亲去世才能得到他们的份额,而是在其活着的时候就可以。这个教会人士心中都有数的事情在英格兰是一个常见情况。这个家的一个儿子会继承父亲的土地或店铺。对于其他人来说,父亲在他们长大后不时地从他的个人动产中留给他们"份额",并将他们送到外面的世界碰碰运气。按照习惯,每个孩子都有权期待得到一部分,但一旦他得到之后,他就对父亲的财产丧失了进一步的索取权。在父亲去世的时候,只有那些还未有份额的儿子才有权获得父亲的物品。

那些没有继承家庭土地的儿子们可能会离开家,并寻找他们的未来。(女儿们的命运有待考察。)有人会去学校,然后进入教会。如果他这样做了,他的父亲会向领主支付一笔罚金,就像他的一个儿子因为任何原因永久离开庄园一样。教会是穷人家的儿子走向高位的最可靠途径。大多数的主教区和修院的职位都属于绅士出身的人,但并非全部。如果他有能力和运气,一个得到圣职的穷人的儿子可能会升到任何职位。罗伯特·格罗斯泰特(Robert Grosseteste),伟大的林肯主教,据说出身农奴。另一个儿子可能会走向战场,或走进一个贵族的家中。更为重要的是,13 世纪是工商业发展时期,许多工商业中心在成长。许多乡村男孩,如后面的世纪一样,应该离开他的家庭土地在最近的城镇中寻找机会,或者,如迪克·惠廷顿(Dick Whittington)一样到伦敦去。在那个世纪里,临近的诸郡已经在向伦敦送去孩童作学徒。[6] 这种由乡村到城市的人力循环已经从那时持续到现在。乡村以人和食物供养了城市。

有些无继承权的儿子可能会选择忠于生养他们的农业生活。由于家庭土地不可能是他们的,他们会尝试获取其他土地,只要他们能够结婚并建立自己的家庭。在伯克郡的加福德(Garford, Berks.),关于由雷金纳德·德·布拉德布洛克(Reginald de Bradebroc)持有的一块半海德的土地的诉讼过程,有如下叙述:

> 此人有四个儿子,其中最小的儿子留在那块农奴份地上,其他三个在其他他们能够获得土地的地方获得了土地。[7]

获得土地的一种方式是迎娶一个女继承人。按照英格兰所谓的鳏夫产(curtesy)习俗,一个拥有土地持有权的妇女的丈夫有权在她死后终生持有这块土地。不论他是否活得过妻子,这样,一个人一辈子就有着落了。对此后面还会有更多论述。

但土地的供给是有限的,许多被迫试图获得土地的人并不能成功。这样的人应该变成了农业雇工。在英格兰东部,惯例租役簿和法庭案卷提及一群被称为单身男工(anilepimen)和单身女工(anilepiwymen)的人。一个单身工在村中没有恒产。他可能被允许在牧场上放养些牛羊,但他不持有土地。[8] 至少,他不持有庄园领主的土地。相反，他在一个持有土地的人的地上获得生计或一间茅屋，他应该以在农业劳动中帮工的形式来获得食物和工资。[9]他就是我们在美国应该称之为劳工的同行。许多单身工是流动人群的成员，这些人在乡村中流动以在收获时帮工，他们是我们今天的收获工的中世纪先祖。对于这些出现在剑桥郡莱弗灵顿（Leverington, Cambs.）的地籍册中的人，1277年伊利主教庄园的惯例租役簿记载道：

> 收获布恩工（boon-works）的数量是248个，计入庄头，但不计入无法统计的茅舍农（coterells）、房客（undersettles）和短工，因为他们有时增加，有时减少。[10]

在任何以农业作为几乎是唯一谋生方式的社会中，一个人作为土地持有者或无土地者的地位是与他是已婚或单身的身份紧密相连的。在13世纪的英格兰就是如此，如单身工（anilepiman）一词所显示的那样。anilepi是单独（only）一词的早期形式。anilepiman指的是一个单身的人，未婚的人，但一个单身工也是一个无土地者。另一些词汇也有同类的双重意义。其中一个是女仆（maid）一词；另一个是农夫（husbond）一词。[11]农夫，我们今天丈夫（husband）一词的中古英语形式，意思与今天一样，但它在英格兰北部和东北部指的是村庄中的一名中产阶级人士，指的是一个持有大量土地的人。在中世纪的乡村，一个人可以通过做农场雇工来养活自己，但他不可能养活一个妻子或建立一个家庭，除非他持有土地。无土地，无婚姻——诸如anilepiman和husbond等词汇所证实的这样一个规则为农民所接受。

与获得自己的份额和走进外面的世界相反，一个没能继承父亲土地的儿子可能会正确地选择留在土地上，并以之为生。在这种情况下，他不仅无力成家；他也不会被允许成家。让我们看一下1287年威尔特郡塞文汉普顿法庭案卷中的一个案例：

> 上述雷吉纳德·达梅茂尔德（Reginald Damemalde）为此前由他的母亲莫德持有的1码土地，以及圣艾伦纳的约翰（John de Seinte Elene）的持有地，缴纳6镑罚金。雷吉纳德给予自己的兄弟沃尔特一处房屋，外加每年米迦勒节1夸特小麦，只要他没有结婚，并还在这块土地上。他的授予行为发生在全员出席的法庭上。[12]

这里发生了什么？莫德死了，他的儿子和继承人雷吉纳德·达梅茂尔德，肯定是继承了他母亲的姓氏，为了获得她的土地而支付罚金。雷吉纳德有一个兄弟沃尔特，他没有继承权，但想要留在这块土地上，因此雷吉纳德要安排他的生活，至少是解决部分生活，其方式是给他一处住房，并允诺每年给他1夸特的小麦。很可能，沃尔特会在农场里干活，为他的兄弟或为邻居，但如果他离开领主的地盘，或如果他结婚，他就会丧失了自己的住房和小麦。

在远离威尔特郡的其他郡，这种做法是很常见的。在14世纪初剑桥郡的奥金顿、科特纳姆和德雷顿，习惯做法是，继承家庭土地的那个儿子将其一小部分——例如，二圃制村庄中每块土地中的半英亩——授予他的兄弟们，由后者终身持有，除非他们离开或结婚。[13] 无地的兄弟们有权期待更多：如果他们留在家庭土地上的话，他们至少有权获得给养但他们无权结婚。这种社会秩序的一个核心原则是，一个家庭的份地应该完整地传承，一代又一代，从份地的血缘亲属的一个代表到另一个。正是遵循这个原则，至少一对已婚夫妇和他们的孩子肯定每一代人都可以靠这块土地生活，但如果没有继承土地的兄弟们都获许留在这块土地上，并结婚生子，那么这个原则就不保险了。一个怀疑论者会说，认为一个人不结婚，就不会生孩子是天真的。可以给怀疑论者的唯一回答是，事实有时对其不利，尽管通常并不总是如此。在今天的爱尔兰，那里的习俗是一个儿子继承父亲的土地，那些没有继承土地的儿子们，如果他们留在邻近的地方，没有土地，就不会结婚，而且事实上很少会有私生子，这就是建立在共同体中的情感的力量，并为罗马天主教会所谓"未婚的人应保持贞洁"这样一个理念所支撑。

我们应根据塞文汉普顿和剑桥郡三庄园的做法建立大样本库。另一些类似它们的做法还没有在中世纪英格兰发现——这是事实。[14] 但法庭案卷几乎没有告诉我们什么关于无继承权儿子们的命运，没有告诉我们任何解决他们生计的措施。当做完的事情被明确说明时，那么这些事实便是重要的。很可能，解决他们生计的办法是非正式的，村庄法庭上没有登记任何这样的协议。此外，威尔特郡和剑桥郡相隔很远：尽管这种习惯并不经常被提及，但它并非仅限于英格兰的一个地区。除了所有上述考虑，这些制度的特殊形式——无地的儿子只要他们未婚就可以在家庭土地上获得生计——迫使我们记住它本身的某些非凡意义，因为同样的习惯存在于那些继承习俗类似上述原野英格兰地区的乡村中。在德国，晚至上世纪末，那里的习惯是，一个农民的持有地（hufe）传至上一任持有者的一个儿子，翁克尔（onkel①）是一种制度。翁克尔是一家之长的兄弟，他选择留在家庭土地上，并不婚。[15] 今天，我们熟知未婚姑（maiden aunt），但很少人知道未婚叔（maiden uncle）。我们，一个自认为有义务解决所有成员生计的社会中的成员们，也很可能期待每个人都结婚。至少，我们不希望经济的或社会的压力会严重地阻碍他成家，如果他全心想谋求婚事。但当几乎所有人必须谋求自己的生计，并以耕作土地来实现它的时候，这些态度就并非共识了。社会规范着人口的增长，甚至在现代控制生育方法发明之前也是如此。任何讨论类似英格兰的国家人口在中世纪增长缓慢问题的人，都应牢记类似塞文汉普顿和剑桥郡三庄园中的习惯。

那么，没有继承份地的儿子们的命运可以这样总结。或者，他们从父亲的财产中分得一部分，并离开这块土地去其他地方谋生；或者，他们待在家庭土地上，有权获得供养，但没有权利结婚。

家里女儿们的命运与儿子们的相仿。如果没有儿子，一个女儿继承了家庭土地，或土地在她们之间进行了平分，有权持有土地的女儿的命运都得到了保障：她肯定可以找到一个丈夫。那时并不缺乏寻找土地的男性，他们会通过结婚来得到它，不论他们是否与女继承人产生了爱情。但通常都存在一个儿子和继承人。那么，摆在无继承权女儿面前的可能性与摆在无继承权儿子面前的可能性是相同的。他们可能会获得父亲的部分动产，并离开这个家，也许会成为像伊利惯例租役簿提到的那些单身女工（anilepiwymen）一样。有些村庄的法庭案卷显示，陌生的妇女、外来者在收获时间出现在

---

① onkel，意即叔叔。——译者

田里干活,然后拾穗。他们能帮上忙,但人们对他们不信任,认为他们可能会偷盗,并干其他坏事。强壮的乞丐,不论男女,在古代英格兰的道路上总是很常见的。

可以肯定的是,一个女孩离开家庭最常见的方式是嫁出去。然后,就像一个离开土地的男孩会期待他的父亲给他一部分个人动产一样,一个女孩也期待当她出嫁的时候,从土地上带走她结婚的份额,即嫁妆。在欧洲旧秩序下,嫁妆是缔结一门婚事的最重要的考量。如果发生在13世纪英格兰的事情与古老农民文化仍然存在的欧洲部分地区发生的事情相同的话,那么,男方家长和女方家长之间仔细而坚决的讨价还价,在女方的嫁妆确定之前都会持续,而且这份协议可能相当复杂。这类事情肯定很常见,因为拒绝给双方约定的嫁妆,就像任何其他发生于村民之间的违约事件一样,是在庄园法庭上提起诉讼的一个理由。例如,在1204年亨廷顿布劳顿的法庭上:

> 亨利·约翰的儿子承认,按照承诺,他必须给威廉·阿林(William Aleyn)他的(亨利的)女儿的嫁妆,包括一条裙子,价值半马克,一个平底锅,两加仑容量,价值16便士,一个桶(urtiol),半加仑容量,价值16便士,两条地毯,价值2先令,5个银先令用来使用铁修理一架车,6个银先令由他们交给教会;总额22先令4便士,其中9先令被威廉减免。因不正当的扣留,这个亨利被处以罚金12便士。[16]

另一个好案例出现在1312年德比郡贝尔珀(Belper, Derbyshire)

的法庭案卷中：

> 理查德·莫德的儿子，被召唤到法庭上答复约翰·韦德关于用具扣留的一件诉讼。本案约翰在法庭上抱怨说，理查德不公正地扣留他的东西，造成损失20先令，一头牛，价值10先令，一条裙子，价值1马克，这些东西是他（理查德）在他（约翰）与他的女儿结婚的时候应给予他的。

但这并非理查德所允诺的。这里还有另一项诉求：

> 理查德·莫德的儿子，被召集到法庭上来答复约翰·韦德的一份契约诉讼。本案的约翰在法庭上抱怨说，理查德不正当地违反了一份契约，不公正之处在于，他们于[ ]年圣十字诞生节（the feast of the Invention of the Holy Cross）后的周五在杜菲尔德镇约定，上述理查德将根据上述约定在霍尔布鲁克村（Holbrook）为约翰和他的妻子爱薇丝，在一年内建造一处房屋，价值40先令，理查德还没有建造这处房屋，约翰由此受到伤害，并损失60先令，他因此提起诉讼……按照法庭的许可，上述约翰和理查德针对所有之前的争吵、行为和问题进行了和解，上述理查德·莫德的儿子，同意立即给予上述约翰，一头母牛和一头牛犊，价值13先令，外加一件披风，价值5先令，或5先令现金，还有三只羊，价值4先令，或4先令现金。[17]

这些嫁妆全部是现金，或房屋，或牲畜，或用具，或衣物。这可能是英格兰原野乡村关于婚姻份额这件事情上的规定。嫁妆的一般形式并非都是土地，除非以授予一定年份的土地使用权的形式。在法庭案卷中发现的诉讼记录了父亲给予出嫁女儿礼物是事实，但在村民们强烈要求将土地完整地传给上一任持有者的儿子和继承人的地方，嫁妆应该通常出自父亲的个人动产。[18]

如果一个女儿带着父亲的财产出嫁，一个常见的习惯要求，她此后不应再对父亲的土地提出要求，只要还有另一个姐妹没有获得自己的嫁妆的话。也许这个习惯关联着这样一份情感，即姐妹们应该按照她们的年龄从大到小依次出嫁。1315年埃塞克斯的登莫（Dunmow, Essex）的法庭案卷显示出根据这个习惯做出的一个决定：

> 约翰·拉塞尔·德·拉彭内（John Russel de la Penne）和他的妻子，罗伯特·奥斯本（Robert Osbern）的女儿安妮丝，来到法庭上称，安妮丝是上述罗伯特，领主的佃农的女儿和较近的继承人，罗伯特死时占有一块宅地和二十英亩农奴份地。他们向领主缴纳罚金以发起一份调查……由此，整个法庭负责并宣誓指出，根据庄园习惯，上述安妮丝是否是罗伯特的女儿和较近继承人，或者，她是否曾经在对领主的效忠之外进行过转让，或带着她父亲的个人动产出嫁，因为她有几个姐妹；法庭统一称，上述安妮丝是较近的继承人，她从未做过导致她不应再被允许得到上述遗产的转让或带着罗伯特的财产出嫁的行为。因此，占有权被授予他们，除了其他人的权利。[19]

在登莫,如果一块土地的上一任持有者没有儿子和继承人,它无疑会传给一个女儿,而且,一个女儿已经分得了一部分父亲的个人动产,并已经结婚或者离开了庄园,就会被排除继承权,如果在同等条件下还有其他姐妹没有结婚或离开庄园的话。法庭案卷的用词使我们不得不推测,这就是习俗;在其他地方,它明确表述,如在1224年伯克郡的布雷和库克姆(Cookham)。在那里,如果一块土地传给了上一任持有者的女儿们的话,那么这些女儿们如果有谁带着父亲的个人动产出嫁,就会被排除继承权,据说,以有利于仍在守灶的女儿。这个案例与其他案例一样,存在一种偏向以有利于守灶之人(astrier),即仍然在炉灶(astre)边的孩子。[20] 这种习俗,如果用在儿子身上的话,可能很容易地以一种幼子继承制原则作为终结。

最终,如果一个女孩仍然靠这块地生活并未婚,那么她在这些条件下与她的兄弟们拥有同样的权利。继承人必须养活她。因此,在剑桥郡的欧弗(Over,Cambs.),拉姆西的一个庄园,1300年法庭案卷中出现了这样一则案例:

> 罗伯特·希沃德(Robert Syward)和阿兰·希沃德是玛格丽·希沃德的担保人,玛格丽向领主的司窖员缴纳2先令以请求法庭对关于她出嫁之前在一码农奴土地上占有的份额做出判决,而这块地属于她业已去世的父亲。村民们来到法庭上并称,这个玛格丽和她的姐妹爱薇丝,按照庄园的习惯,将拥有他们的住处和一圈谷物(one ring of corn),即一半小麦和一半豆子组成的谷物,其中,她们的兄弟罗杰·希沃德将向他们提

供一半，她们的另一个哥哥阿兰提供另一半，因为涉案土地已经在这两个兄弟之间分了。[21]

正如在威尔特郡的塞文汉普顿和剑桥郡的奥金顿、科特纳姆、德雷顿，没有继承家庭土地的儿子只要未婚就可以从土地上获得给养，因此在欧弗，一个没有继承权的女儿有同样的权利。有时，欧弗遵循这样的流行习惯，即一块土地只传给上一任持有者的一个儿子，但在这个案例中，1码地在两个儿子间分割。

结论：在13世纪的英格兰原野乡村，习惯往往是一块土地传给上一任持有者的一个儿子，且只传一人。这个习俗也规定，待字闺中的女儿和未获继承权的儿子们，或者离开这块土地，带着父亲留给自己的份额离开（对于未出阁的女孩而言，它就是嫁妆），或者留在这块土地上，这时，他就有权获得给养但无权结婚。一般而言，这两种习俗互相适用，以至经历一代又一代，一种有序和预期的财产处置存在于土地持有与出生并在这块土地上长大的人们之间。今天，我们可能会论及社会保障。就物质产品而言，大多数人所能期待拥有的东西很少，但有了那很少的东西，他们的生活就是有保障的。

第 11 章 继承人的婚姻

在决定了没有继承家庭土地的孩子们的命运之后，我们应该再次回到持有者和他的继承人的关系上面。迄今，我们已经认为，继承人不会占有这块土地，直到它的上一任持有者死去，这时，按照庄园的习俗，他来到庄园法庭上并作为较近的继承人缴纳罚金，或根据上一任持有者生前所做决定的条件宣称对这块土地的继承权。我们现在应该从较简单的制度转移到更为复杂的制度上。一名继承人通常无须等待上一任持有者去世便可以得到土地：即当上一任持有者仍然健在的时候，他将土地交给继承人。让我们看一下1294年贝德福德郡克兰菲尔德（Cranfield，Beds.）法庭案卷的一个案例，这个庄园属于拉姆西修院：

> 布里肯顿的伊莱亚斯（Elyas of Brickendon）在全员出席的法庭上将克兰菲尔德的一块宅地和半码租佃地，外加其附属的一片林地和其他所有附属物，以及三英亩新垦地，转交给他的儿子约翰使用，这个约翰与他的律师巴恩韦尔的威廉·勒莫因（William LeMoyne of Barnwell）一起来到法庭上，并因获得这块土地向修院长领主缴纳三个银马克的罚金。[支付这些马克的期限在当时是明确规定的，对此有人作保。]上述伊莱亚斯

第 11 章 继承人的婚姻

直到下一个米迦勒节要将上述土地进行合理的翻耕和播种，成本自负，从这块土地上，他和妻子克里斯蒂娜将得到半数收成。至于剩下的一半，上述约翰将为伊莱亚斯和妻子克里斯蒂娜提供体面的供养，只要他们活着，而且他们将与约翰一起居住在这块主宅地上。如果偶然（上帝禁止如此）双方之间发生争吵与不和，以至于他们无法和平地一起居住在一处房屋中，这个约翰就要为伊莱亚斯及其妻子克里斯蒂娜，或那个活得更长的人，在庭院里寻找一个带院子的住处，这样他们可以体面地居住，而且每年他要在米迦勒节向伊莱亚斯和克里斯蒂娜，或那个活得更长的人，提供六夸特的硬谷物（hard corn），即三夸特小麦、一夸特半的大麦、一夸特半的豆子和一夸特燕麦。此外，这个伊莱亚斯和克里斯蒂娜，按照双方订立的契约，将完全拥有上述房屋的所有私人财物，不论是动产还是不动产，直到伊莱亚斯将这块土地交还给领主的那一天为止，这些东西都属于他们。[1]

通过这个方案，一个父亲将自己所有的土地传给儿子。此后，这个儿子会管理这块土地。作为回报，这个父亲规定，他和他的妻子应该老有所养，他们会得到的供养内容被详细记录下来。我们应该说，这个父亲正在安排自己的退休。这项交易发生在庄园法庭上，被记录在法庭案卷中，因此它也可能在那里得到实施。这个方案不经意间呈现出的一个事实是，一个中世纪农场可能在自己的园中有一个独立的茅舍，住在那里的是这个农民的老父老母，或是一对农业雇工夫妇，他的房客（*undersettles*）。这种安排，尽管并非经常记录得如此详细,但在13、14世纪整个英格兰的法庭案卷中是很常见的。[2]

另一个例子将体现这种方案的一些其他常见规定。它来自1320年埃塞克斯登莫的法庭案卷中:

> 上一次法庭裁定,泰伊的彼得罗妮拉(Petronilla of Teye)未经领主许可转让给她的儿子约翰的半码农奴份地应交到领主的手中,本次法庭同意,在上述彼得罗妮拉和约翰之间,这个彼得罗妮拉应该将上述整块半码地交到领主手中以供上述约翰所用,这个约翰是被给予并获得土地占有权的那个人,他成为领主的任意佃农,并负担租税和惯例劳役,赡养的方式如下,即上述约翰将以饮食的形式,为上述彼得罗妮拉的生活寻找合理的供养,以满足这样一名妇女的需求,此外,上述彼得罗妮拉将拥有一个房间,包括一个衣物室,位于上述宅地的东端,彼得罗妮拉活着时住在其中,以及一头母牛、四只羊、一头猪,它们在冬春放养在这块半码地上以满足她的穿衣和穿鞋之需。[3]

在其一般形式之外,这份协议有两个有趣的点。其一,彼得罗妮拉并不是如上一个案例那样,拥有一座独立的房屋,而只是占据这座房屋尾部的一个房间,可能是穿过房子的尾部。这个位于房屋尾部的房间也出现在其他同类型的协议之中。[4]当约翰获得这块土地的时候,彼得罗妮拉是否就离开曾属于她的这个房间并搬到尾部那间屋,也许更远离了房屋的生活?其二,有趣的是,母牛、猪和羊,将为彼得罗妮拉所有,并在这块半码地上喂养,它明确说明将被用来提供她的衣物和鞋子。上述这只羊的羊毛、这头母牛的毛皮是被直接用来制成合适的物件,还是来自上述牲畜的收入被用来购买它们?这种协议而非任何其他类型的档案,更能表明中世纪农民生活的细节。

在这些协议的最常见的形式中,一个父亲或母亲将他或她的份地传给一个孩子,同时为自己老年用度讨价还价。但在其他情况下也有类似的协议。一个穷而老,无法经营自己的土地,以及没有孩子的人,可能会将自己的土地交给另一个人以换取自己的生活所需。1332年,在赫特福德郡巴内特的法庭案卷中出现了这样一个案例:

> 黑尔的约翰(John in the Hale)将一块宅地和他在东巴内特持有的所有土地及其附属物都交还到领主手中。约翰·阿特·巴雷(John ate Barre)来到法庭上,并因持有这块宅地和土地而向领主缴纳罚金,并承担由此产生的习惯租役,以这种形式,这个约翰·阿特·巴雷同意,只要黑尔的约翰活着,他就会每年向他提供以下供养,一件带斗篷的新衣,价值3先令4便士,两条亚麻床单,三双新鞋,一双新袜子,价值12便士,以及适当而体面的饮食。上述黑尔的约翰将尽自己的努力为这个约翰干活,并向他提供一些恰当的服务。上述约翰·阿特·巴雷向领主缴纳黑尔的约翰的死手捐,一匹母马,由管家负责。他缴纳2先令作为进入费。[5]

黑尔的约翰将为这块土地的新主人劳动这样的规定是不常见的。

常见的规定是，新持有者会负责将土地转给他的那个人的生活。因此，这样的协议引发了爱德华二世治下第六年亨廷顿的赫明福德（Hemingford, Hunts.）的一件诉讼。这个案例并非与争论的主线严格相关，但其本身的理由是很有趣的：

> 亨利·埃德蒙德（Henry Edmond）和他的儿子西蒙起诉亚当·霍格（Adam Hog）称，两年前的净化节（the feast of the Purification），他们与上述亚当达成了协议，即上述西蒙从净化节开始与亚当一起住在他的房子里，直到亚当去世，亚当死后，西蒙会获得亚当的一码土地。为了完全而坚决地遵守这份契约，为了保障这件事完成，亚当将上述土地交到村庄的农场主手里，以供上述西蒙在他死后持有，上述亨利，这个西蒙的父亲为以上述方式持有上述土地缴纳半马克作为罚金。此后，实际上，这个亚当在接下来的圣彼得受缚节（the feast of St. Peter's Chains）将上述西蒙驱逐出他的房屋，并撕毁协议造成损失，等等。上述亚当也认可上述形式的协议，但他称，上述西蒙应该与他住在一起，应该作为他的儿子很好而真诚地侍奉他，而当他与他从上述净化节到八月的收获节（Gule of August）住在一起的时候，上述亨利到来，并将他的儿子从他身边引诱离开。为此，还有同样的其他事情，他寻求发起一项调查。这次调查因此由上述十二名陪审员进行，他们称，上述亚当并没有打破与上述亨利和西蒙的契约，如他们抱怨的那样，因为上述亚当准备将上述西蒙安顿在自己的房屋中，并遵守这份契约，如果上述西蒙没有违背亚当的意愿而离开的话，

而且在他离开后他仍然这样准备着，如果他想要回来的话。因此，法庭裁定，上述西蒙不能占有上述亚当死后的土地，他和他的父亲因错误起诉被处以6便士罚金。上述亚当立即离开，而无需理会上述亨利和西蒙的任何索求。[6]

看起来，亚当没有继承人，正准备让西蒙继承他的一码地，如果后者愿意与他一起生活并当他的儿子供养他的话。为了确认这个协议，亚当到了法庭上，并订立了一份常见形式的协议，由此西蒙可以在他死后获得他的一码地，而他自己将终身为佃农。我们并未得知，西蒙和他的父亲亨利为何愿意承担失去这一码地的风险：中世纪的法庭案卷有时就是在故事中最有趣的点上停止。赫明福德的农场主（*firmarius*）当然就是同意向庄园领主拉姆西修院长支付一笔年费以换取收取庄园的地租、劳役和其他收益的权利人。

当人们将他们的土地交给继承人并为自己的给养讨价还价的时候，他们最关心的问题往往就出现在这些案例中。他们首先需要吃喝。有时，他们每年得到的谷物数量是特别规定的：面包或布丁形式的谷物，是村民的主食。有时，获得一种食物供给的方式被部分地掌握在老农民的手中。正如一个没有继承权的儿子但想要靠家庭土地生活那样，只要保持未婚，有时就会得到其中一些土地来谋生，这位老农有时也会保留份地上的几亩地，或坚持饲养奶牛、猪或一些羊的权利。在重要性上次于食物的是衣物。这些老农民得到的衣物被详细地列在协议之中。最后，他们明确要求应该拥有一间茅屋或至少一个房间，来度过自己的余生。

通常，在法庭案卷和其他文献中记载的特殊情况之外，当时还有一种观点承认，父亲们习惯于在世期间将自己的部分或全部持有地交给儿子。在一份也许出现于 14 世纪初关于柴郡达恩府（Darnhall, Cheshire）瓦勒王家修道院农奴佃农的习惯的记录中，出现了如下记述：

> 然而，他们有些人习惯于将自己的部分土地交给他们的儿子，这样就发生了如下事情，即在他们死后，他们的儿子由于当地管家的疏忽获得了那些土地，而没有因父亲在世时占有上述土地而向领主做任何表示；那些持有土地的儿子们应该发起法庭诉讼，或者获得领主的恩准并按照他的意愿进行补救诉讼，因为领主因前述行为遭受了巨大损失。[7]

达恩府的习惯是，一个父亲仅仅将自己持有地的一部分而不是全部交给自己的继承人。这个案例并没有表达清楚，但它看起来在抱怨接下来的冒犯行为。持有土地的农奴们必须出席领主的庄园法庭。这个责任如任何其他向领主负担的责任一样明确，而且他们如果不出席，可能被处罚。在达恩府，管家没有坚持认为，一个已经得到父亲的部分土地的儿子应该在父亲在世期间，为自己的土地进行法庭诉讼，领主由此成了败诉一方。人们得到的建议是，一个佃农将自己的份地转交给自己的继承人的原因在于，这个继承人因此可以避免正常情况下，他在上一任持有者死去之后，需要缴纳的继承税和进入的罚金。但许多法庭案卷的调查显示，事实上，这些缴费通常并不是通过这些方式来规避的。

我们已经看到，这块家庭土地的未来持有者，被称为继承人的

第11章 继承人的婚姻

那个人，可能通过三种方式中的一种来获得土地的实际占有权。在土地的上一任持有者死去之后，他可能会到庄园法庭上，按照庄园的习俗，作为最近的继承人获得占有权。或者，在上一任持有者死去之后，他可能再次到庄园法庭上宣称自己对土地的占有权，其根据是此前法庭诉讼的条件，根据这些条件，他已经成为主佃户，上一任持有者仅仅是终身佃户。或者，上一任持有者在世期间可能将这块土地在庄园法庭上交给了自己的继承人，仅仅要求继承人向他提供食物、衣物和住所。在从较简单到更复杂的制度的转变过程中，我们现在应该考虑继承人婚姻和他以三种方式之一得到土地之间的关系。有证据表明，继承人的婚姻往往有赖于，甚或吻合于，他接受了全部或一部分的家庭土地。

首先让我们考察一下来自1296年萨塞克斯郡安伯利（Amberley, Sussex）法庭案卷中的以下调查：

> 米德尔顿的玛贝尔（Mabel of Middleton），持有领主的一些农奴份地，死去。领主获得的死手捐是一匹母马。上述玛贝尔的儿子和继承人来到法庭上，并支付进入费，获得了占有权，并为保持这块份地和相关租役进行了宣誓，找了保证人。他为自己的结婚许可向领主缴纳了12便士。[8]

在这里，当上一任持有者死去，随着继承人获得土地的占有权，他就得到了结婚的许可。没有理由相信他会立刻结婚：他仅仅是为未来做准备。但有一种假设认为，他不可能在持有土地之前就想到了结婚的事情。在许多庄园上，一个女孩的父亲，如果他是一个农奴，必须因女儿的出嫁而向领主缴纳一笔费用，尤其是她嫁到本庄园之外的时候。这种习惯性费用被称为婚姻捐（merchet）。但在这种事情上，各地的习惯很不相同，而且在有些庄园上，不论男女都必须为结婚的许可而缴费，安伯里就是其中之一。学者们对这种庄园很有兴趣，因为只有在它们的法庭案卷中才会发现人们结婚的记录。

接下来考察一下 1310 年诺福克的欣德林汉（Hindringham, Norfolk），属于诺里奇主教座堂的一处庄园的法庭案卷中的一个案例：

> 凯瑟琳·莱曼（Catherine Leman）将一英亩土地和一路得土地的三部分，及一块宅地和一块菜地交到领主手中，以供罗杰·格利灵（Roger Grilling）和凯瑟琳的女儿阿格尼丝，及这个阿格尼丝的亲生继承人所用。如果上述阿格尼丝死时没有自己所生的继承人，那就让上述土地回到凯瑟琳的继承人手中。对于这次土地交回，上述罗杰和阿格尼丝同意，上述凯瑟琳可以在其活着的时候持有全部上述土地。在她死后，它仍然可能以上述方式回到罗杰和阿格尼丝之手。占有权以这种方式被传给他们，以按照领主的意愿持有这块农奴份地等等，除了……他们给……上述罗杰和阿格尼丝为获得占有权和结婚许可而缴纳 5 先令。[9]

从主要内容来看，这个案例是常见类型。通过法庭上的一个常见形式的程序，凯瑟琳·莱曼决定了她的土地在她死后如何传承。让人感到新鲜的是，她将土地交给女儿和女儿的新郎，紧接着，这对新人就结婚了。这里，婚姻无疑发生于不确定的未来某时：婚姻已经被安排好了。我们不知道罗杰和阿格尼丝是否使用这座房屋和土地，尽管凯瑟琳是终身佃农。至少他们肯定在她死后得到了它们，而且很可能，他们不会认为自己有能力结婚，除非他们已经获得了土地。

现在来考察另一种方案，例如记录在 1279 年诺福克郡斯奈特顿（Snetterton, Norfolk）的法庭案卷中的一个案例：

> 亚当·沃恩（Adam Waryn）将一块宅地和七英亩土地，以及他在斯奈特顿的所有土地和持有地，交回领主手中，以供罗伯特·沃恩及其继承人使用，由此上述罗伯特及其继承人获得和持有这块农奴份地并承担由此产生的惯例租役，除了某项权利等等，他支付了进入费。[他找了担保人，案卷给出了他们的名字。]上述罗伯特同意并允诺自己与其继承人以所有持有地向上述亚当在世期间提供衣食和其他必要品。
>
> 这个罗伯特为结婚许可支付了罚金。[10]

在这份案卷的边缘上是一个便签，即罗伯特因进入这块土地和婚姻许可而缴纳 13 先令 4 便士的罚金。还有，这个案例的第一部分也是相当常见的。亚当·沃恩将自己的持有地交给可能是其亲属的一个人——他有同样的名字——而作为回报，这个亲属同意提供亚当余生的食物和衣物。这里的新内容是最后一句话。罗伯特一待得到土地，就向领主缴纳了一笔结婚许可罚金。他可能不会立即结婚，但这里又有一个推断，即他在持有土地之前不会认为可以自由结婚。

一个人必须向领主缴纳婚姻许可罚金的庄园的数量是有限的，但在这有限的数量之中就有圣奥尔本斯修院在赫特福德郡的庄园——幸运的是，因为一些此类庄园的法庭文书，包含了来自法庭案卷的节选副本，作为一种最有意义的英格兰社会史文献保存了下来。[11] 在这些法庭文书中，出现了许多类似于下面 1245 年赫特福德郡卡西欧（Cashio, Herts.）的案例：

> 沃尔特·勒金（Walter le King）因持有父亲的土地和娶妻而向领主缴纳 10 先令的继承税。[12]

类似这样的案例简短而格式化，并没有告诉我们太多实际上发生了什么。也许父亲已经死去，沃尔特作为继承人因进入这块土地同时准备结婚而缴纳罚金，现在他有了一块能够养活一个妻子和孩子们的土地。更可能的是，沃尔特的父亲仍然健在，但已经将这块土地交给了他的儿子和继承人，前提是这个儿子会为他养老。儿子在这种情况下就要支付他的继承税，正如他在父亲死后继承这块土地所要做的那样。圣奥尔本斯庄园的法庭文书中有许多更为详细的调查显示，这种一般类型的交易事实上发生着，例如 1325 年发生的关于赫特福德郡帕克庄园（Park, Herts.）的下面这个案例：

> 吉尔伯特·赫恩狄格姆（Gilbert Hendigome）将约翰·休曾持有的一弗斯灵（ferthling）土地交回到领主手中，上述吉尔伯特通过领主的授予而持有这块土地。威廉，上述吉尔伯特的儿子，因自己及其继承人持有土地向领主缴纳了罚金，并承担

由此产生的习惯租役,他将不会浪费。他为获得进入权和结婚许可而支付了2先令罚金。[13]

无疑,法庭文书中的许多较短的调查读起来都与这个案例类似,如果它们得到解读的话。一弗斯灵,如该词显示,即是一码地的1/4。在这个案例中,很清楚的是,当吉尔伯特将土地转让给自己的儿子的时候,他仍然健在。实际上,对帕克法庭文书中的另一个案例的解读显示,他还有另一块土地,这个时候还没有放弃。这一点的重要性在于,只要他的儿子有了土地,他就要为有了结婚许可而向领主缴纳罚金。

类似上述两个已经援引的案例在所有圣奥尔本斯的庄园的法庭文书中极为常见。亨利三世、爱德华一世和爱德华二世治下出现了百余份遗嘱,在法庭文书所依据的原始法庭案卷中,这些文献可能更多。这些庄园上的常见继承习惯是传给一个儿子,在上述来自法庭文书的案例中,正常是上一任持有者的一个儿子因占有土地和获得婚姻许可而支付罚金。我们的结论应该是,这个儿子和继承人就是持有了父亲的土地并同时准备迎娶一个妻子的那个人。其他的儿子们只有在其他地方获得了土地或以其他谋生方式才能结婚:他们不婚,可以靠一小块家庭土地来生活。我们也应该总结如下,即这个儿子和继承人直到获得土地才会结婚,或在他父亲去世之后或在父亲将土地传给他之后。这在圣奥尔本斯修院位于赫特福德郡的庄园上是常规操作。如之前各个案例所显示的那样,这在英格兰的其他地区,也都是常规操作。这应该比我们所能呈现的更为常见,因为在大多数庄园的法庭案卷中,关于人们婚姻的记录很少。在任何情况下，我们可以说它只是一种常规操作，而不是一个严格的规则。它并非理所当然，也并非在所有情况下均是如此。

我们继续看更为详细的记录，如1306年牛津郡纽因顿法庭案卷中一段有趣的文字。它行文如下：

> 阿格尼丝·阿特·图内森德（Agnes ate Touneshende），斯蒂芬·阿特·图内森德的遗孀，来到全员法庭上，称她无力持有一块宅地和一码农奴份地，这些地产是按照纽因顿庄园的习惯得自上述斯蒂芬的。法庭针对这块土地进行了一项调查，它称，小阿格尼丝，尼古拉斯·亚特·图内森德的女儿，按照庄园的习惯拥有更近的继承权，做领主有权要求她为进入土地而承担的役务。到这个阿格尼丝去世之时，领主将获得5先令的死手捐，因为她没有任何活畜。此后，上述小阿格尼丝到来，并为进入土地缴纳半马克罚金。接着到来的是亨利，约翰·阿林（John Aleyn）的儿子，支付了半马克罚金，以便他可以迎娶小阿格尼丝。这对夫妻的担保人是领主的所有佃农。但上述阿格尼丝将上述土地交回到领主手中，这样小阿格尼丝，她儿子的女儿，可以进入土地，因此上述亨利和小阿格尼丝同意，直到阿格尼丝去世之时，他们将为她提供衣食，按照她的身份（station）所要求的。如果这并不能让阿格尼丝满意，他们将每年分四期给予阿格尼丝三夸特谷物，即两夸特的小麦和黑麦，一夸特燕麦……如果他们没有按期提供全部或部分衣食，他们同意，他们必须向领主缴纳半马克，也向阿格尼丝支付半马克以补偿损失。[14]

第11章 继承人的婚姻

然后,阿格尼丝·阿特·图内森德将土地交给了自己的孙女阿格尼丝。小阿格尼丝准备结婚,这对夫妻同意为祖母养老。这是常规操作。有趣的点主要在于,小阿格尼丝被明确提到是这块土地的继承人。她有"更近的继承权",如纽因顿的人所言。一个合理的推测是,在纽因顿,如在圣奥尔本斯的庄园一样,持有土地然后结婚的那个人,就是那个在任何情况下,都会在上一任持有者死后继承土地的人。

应该给出更多这种交易的案例,因为在家庭感情方面,它所引起的变化比死亡导致的变化可能更重要。接下来考察一下1227年巡回法庭上国王的法官审理的一个案例:

> 巡回法庭到来决定,伊尔加的安瑟林(Anseline of Illegha),伊尔加的理查德等,不公正地剥夺了休·德·蒙茨斯内(Hugh de Muntchesney)和他的妻子爱丽丝在伊尔加的土地,之后等等。安瑟林来到法庭,没有任何供述。
>
> 陪审员们称,上述安瑟林将上述爱丽丝,他的女儿,嫁给休,他们达成协议,他(安瑟林)会将他在伊尔加全部财产的半数给他,而且他们将一起住在一处房屋里,这样,上述安瑟林会住在一个房间,他们住另一个。这个安瑟林离开了这处房屋,将门环扣交给他们,并祈求施舍住房,他此后仍然占有土地,这样那块土地以这个安瑟林的耕犁翻耕,谷物共同使用,这样他像以前那样将他的土地还是当成自己的。但上述安瑟林从未失去占有权,法庭裁定,休和爱丽丝不会通过巡回法庭得到任何东西。[15]

这个案例被提交到了一次王室法庭上，因为它牵涉一块自由地产，但它呈现的上述安排明显很像那些庄园法庭做出的安排。安瑟林同意将女儿与自己的一半土地交给休。此外，这个岳父和这对已婚夫妇将一起住在一个房子里。这座房屋听起来并不是很大。所有这些都是很常见的，但有不少东西是新鲜的。首先，将要做出的这些安排是这位父亲与未来女婿在后者结婚之前达成一致的。以拉丁语表达，就是这是他们之间的协议（prolocutum fuit inter eos）。一份婚姻协议就此完成。这个事实很有意思，因为它表明，其他这种类型的安排出现是因为婚姻谈判的结果，尽管法庭案卷对这种谈判只字不提。庄园法庭仅仅登记双方提前做出的协议。第二，如我们应该在中世纪英格兰所期待的那样，那里有一个仪式。安瑟林走出房屋，将门环扣交给这对夫妇，然后祈求施舍住房。这个仪式的象征意义应该在于，安瑟林将房屋给予这对夫妇，此后他不过是个寄宿者。在许多其他被引用的案例中，父亲的身份应该都是这种类型。但法律希望在土地授予的同时有一种管理权上的真正变化，这里安瑟林在授出土地之后实际上仍然和之前一样对待这块土地。因此，法庭发现这个女婿从未获得这块地的占有权，也不可能恢复之。

中世纪的文学证实了法律文献的证据，即当时的普遍现象是，一个人随着慢慢变老会将土地交给自己的儿子和继承人，这个儿子仅仅在他得到土地之后才会结婚。这种确认是中世纪文学，不论是拉丁语、法语或英语，都很少能够提供的东西。文学家们过多地关注影响普通村民生活的虔诚或爱情，只有少数例外。其中的一个是《农夫皮尔斯》的作者；另一个是布鲁恩的罗伯特·曼宁（Robert Mannyng of Brunne），写于1303年的《涤罪》（Handlyng Synne）的

第11章 继承人的婚姻

作者。在《涤罪》中，出现了下面的章节：

> 如果他还有些时日，
> 我要提一个小建议。
> 选出中意的儿子，
> 给他所有的房和地，
> 还有家中田里的工具，
> 他应让他的老年不受苦。
> 这个年轻人坐不住，
> 他的建议是娶妻；
> 他娶一个带回家，
> 随后的喜庆不会差；
> 他理直气壮命令新妻子，
> 侍奉好父亲来让他满意。[16]

但待到他有了一个男孩，他开始认为父亲是一个过于沉重的负担，即他的父亲活得时间太长了，他开始虐待他。最后，当他的父亲因寒冷而瑟瑟发抖的时候，他让自己的儿子用一个布袋子盖在他的身上。这个男孩将袋子切成两半，用其中一半盖住祖父，然后向自己的父亲展示另一半，意指正如他的父亲虐待他的祖父那样，这个男孩也将在轮到自己的时候虐待年老的父亲，当他寒冷的时候仅仅用半只口袋盖住他。这种方式的虐待不可能是14世纪初父亲们的普遍命运，或者事实上，他们并没有准备将自己的土地交给他们的儿子。曼宁此前曾这样说：

> 我也看到其他人，
> 交出土地财产向孩子来委身，
> 谋生成了大问题，
> 在这个年纪，还要抓住机会去努力。

而且，他用这个可怕的故事来警告人们不要这样做，因为父亲们委身于他的孩子颠倒了万物的自然顺序。这里的关键点当然不在于道德层面，而在于曼宁的评论，即一个人在生前将村镇和农田中的土地、房屋、动产交给自己的一个儿子，作为回报这个儿子给他养老，是常规操作。这个故事的另一个特征是，这个儿子随后的婚姻有赖于他获得这块土地。这些安排可能直接来自于一份法庭案卷。

格洛斯特的罗伯特在他的《格律编年》(*Metrical Chronicle*)中，该书完成于13世纪最后十年的某个时间，使用李尔王(King Lear)的故事来指示相似的道德。莎士比亚让这个故事为我们所熟知，但对于中世纪的人，它还没有这方面的意义。李尔王没有儿子，随着他老去，他决定将王国在三个女儿中分割。当然，科迪莉亚(Cordelia)没有获得自己的份额，因为她没有表达她对父亲的爱，但其他两个姐妹因表态要为父亲养老而得到了土地。一俟她们获得土地，她们就结婚了。但她们没有为父亲提供体面的给养，相反她们无视他，毫无怜悯地虐待他。格洛斯特的罗伯特将道德评判用于儿子而不是女儿，不用于国王而用于绅士。在李尔王故事的结尾，他写道：

> 此人现身来说法，他给儿子们娶妻，

第 11 章 继承人的婚姻

> 还交出自己的土地,及所有的生计。
> 他只是一个乡绅,这让他陷入悲惨境地,
> 可怜无立锥之处,这也是一位国王的样例。[17]

这一节告诉我们,农民,即拥有小块土地的小乡绅,遵守这种习惯,即在生前将土地传给儿子,儿子们的结婚时间看起来与获得土地的时间一致,正如贡纳莉(Goneril)和丽甘(Regan)在父亲将王国的份额交给她们之后便结婚了。它也告诉我们,我们也可能从法庭案卷的案例中猜到,父亲们可能让儿子们结婚,或阻止他们这样做,办法是传给他们土地或不给他们土地。我们不知道一个父亲给予他的儿子和继承人土地并允许他结婚的动机是什么,但我们可以猜测,它们包括,他们想要一个孙儿的愿望,看到儿子生活安定的愿望,卸掉土地耕作的责任的愿望,可能还有在儿子达到一个被视为合适年龄之后仍然单身时邻居们的流言。格洛斯特的罗伯特对李尔王故事的处理再次证实了这个事实,即一个将自己的土地传给一个孩子的父亲期待可以得到养老的回报。事实上,他在每一点上都证实了法庭案卷所言。而且他与布鲁恩的曼宁都认为,父亲在这种情况下有被虐待的风险。

一个人随着自己变老将土地交给一个儿子和继承人,后者借此成家,而不是在此之前,这种习惯并不限于中世纪英格兰。它在流行农民将持有地传给一个儿子的欧洲部分地区,在今天和过去都很常见。举个例子,这是爱尔兰乡村流行至今的习俗。[18] 现代立法已经将爱尔兰农民土地的继承规则从古凯尔特人的联合继承改变为由一个儿子继承,这个儿子由这个家庭的父亲选作继承人。另一些儿子应该

离开家庭，如果他们想要结婚并建立自己的家庭的话。随着继承人长大，这个农民决定，是时候让他拥有土地并结婚了。他之前没有结婚：继承和婚姻是一项交易的两个部分。儿子地位的变化，从单身到已婚，从无土地者到有产者，同时发生，使这个事件成为家庭生活中最为重要的事件。

做出改变之时令人焦虑。不仅是这个父亲被取代了在土地管理中的位置，还在于这个取代他的人是他的儿子。他很难对新管理者决定要做的事情不闻不问，尤其是后者至今在生活各方面都听命于他。此外，一个新妇女被带到这个房屋之中：儿子的妻子取代了他的母亲在厨房的位置，以及在女性工作中的主导地位。这对老夫妻继续与他们的儿子生活在一起，但他们搬到了为老农民准备的传统房间中，这个房间在爱尔兰被称为"西屋"（west room）。他们终究会习惯自己的新位置，并形成新的生活态度，但它总有一个过渡期。在对任何古代社会的重建中，我们对于今天所发生的事情的知识应该是给档案中干瘪的骨架添上血肉：在中世纪英格兰，类似现代爱尔兰农民的情感和行为应该伴随着父亲的退休和儿子的婚姻。法庭案卷没有告诉我们这些事情的任何信息，除了有时会承认，新农民和老农民之间可能发生冲突，以至于他们不希望同住一个屋檐下。

我们不应该将无地便无婚姻的规则视为曾经是严格不变的。一个人在有希望获得土地的情况下，或至少如一个案例将要显示的那样，可能会结婚，父亲可能会将儿子夫妇安置在土地上的一个独立茅屋中，而不会将土地整个都交给他们。但13世纪英格兰的有些地区，如今天的爱尔兰一样，有大量证据显示，这个儿子和继承人事实上直到他持有父亲的土地之前都不会结婚。而且，如果一个人必须等到他的父亲去世或放弃自己的土地，他很可能相当晚才结婚。在今天的爱尔兰，晚婚依然流行；据说16世纪末的英格兰也曾是如此，[19]那时的社会秩序与13世纪时相比还没有巨大变化。晚婚可能对生孩子的数量有一些影响。中世纪高地英格兰的家庭当然不如那些17、18世纪新英格兰的家庭大，因为在对一个新大陆的开发中，人人都可以找到劳动和生计。

在一个几乎所有人都通过耕地和种植作物，而这些作物的大部分不是用来在市场上出售而是直接消费的时代，土地是一种具有十足重要性的财产。只有获得土地，一个人的生计才有所保障。社会秩序适应的就是这个经济上的冷酷事实。人们的情感和习惯首先规定了谁会继承土地：土地被分成地产单位，其中每一块从一个人传给家庭血亲中的另一个人，原野乡村的主导习俗就是一块土地传给上一任持有者的一个儿子。这个安排对没有继承土地的儿子是很残酷的，但它保证，在每一代人的每一块土地上，至少都有一对已婚夫妻和他们的孩子会享受体面的生活。这些情感和习俗也保证了，只有那个持有土地的人才会结婚。它的意义当然不在于一个未婚的人无法经历一个特定的仪式，而是在于，他不会靠家庭的土地来养活妻子和孩子。无土地便无婚姻这个规则的运作，有两个方面的含义。首先，男人和女人如果没有继承家庭的土地就不会结婚，除非他们可以自己找到土地。第二，在许多地方，将要继承土地的人不会结婚，直到上一任持有者准备好将土地交给他。以这种方式，人们的情感和习惯保证了一个社会对经济条件的稳定适应。尽管按照马尔萨斯的逻辑，它们限制了靠这块土地生存的人口的数量。

第 12 章　订婚和婚礼

对于婚姻和土地持有之间的关系已经说了很多了。现在,是时候谈谈一桩婚姻缔结的实际过程了:婚姻交易的谈判、订婚、教堂门口的婚礼以及此后的庆典。这里我们只能考察什么可能曾是结亲的一种普遍方式。无疑,关于这个问题的习惯因地方不同而差异巨大。

《农夫皮尔斯》中有一段看起来描述了中世纪英格兰的订婚是如何进行的:

> 这就是订婚,需找一个中间人;
> 双方的父亲要首肯,朋友的意见要征求,
> 新人情投又意合,双方达成好协议。
> 婚配终达成,上帝做见证。[1]

首先,一个人如果没有父亲的同意不可能结婚。根据格洛斯特的罗伯特所说,父亲有权允许或阻止自己的儿子结婚。儿子和继承人不可能结婚,直到他的父亲准备将财产和全部或部分家庭土地的管理权转交给他。一旦决定放弃自己的土地,父亲就会为自己的儿子寻一门合适的婚事,对象无疑是在门当户对的人的女儿中选取。当他

第12章 订婚和婚礼

选中他与儿子都满意的人时，他会与女孩的父亲进行一场缔结婚约的公开谈判。结婚之前的讨价还价流行于欧洲所有古老的农民共同体中，第一步是派一名中间人，即"媒人"（mean person），向女孩的父亲提出求婚。如果他愿意在这个事情上更进一步，这对年轻人就会接触几个月，来看他们是否合适。接下来有一天，当二人情投意合之后，女孩的父亲就会带上她到男青年将拥有的住房和土地上，目的是为了看是否一切都就绪，并令他们满意。就如在今天爱尔兰的一个乡村婚礼中，要去看一眼男方的土地，然后两个父亲立即研究婚约的条件。被讨论的问题是女孩的父亲将要让女孩带到新家的嫁妆的数量，男孩的父亲将要给这对新人的土地的类型，以及新郎将要在教堂门口给予新娘的礼物。[2]

男孩的父亲接下来要做的是到庄园法庭上。在那里，他将土地交还给领主以供他的儿子使用，这个儿子将因进入这块土地和获得结婚许可而缴纳罚金，如果庄园习惯要求他必须缴纳这样一笔费用的话。有时，婚约出现在法庭案卷之中。例如，在1289年牛津郡纽因顿的法庭案卷中，出现了下述记录：

> 沃伯勒的威廉·勒托特（William le Toter' of Warborough）和詹姆斯·韦斯特（James West）双方同意，上述詹姆斯将娶上述威廉的女儿爱丽丝，上述威廉将为上述詹姆斯向领主缴纳11马克的罚金，并给詹姆斯其他财产，如他们同意的那样。因此，上述詹姆斯给予这个威廉从该年米迦勒节开始此后四年的全部土地收益，后者不能从领主的土地上带走任何东西，而且需要维护和修理住房，将在上述期限内供养詹姆斯。第五年，他

将在秋天的收获节让这个詹姆斯来耕种他的土地,并拥有该年所有的干草和所有其他收益。[3]

这份协议中的事情再平常不过。甚至如果一份婚约的实际条件并没有出现在庄园法庭案卷中,只是为常识所认可,那么任何毁约的行为也都是法庭上一次诉讼的缘由。所有的婚约都是这样的。因此,在亨廷顿郡霍顿的法庭案卷中,爱德华二世治下第二年,出现了以下记录:

> 陪审员们发现,庄头斯蒂芬打破了与庄头安德鲁的一份契约,即他们同意,上述斯蒂芬应该养活上述安德鲁的女儿阿格尼丝,并让她住在他的房子里,或在他的院子里为她寻一处合适的住处,并提供她一切生活所需,原因是斯蒂芬,上述斯蒂芬的儿子娶了上述阿格尼丝。这个斯蒂芬(父亲)此后将上述阿格尼丝驱逐出自己的房子,违反了上述约定。因此,上述斯蒂芬被处以40便士罚金。担保人是约翰·马歇尔(John Mareschal)、庄头亚历山大、罗伯特·勒希尔德(Robert le Hyrde)、约翰·勒波特(John le Porter)。面对这些担保人,上述庄头斯蒂芬将上述阿格尼丝与她的丈夫养活在自己的房子里,或为她在自己的院子里寻一处合适的住所,并提供她一切所需,等等。[4]

在这个案例中,父亲同意儿子娶妻,并允许这对夫妻在他的农场上与他一起或单独居住。但很明显,他自己控制着这块土地。这个安排不同于那种习惯，即儿子和继承人的婚姻伴随着得到家庭土地的管理和所有权。对婚姻的安排不可能只有一种形式。很明显，对婚姻安排也是新娘父亲与新郎父亲之间缔约的结果。糟糕的感觉此后出现在这个联合大家庭中。我们应该更想知道它的原因是什么。

一个父亲应该总是想着为自己的孩子寻一门亲事。是否有一个可以嫁给儿子的女继承人？是否有一个可以娶他的女儿的有土地的年轻人？按照《农夫皮尔斯》的叙述，年轻男女的婚事只可能发生在他们的父亲们达成协议之后，而不是之前。许多父亲在孩子们成年之前就决定了他们的结婚对象。只要有一门好的婚事，何时缔约都没关系。因此，在1294年赫特福德郡卡西欧的法庭文书中，出现了下面的记载：

> 沃尔特，埃尔利奇的儿子，来到法庭上，并为原属于他父亲埃尔利奇的土地缴纳罚金。随即，亚当·厄尔曼（Adam Irman）到来，并占据了上述土地，直到上述继承人沃尔特成年，因此同时，他将建造房屋，维护土地和份地，并将上述亚当的女儿海伦嫁给上述沃尔特。他将承担所有的惯例租役。而且，他缴纳半马克作为罚金，作为这些年限的费用，作为结婚许可费。[5]

简单来说，亚当·厄尔曼得到了沃尔特的监护权，以及后者成年之前对土地的管理权。但亚当并不打算让沃尔特或他的土地今后离开这个家，因此沃尔特娶了亚当的女儿。

当婚姻成了一种获得土地和财产占有权的手段，许多父亲们就不会满足于安排一门会在将来某个时间发生的婚事,而是确保通过让年轻男女立即订婚以获得收益,即使他们仍然还是孩子。布鲁恩的罗伯特·曼宁在《涤罪》中,谴责制造童婚的做法:

> 如果你曾犯这样的错
> 让孩子在成年之前把婚结,
> 这绝对是大蠢事
> 如果他们如此年轻就睡在一起。[6]

接下来,他解释了这些婚姻的原因:

> 也有人经常做允诺,
> 孩童因此把婚结;
> 许多人结婚只把利益放心中,
> 而没有任何坚定的爱情。[7]

按照曼宁的说法,孩子们结亲往往仅仅是他们的父亲关于这些孩子将会因婚姻带来什么财物所作的允诺的结果。他坚持认为,当孩童时结亲的男女长大后,往往想要打破他们的婚约:

> 有些人结婚是交易
> 只因看上对方的彩礼;
> 当所有这些都不见,
> 婚姻将只剩下哀怨;

爱情和财产终消失，

他们都会哭喊"我命苦"。[8]

但好父亲不可能完全不顾孩子们对婚姻的意愿。至少有一份法庭案卷记录了两个父亲安排孩子们婚姻以及伴随婚姻的其他协议，但领主在法庭上的代表，在给出结婚许可的时候，明确表示前提条件是这对年轻的新人应该同意。[9]在禁止童婚上，教会的立场，正如在坎特伯雷大主教圣埃德蒙德里奇的教令（Constitution of St. Edmund Rich）中表达的那样，无同意便无婚姻（coniugium）。[10]

但我们说到婚姻是过快了，如果我们认为婚姻是在教堂里举行，并由一名神父主持的仪式的话。在迈尔斯·科弗代尔（Miles Coverdale）关于布灵格（Bullinger）写于大约1541年以《基督教的婚姻》（The Christen State of Matrimonye）为题目的一书的译本中，出现了以下有趣的段落：

> 在婚约达成之后，教堂的婚礼不应拖得太久，以免坏人在此期间种下罪恶的种子……在有些地方还流行这样一种做法，需要被指责，即在婚约缔结之后会有一次盛宴，甚至当晚这对男女就同床共枕，而这发生在他们走进教堂之前。[11]

这是一份16世纪的文本，我们迄今未发现任何资料证实13世纪存在这种类型的习惯。但是，科弗代尔的这些话立即被确信为对整个中世纪农民行为的描述。它们告诉我们，当婚约缔结后，一场仪式就会举行。科弗代尔称之为"婚约"（hand-fasting）；也被称为"订婚"

(trothplight)。它的名字显示，在婚礼中，这对男女至少要拉着手，互相宣誓。订婚礼的庆祝方式是一次宴饮；当晚，这对夫妻同房，短短几周后，他们就到教堂去成婚。

我们还没有发现什么证据直接显示这样的习俗存在于13世纪，但有大量证据显示它们曾在那时流行过。其一，那时存在私生子问题。按照普通法，私生子被排除在土地继承权之外；问题就变成了对私生子的定义。在1236年的莫顿会议（Council of Merton）上，英格兰的男爵们提出了他们的著名宣言：我们拒绝改变英格兰的法律（*Nolumus leges Anglie mutari*），拒绝允许他们父母后续的婚姻使非婚生子女在土地继承方面合法化。但男爵们的抗议只能决定普通法在这个问题上是什么。有些庄园的习惯，尤其是他们的佃农的习惯，仍然较为灵活，并允许私生子在特定条件下继承土地。例如，出现于1271年赫特福德郡帕克庄园的法庭文书中的一份记录：

> 西蒙，威廉·阿特·莱耶（William atte Leye）的儿子，向领主缴纳12便士以调查，他是否比他的兄弟威廉有更近的继承权。这个威廉也为同样的事由缴纳了18便士。调查称，这个威廉是比他的兄弟更近的继承人，因为这个威廉是长子，他的父亲与他的母亲在威廉出生之前已经定亲，因此等等。这个威廉来到法庭上，为前述威廉，他的父亲的土地缴纳了罚金，并承担由此产生的租役等等。[12]

这份案例并没有提到，威廉是否出生于他的父母结婚之前。我们推断他就是，否则就不会出现提起一件诉讼的理由了。但判决称，他的父亲与母亲在威廉出生之前就已订婚(*pater suus matrem suam affideuerat antequam idem Willelmus genitus fuit*)。在法庭看来，订婚，而不是婚礼，是重要的仪式。只要他出生于订婚之后，庄园习惯中就没有什么规定可以阻止威廉作为长子继承父亲的土地。另一个案例，其中的事实是儿子出生于父母订婚之后，结婚之前，发生于1286年约克郡维克菲尔德的法庭案卷中，是与帕克庄园相对的英格兰的另一端：

> 罗伯特，维克菲尔德的理查德·德·里斯沃斯(Richard de Rissewrth)的儿子，与他的兄弟约翰，来到法庭上，并渴望作为继承人获得维克菲尔德的奈杰尔(Nigel de Wakefeud)的儿子托马斯的土地。约翰称，罗伯特不应该是继承人，因为他出生于教堂门口的神圣婚礼之前，只是在他们秘密订婚之后。哥哥罗伯特称，在这些地区，领主的土地上的习惯是，支持出生于订婚之后的哥哥成为继承人，因此他祈祷被承认为继承人。

领主瓦伦和萨里伯爵(Earl of Warenne and Surrey)的管家们希望查清他们的理由。因此，一份调查由六名格雷夫(graves)做出：北方的格雷夫近乎相当于英格兰其他地方的庄头。这六名格雷夫宣誓称，事实已经得到陈述，按照这个乡村(*patria*)的习惯，罗伯特应该是继承人。[13]1315年，一则几乎同样的案例出现在维克菲尔德的庄园法庭上，但在那时，管家们对此更加不确定，并决定咨询领主伯爵的委员会。[14]他们应该被普通法与村庄习惯之间的差别干扰到了。但很明显，在更早时的维克菲尔德，不论普通法的规则可

166 能曾经是什么，一个出生于父母结婚之前但订婚之后的人不应该被阻止继承他们的土地。

在帕克和维克菲尔德，长子都是出生于他的父母订婚之后，由教会宣布他们结婚之前。另一方面，第二个儿子应该出生于他们的父母走进教堂结婚之后，否则他就没有理由在法庭上提起诉讼了。通常，13世纪的这些事情与科弗代尔所说的关于16世纪农村婚俗的事情是一样的。订婚是更重要的仪式，标志着婚约的缔结。在订婚后，这对新人同房，仅仅几周后，他们就在教堂里举行婚礼。

实际上，在帕克和维克菲尔德，这对新人订婚之后到走进教堂结婚之前的几周的延迟就成为了等待他们的第一个孩子出生的时间。这个事实是有趣的，因为按照英格兰和欧洲大陆更晚近一些的习惯，一个男人不会娶一个女人，直到他们的一个孩子出生，或至少要到他让她怀上孩子，然后就有了娶她的责任。晚至上个世纪，这还是多塞特波特兰岛（Isle of Portland in Dorset）上的习俗：

> 从古时开始，这个岛上的习惯就已经是，他们不会结婚，直到这个女人怀孕。求爱的方式是，一个女孩不会承认一个男孩的认真的示爱，除非经过一段完整的试婚期。当她有了身孕，就该考虑选取合适的结婚时间了，然后结婚几乎总会发生。[15]

同样的习惯可能也出现在帕克、维克菲尔德，以及13世纪的其他英格兰村庄。它们与我们的婚俗不同，但并非松散或无保障。我们不能判断，农民们允许这种习俗存在的理由是什么，如果他们真有什么理由的话。其中一个理由可能是，一个人应确保他不会娶到一个不能生养的女人。孩子对于一个富裕的农民是一种经济上的必需，在一个人们强烈认为一块土地应该在家族血亲中传承的社会，缺少一个继承人是一种灾难。

我们已经看到，一份婚约往往是最终确立婚姻关系的合适的、被认可的开始。然而，情况通常会走向反面。一个人会将这个仪式作为一种玩弄他不想与之结婚的一名妇女的方式。再一次，我们受到了一本16世纪小册子的启迪。在理查德·惠特福德（Richard Whitforde）《户主之业》（*A Werke for Housholders*）的第二版（1537）中，出现了下面的段落：

> 对于许多人而言，当他们无法在女性那里实现肮脏愿望的时候，就会许诺结婚，由此提供一份允诺协议，并进行订婚的其他事情等等。我在这里定下我的婚约，我娶玛格丽为我的妻子。她也用相同的方式向他这样说。这些事做完后，他们觉得他们可以合法地进行他们的肮脏行为，有时紧跟着事实行为，这触怒了上帝和他们自己的灵魂。[16]

这一段告诉我们关于一份婚约的实际形式。它至少包含了一些现在时态的词汇，在其中，两个人互相视对方为丈夫和妻子。人们应该已经感受到这样一种婚约事实上会缔结一门好婚事的情绪，也认为这些话实际上就是约束，以及在它们被宣布后，婚姻行为立刻就可以进行而无须等待教堂里的婚礼。否则，妇女们就不会如此轻易地被那些愿意与她们订婚的男人欺骗。

在13世纪，订婚也以同样的方式被滥用。布鲁恩的曼宁以严

厉的词汇谴责这种做法:

> 心机男子有手段,
> 巧言来将女人骗;
> 轻易就把婚约许,
> 只为把她哄到手;
> 那些给她的谎言,
> 让二人都陷入麻烦。[17]

而且,在索尔兹伯里主教理查德·普尔的教令集(Constitutions of Richard Poore, Bishop of Salisbury)中,日期起自1217年,以下行为被禁止:

> 任何人给一个年轻妇女带上一个草戒指,或其他材料的戒指,不论质劣质优,只是开玩笑地为了更自由地与她私通,以免,当他(或她)认为他是开玩笑时,他会避免婚姻的荣耀。[18]

这个论断完善了我们关于订婚仪式的认识。它包括,男女二人的庄严牵手,给予和接受一枚戒指,以说一些现在时态的话语,表明这个男人视这个女人为妻,这个女人视这个男人为自己的丈夫。也许,有些上述环节会被遗漏,如果订婚是这对男女秘密进行而没有见证人的话。

很明显,订婚的这些特征也是教会婚礼的特征。订婚的形式几无可能是模仿教堂中的婚礼。相反,教会继承了欧洲古时的世俗婚礼方式，中世纪的这种世俗婚礼仪式，即订婚，仍然对教会保持着某种程度的独立性。

在13世纪和此后的世纪里，出现了这样一种情感，即一对男女之间的订婚，不论是秘密的还是公开的，都是一个严格意义上的永久结合的开始。事实上，教会宣称，在她的眼里，这样一种订婚就造成了一门有效的婚姻。这种情感的力量部分地解释了教会的行为；教会的行为部分地说明了这种情感的力量。按照教会法，如果一对男女说他们是夫妻，如果有一对夫妻使用"现在时态的词语"，那么，没什么其他可说的，他们就已经结婚了。如果这份婚姻不完美，它可能被解除，方式是通过教宗的特许，或通过夫妻一方进行宗教宣誓。而且如果一对男女说，他们今后会成为夫妻，而且这对使用"将来时态词语"的夫妻此后进行了性行为，这个行为也构成了婚姻，而无需将来的仪式。当然，如果只有这对男女在场，或当其中一人此后想要否认它的时候，要证明婚配的发生是困难的。教会更青睐在既定的结婚预告公布后，举行一场由一位神父主持的婚礼。但按照她自己的法律，这些形式都不是必须的。[19]

如果村民觉得，一对男女在秘密订婚之后进行这样的行为并非是完全不合适的，那么我们就不会对下列现象感到意外了，即有些私生子的出生和许多通奸行为的发生。如果一个妇女通奸，许多庄园的做法是，她或她的父亲，或涉事的那个男人必须向领主支付罚金，这被称为通奸罚金（leyrwite）。如果她有了一个非婚生孩子，在许多庄园上，她需要缴纳私生子费（childwite）。这些罚金在庄园法庭上缴纳，在有些庄园的法庭案卷中通常对此有记载。但正如我们应该期待的那样，有证据显示，涉事男人有时会迎娶那个妇女。在1277年伊利惯例租役簿中,出现了一份关于剑桥郡霍宁西(Horningsea, Cambs.)一块半码地持有者的劳役记录,我们读到了下列内容:

> 如果这个男人的女儿与人通奸,并被发现,他将缴纳32便士的通奸罚金。如果这个与她通奸的男人后来娶了她,他将会免除罚金。[20]

他不必须缴纳通常的婚姻罚金。被提及通奸意味着,它将在对这种不端品行有审判权的教会法庭上被起诉。

没有理由相信,无限期居住在一起的男女只有一纸婚约来表明他们的结合。在有些地方,乡村的习惯可能允许他们这样做,但在大多数情况下,人们期待他们选个时间在教堂结婚,当这个妇女怀上孩子,或当孩子出生的时候。接下来,让我们来设想一下,他们的父亲已经安排了这对男女的婚姻,他们自己也已经同意,婚约自然就确定了。不论他们是否经历了订婚的形式,不论他们是否住在了一起,他们都会决定在某天走进堂区教堂去结婚。

我们的权威机构关于中世纪英格兰教会婚礼顺序的手册在若干点上都简短而模糊,或它们之间存在分歧。当有歧义的时候,这里将遵循最古老的圣礼手册(Sarum manual)。[21] 在神父主持这对男女的婚礼之前,要公布结婚预告。也就是说,神父必须向他的会众宣告即将举行的婚礼,并询问任何知道这对夫妇为什么不能合法结合的人,发言或今后永远保持沉默。婚礼预告在三个庄严而日期不同的弥撒礼之间公布,在这三天中的每两天之间都会穿插一个节日。直

第12章 订婚和婚礼

到婚礼预告公布,这名神父不会允许这对男女订婚。

婚礼包括两个部分。第一个也是最重要的部分发生在教堂门口。每个人都会记住巴斯妇(Wife of Bath)的夸口:

在教堂门口的丈夫,我曾有五个。

婚礼的第二部分发生在教堂里。让我们设想一下,这对站在教堂门口的男女面对上帝、神父和聚集的亲朋。在他们周围是他们的亲属,也许是他们的伴郎或伴娘。此时,神父再次询问,首先是问这对男女,然后是集合的亲朋,他们是否知道任何有碍于二人可以合法结婚的事情。

然后,新郎列出他要给新娘的寡妇产(dower)。[22] 我们指的是,当我们说到中世纪礼物时的两种事物中的一种。我们可能指的是,新娘的父亲给予她结婚时的个人动产。恰当地说,这是她结婚所得的份额。另一方面,我们可能指的是,新郎在教堂门口给新娘的寡妇产,这是他死后留给她生活所用的遗产。按照当时律师的说法,新郎或是列出他给新娘的寡妇产,或者如果他没有列出具体的礼物而只是提到一般条件的话,人们就明白他已经按照习惯中的邻居家丈夫赠予妻子那样将自己财产的一部分赠予了新婚妻子。正如我们要看到的那样,寡妇产通常是土地。在他宣布寡妇产之外,新郎会当场给予新娘一份礼物。他将金或银和一枚戒指放在一块盾牌或书上,再加上施舍给穷人的便士。钱与戒指会在之后的婚礼中被交给新娘。

然后,神父会问这对男女是否同意他们的婚姻。按照之前那样的形式,他问这个男人是否愿意娶这个女人为妻,这个男人回答,"我愿意"。同样,这个妇女也会被问到是否同意,并做同样回答。由此,新娘的父亲或一些其他近亲属将她交给新郎,后者会牵起她的右手,然后这对夫妻可能会说出他们已经说过的誓言。在此后的世纪中,他们在婚礼的这个时间点上宣誓,但13世纪的小册子并没有确定他们当时是否也这样做。可以肯定的是,新郎所说的现在时态的话是"我娶玛格丽为我的妻子",或这种形式的套话,新娘也说出类似的话,在那个世纪的婚礼中占据一定地位。[23]

接下来,这枚戒指被祝福和洒圣水。在从神父手中接过戒指之后,新郎将其戴到新娘的中指上,并说:"由这枚戒指,我娶你为妻。"接下来,在将钱交到她手中后,他说:"由这块金子,我礼敬你。"根据有些做法,寡妇产会在此时被宣布,而不是在婚礼中更早的时间点上。因此,在新娘的手指戴上戒指之后,约克的仪式手册规定:"让神父问询这个妇女的寡妇产。如果土地已经作为寡妇产给予她,那就让她跪在这个男人的脚上。"[24] 给予新娘的戒指和金钱礼物被视为新郎给她的馈赠的外在而可见的象征。索尔兹伯里的一份手稿明确了这一点,它规定,神父在为戒指祝福并将其交给新郎,新郎将其戴到新娘的手指上后,他要对新郎说:"瞧!放这儿的金银标志着这个女人将得到她的寡妇产,你的财物,如果她在你死后守寡的话。"[25] 实际上,钱与戒指的礼物决定了教堂门口的仪式的名字。新郎赠予新娘礼物作为"婚礼"(wed),即一份抵押或担保,以保证婚约的履行。用古老民谣的语言来说,他以一枚戒指迎娶她。这个仪式就是婚礼。

婚礼的这个部分涉及三件事情:一个仪式、一个表达和一个实际的安排。仪式就是新郎给予新娘的钱和戒指等神圣礼物。这个礼物据说代表着赠予，通常是土地，新郎宣称他将其给予新娘。这种赠予不会产生即时的实际影响，因为丈夫继续拥有和管理他所有的土地和物品。只有他死去，而他的妻子还活着的时候，这种赠予才会生效。然后，正如我们将看到的那样，妻子在她在世之时对丈夫于教堂门口给予她的礼物拥有法律权利。村民的一种强烈情感可能以这种方式表达："一个寡妇应该在其丈夫死后享有他的部分土地，因为他们结婚之时，他在教堂门口将其赠予了她。"这种赠予是社会保障的一种衡量方式。

钱和戒指的礼物，以及伴随着礼物的话语，对村民而言可能是婚礼中最重要的部分。实际上，这是教堂门口发生事情的高潮。在神父祝福这对夫妻之后，他们从教堂门口进入教堂。在那里，在圣坛的阶梯上，举行婚礼弥撒。在这种仪式中，没有什么惊人的事情发生，直到结束之时。然后，在赞美诗（Sanctus）之后，新人跪下祈祷，一块罩巾（pall、care-cloth）蒙在他们身上。根据13世纪林肯主教格罗斯泰特的一封信的说法，这种习惯在他的时代之前就在流行，据此，这对新人在结婚之前所生的孩子在仪式中这个时间点被放在罩巾下面，并获得合法地位。这种习俗也在德国和法国流行。[26]罩巾仍然在新郎和新娘身上，直到弥撒结束。接下来，神父给予新郎祝福之吻，然后新郎亲吻新娘。此后，教会没有更多的事情要做，也许还有祝福婚床。村民们应该已经感受到，婚礼的第二部分，教堂里的弥撒，应该比不上教堂门口的婚礼更为有用。当人们谈及一场婚姻时，他们指的就是婚礼；其余的都是附加。也许对一对贫穷的新人而言，并不会举行任何特别的弥撒。

在婚礼之后，将是狂欢。无疑，在 13 世纪，它采取的主要形式不同于今日，即一场婚宴和婚礼蛋糕。那时有婚酒（bride-ale）。新婚夫妇将会同房。但我们对中世纪婚礼庆祝的细节几乎一无所知。我们所知道的一件小事是，在英格兰的某些地区，一个农奴必须在婚礼当天向在其领主的自营地上干活的工人提供一顿饭。因此，在 1294 年亨廷顿的威斯托，我们看到一个人在庄园法庭上被处以罚金，原因是没有做到以下事情：

> 罗伯特·朱维尔（Robert Juwel）被陪审员们如此控告，按照习惯，在他结婚当天，他应该向威斯托庄园（Court of Wistow）的所有仆人提供一顿饭，但他没有这样做。因此，他因这种不正当的延迟被罚 12 便士，担保人罗伯特·阿特·布罗克（Robert atte Broke）。在这个担保人的担保下，他将会向这些仆人提供上述餐食。[27]

另一个故事如下，表明 13 世纪的婚礼庆祝方式与今日不同。在 1268 年的一天，一对新婚夫妇和婚礼队伍中的其他人在约克郡费里桥附近的拜拉姆（Byram）被一个叫威廉·塞利索尔（William Selisaule）的人拦住，此人问他们要一个彩球，档案说，"这是习惯要求的"。婚礼队伍手上并没有彩球，就给了他一副手套，作为彩球的担保。后来，拜拉姆村的其他人到来，并索要彩球。婚礼队伍道出了事实，即他们已经保证提供彩球，但人们不相信他们。结果，一场打斗发生，婚礼队伍的人"喝得有些醉"，用木板、弓、箭攻击拜拉姆的人。许多人受伤，但无人丧生。[28] 婚礼队伍，与今日一样，很可能有些喝醉了。但在那时,每个人都有武装,以至于如果有麻烦,往往就是很严重的。向新郎索要一个彩球的习惯有很长的历史。这在德国很常见,不久前在英格兰北部的煤矿区也很常见,也许现在仍是如此。[29]

对婚姻的论述已经很多。对离婚也应有所提及,尽管当中世纪的人提及离婚,他们所指与我们今日所指并不相同。他们指的是,因婚姻被视为无效而造成的夫妻分开,或者是分床和分居。他们说的并非是一份有效婚姻的结束,从而允许双方再婚。教会不能容忍这样的离婚。一个分床和分房的案例,其判决支持女方,出现在1301年赫特福德郡卡西欧的法庭文书中:

> 雷吉纳德·阿特·李(Reginald atte Lee),经领主许可,同意他的妻子露西持有,只要她活着,所有的土地与一处房屋和其他所有附属品,除了沃特福德的地租,该土地是由上述雷吉纳德的母亲萨拉·阿特·李,在其丈夫死后持有的寡妇产,并负担由此产生的租役,这样,她将不能再进入上述雷吉纳德的私产或家门。上述雷吉纳德同意,上述露西可以持有上述土地,及一处房屋及其他附属物,如上所述,尽管他们已经离婚。上述露西接受,如果她不同意进行合法方式,同时以诉讼和上述雷吉纳德承担费用进行离婚,从此以后,上述协议应归于无效,他可以立即收回自己的土地。[30]

雷吉纳德表面上不想让妻子再登其家门,尽管他的自留地离他赠予她的土地很近。为了保证她不会在教会法庭上对离婚表示异议,他要求，如果她那样做，将会失去他对她的赠予。

我们应该记住一场婚姻发生的条件。一个要结婚的人往往是村中一块土地的继承人。如果他的兄弟们想结婚，只能等到他们在其他地方获得土地或其他谋生方式之时。继承人自己知道可以养活一个妻子时才会结婚。或是他的父亲死去，他继承了家庭土地，或是他的父亲准备将全部或部分土地转交给他。在这种情况下，这个继承人掌握了这块土地的管理权，同时将一个新妇娶进门，因此这是家庭生活中最大的危机。

不论何时缔结婚姻都要考虑土地和财产。女方的父亲会给她什么作为嫁妆？男方的父亲会给他多少土地？新郎会在教堂门口给新娘什么礼物？无怪乎，配对就是一种讨价还价的问题，而且进行婚姻谈判的人就是控制着易手财产的人——女方的父亲和男方的父亲。

175　当婚约确定之时，这对男女就订婚了。在英格兰的某些地区，订婚会有神圣的庆祝仪式，但是在教堂之外。只有在这名妇女怀孕或生下一个孩子之后，这对新人才会走进教堂，不论普通法的规定是什么，有些庄园法庭及处于其管辖范围内的农奴的习俗是，一个出生于父母订婚之后但在教堂婚礼之前的孩子拥有土地继承权。实际上，教会本身允许使用现在时态或将来时态缔结满意的婚姻。但订婚就是一个约束仪式，这种认识使一个男人很容易利用一个女性秘密地进行这种仪式，以至于今后他可以，如果他想要如此的话，否定发生的一切。

在婚约缔结之后，这对男女迟早要去教堂结婚。这种仪式最重要的部分是第一阶段，即教堂门口的婚礼。这个仪式是象征性的。

第12章 订婚和婚礼

当我们说，它是象征性的时候，我们指的是在仪式中会表演一些行为，会说一些话，这些表现被认为是对当时情况之外的事情的认可。女方的父亲将她交给神父以嫁给男方：她的户主实际上不再是她的父亲，而是她的丈夫。这对男女牵手，并称对方为丈夫和妻子：他们事实上此前已经同居。男方给妻子钱和戒指，并宣布她的寡妇产：她将会在他死后持有一部分他的土地和物品。

人们很可能以一次仪式来标记他们地位上的任何巨大变化。对于新娘和新郎而言，婚姻标志着他们地位的变化。对于新娘的家庭而言，这标志着一个成员的丧失，对于男方家庭而言，则是一位成员的加入，而且它往往标志着新郎父母的退休。对于共同体而言——教堂门口的婚礼是一场公开仪式——它主要标志着一对新婚夫妇的出现。我们可能继续说人们以一场仪式来标记自己的地位的任何重大变化的原因在于，他们由此在行为中表达与变化相关联的情感。我们假定，人们有在行为中表达情感的倾向。我们也假定，一场仪式具有一种功能：即它引起人们情感的一次有益重组，而且通过引起有益于社会稳定的某种情感，它又加强了它们。婚礼仪式，通过神圣地认可它所标志的变化，使他们对这对新人、他们的家庭，以及整个共同体的态度的调整更加容易，并在所有人当中重新确认与婚礼相关的传统情感氛围。

第 13 章　寡妇产、鳏夫产和监护权

教堂门口婚礼的高潮是，新郎将一枚戒指戴到新娘的手指上，并给她一份现金礼物。这些东西象征着新郎对新娘的赠礼。按照一种用法，神父向新郎说："瞧！放这儿的金银标志着这个女人将得到她的寡妇产，你的财物，如果她在你死后守寡的话。"这句话说的是财产，无疑新郎可能要赠予新娘自己的一部分动产。她很可能不会被赠予新郎的全部财产：正如我们已经看到的那样，常见习俗是，寡妇得到上一任丈夫动产的 1/3，如果他们有孩子健在的话。但一份寡妇产往往是一块土地，当人们说起教堂门口的寡妇产时，他们指的首先是土地形式的寡妇产。如果自由租佃的情况也适用于其他情况的话，新郎在教堂门口可能，或者赠予自己的新娘以特定的土地，他对此进行明确，或者如果他不明确哪块土地而只提及一般条件，此时人们就会认为他向她赠予了土地，这块土地，或者是他的租佃地或者在他旁边，就是丈夫按照习惯赠了妻子的那种土地。这种发生在教堂门口的赠予并不会对事情产生实质性的改变。丈夫仍然是家庭所有财产的主人。但当丈夫死去之时，他的遗孀就有权宣称终生享有他的一部分土地，理由就是他将其在教堂门口赠予她的事实。她的宣称是"以寡妇产之名"。

看起来，在普通法里，一个妇女无权在丈夫死后占有她的寡妇

第13章 寡妇产、鳏夫产和监护权

产,除非他实际上在教堂门口娶过她。在1225年的米迦勒节,詹姆斯·德·卡登维尔(James de Cardunville)的遗孀爱丽丝,到国王的法庭上起诉林肯主教威尔斯的休(Hugh of Welles),并称位于牛津郡奇斯尔汉普顿(Chislehampton, Oxon.)的两块耕地的1/3是她的寡妇产,"上述詹姆斯在娶她当日将其赠予了她"。这份案例的档案继续说道:

> 这位主教来到法庭上,称他无法理解她应该拥有自己的寡妇产,因为她从未在教堂门口结婚,而事实上,他(詹姆斯)身染后来造成他死亡的疾病,在自己的房子里与她订婚(*affidavit*),但他(这位主教)很了解,当他健康的时候,他只是将其供养成自己的情人,他(这位主教)希望裁决,他是否应该基于这样一种婚约(*pro tali fide*)将这份寡妇产给她。
>
> 爱丽丝称,实际上,他与病中的詹姆斯在他的房子里结婚,因此他将一枚戒指戴到她的手上,此后他病愈,并四处走动,她说,在她结婚之前,结婚预告于三个周日在三个临近的教堂公布,圣乔治节次日,他在他的房子里以上述方式娶了她,他在此后的施洗者约翰诞生节当天死去,她同样请求裁定,她是否应该因此获得寡妇产。但她自己同意,她并没有在教堂门口结婚,也没有在那里获得赠礼,法庭判决,主教因此无罪,爱丽丝败诉,她无法获得寡妇产,因为詹姆斯给予的订婚是为了他的灵魂救赎和在临终之时做出的。[1]

詹姆斯·德·卡登维尔,如他之后的许多人那样,在预见到自己要死的时候,娶了自己的妻子。不可否认的是,他们订婚了。是的,他们在詹姆斯的家而不是教堂里订婚,但教会认为,这样的订婚缔结了一份好姻缘。关键问题不在于詹姆斯和爱丽丝是否结婚,顺便指出,这个事实已经由一个教会法庭而非王室法庭决定,而在于他们的婚姻是否是那种给予了爱丽丝在其丈夫死后享有寡妇产的权利。法官们判决说,她无权享有她的寡妇产,因为她没有在教堂门口结婚。"乍一看",梅特兰说,"世俗法庭貌似严格要求一种在教会看来并非必须的宗教仪式。"但很可能,法官们要求教堂门口的婚礼并不是因为它是一种宗教仪式,而是因为使这种赠予具备了公开性。私下的婚姻没有做到这点。依靠普通法的这个条款,林肯主教得以拒绝爱丽丝从詹姆斯·德·卡登维尔的土地中享有寡妇产的权利。

现在来看下面的案例,许多这种案例中的一个,来自1313年赫特福德郡帕克的法庭文书:

> 斯梅尔福德的威廉(William of Smaleford)将他持有的全部土地交回到领主手中。上述威廉和本尼迪克塔·勒奈茨(Benedicta le Knyghtes)为上述土地及其附属物向领主缴纳2先令,以便于他们自己持有,并为上述威廉的继承人在上述威廉和本尼迪克塔死后持有,并承担由此产生的习惯租役,他们将不会浪费。他们获得了结婚的许可。他们将不会从领主的领地上获得他们的动产。[2]

为何威廉会同意这项交易,让他自己和妻子成为他的份地的共同持有人，而不是他自己做唯一持有人？他这样做不可能是为了确定这块持有地留给他们的继承人，因为在任何情况下都会如此。也许他这样做是为了让本尼迪克塔在他，即威廉死后能保有这块地。至少，这种可能性应被铭记于心。我们也应注意到，这份安排是在威廉和本尼迪克塔结婚前不久做出的。

接下来考察下面出现在1303年赫特福德郡巴内特的法庭文书中的诉讼：

> 拉灵伯里的爱丽丝（Alice of Rallingbury）来到法庭上，并寻求获得经领主许可后她能终身持有的土地，据她称，该地是她前夫吉尔伯特·爱德华（Gilbert Edward）赠予她的礼物，现为理查德·斯努（Richard Snouh）不正当持有。上述理查德称，他是较近的继承人，由此经领主同意持有这块土地，而上述爱丽丝从未可以终身持有这块土地，他请求法庭对此展开调查。上述爱丽丝同样这样请求。调查称，上述爱丽丝通过上述吉尔伯特在教堂门口的赠礼而获得上述土地，由于这种赠予没有领主的许可而归于无效，上述爱丽丝那时来到法庭上，并向领主缴纳罚金以终身持有上述土地，在这个爱丽丝死后，它应该回到真正的继承人手中，并承担相应租役等。因此，法庭判定，上述爱丽丝以上述形式持有这块土地。[3]

一个男人在教堂门口与一个女人结婚，他会赠予她一块在他死后可以持有的土地，上文对于此事费墨颇多。在巴内特，这样一份赠予如果没有领主的许可是无效的，因此爱丽丝走上法庭，并向领主缴纳罚金以终身持有这块土地。一个理想的猜测是,这种安排很像此前引用的帕克庄园的那个安排,即吉尔伯特·爱德华将土地上交给领主,然后领主将其重新授予吉尔伯特和爱丽丝两位共同持有人。爱丽丝对土地的占有是一种终身占有。也就是说,在她死后,这块土地不会传给她自己的继承人,而是会回到她过世丈夫的继承人手中,尽管这些人当然也是她与丈夫的孩子。在这种情况下,理查德·斯努,土地更近的继承人,看起来并非是爱丽丝和吉尔伯特的一个儿子。

在帕克和巴内特,因庄园法庭裁定并登记在册的特殊安排,寡妇得以在丈夫死后持有他的土地。帕克和巴内特都是圣奥尔本斯修道院的庄园,这种安排在那里已经是极其常见。在大多数庄园上,任何这种复杂的程序都是不必要的。她在其丈夫死后可以持有他的部分土地是确定的,正如许多其他事情一样,按照习惯,在这种庄园上,丈夫很可能并没有在教堂门口对妻子做出特定的赠予,而是一般条件的赠予,这就允许乡村的习惯来发挥作用。最常见的习惯是,一名寡妇因此有权持有去世丈夫 1/3 的土地,就像她获得 1/3 的动产那样,普通法的规定也是如此。在其他地方,寡妇有权享有半数土地,甚至全部土地——习惯在这个问题上差异很大——但在任何情况下,数量都是固定的。寡妇的利益只不过是一种终身利益。在她死后,它回到这块土地其余部分的持有者手中。她可能并非永久转让了它。这块地产并非永久被分割了。

当一个寡妇按照习惯宣布持有死去丈夫的部分土地时,她有时会被说成"以寡妇产之名"(in the name of dower),即基于他在教堂门口对她的赠予。但有时她主张持有的土地被说成是她的"寡妇产"(free bench)。

无疑，这名寡妇获得的这部分土地的命名来自她曾经有权在家庭壁炉旁拥有的特定位子，但到 13 世纪，它仅仅成了一个法律专业术语。不论文献提及的是 dower 还是 free bench，它们说的都是寡妇产。

该回到一些特殊的案例了。1322 年萨塞克斯沃布尔顿的巴克斯迪普的法庭案卷中的一个案例，给出了大多数寡妇产习惯的要素：

> 菲利普·卡佩尔（Philip Capel）去世，此人持有领主的 6 英亩农奴份地，为此他每年要缴纳 12 便士和习惯租役。因他去世，领主会获得价值 8 便士的一头小猪作为死手捐。这个菲利普的妻子爱丽丝，来到法庭上，并按照习惯寻求持有上述土地，该庄园的习惯主张，寡妇们应该持有农奴份地作为寡妇产，直到幼子 15 岁，然后，寡妇应该将遗产的一半交给幼子和继承人。如果她们仍然寡居，她们将持有另外一半作为寡妇产。以上述方式，上述爱丽丝获得进入权，并缴纳 12 便士的继承税。担保人为理查德·勒伯德（Richard le Berd）。她进行了习惯的宣誓，她可能按照习惯保有了上述土地。[4]

非要素可以首先被排除。巴克斯迪普的继承习惯，如萨塞克斯其他庄园的许多习惯一样，是幼子继承制。15 岁是男孩们成年并持有农奴份地的普遍时间。关于寡妇产的习俗，它在巴克斯迪普明显是这样的。如果继承人并未成年，寡妇持有全部地产，直到他成年，并充当他的监护人。当他成年后，她持有地产中作为寡妇产的那部分，并将其余的转交给继承人。在巴克斯迪普她占有一半；更常见的是，她只占有 1/3。很可能，对这块土地的法律分割并不意味着，它会作为两块独立的土地来被管理。继承人应该通常会将寡妇的那部分与自己的那部分一同耕作。在她死后，整块土地都为他一人所有。

这份巴克斯迪普的案例还提到寡妇产的另一个特征。按照有些庄园的习惯，寡妇会丧失她的寡妇产，除非她保持未婚和贞洁，用巴克斯迪普法庭案卷的用语来说就是，除非她一直寡居。可以肯定的是，教会并不支持第二段婚姻，但习惯是由实际考虑而非教会决定的。如果一个寡妇再婚，她的第二任丈夫可能拥有自己的土地：在这种情况下，她会确保生活无虞。她不必保持自己的寡妇产，并剥夺她首任丈夫的继承人对他的部分土地的占有。此外，如果一个寡妇再婚后仍占有自己的寡妇产，他的第二任丈夫就可能试图将其据为己有，甚至在她死后也是如此。但我们应该完全清楚的是，寡妇只要再婚就立即失去寡妇产的规定仅仅适用于特定的英格兰庄园。在其他庄园上，正如我们将看到的那样，她即使再婚也会仍然持有它，而且第二任丈夫甚至获得了这块土地上的某些明确权利。

有时，法庭案卷允许我们看到，如果一个有寡妇产的寡妇不再寡居，实际上会发生什么。1281 年汉普顿郡梅普尔达勒姆（Mapledurham, Hants.）的案卷的一个案例行文如下：

露西，沃尔特·勒赫特（Walter le Hurt）的遗孀，来到法庭上，并向领主缴纳 2 先令以调查，她是否对理查德·勒赫特持有的一块土地比持有者理查德本人有更大的权利。[调查团成员的名字列在此。]宣誓后,这些人称,正在寡居的上述露西与他人通奸,并由此再婚,这未获领主的许可。因此,福克姆的威廉(William of Fawkham),当时是总管,裁定上述土地应被没收,并将其交给理查德,上述露西的前夫沃尔特的兄弟,因此,它保持原样。[5]

这个案例中需要注意的第一点是,露西没有得到领主的许可就再婚了。我们无法判断,她是否仅仅是因为再婚,或没有得到许可再婚,而失去土地。其他村庄的惯例租役簿明确显示,一个寡妇可以保持自己的寡妇产,如果她再嫁的这个男人为领主所接受的话。[6]当露西的土地被没收之后,这块土地自然会回到她第一任丈夫最近的继承人手中,因此,在这个案例中,我们应该假设他的兄弟就是那个继承人。我们也观察到,领主的总管在庄园法庭上按照法庭陪审员的调查结果做出判决。法庭案卷中的每个案例,不管是何种原因,都透露出关于庄园法庭程序的一些信息。

许多调查领域的一个经验问题是,最少变化的事物最为重要。如果我们的体温偏离正常很多,那么我们就是生病了。英格兰原野乡村村庄的习俗在它们的社会组织的这种要素方面几乎是不变的,即土地传给一个儿子和继承人。在具备第二层重要性的问题上,比如关于寡妇产的习惯,多种多样,这里只需要选取一些更加有趣的习惯加以说明。

其中一个习惯出现在1285年牛津郡纽因顿法庭的一则诉讼中。纽因顿是坎特伯雷基督堂小修院的一个庄园。下面是法庭案卷中对这个案例的描述：

> 罗伯特，茅屋覆顶工罗伯特（Robert the thatcher）的儿子，来到法庭上，并向领主缴纳2先令以调查关于纽因顿庄园的半码土地及其附属物的请求，他宣称对这块土地在其父亲，小修院长领主的主佃农，去世之后的持有权。他同意负担由此产生的租役，按照上述庄园的习惯，担保人是罗伯特·拖内佩尼（Robert Tornepeny）和理查德·韦斯特（Richard West）。［一项调查由16名陪审员进行，他们的名字列在此。］宣誓后，这些人称，茅屋覆顶工罗伯特的儿子罗伯特，对于上述半码土地及其附属物没有权利，因为上述罗伯特的父亲，茅屋覆顶工罗伯特的妻子阿格尼丝仍然健在。但上述罗伯特将每年从上述土地获得半夸特硬谷物、一半冬季谷物和一半大斋节谷物，在他的继母，上述阿格尼丝在世期间。[7]

文中被翻译成继母的词为 matertera。在古典拉丁语中，matertera 指的是母亲的姐妹，但书记员在这里不可能使用这个意义，除非，事实上，这位父亲的第二任妻子也是那位母亲的姐妹，但这样一种婚姻是不合教规的。无论如何，纽因顿的寡妇持有着亡夫的所有地产。[8]在她去世之前，继承人不能得到这份遗产，但有权以熟悉的方式从他的遗产中获得供养。这一习惯似乎对继承人过于苛刻，但纽因顿案卷中的其他案例显示，毫无疑问这就是习惯。[9]我们无法判断，实际行为是否为规则所接受。也许，法庭所允许这个继承人从遗产获得的给养是最小份额。实际上，这个寡妇可能已经将这块土

第13章 寡妇产、鳏夫产和监护权

地的利润和管理权的更大份额交给了他。

另一个村庄是白金汉郡的霍尔顿，那里的寡妇产也是亡夫的所有土地，它如纽因顿一样，是基督堂小修院的一个庄园。1303年霍尔顿法庭案卷的一个案例涉及这个习惯，它体现的最有趣的事情是习惯的规则事实上不是那么严格。它行文如下：

> 莫德纳的托马斯（Thomas of Merdene），持有领主的一码半外加一弗斯灵土地，踏上了黄泉路，领主因此获得两头牛作为死手捐。此后，上述托马斯的长子休来到法庭上，向领主表示承担上述持有地的那些租役。他通过缴纳父亲，上述托马斯的死手捐进入上述土地，并宣誓效忠。上述托马斯的妻子爱丽丝，按照庄园的习惯，被赠予了原属上述托马斯的所有土地，这为整个法庭所证实，莫德纳的整个宅地仍然在上述休手中，这个休将给予上述爱丽丝两个半马克，三棵莫德纳的上等白桦树，来在这块叫斯托克斯隆德（Stotkeslond）的宅地上建一所住房。上述爱丽丝将住在莫德纳的主屋中，直到上述住房，在领主和管家的审慎决定下，准备妥当。[10]

按照案卷的说法，儿子和继承人休，支付了死手捐，并进入了这块土地，但爱丽丝，这个寡妇，被赠予了全部那块土地。这种论述是否意味着，休成为了主佃户，爱丽丝是终身佃户呢？看起来，休获得了土地的实际管理权。尽管爱丽丝被赠予了这块土地的全部，但她将不会住在这块土地的主屋，而是住在特别为她建造的"寡妇房"中。她的儿子向她提供的是建造这栋房屋所需的白桦木、雇工的工钱和其他材料。如果她在拥有管理权的意义上是这块土地的佃农的话，那么，她的儿子是否还会向她提供这些东西？也许，被赠予全部的土地意味着，仅仅是从土地上获得生计的权利，对于继承人而言，也许有些类似做法缓和了纽因顿的习惯在表面上的苛刻性。

迄今为止，我们已经论述了寡妇对曾经由其丈夫持有的土地的权利。接下来，我们应该考察鳏夫对于曾经由其妻子持有的土地的权利。这里，应该做出区别的是，妇女是以自己的权利，如继承权，持有土地，还是以寡妇产的名义持有亡夫的全部和部分土地。适用于第一类妇女的鳏夫的习惯是一般性的，正如我们应期待的那样，比适用于第二类妇女的鳏夫的习惯更加自由。让我们按照这种顺序考察一下这些习惯。

在圣奥尔本斯修院的庄园上，对一个男人娶一个女继承人的婚姻有明确的规定，正如一个妇女嫁给一个有土地的男人也有类似的规定。有些上述规定有趣而重要，例如，下面这个出现于1285年赫特福德郡帕克法庭文书中的案例：

> 爱丽丝·阿特·福德（Alice atte Forde）将勒帕克斯特拉特（le Parkstrate）的一块土地及其附属物交还到领主手中。领主由此将其授予亨利·勒布龙德（Henry le Blund），这样，如果他们有合法的后人，它可以传给他们的继承人。实际上，如果他们死后没有自己的继承人的话，而且上述约翰活得比上述爱丽丝长，他将终身持有上述土地，在他死后，这块土地将回到上述爱丽丝的继承人手中，他为占有土地和结婚许可缴纳12便士。[11]

第13章　寡妇产、鳏夫产和监护权

尽管用词生硬——如果我们用这个案例的用词来解读，亨利可以去死，却活着——这种方案提供的信息却很平常。亨利娶一位继承人，后者将土地转交给他。如果他们有孩子的话，这块土地将传给他们生育的这些继承人。如果他们没有，亨利将是这块土地的终身佃农，在他死后，它将回到妻子的继承人手中。

另一个有趣的方案出现在1306年赫特福德郡卡西欧的法庭文书中：

> 艾里亚斯·胡威（Elias Huwe）到来，向领主缴纳10先令，以迎娶亚当·佩恩（Adam Payne）的遗孀萨拉·阿特·格洛弗（Sarah atte Grove），进入这个萨拉的土地，并将终身持有它，如果他与她能生一个男孩的话。如果上述萨拉没有与上述艾里亚斯生出一个儿子，那么在这个萨拉死后，就让这块土地全部还给上述亚当和萨拉的女儿乔安娜，她将承担由此产生的惯例租役。[12]

艾里亚斯·胡威娶了一个寡妇，并得到了她的土地。但他可能在老年时离开而失去生计，因为除非他与萨拉生育一个男孩，否则在妻子死后，他不可能仍是这块土地的终身佃农。这个案例在这一点上并没有提供特殊的信息，但它的内涵是，如果一个男孩出生，他会在父亲艾里亚斯死后继承佃农身份。简而言之，这个第二任丈夫的儿子在继承序列上优先于第一任丈夫的女儿。萨拉与第一任丈夫亚当·佩恩的女儿乔安娜，没有继承权，除非萨拉与第二任丈夫没有儿子。这种条件应该意味着，萨拉从一开始就以自己的权利拥有土地，而不仅仅是其丈夫死后留给她的寡妇产。否则，我们应期待看到，这个第二任丈夫的儿子将无权继承土地。这块土地的主人本应来自佩恩家，亚当·佩恩的女儿乔安娜，本应具有排他性的继承权。

在这些情况下，鳏夫持有其亡妻土地的权利依赖于特别的婚姻安排。我们已经看到，这种安排在圣奥尔本斯庄园上很常见。在大多数的庄园上，这种权利被认可为习惯权利，而无需任何特别安排。当鳏夫以这种方式持有土地的时候，不论是按照普通法还是按照庄园习惯，他们都会被称为"按照英格兰的法律"（*per legem Anglie*）或"根据英格兰的鳏夫产"规则持有土地。前者是较早的说法；后者到13世纪末成为习惯。按照普通法，一个鳏夫可以持有亡妻的全部土地，并终身持有。正如寡妇对土地的权利是终身权利一样，鳏夫的权利也是如此；在他去世之时，这块土地回到他的妻子的继承人手中，尽管可以肯定的是，他的妻子的继承人可能就是他自己的孩子。根据普通法，鳏夫在其一生中持有其亡妻的所有土地，无论他们是否生了孩子，也无论他是否再婚，但许多庄园的习惯在这方面没有普通法那么"客气"。尤其是，卡西欧和许多庄园上的鳏夫并不持有其亡妻的土地，除非他们生育了一个孩子。创立普通法的法官们朝着制定简单而统一的规则而努力。庄园习惯仍然较为多变，较为复杂。它也仍然较为陈旧，这就是它引起法律史专家们兴趣的地方。

关于鳏夫产习惯的最好例证出现在萨福克的布拉姆福德，来自伊利主教庄园1277年的惯例租役簿。它描述了这些适合布拉姆福德的两百英亩土地上的佃农的习惯，但它明确指出，它们适用于

住在这个村中的所有人。假设,这个案例说,土地的继承人是一个妇女:

> 如果那个继承人是一个妇女,那么她就可以不经领主许可结婚,只要她的丈夫是合适人选。如果这个丈夫死了,这个妇女还在世,就不用缴纳死手捐……前述她的丈夫完全应该在这个妇女死后立即离开[这块土地],或者如果她去世,而丈夫活着,而且她自己生了一个继承人,那么就不用缴纳任何继承税,但她的丈夫将仍然终身持有前述土地,而在他死后,这个房子里较好的牲畜将被作为继承税交给领主。[13]

对于一个以自己的权利持有土地的女继承人的鳏夫,按照习惯提供生计,对于他们本身的意义,比不上对于中世纪英格兰家庭组织的普遍意义。首先,有这样一个女继承人的事实很重要。当时,对于严格男性系谱上的传承尚无如后世以及在绅士中流行的那种强调。如果一块土地的上一任持有者死后无子,他的土地就传给女儿,而不是哪个兄弟或其他男性亲属。第二,所有习惯都应符合这种情感,即一支血脉应该持有一块特定的土地,不论那支血脉的代表是一个男人还是一个女人。如果一个人娶了一个女继承人,又没有与她生育孩子,那么当她去世的时候,他就须将她的土地还给她的继承人。如果他们有了一个孩子,他就可以终身持有这块土地,在他死去的时候,土地就会传给这个孩子,这个孩子被认为是他的妻子的继承人而非他的继承人。无论如何,土地仍然留在过去持有它的血缘家族手中。对于中世纪的农民而言,姓氏是不固定的,它们提供的信息往往不多。但一方面，它们改变的方式意义重大。埃里·汤姆斯（Elsie Toms），14世纪萨里郡切特西修院法庭文书案例的抄写员，指出了一个惊人的事实：

> 当女继承人结婚，她们通常保留她们的娘家姓氏，而她们的丈夫则将自己的姓氏改为妻子的姓氏……在一个案例中，一个妇女随夫姓，但当她父亲死后，她会继承他的财产，他们都改为父亲的姓氏。索普的休·阿特·克劳威（Hugh atte Clauwe of Thorpe）经常以休·勒卡茨或凯茨（Hugh le Kach or Keach）的名字出现，因为他娶了爱丽丝·勒凯茨；当科巴姆的约翰·阿特·海斯（John atte Hethe of Cobham）娶了露西·阿特·格林，评论说"他现在姓阿特·格林"。[14]

用现代爱尔兰农民的话来说，这个家庭认为，他们应该保持"这块土地的姓氏"。

在我们举第二个案例之前，即一个仅仅在第一任丈夫死后持有寡妇产而非以自己的权利持有土地的妇女的鳏夫的案例，我们可以简短地转向寡妇再婚的一般问题。对于一个女继承人的再婚不可能有反对意见。她的所有孩子，不论是与哪个丈夫所生，都属于这块土地的古老血缘家族，任何古老的系谱都不会被置于被剥夺继承权的危险之中。事实上，她为何应该结婚存在十足的理由。如果她不结婚，她可能会成为庄园领主的一个负担。时人的看法是，一名妇女无法承担大块持有地上的农活，并会陷入贫困。她的解决办法只能是嫁给一个优秀的农民。因此，在有些庄园上，如果一个农奴女继承人自己没有找到丈夫，领主就会动用命令她结婚的权力，如果她不结婚，就对她进行处罚，甚至挑选她将要嫁给的男人。尽管这种做法伤害了我们的现代情感，即这对于一种合适的婚姻来说是不对的，但在中世纪，这似乎可能是一种成功管理土地财产的需要。在几套法庭案卷中，出现了如下案例，来自1289年剑桥郡查特里斯(Chatteris, Cambs.)：

> 阿格尼丝·塞恩佩尔(Agnes Seynpel)，持有领主的8英亩土地，向领主缴纳12便士，以获得延期到米迦勒节，来为自己挑选一位可以料理上述土地的丈夫，担保人约翰·胡衮(John Hugoun)。[15]

更人性化的案例来自1279年伍斯特郡黑尔斯欧文的案卷：

> 奥尔德伯里的托马斯·罗宾斯(Thomas Robynes of Oldbury)被传讯来到法庭上，并被要求娶黑尔斯欧文的阿加莎为妻，他说他愿意缴纳罚金。里奇埃克的托马斯·布里德(Thomas Brid of Ridgeacre)为同一个原因被传讯并被扣押，因为他既不想缴纳罚金，也不想娶妻。[16]

托马斯·罗宾斯宁可支付罚金也不娶阿加莎。托马斯·布里德则十分固执，既不结婚，也不想交罚金。

对于一个女继承人的再婚不可能有反对，但对于一个仅是在其丈夫死后以寡妇产之名而非以自己的权利持有土地的妇女再婚则有这样的异议。至少对于她继续持有土地有反对意见，在许多庄园上，如果她再婚或没有保持贞洁，就会失去土地。在其他庄园上，她可以再婚，并保有自己的寡妇产，只要她得到领主的许可，那么她的第二任丈夫对她的土地的权利就会产生问题。如果我们认为，这个妻子与这块土地上的古老血统远了一层的话，那么她的第二任丈夫当然就远了两层。我们应该期待看到，按照这种习惯，他在妻子死后所得比一个娶了女继承人的男人的所得要少很多。这种希冀有时得到实现，但并不总是如此。牛津郡纽因顿的法庭案卷罕见地令人感兴趣，它对习惯有详细记载，包括鳏夫们对土地的习惯权利。下面是关于1288年一个案例的记录：

> 整个负责调查的法庭，宣誓后称，沃尔特·格内尔(Walter Goneyre)，娶了一个寡妇，即伊莎贝尔·博尔特，将在这个伊莎贝尔死后，最近死去，拥有一处茅舍及一码地中的三英亩土地，此地为伊莎贝尔持有，即每块地一英亩，最好的一英亩，对于上述宅地，他将作为主佃农缴纳上述宅地的所有习惯租役，将为领主找一个人做大布恩工(great boon-work)，在这个沃尔特死后，死手捐需缴纳。[17]

在这种情况下，鳏夫在妻子死后并不持有其全部土地，而只是在一个敞田村庄的三块农田上各持有一英亩。对这种吝啬规定的解释在于以下情况。从纽因顿十年前案卷的一个案例[18]中，我们得知，伊莎贝拉当时是一个寡妇，她很可能持有一码地，这并非源于她的继承权，而只是她丈夫死后留给她的寡妇产。在那时，这块份地有一个继承人,叫托马斯·博尔特(Thomas Bolt),他与伊莎贝拉的关系未知。只要她持有这块土地,他就会从她那里每年得到一夸特粮食。据推测,他是在她死后持有这块土地的"主佃户"。这种安排,鳏夫借此在一块大土地单位上获得数英亩土地,明显很像此前描述的那些制度,年轻的儿子们由此可以维持生计,只要他们未婚。一个拥有这种生计的人自然要承担这块土地的领主役务中属于自己的那个份额。

现在,让我们考察一下 1279 年威尔特郡斯特拉顿(Stratton, Wilts.)庄园法庭上对于一个案例的如下记录:

> 格伦德维尔(Grundewelle)的人进行了一项调查。他们称,如果有人是鳏夫,而且家中有一个守灶的儿子,当他是鳏夫的时候,就让他持有整块土地,如果他想结婚,就让守灶的这个儿子依靠这块土地的一部分生活。他们认为,亚当·塞尔沃洛克(Adam Selverlok)的儿子应该持有他父亲的六英亩土地,当他母亲的丈夫约翰想要再婚之时,他应该根据土地的数量对后者承担责任。[19]

法庭案卷很可能是当场写成,即在法庭之上,因此十分匆忙。它们由对拉丁语并不熟练的书记员写成。鉴于以上原因,再加上书记员所写通常是行话,因此,这个案例是关于他们的工作最糟糕的范例。但对于这个案例大多数的地方很少有疑问,尽管这份拉丁语文本无法从字面和语法上得到翻译。格伦德维尔的人制定了习惯的一般规则,然后在一个特定案例中使用它。亚当·塞尔沃洛克持有土地，并结婚。他至少有一个婚生子。亚当死了；他守寡的妻子持有土地，并再嫁给了一个叫约翰的男人。很明显，在斯特拉顿并不存在，一个以寡妇产持有丈夫土地的女人一旦再婚就会失去土地。在这个案例中，这个寡妇于第二段婚姻后死去，出现的问题是，她的第二任丈夫约翰再婚了，土地该如何处置。因此，格伦德维尔的人进行了一次调查，他们说，只要他还是个鳏夫，约翰应该持有亡妻的全部土地。但如果他再婚，他应该给亚当·塞尔沃洛克的儿子六英亩土地，使其可以养活自己，然后这个儿子应该因这六英亩土地对约翰做出回报——或者，也许，约翰应该对这个儿子做出回报：在这点上，这个案例并不明确——也就是说，他应该承担自己的那部分租役，从这块土地的主佃户所承担的地租中缴纳他的份额，也就是六英亩所承担的地租。

这种做法为斯特拉顿解决了一个这样的问题：一个男人在其妻子死后因鳏夫产持有土地，而这块土地是他的妻子在其首任丈夫死后持有的寡妇产，那么，当这个男人想再婚的时候，这块土地该如何处理？村民们坚称，他们有适用的习惯规则，甚至对于复杂如斯、极少发生的情况也是如此。我们注意到，亚当·塞尔沃洛克的儿子和继承人被称为"守灶之子"（*filius de astro*）。他就是那个立在这块土地上的儿子，立在炉灶之旁，因为他是他父亲的继承人——或者相反，他是继承人，因为他守灶——而其他儿子离开这块土地另谋生路。[20]

习惯中关于寡妇和鳏夫的两个规则引起了另一个问题。在某些庄园上，当一个寡妇在她与丈夫所生的这块土地的继承人成年的时候，失去了自己在丈夫死后享有的全部或部分寡妇产。在有些庄

第 13 章　寡妇产、鳏夫产和监护权　　235

园上，一个鳏夫并没有在妻子死后按照英格兰的鳏夫产制度持有妻子的土地，除非二人生养了一个继承人。上述做法的一个成因应该是，这个寡妇或鳏夫被希望养大这块土地的继承人，并为他持有这块土地。实际上，法庭案卷中的案例对于他们的未成年继承人及其土地的监护权有明确的规定。1276 年，格洛斯特郡明钦汉普顿的案卷中出现了这样一个案例：

> 亚当·吉恩（Adam Gene）进入这块他父亲曾按习惯持有的份地，他缴纳了 2 先令 6 便士的继承税，这个亚当的母亲菲利丝（Felice）宣誓效忠，直到这个亚当成年为止，现在亚当两岁。沃尔特·斯皮莱蒙（Walter Spilemon）和亚历山大·德·罗德（Alexander de Rod）担保，该费用将在圣马丁节［法庭召开于之前的周六］后的周日缴纳，房屋、菜园和其他东西将无损害地得到维护。此外，托马斯·德·卢佩格（Thomas de Lupeg），前述菲利丝的丈夫，为获得进入这块地的许可缴纳 2 先令。[21]

尽管亚当只有两岁，法庭仍然说他已经进入父亲的土地，并为之缴纳了继承金。实际上，菲利丝将会料理这块土地，直到她的儿子成年，在那次法庭召开之时，她已经有了第二任丈夫。

按照封建法，对一名未成年继承人及其土地的监护的实施被称为监护权（wardship），我们可以用同样的名字称呼这些村庄的习惯，尽管在典型的封建地产上，即那些按照封建役务持有的土地，监护权是由继承人的封建领主而非他的一位亲属来执行的。在村民之中，监护人通常且自然是继承人的母亲，如果母亲死去，监护权在有些地方就传给了母亲的兄弟，或用流行于中世纪但后来消失了的表示舅舅的词 eme。在亨利三世治下第四十三年，召开于肯特的米尔顿百户区巡回法庭，对于当地习惯有一个很好的表述：

> 整个肯特流行这样的习惯，即当任何以均分继承持有土地的人死去，而且他的继承人未成年，这个母亲，或这个继承人的母亲一方最近的亲属，应该担负起对这个继承人和土地的监护，以从这块土地获得收益，并在前述继承人成年的时候将其交给他们，而且不能由此收取任何罚金。[22]

继承人母亲一方最近的亲属通常就是他母亲的兄弟。律师们说这个习惯是自由持有地的习惯，绝不仅限于肯特。它们并不一定意味着，这种习惯仅仅出现在自由持有地上。在大多数情况下，律师们关心的是自由租佃，索克奇（socage）是一种自由租佃，自由农民借此持有他们的土地。对于农奴制及其习惯，律师们的论断极少，很可能在英格兰的若干地区，继承人的监护人是其舅舅的规则适用于农民的持有地，不论奴役还是自由。

当人类学家听说，一个孩子监护权的执行人是其母亲一方最近的亲属，通常是他的舅舅，他们自然会竖起耳朵。更早一代人会说这是一种"原始母系"（primitive matriarchate）的遗存。当今一代则将认可，在分散于全世界，从波利尼西亚到欧洲的大量父系社会之中，一种特别亲近的关系出现在母亲的兄弟和姐妹的儿子之间。它看起来是小家庭中产生的情绪性紧张的一种自然伴随物：母亲的

第13章 寡妇产、鳏夫产和监护权

兄弟扮演了一种男性母亲的角色。塔西佗提及日耳曼人之间的这种关系，北欧的萨迦(the sagas)显示，在冰岛，有一种趋向是，将孩子送到母亲的兄弟那里去抚养。[23]在英格兰的监护习俗中，有早期日耳曼社会习俗的遗存必定无疑。当时的法学家们观察到，物质利益为这种习惯的存在提供了充分的理由。他们说，监护权应该属于那个没有获得继承权的最近的亲属，而这个最近的亲属在继承人死亡的情况下不会获得任何东西。由于土地固定地在男性世系中流传，这个人将出自这个家庭中的母亲一方。然而，我们必须记住，法学家们可能发明这套理论，仅仅是为了解释他们遇到但不理解的习惯，而这个习惯比所有他们知道的习惯都更加古老。

中世纪的英格兰很少存在，一个人会将自己的儿子交给另一个人抚养，而在其他农民社会中如此常见。在英格兰有一个案例，其中的养父被授予一块土地以换取他的这种服务。让我们考察一下1306年出现在赫特福德郡巴内特法庭文书中的一个案例：

> 约翰，约翰·勒克拉克(John le Clerk)的儿子和继承人，出现在一宗土地诉讼中反对约翰·萨里(John Saly)和妻子阿格尼丝，他寻求反对上述约翰和阿格尼丝对位于巴内特的一块宅地和五英亩土地及其附属物的权利，他宣称这是他的权利和遗产，因为他说，他是前述约翰·勒克拉克，即他的父亲的继承人，拥有上述宅地和土地，这个约翰，他的父亲，将前述宅地和土地以及佩恩(Paine)，约翰·勒克拉克的儿子，交给一个叫约翰·勒波尔(John le Bor)的人，这个约翰·勒波尔终身持有这块土地，作为养活前述佩恩的回报，佩恩在这个期限内

死去。佩恩去世后，前述约翰·勒克拉克前来，并寻求让上述约翰·勒波尔将持有的上述宅地和土地交还于他，因为他没有照料好前述佩恩。这个约翰·勒波尔拒绝交还上述宅地和上述土地，但愿意按照契约格式终身保有前述宅地和土地，因为佩恩营养不良不是他的错，他如是说。[24]

约翰·勒波尔成功地保有了土地直到他去世，由此被诉者约翰·萨里和妻子，以未记载的权利进入这块土地。三年后，约翰·勒克拉克的儿子约翰，最终赢得了他的官司。

在寡妇产、鳏夫产和监护权的习惯中，运行着与我们在原野乡村的其他家庭习惯同样的原则。首先，土地是维持生计的主要方式。依靠工资或救济，生活将很不稳定。第二，一块土地完整地在男性世系中从一个人传到另一个人。这自然产生了这样一种情感，即持有土地的一个人的寡妇或鳏夫应该从中得到生计，因此，她或他被允许保有这块土地的全部或部分。他们获得土地。但他们对这块地产的利益仅仅是终身利益：在他们死后，他们所占份额将回到血缘继承人的手中。他们可能不会将它们传给自己的继承人。这块土地也并非被永久分割或永久转让。

第 14 章　土地转让

如果我们可以恰当地说有一种主要原则主导着英格兰原野乡村的家庭组织的话，那么这个原则就是，一种既定的土地持有权应该完整地在持有这块土地的那个人的男性世系中传承。一个村民的份地传给他的一个且仅一个儿子。只有在没有儿子的情况下，它才在女儿间分割，而且当时并非总是如此。在许多村庄上，土地只传给自己的一个女儿，如果没有儿女的话，土地就会传给上一任持有者的一个兄弟。在许多村庄里，新垦地或以其他方式"新获的"土地能够按个人意志自由转让，但一种既定的份地的传承是按照这些规则进行的。此外，靠这块份地为生的人都不会得到对它的永久权利，除了继承人。继承人的一个兄弟或姐妹可能会从这块土地上得到几英亩来维持生计，但如果其结婚就会失去土地。上一任持有者的遗孀可能以寡妇产的名义持有部分土地，但在许多村庄，如果她再婚的话，她就会失去这块地。如果持有者是一名妇女，她的丈夫可能在她死后按照英格兰的鳏夫产原则持有整块土地，但在许多村庄，除非他与死去的妻子生养了一个孩子，否则就会失去土地。在任何情况下，这些租佃权都仅仅是一种终身保有。随着时间的推移，分割的地块回到继承人手中，这块持有地仍然是一个完整的单位。

中世纪的人本已通过称一块既定份地的任何部分都不能被"转让"（alienated）总结了这些事实。他们对于被称为"转让"（alienation）的事情存在一种强烈的反感。它在国王的自营地和米德兰兹的一个村庄上的一码地同样适用。国王应该不会将他和他的先祖自己持有用以维持生计的那些庄园授予他人。国王应该能够"靠自己生活"。实际上，他往往会转让王室自营地上的土地，但那种情感坚持认为，他这样做是错的。同样，一码地可能已经由父到子传了好几代。它会被按照持有者家族的名字来称呼。[1] 如果发生了什么事情阻碍了它完整地传给那个习惯指定为继承人的人，邻居们会认为，错误铸就。

为了保证一块份地的完整经年不变，继承习惯和终身租佃（life tenancies）习惯是必要的。但它们本身是不够的。例如，它们并不限制继承人放弃一块缩小的份地，因为他已经放弃或售出了部分土地。因此，在有些庄园上，专门有规则来阻止土地转让。让我们来考察下面阐明习惯的请求，它出现在1296年白金汉郡霍尔顿的法庭案卷之中：

> 韦斯顿的托马斯·勒查普曼（Thomas le Chapman）来到法庭上，向领主缴纳6便士以请求法庭关于下列事情展开调查：如果领主的任何佃农将他的土地转让了一段时间，而这个佃农又在该期限内死去，谁应该在这个授予者死后完成这份契约的履行？法庭全员负责解决此事。调查团来到法庭上，并称领主的任何佃农都不能将土地转让，除非是终身转让，而且继承人并不需要授权。[2]

因此，在霍尔顿，正如寡妇产和鳏夫产仅仅是终身权益一样，土地持有者出租土地的时间也不能超过其终身。继承人并不必须保证，即确保这种租约。很明显，这种习惯会阻止村民的持有地上的任何永久性转让。

一个相似的规则出现在 1299 年拉特兰郡伯利（Burley, Rutland）的庄园法庭的一个案例之中：

> 理查德·阿特·梅尔（Richard ate Mere）来到这次法庭上，向领主缴纳 2 先令以调查，他是否是朱丽安娜·乔伊（Juliana Joye）从威廉·阿特·梅尔处购买的那块土地的真正继承人。[调查团成员的名字列在此。]他们经宣誓后称，前述朱丽安娜购买了前述土地，占有了它，并终身持有，但她不能在死后将其出售、遗赠或给予任何人。因此，这种占有权被授予理查德及其继承人。[3]

朱丽安娜·乔伊据说已经购买了这块地，但她当然没有因购买而获得我们现在在意义上的相关权利。她持有土地的年限就像一个寡妇持有其寡妇产那样，是终身权益。在她死后，它被交还给理查德·阿特·梅尔，土地的真正继承人，明显也是出卖这块土地的人的一个亲属：他们有同样的姓氏。因此在伯里，土地转让限于受让者的终身，而非转让者的终身，正如在霍尔顿那样。但关键点是它们是有限制的。

另一种常见情况由出现在 1280 年赫特福德郡帕克庄园法庭上的下列诉讼得到说明：

> 玛格丽特，杰弗里·阿特·斯路（Geoffrey atte Sloo）的遗孀，寻求反对约翰·勒贝戴尔（John le Bedell）对两英亩和三路得土地的持有权，因为约翰没有进入权，除了通过上述杰弗里，她的亡夫，而在他生前，她不能否认他。约翰称，他已经通过现任领主进入了这块地，因此他叫他来证明。[4]

这个案例延期到后来的那一次法庭集会上，以期能够咨询该庄园的领主圣奥尔本斯修院长。很明显，问题的关键点是丈夫将其妻子拥有权利的土地进行了转让。玛格丽特宣称，她的丈夫转让这块土地的期限只能是他的终身。在他死后，这块地应该回到真正继承人她的手中。"在他生前，她不能否认他"（*cui in vita sua contradicere non potuit*）的表述经常被运用在这种类型的案例中。妻子及其财产处于丈夫的控制之下。

已经确定的事实是，在许多庄园上，土地的转让期限只能是土地持有者的终身，或者是受让人的终身。在他们死后，它重回真正继承人的手中。这个原则的进一步延伸是，土地可以由其持有者永久转让，只要他的继承人在转让之时表示同意。一份来自1293年牛津郡纽因顿的法庭案卷中的一个案例阐述了这一点：

> 托马斯·勒诺瑟恩（Thomas le Northerne），在约翰·韦斯特（John West）和休·大卫的担保下，发起一项反对沃尔特·勒卢威（Walter le Rouwe）及其妻子莫德的土地诉讼，萨穆埃尔·勒诺瑟恩和尼古拉斯·特里斯（Nicholas Trys）是附带诉讼人。前述托马斯抱怨道，前述沃尔特和莫德不正当地霸

占了他在布鲁克汉普顿（Brookhampton）的半码地，他的父亲约翰·勒诺瑟恩将这块地转让给了他们，期限是前述约翰的终身，在他死后，它应该按照该村庄的习惯回到儿子和继承人前述托马斯的手中，为此目的他提起诉讼。前述沃尔特和莫德出席并否认了前述托马斯的权利，等等，他们称，他们对前述土地拥有权利，因为前述莫德的父亲约翰·勒诺瑟恩，将这块地交回到［庄园领主，坎特伯雷基督堂］小修院长手中，他们自己从小修院长手中获得这块地，并承担了相应的惯例租役，他们还称，这个当前起诉的托马斯，与他的父亲约翰一起来到全员法庭上，并将其权利交还到小修院长手中，为此从前述沃尔特和莫德那里得到一头牛，因此他们拥有比前述托马斯所要求更大的租佃权，他们请求法庭做出调查。前述托马斯称，他的父亲前述约翰根据村庄的习惯，不能放弃，也不能以任何方式将上述土地转让，除了终身转让，他同意与他的父亲一起来到全员法庭上，并由于他的威胁，他不敢在他活着的时候对此进行否认，但他从未放弃自己的权利，出于这个原因，他所要求的权利要大于前述沃尔特和莫德所拥有的租佃权，因此，他请求法庭做出调查。调查在宣誓后进行。［陪审员的名字列在此。］他们宣誓后称，这个托马斯从未将那块土地的权利交到领主手中。[5]

托马斯恢复了对这块半码地的占有。在这里，原告托马斯引用了我们已经看到的在许多庄园上流行的规则，即土地持有者可以转让土地的期限只能是他的终身。在他死后，它重回他的继承人手中。但在纽因顿，以及在许多其他村庄上，这个规则可能会被规避，只要继承人出席法庭并表示同意，土地就可以被永久转让。在这个案例中，土地的继承人托马斯，已经表示同意，并得到了将要占有这块土地的那些人支付的一头牛。但他现在坚称，而且明显法庭相信他，他只是因为惧怕其父亲才表示了同意。因此，他的行为是无效的。这种未遂转让的连带情况很有趣。相当明显，这是一个婚姻协议。约翰·勒诺瑟恩试图将这块半码地转到他的女儿莫德和她的丈夫及他们的继承人身上。这种形式的转让——一方将土地交回到修院长领主手中，然后另一方从领主手中得到土地——有很好的记录。纽因顿的案卷属记录最为完好的法庭案卷之列。

对一块土地在原持有它的血缘之外转让还存在另一种形式的限制，这由1292年白金汉郡霍尔顿庄园法庭上的一个案例得到了说明：

全员法庭对关于托马斯·赫明（Thomas Hemmyng）所持有的土地展开调查，该地的授予者是爱丽丝，理查德·勒伍德沃德（Richard le Wodeward）的遗孀——前述托马斯对这块他在爱丽丝在世期间持有的土地是否比理查德·勒伍德沃德有更好的权利，而理查德是前述爱丽丝死后那块土地的真正继承人，并宣称对持有上述土地拥有比所有其他人更近的权利，支付了与任何愿意支付费用的人同样多的费用。前述调查团称，这个理查德，通过支付与任何愿意支付费用的人同样多的费用比任何其他人都拥有持有那块地的更好的权利。[6]

第14章 土地转让

这个案例对于已经发生和将要发生的事情给予了简要说明。它两次提到理查德·勒伍德沃德令人困惑。实际上，应该有两个理查德，因为在调查之时，二者之一有遗孀，另一个仍然健在。第二个理查德很可能是第一个理查德的儿子或其他亲属，因为他有同样的名字，是第一个理查德的遗孀所持有土地的真正继承人。爱丽丝，这个寡妇，明显以寡妇产而非继承的名义持有这块土地。也很明显的是，她在调查之时仍然活着。她已经将这块土地授予了托马斯·赫明，而托马斯希望在她健在期间可以持有这块土地。但霍尔顿的规则是，如果寡妇转让了自己寡妇产的任何部分，她只能将其转让给这块土地的真正继承人，而不是任何外人。这个案例的两个措辞显示，在霍尔顿，流行着一种被盎格鲁-诺曼法学家称为亲属收回（*retrait lignager*）的习惯。按照这个习俗，如果土地被以任何方式出售或转让，曾持有这块土地的血缘家族的成员有权首先拒绝。他们本能够拥有土地，只要他们愿意支付任何外来者愿意支付的钱。理查德·勒伍德沃德看起来已经声称反对托马斯·赫明持有涉事土地，其理由是，爱丽丝，如果她要转让这块土地的全部或一部分的话，应将其授予他，土地的继承人理查德，而不是任何外来者，只要他愿意支付任何外来者所愿意支付的金额。[7]

接下来要谈的这一点被认为与转让并非紧密相关，但它进一步表明了村民对待既定土地持有的态度。在爱德华二世治下第六年亨廷顿赫明福德的法庭案卷中，出现了如下案例：

> 威廉，磨坊主皮特的儿子，向领主缴纳 12 便士，由庄头作担保，请求法庭裁决关于前述皮特持有的一处自留地。他称，

> 对于这块自留地,他比前述皮特拥有更大的权利,等等。一项调查因此由 12 名陪审员展开,他们称,前述皮特以自己的继承权持有一处自留地,以妻子的权利和遗产持有半码地。但习惯是这样的,即任何人都不应该持有两块地,因此诉讼暂缓直到他面见领主,等等。此后,法庭发现,这个威廉为那块地缴纳了罚金。因此,他撤销诉讼。[8]

赫明福德的人说,任何人都不应该持有两块土地,但这个论断不能作为村民反对土地积累的情感的表达。在当时的背景下,它的意思是,如果一个人持有两块不同的地产,一份以自己的权利,另一份以其妻子的权利,他应该将两块地保持在自己手中,而不是将其中之一转给其继承人。

村民自己的习惯是趋向保持既定持有地完整的一种力量。但还存在另一种运作力量:庄园领主可能也有充分理由希望限制他的佃农对土地的转让。众所周知——中世纪社会秩序的这个特征已经得到了最彻底的研究——许多庄园上的大量地产都负担惯例劳役,它们的持有者必须在庄园领主的自营地上干活。这些是农奴份地。这样一块土地的持有者必须每年都要为领主干一定天数的活,应为领主进行一定数量的布恩犁地工作(boon plowings),等等。这些劳役非常多样,详细地记载于庄园惯例租役簿之中。此外,劳役的分配与村庄中土地的分布密切相关。土地按照等级被分成面积趋于相等的地块单位,持有同样数量土地的人必须承担同样的劳役。惯例租役簿的常规操作是描述约翰·多伊(John Doe)必须要为自己的码地负担的租役,然后简单地说:"理查德·罗也与约翰·多

第14章 土地转让

伊一样,持有一块码地,负担同样的役务。"其他的码地也是如此。

由于这些佃农永久性地转让了他们的部分土地,份地面积很快就变得不相等了。在他们中间公平分配各种令人眼花缭乱的工作天数和为领主做的其他工作变得极其困难,监督这些工作完成的责任也会如此。解决这个问题的一个方法是确定一个固定土地单位所承担的租役,然后让所有在这个单位上持有土地的人集体对这些劳役的完成负责。这种办法通常流行于继承习惯以份地再分为规则的地方,如肯特和东盎格利亚的部分地区。在英格兰的其他地区,土地传给上一任持有者的一个儿子的习惯会自动地保证份地的完整。如果这块份地在面积上是相等的,并负担同样的役务,那么它们仍然如此,也就是说,如果不存在转让,它们依然如此。因此,也许领主庄园的利益就是阻止转让。当然,对于庄园惯例租役簿的考察显示,负担沉重租役的持有地,与那些仅需要缴纳货币地租的土地,更可能全部是一个面积,各阶层都是如此。前者趋向于标准面积的土地,后者的大小则不规则。这个事实可以由以下理论来解释,即货币地租可能比劳役地租更容易进行再分配;因此交货币地租土地的转让或再分割比服劳役土地(workland)的转让或再分更可能被容忍。但对于这个观点不应过于强调,因为也存在这样的庄园,每一阶层的持有地面积都相同,尽管佃农缴纳货币地租,而且几乎不承担任何劳役。[9]

如果领主想要阻止佃农转让土地,他自然有权这样做。村民之间土地转让的形式是,在庄园法庭上,土地被交回到领主手中,然后是再授予。领主可以根据自己的意愿,对一次转让给予许可或不予许可,如果他给予许可,他会因此得到报酬。事实上,在法庭案卷中几乎找不到一个庄园的领主拒绝这种许可的证据。但对这个事实的解释可能在于，如果领主不想批准一次有计划的土地转让，他会让自己的不悦在双方走上法庭之前就为众所知。

我们已经考察了趋向于阻碍土地转让的力量；现在我们应该看一下那些趋向于支持它的力量。在这些力量之中，最主要的是人们的经济利益。英格兰的 13 世纪是一个和平、繁荣和经济扩张的时期，扩张的形式之一是土地交易数量的增加，这种增加甚至波及到小村民身上。任何积极的土地交易都明显与阻止土地转让无法兼容。首先，租约是很常见的。它们的期限只有若干年；它们不是我们所知的现在资本主义的长期租约。因此，它们并非永久打破份地，但在这里，它们应被当成一种影响村民的土地投机利益的形式。

下面是一个这种类型的诉讼，它的起因可能是一种常见的中世纪租约。这份出现于 1272 年诺福克郡梅斯沃尔德（Methwold, Norfolk）的法庭案卷说：

> 丽娜，休·勒科伊林尔（Hugh le Coylynr）的女儿，出庭反对尼古拉斯·阿特芬（Nicholas Attefen），邻居们进行的一项调查宣誓称，这个尼古拉斯给予前述丽娜和她的兄弟威廉一块半英亩的土地来种粮食，条件是一定比例的收成作为地租，期限三年，当丽娜和威廉已经在第一年播种了前述半英亩土地的时候，这个尼古拉斯到来，并把他将获得的那部分谷物卖给了他们，此后这个尼古拉斯又将所有上述谷物卖给了约翰·柯贝克（John Querbec）和马丁·克鲁特（Martin Clut），并将这块地及

其他土地给了他们,违背了第一项契约,而且他从[即,丽娜和威廉]那里获得了上述谷物和它们的期限。因此,尼古拉斯被处以罚金,他因贫穷而得到宽恕,丽娜可以收回她的损失。[10]

实物地租(*ad campi partem*)租约是村民最常见的一种租约。一个人会同意耕种一块土地,并得到一部分收成,通常是一半,将另一半留给持有者。这是一种分成制(share-cropping),尽管它并不像我们今天在美国所知道的那样进行组织。在这个案例中,尼古拉斯没有拿走他的那部分收成,而是将其出售给丽娜和威廉,然后将所有收成出售,并将所有土地第二次出租给其他方。当中世纪的档案提到一块地为农场(*ad firmam*)的时候,它们指的是,一个或更多的人从其持有者的手中得到它一定或不定的期限,并向其支付一定的租金。按照这个词的最初意义,一个农民并不仅仅是一个耕种土地的人,也是一个在农场持有土地的人。

让土地永久从一块地产上被转让出去的行为,是将土地出售或赠送给受赠人及其继承人。对于这种发生在庄园法庭上的土地转让形式的典型例证,我们可以考察下面的案例,它来自1298年一个王室庄园,拉特兰的伯利的法庭案卷中:

> 西蒙·奥恩塞尔(Simon Aunsel)来到全员法庭上,将一块自留地交回领主手中,以供沃尔特·莫雷尔(Walter Morel)及其继承人所用,因此承担该地的租役,并每年向国王领主缴纳2便士,它应该被允许纳入前述西蒙的地租中。前述沃尔特向领主缴纳12便士罚金以进入前述土地,保证人是书记员奥古

斯丁。而且他进行了效忠宣誓。[11]

这个案例可能记载了一块土地的出售，但它没有提及任何出售行为，也没提及这块土地的价格。事实上，我们无法判断，西蒙是否向沃尔特出售了两英亩土地，或只是将它们送给他。前面已经提到的这种形式的交易实际上都是赠送礼物。按照这个形式，一个父亲会将自己的份地交给儿子和继承人。无疑，许多其他形式代表着实际上的出售行为。一方将自己的土地交给领主，后者立即将其重新授予第二方。这是土地转让的常规形式。当然，谁是第二方提前已经获得同意。在这个案例中，西蒙·奥恩塞尔将这块自留地放弃给沃尔特·莫雷尔本人（*ad opus Walteri Morel*）。然后，沃尔特为这块土地直接向庄园领主国王支付了2便士的租金，因此，这个数额将从西蒙的地租中核减。这样的土地转让方式不违反封建理论，因为该理论不知土地买卖，只知授予和放弃。

除了出售，土地交换有时也有记载。1252年，一个人在亨廷顿郡的厄普伍德持有一海德土地，这个关于他的案例说：

> 他用两垄薄田，与威廉·培科利尔（William Pykelere）交换两垄对他来说更好、更近和更方便的地。[12]

这个案例显示，购买、出售和交换小块土地的动机之一是村民们集中他们的持有地的愿望，而非以敞田上的分散条田形式来拥有它们。一旦一个人打造了一整块土地，领主和他的邻居可能就允许他将其用壕沟和活生生的树篱圈起来。那些很早就围圈起来的英格

第 14 章 土地转让

兰某些地区可能就是那些对土地交易限制最薄弱的地方。

不论阻止或鼓励土地转让的力量是什么，它们之间的平衡在英格兰不同地区差异很大。在这个范围的一端是圣奥尔本斯在赫特福德郡的庄园。它们的法庭案卷是已知最早的。它们显示，这些庄园上的人享有不常见的自由，可以自由地进入庄园法庭并转让土地。它们显示，对小块土地的出售和其他形式的转让的数量在13世纪上半叶已经很多。它们显示，关于树篱的问题不断出现在法庭之上，这个线索表明，圈地已经取得了一些进展，也许是因为土地交易容易允许村民们加强他们的持有地。赫特福德郡也位于原野乡村的东部边缘，靠近商业中心伦敦，简单来说，就是我们可以希望社会秩序发生急剧变化的地方。

这个范围的另一端是坎特伯雷的基督堂小修院的两个庄园：牛津的纽因顿和白金汉的霍尔顿。它们的法庭案卷完美地得到保存，日期开始于这个世纪末。如我们已经看到的那样，它们显示，对于土地转让的习惯性限制在两个庄园上都很严格。它们很少记录土地出售，法庭诉讼涉及的地块大部分是整块土地单位，码地或半码地。纽因顿和霍尔顿都位于原野乡村的中心，我们可以期待那里的习惯最是严格。

一个阅读了大量 13 世纪法庭案卷的人获得的印象是，土地交易在东南英格兰比在米德兰兹更为活跃，尤其是在肯特和东盎格利亚，那里的继承习惯鼓励份地再分为小地块。[13] 但这仅仅是一种印象。它有助于从法庭案卷中得到大量关于这个问题的信息，但难度很大。土地交易适度自由的地方，有能力的和活跃的村民对于持有地的积累进行得很快。1279 年，约翰·杜兰特（John Durant），至少拥有8块或10块土地，它们此前为别人所持有，而其先人在1222年贝德福德郡的卡丁顿（Caddington, Beds.）仅拥有一码土地。[14] 一个类似杜兰特的人在乡村社会中地位的上升应该如他的土地积累那样迅速。如果有许多这样的人，那么社会秩序就是不稳定的。

对于有些村庄而言，存在一种猜测土地在多大程度上仍保持完整的方法。格拉斯顿伯里的修院长制作了两份西部乡村庄园的惯例租役簿，一份关于1189年，另一份涉及1235年。按照类似的办法，伊利主教也制作了两份庄园惯例租役簿，一份是关于1222年，另一份涉及1277年。[15] 可能还存在其他成对的惯例租役簿。一份惯例租役簿记录了庄园的每个佃农持有土地的数量，以及他们要为自己的持有地负担的地租和劳役。比较早期与后期惯例租役簿中不同庄园不同种类持有地的数量应该能够显示，在格拉斯顿伯里惯例租役簿的46年内，以及伊利惯例租役簿的55年内，持有地在多大程度上保持着完整性。

不幸的是，有些情况让这种比较不如想像得那样令人满意。宣誓遵守事实的庄园陪审员和起草惯例租役簿的书记员，没有做出特别的努力，使后来惯例租役簿中使用的术语和分类与早期的保持一致。当它们被写出的时候，尚没有取悦社会史家的想法。由于13世纪的村民并不一定随父姓，所以我们无法知道土地是否真的在一个家庭的血缘中从一个人传给另一个人，以至于我们通常无法判断，后来惯例租役簿所载的作为土地持有者的那个人是否是半个世纪前持有土地的那个人的继承人。如果某个村庄里，不同阶层份地的数量或规模，在晚期和早期有所不同，我们通常无法确定，这个事实不是由于开垦或授予自营地上的土地，而是因为继承和土地转让造成的。但尽管有上述情况，比较并没有给我们留下如下印象，即在有些村庄，码地、半码地、法德尔，以及其他面积的份地在很长时间期限内变化极小。在这样的村庄里，单块份地应该保持着完整。

现在讨论的问题引起了现象之间的互联性问题。家庭和土地之间的稳定性对于保持社会秩序的一般稳定性有重要作用。此前，原野乡村的农业得到描述，而且由于不同阶层村民土地经济上的平等性，精心的安排得以实现。接下来，我们将考察与份地等级相伴随的社会秩序的等级制度。这里应该说明的一点是，份地完整地保持在一个人的手中，一代接一代，反过来，是保持原野农业制度和原野村庄的社会秩序的重要方式。如果一个家庭的经济资源与其邻居的那些资源相等，原因就在于，家庭份地没有被出售或分割。如果一个家庭的社会地位一代一代地保持相同，原因也在于，这种地位所依赖的份地仍然完整。我们不知道，出现在13世纪村庄中的码地和半码地是何时首次被分割的。我们也不知道村庄社会秩序最初是何时形成的。但不论他们的起源是什么，社会特征及一般社会制度得以维持的部分原因在于份地完整性的保持。当份地被频繁分割或转让的时候，村庄社会的其他特征就容易同时发生改变。这一点可以由一个简单的案例得到证实。我们已经看到，那些土地交易最自由的地方，如圣奥尔本斯的庄园，也是原野农业最容易解体为圈地的地方。

我们不应低估家庭秩序和社会秩序之间的微妙关系。在英格兰，原野农业和曾经所谓的主干家庭：简单来说就是那种将土地传给一个儿子的家庭组织有紧密的联系。但这种联系并非普遍。在俄国，直到最近集体农场的形成，农业制度在大多数要素方面与原野农业还是相同的。事实上，这种制度曾经统治着北欧平原。但典型的家庭组织方式并非主干家庭。一个俄国农民家庭与肯特或诺福克的家庭很像，远比与米德兰兹家庭的相似度更高。它属于联合家庭阶层：他们是一群拥有一个共同祖先的继承人，兄弟们联合继承土地，并居住在一个共同体中。这种家庭的出现造就了俄国村庄组织，米尔（mir）的一个特征，它与英格兰的习俗完全不同。联合家庭自然趋向于规模变大，只是速度不同。在一段时期之后，一个家庭所拥有的养活所有家庭成员的土地数量会很小；另一个家庭所拥有的土地数量会很大。因此，在一个俄国村庄，所有的土地每经一些年就会再分配，而且是按照每个家庭的人口或男劳力的数量进行有比例的再分配。没有证据显示，这种再分配曾发生在中世纪的英格兰。英格兰乡村家庭对原野农业的适应所采取的形式是既定的地产单位，与相对固定的社会秩序的等级制度。属另一类型的俄国家庭的调适所采取的方式则是重新分配和社会平均。

第15章　原野乡村的家庭

这项对中世纪村民家庭的研究的最后一章应该是一个杂论。它应该充满细节；它应该总结；它应该归纳。首先，对家庭的讨论不能脱离其背景：房（house）和户（household）。在分散于敞田的耕地之外，一个村民在村庄伙伴的附近还拥有一块宅地。一块宅地至少有足够的空间来建住房和院子、室外建筑和一个菜园。房屋质量很差，是板条和烂泥填充的木结构——英格兰半木结构房屋的前身。它们容易建造，容易搬走，因为只有柱和梁是足够昂贵值得搬走的材料。它们很容易被破坏：我们读到，一个盗贼曾"凿穿"一座房屋的墙进行盗窃。[1]

但村民住房的狭小和悲惨可能被夸大了。例如，1281年伍斯特郡黑尔斯欧文的法庭案卷对一处住房进行了描述。[2] 屋墙之间有30英尺长，14英尺宽，再加上角柱、三个新门和两个窗户。这样一个房屋不算大，但它是一种特殊的房屋。它是一个人为其母亲建造的，当母亲退休、他接管土地的时候会派上用场。简而言之，这是一个"寡妇产住房"，一份依靠（dependance）。这块地上的主屋可能要大得多。

如今天一样，13世纪的房屋因主人的财富状况而异。实际上，村庄社会阶层的成员往往因自己的住房而得名。最低阶层的村民因自己的茅舍而被称为茅舍农，它们不仅比较富裕村民的住房要小和差，而且在设计上也不同。在有些地方，中产阶层村民被称为农夫：即他们是拥有住房而不是茅舍的农奴(bonds)。甚至在一个富裕村庄的一个码地农(yardling)的住房中，大多数家庭成员可能吃睡在一个由壁炉为主导的房屋之中。但这样的房屋应该还有其他房间。我们已经看到庄园法庭上的案例，它们显示，一块地产的持有者会同意，他年老的父母应该在他住房的后面拥有一个房间以安度晚年。持有者自己和妻子通常应该拥有自己的一个房间。

在考察完住房之后，我们应该看一下户。户，而非家庭，是实际上的劳动单位。持有地产的人，或持有者，或农夫，是户主，并管理着这块地上的农作。在他的父亲死去或退休之后，他应该负责嫁出自己的姐妹，并从土地的收益中提取一部分来养活自己的兄弟。以这块土地为生的所有人，从那里取食，都是他的帮手(mainpast)。也就是说，这个农民需要为他的户成员的行为负责。如果他们作恶，他有义务将他们送上法庭，甚至为他们造成的损失负责。[3]

按照顺序，这个农夫之后是主妇，这个户中女性工作的头儿，在她之后是丈夫的父母，如果他们仍然健在的话。如果他的兄弟和姐妹有人决定仍然留在这块土地上并不婚的话，这个农民有义务维持他们的生计，也应该让他们工作。在这个农民的孩子之中，最重要的是守灶的那个儿子，即儿子和继承人。随着他长大，他应该与自己的父亲在土地管理中越来越密切，直到最后他的父亲准备退休，并将完整的控制权交给他。另一些儿子分为两组：留在家中，并由父亲养活的那些，与自谋生路的那些。在英格兰的广大地区，后者获得了一个特殊的称谓，好像他们被认可为共同体的一个单独阶层。他们被称为自立者（*selfodes* or *sulfodes*）。这个词的来源并不清楚——它可能来源于诸如自我（*selfhood*）的形式——但它的意思在追溯至大约1209年，关于格洛斯特郡塞伦塞斯特习惯的论述中的下列文字得到说明：

> 塞伦塞斯特的农奴，即领主国王的农奴，当他们听命于自己的父亲之时，为他们的父母帮工，他们的父母将替这些人承担那些他们为领主国王或他们的农场主所做的布恩收割（bidreaps）工作。但一旦这些农奴成人，并自食其力，成为自立者，那么他们每个人都应为领主国王做三次布恩收割工作。[4]

这些布恩收割就是收获期间庄园上的所有人必须出现为领主收割谷物的日子。

布恩收割的习俗，如不同的庄园所记载的那样，透露了许多关于一个村庄户的不同成员在份地经济中所发挥作用的信息。首先，一个户的有些成员免于布恩收割的工作。可能，他们的其他工作如此重要，以至于不能被忽视。他们之中最重要的人是主妇。另一个经常免于这项工作的是家中的羊倌。有些村庄供养公共羊倌，但在其他村庄，每块土地都应该有自己的羊倌。有时其他被豁免的人是"保姆"和"待嫁女儿"。也许，她们二者实际上是同一类人：这个家庭中年龄较大的一个女儿有责任照顾年幼的孩子。还有一个是"首仆"（master servant）。[5] 这些豁免暗示出一大块份地上户的规模，以及需要履行的义务数量。

在持有者的孩子和其他亲属之外，有两类仆人，或称他们的古英语名字 hewes，应该也是一个村庄户的成员。一类是那些在这块土地的主屋之中吃睡的仆人。不论是男仆还是女仆，他们很可能都未婚。我们应该记得单身男工和单身女工，惯例租役簿提及作为农场雇佣劳动力的单身男女。这些仆人会得到食物、衣物和住处，此外也许还会因自己的劳动获得几个硬币。

211 另一类是在宅地上有独立茅舍的仆人。他们可能已经成家，并拥有自己的房屋。他们一般被称为房客，即他们处于土地主人的屋檐之下。这样一个名字显示，中世纪的人如何将社会视为一个人上有人的等级社会，一个低阶层成员的持有地来自另一个更高阶层的成员。这种思想体系在军事阶层成员的习惯之中得到了最详尽的体现，现在它被称为封建制度，但封建制度的主线是所有社会成员的思想体系。

房客有时被叫作茅舍工（coterells），即小茅舍农（lesser cotters）。这样的人必须承担这块持有地向领主负担的一部分工作。在完成于 1257 年萨塞克斯郡奥丁伯恩（Aldingbourne, Sussex）的惯例租役簿中，对一个码地农在收获期间向领主负担的劳役描述如下：

> 他要派所有自己的人去做燕麦布恩工作（oat boonwork），任何从他那里持有茅舍的人要与他的人一道做布恩工作。[6]

在白金汉郡哈德纳姆和卡丁顿（Haddenham and Cuddington, Bucks.）的收获工作中：

> 所有农奴都应与他们的整户人前来，除了他们的妻子和羊倌。如果这个佃农有两个人，他不应工作；如果他没有两个人，他就要工作。如果他们中任何人有一个房客，那就让他来做第一份布恩收割工作。[7]

也就是说，如果佃农的户中有两个健全的劳动力，他自己就可以免除劳动。根据1277年伊利的一份惯例租役簿，在萨福克的布兰登也有类似安排：

> 众所周知，每个房客或未婚男女工，拥有一处住房或一个保达（bord），不论他从何人那里持有，都将在收获时的三次布恩工作时找一个人来干活，领主提供食物。[8]

这个案例的保达将这些人与《末日审判书》中的边地农（bordarii）联系起来，《末日审判书》很难在边地农和茅舍农之间做出区分。一个保达就是一个小房屋，一处茅舍。这些关于房屋的特殊词汇表明，存在不同传统类型的村民住房，设计和规模都不同。

可能，一个房客的地位与此后世纪中一个苏格兰茅舍农的地位类似。如果真是这样的话，房客居住的那块土地的持有者给了他一处茅舍和一两英亩土地，并帮助他耕作。作为回报，这个房客作为农场帮手为持有者工作。但通常，一个房客仅仅是一个从一块土地的持有者那里租用一处住房或一块土地的人。因此，在1326年剑桥郡的小港村（Littleport, Cambs.），位于沼泽地区，下面的案例出现在村庄法庭案卷之中：

> 陪审员们称，新进的外来者，租用不同人的房屋，与自己的牲畜在沼泽上不享有任何领主的公共权利，也不获得任何公共利益，这些人被叫作房客。[9]

这些房客是外来者，并不直接持有庄园领主的土地。然而，他们享有一些应该只属于真正村民的权利，而且法庭也想知道他们这样做的许可是什么。看起来，他们每个人都在收获期间为领主收割半英亩的谷物，并因自己的特权而承担其他一些轻劳役。任何在其他人的持有地上占有一小块土地，并在这块地产向领主负担的劳役中承担自己那个份额的人，都可能被称为一个房客。按照这个定义，靠这个家庭的几英亩土地维持生计的继承人的兄弟或姐妹应该就是一个房客。[10] 这样一个副佃户（sub-tenants）往往为庄园档案所提及。例如，1279 年，在贝德福德郡的佩文纳姆（Pavenham, Beds.），罗伯特·瑟尼（Robert Cerne）的儿子约翰持有一码地，并有威廉·韦斯特（William West）、西蒙·韦斯特（Simon West）、威廉·雷恩（William Reyn）等其他一些佃农。[11] 这一码地是如何养活主持有者（chief holder）及其家庭，与所有这些人的？我们不得而知，但我们知道，这一码地并非例外。《百户区案卷》显示，许多其他那个规模或更小的份地上都挤满了小副佃农。

当时，这四类人可能生活在原野乡村的一块村庄份地上。持有者的直系亲属：他自己、妻子和孩子。他的其他亲属：他的父母、他未成家的兄弟姐妹。寄居的男女仆人。还有房客。在任何特定的份地上，这些阶层中的一个或更多可能并不存在，而且如果一块份地很小，它的人口就会减少。但许多码地农应该都有一个成员众多的户。

总结中世纪英格兰原野乡村的传统家庭组织的一个办法是将其与其他时间和其他国家的类似传统组织进行对比。出于这个目的，这里插入一个关于上世纪中叶德国西北部吕内堡地区的家庭组织的描述。[12] 在吕内堡，一个典型富裕农民家庭拥有上面建有一处房屋和一些农场建筑的一块整地，即霍夫（hof）。这样一块持有地在传统上被认为是不可分割的，事实上，有些霍夫在许多个世纪里都保持完整，并处于同样的家庭手中。

正是通过乡村继承习俗的运作，这块霍夫才保持在同一个家庭手中。习俗认为，这块霍夫应该在上一任持有者死后传到他的一个儿子手中，没有儿子，就传给一个女儿。在有些地方，长子继承土地，有些地方则是幼子；在有些地方，农民自己挑选继承他的土地的儿子。通常都是长子继承。

如果他有权利做出选择，农民就在合适的时间挑选自己的儿子和继承人，并在农场管理中带上这个儿子。通常，选择一名继承人和继承人的婚姻是同时发生的：二者是同一件事情的两个方面。为了理解发生了什么，我们应该记住霍夫的房间的安排，它是传统，是由家庭习惯决定的。房屋的门开向一个作为全家的厨房和起居室的大房间。在厨房的左边是"祖父的房间"，房间的主人是前户主，另一个房间是祈祷和家里吃饭的地方，右边的房间是这个农民及其孩子，还有仆人睡觉的地方。当继承人结婚时，他的父亲从他之前的角落搬到"祖父的房间"，继承人与妻子则住进父亲留下的房间。[13] 从这一天开始，父亲在农场管理中的作用越来越小，农场管理越来越多地由他的继承人负责。因此，每一代人都在指定的时间扮演明确的角色，不论是在房中，还是在户中。

214　　家庭都很大。当继承人的兄弟们，那些没有继承土地的男孩，来到这个人的地产上，他们只能从两件事中选一件做。他们可以离开霍夫去另谋生路，或者他们仍然留在霍夫，但如果选后者，他们就必须保持不婚。对于所有那些离开霍夫的人而言，这个农民必须拿出农场的部分积蓄。同样，当姐妹们出嫁的时候，他也应提供嫁妆。

19世纪德国西北部吕内堡的家庭和户与13世纪英格兰原野乡村的家庭和户之间有许多相似性。英格兰法庭案卷中的某些用语甚至表明，在如德国之类的国家，当父亲将土地传给继承人的时候，他会从他之前占据的房间搬到习惯上为老年人预留的房间里。与中世纪英格兰家庭不同的是，吕内堡一个人的份地是一块整地，而英格兰的份地则是分布在原野村庄的全部土地上的条田。两种家庭的习惯都是，份地不能被分割或转让。这些相似性仅仅是我们本应期待发现的东西。从德国西北部出发，盎格鲁人和撒克逊人到英格兰的原野乡村中定居。从德国西北部，他们带来了自己的语言和社会秩序。这种秩序在13世纪的英格兰几乎依然是完整的。此后，它变化极大，而在德国的故乡，在一个某种程度上仍然独立并完整地从事农业的地方，它保持得更为长久。德国和英格兰都不是唯一可以找到这种家庭的地方。它们在西北欧的许多地区都是古代的社会秩序的核心。

这种传统的家庭组织有极大的优点。有一种危险是将继承规则、终身租佃和土地转让简单地视为在人们一起生活的环境中提炼的法律规则。当它们被作为乡村生活遵循的规则来研究的时候，它们看起来就进入了一种一贯的习惯系统，据此每一个家庭成员在家庭所拥有的谋生方式中的权利都是从生到死和一代代确定的。每个孩子都知道，他必须期待什么，都知道如果他一旦被给予谋生的方式，他的土地持有权就有保证了。有些关于未来的必然性和确定性对人们而言是必需的，如果他们是社会的有用成员的话。

但可能存在不止一种传统家庭组织——我们知道确实存在——能提供这种必然性和确定性。我们研究的这种特别的家庭组织有其自身的优点。它适用于一个土地是主要财源的社会，它保证了一个家庭的每一代人至少有一个人与其妻子和孩子可以靠既定的持有地来获得衣食。但它阻碍了对生计造成压力的人口进一步增长：不继承一块土地的儿子们必须离开或保持不婚。它保持了家庭中的一个稳定的社会秩序。我们已经看到，一个原野乡村的复杂设计是如何部分地由其继承习惯来保持的。如果所有事情都按照规则行事，那么相同的份地，不论它们的等级，都会一代代地保留在同一个家庭之中。同时，它为社会边缘的辛苦工作提供了大量的劳动力。伟大的法国社会学家弗雷德里克·勒普莱认为，这种特殊类型的家庭，他称之为主干家庭或根家庭（*familles-souches*），因为就像一颗葡萄树的根，它们持续发出新的触枝，然后持续被砍断——他觉得，这些家庭曾经是欧洲的伟大力量来源之一。勒普莱观察到，这些家庭稳定地为殖民、贸易、战争提供需要谋取出路的无土地者。迄今我们能从其历史或相似的案例中判断，这种极好的组织并非是由某些原始的莱库古（Lycurgus）想出来，并强加到国民头上的，而应该是人们的利益和情感与其生活的外部条件之间长期互动的结果。

在有些社会中，家庭关系被扩展和推广，直到一个人以某种方式将自己视为共同体每一个其他成员的亲属为止。如果一个陌生人无法表明他是一个同族人，他就会被视为敌人，并受到那样的对待。因此，在古代中国，一个村庄也是一个宗族。英格兰地名带 -ing 显示，英格兰的村庄可能曾经也是这种类型：雷丁（Reading）意思是雷德的人（Red's people）或其后人。而且，法庭案卷有时提到"村庄的血缘"。但整体而言，很少有证据表明，13 世纪英格兰一个村庄的村民们会认为他们是一个亲属群体。事实上，主干家庭组织可能已经强调了家庭和共同体之间的区别。当继承人的婚姻习惯上与他获得土地管理权同时发生的时候，持有这块土地的血缘的历史就成为一个小家庭序列的历史，一个出现之时，另一个灭亡。因为每一代人之中，不继承土地的儿子们或者离开土地，或者不婚，实际上亲属的数量并不会急剧增加。在继承上，直系亲属受到青睐，其代价是后来流行于贵族之间的严格男系继承传统：在没有儿子的情况下，一块土地往往在上一任持有者的女儿们中间分割，只有上一任持有者没有孩子的时候，土地才会完整地到自己的兄弟手中。

用来计算和表明亲属关系的词汇往往反映出家庭组织的事实。因此，在西北欧，它们证实了对于包括一个人及其妻子、孩子的小家庭群的强调。在计算亲属关系的远近时，人们使用的标准是与一对原始夫妇，即一对男女的亲疏距离。同样，用来指示远亲的词汇仅仅是对用来描述与这个小家庭较近的人的词汇添加前缀。当时，与现在一样，也有曾祖父、祖父、叔伯、孙辈和不同距离的堂兄弟。关键点在于，小家庭是这些表示更远距离亲属的词汇所涉及的单位。这种方法并不被运用在许多社会中。

那时还流行将亲属关系词汇进行某些扩展用来指示共同体中不相关或亲属关系较远的成员。家庭的朋友仍然被客气地称为叔叔、婶婶，或堂兄弟，在中世纪的英格兰，一个令人愉快的老朋友很可能是村中所有男孩的叔叔。但这个过程在主干家庭中进行的程度远不如在一些社会中。一个进一步的情况可能在13世纪削弱了一个人对拥有一大群亲属的意识，那就是家庭姓氏的不稳定性。一个人绝非一定拥有如他的父亲和兄弟一样的姓，但很可能随他父亲的名，被叫作休的儿子，或随他的职位，里夫（Reeve），或随他的家乡村庄的名字，马登（Marden），或随他的家在村中的位置，阿特维尔（Atwell），或随有些个人特征，特恩彭尼（Turnpenny），而不管他所在家族祖先的姓氏。无疑，在那个及之后的世纪中，家庭姓氏的使用更加固定。事实上，许多今天的英格兰家庭姓氏都源于13世纪。

那时，在有些社会中，更大的社会群体，村庄、氏族、部落都是家庭群体的扩展。它们事实上就是，或被视为亲属群体。在原野乡村的社会中，家庭和村庄趋向于是两种不同的群体。比起许多其他社会而言，这个社会更好地为西欧人及其后裔准备了这样一种社交孤立，许多家庭就是以这种状态生活在今天的大都市群中的。

中世纪英格兰法学家对不同的租佃制、普通法和地方习俗之间做出的区别模糊了这个事实，即大多数人生活在本质上类似的规则之下。如果不考虑肯特、东盎格利亚的部分地区和西部地区，不同的家庭法体系都是相似的。任何地产，一块男爵领地（a barony）或一块市民产业（a burgage），以及一块码地，都会传给上一任持有者的一个儿子。在没有儿子的时候，它们在女儿之间分割。它遵循寡妇产和鳏夫产的终身占有原则。在它们的主线上，家庭法的规则对于贵族和农民是相同的，对于市民也是如此，尽管他在某种程度上比其他人可以更自由地出售或处置自己的持有地。规则不同的地方，仅仅是在非要素上的不同，比如寡妇所占有的属于自己寡妇产的那部分土地。在重要的问题上，它们是相同的，尤其是，它们都坚持我们所认为的中世纪家庭组织的中心原则：一个特定血统与一块特定地产单位之间有永久联系。

任何社会成员，不论自由与否，都属于一个家庭，这个家庭与组织中的所有其他家庭类似。对于他家的地产，不论是一块薄田或一块伯爵领（an earldom），他与其他英格兰人一样都有同样的情感，根据同样的方法思考。在将社会各阶层凝聚到一起，在将社会维持为一个和谐有机体上，这种一致性是何等强大的力量，我们对此无法估量。但可以肯定的是，宪政史家还没有充分地注意到这个事实，即在古代和稳定的社会中，政府组织往往是普通家庭的一个衍生品，尽管略有差异。因此，在挪威，大部分乡村的习惯是，土地由上一任持有者的儿子们共同持有，王权在古代也由上一任国王的所有儿子共同持有。自然地，这个制度导致周期性的战争。相反，在英格兰，王国传给国王的唯一一个儿子，正如任何人的地产传给自己的一个儿子。很明显，这个要素并不能充分解释在王权继承问题上长子继承原则在英格兰和其他国家的确立，但它至少应该被考虑在内。宪政史家提及，国王在转让他的权利或部分国王自营地时所产生的焦虑，好像只是担心当国王无法靠自己生活时可能需要征税。在这种焦虑中，有比这个理论可以提供更多解释的力量。当国王进行让位之时，臣民感到一些不满，就像他的父亲转让他的家庭的一部分土地时所感觉到的那样。英格兰的一个国王，当时如现在一样，必须谨慎地避免暴力，不仅是对他的臣民的人身和财产，也对他们的道德情感。

这里我们已经提及主导家庭财产处置的规则。这些问题是现存档案——大部分是司法档案——所能详细展示的唯一的东西。结果，我们理解了家庭组织的主线，但更多的东西仍然是未知的。法庭案卷很少提及家庭的日常生活，很少提及儿童的游戏，男女的工作，壁炉前的聚会，家庭在成员出生、结婚和死亡时的行为。它们很少提及人们在谈及亲属和家庭事务时所用的语言。它们很少提及家庭和堂区教堂仪式之间的关系，尽管中世纪敬拜的主要对象是一个神圣的家庭：一位慈祥的母亲、一位固执而公正的父亲和他们的儿子。这种知识对于一个研究过去社会的学者而言可能永远是未知的。

第三编

庄　园

第16章 一个例子

自西博姆、维诺格拉道夫和梅特兰那一代人以来，英格兰的庄园已经成为中世纪社会史着力最多的研究对象。对于这个课题，试图研究中世纪社会的学者所要论及的新东西最少，事实上或解释上都是如此，尽管他必须说些什么，如果他想要进行全面描述的话。实际上，有一个问题可能被忽略了。研究者将大部分精力投入寻找庄园的起源之中，而且已经获得了大量认识，但它们很少是可靠的结论。这里将要研究的问题不是它的起源，而是它在历史上某个特定时期，即13世纪的特征问题。在那个时代，没有什么新鲜事。如《古人习俗》(Consuetudines Singularum Personarum)显示的那样，[1]酷似13世纪那样的庄园已经在诺曼征服之前的英格兰出现。不幸的是，庄园在中世纪很早就成为那些可以指代任何事物的有用词汇之一，而所有蒙克班斯的劳动(the labors of all the Monkbarns)自那时开始都没有缩小其内涵。这个词依然便于使用，其含义也依然模糊不清。

鉴于这些情况，明智的选择是转向事物本身，而不是用来描述它们的词汇。在开始庄园研究时，我们可以找到一块肯定可以被称为庄园的地产，并描述它是什么样的。为此目的，牛津郡的斯佩尔斯伯里庄园(manor of Spelsbury)被选中，因为它在1279年已经存在。[2] 在那一年，国王爱德华一世启动关于王国内土地持有者及他们享有的特权的调查，其目标是恢复没有获得允许而被转让的国王的特权。自1086年征服者威廉派出调查员去搜集《末日审判书》（Domesday Book）的资料以来，这项调查在英格兰是最为复杂的一次。许多这些调查的结果，被称为《百户区案卷》，幸存下来，并得到出版。最为详细的当属那些关于东米德兰兹若干郡的案卷。它们是了解13世纪英格兰社会和经济秩序最重要的唯一的原始资料。从这些百户区案卷中，我们挑选出斯佩尔斯伯里。

斯佩尔斯伯里被选中，并不是因为它是一个典型庄园——没有这样的事——而是因为，就作为开启研究庄园的上佳样本而言，它没有成为典型。它的结构要比大部分庄园简单得多。它具有许多庄园都有的一般特征，但它们很少同时出现在任何一个庄园，就像它们在斯佩尔斯伯里表现得那样。此外，斯佩尔斯伯里位于英格兰原野乡村的心脏位置，对它的描绘不是一种理想化的复原，而是来自当时的调查。鉴于上述原因，斯佩尔斯伯里是一个很好的起点，尤其是当研究对象是社会关系，而非经济制度或法律制度之时。

在1279年，安加蕾塔·德·博尚（Angareta de Beauchamp）持有斯佩尔斯伯里庄园，这是她继承自瓦伦和萨里伯爵的寡妇产。在她死后，庄园重回伯爵手中。伯爵的封君是伍斯特主教，主教的封君则是国王。这就是说，斯佩尔斯伯里属于国王的再分封链条，就像英格兰的任何其他土地一样。这个庄园的女主人也拥有堂区教堂的圣职推荐权（advowson），也就是说，她有权任命任何她想要的教士成为堂区长。用后世的话来说，她可能给予他生计。她也享有收回无主地（waif）的权利，也就是占有被放弃的财产的权利，以及收取解救费(forefeng)的权利,也就是因解救被偷的牛而获得报酬的权利,当然还包括拥有自己的绞刑架和召开十户联保法庭的权利(the view of frankpledge)。参与调查的调查员们并不知晓她是根据何种授权享有这些权利的,因为除非进行了特别让渡,它们都属于国王或他的官员。临近的威奇伍德森林(forest of Wychwood),还有林地也是庄园的附属财产。

庄园上有三犁地是自营地,也就是说,它们的运营处于庄园女领主的官吏的直接管理之下,由她的仆人和农奴来耕作。其余的土地处于她的佃农手中。根据调查中使用的分类,他们被分为三类:自由持有农(libere tenentes)、农奴(villani)和茅舍农(cottarii)。那里有6个自由持有农。他们之中最富裕的可能是科尔瑟恩的威廉(William of Colthurn),他拥有一个磨坊和6英亩土地,为此他每年缴纳20先令4便士的地租,这使他免于所有的劳役,除了出席每年召开的为期两天的十户联保法庭。排在威廉之后的人也许是托马斯·勒维努尔(Thomas le Venur),他持有3.5码地,服的是被称为诉讼(suit)和外来(forinsec)役务,指的是庄园法庭的诉讼和庄园向领主国王承担的役务,尤其是百户区和郡的王室法庭上的诉讼。弗兰克林约翰(John the Frаunckelein)持有2码地,再加上6英亩新垦地,同样负担诉讼及其他役务。我们应该注意到他的名字弗兰克林,以及他是一个富裕的自由持有农的事实。后面还要提到弗兰克林。里塞尔的亨利(Henry of Richel)持有1码地,地租是3先令,以及领主国王的诉讼及其他役务。托马斯·史密斯也持有1码地,因此他有义务用夫人的铁为她的三把犁打铁——犁刀和犁铧。他免于所有其他的役务,除了出席庄园法庭。

最后，罗伯特·勒杜克（Robert le Duk）持有半块码地，因此要缴纳4先令6便士地租，价值6便士的犁地工作，价值3先令的收获期间的布恩工（boon works），以及4只母鸡。

在自由持有农名单的最后和农奴名单的开头，份地规模的不规则现象结束，沉重的劳役开始。33个人每人持有1块农奴码地。他们之中的三人是寡妇，其中一人叫托马斯·里夫（Thomas Reeve）。庄头是一个村庄和庄园的官吏，其职责将在后面提及。33个人中，每个人都必须承担以下劳役：他要在米迦勒节（9月29日）和收获节（8月1日）之间服60天的劳役（opera）。这些工作是耕作领主的自营地，并为她干其他的活。除此之外，每个码地农必须带着自己的犁在夫人的自营地上做4天特殊的犁地工作，并在她的草地上做一天除草工作。在收获节和米迦勒节之间，也就是收获季，干活频率增加。在那段时间，一个码地农必须干36天的活，以及3天的布恩收割。这些布恩收割发生在女主人选择的时间，即当她有权召集村民来收割她的谷物之时。如此就是码地农的农业劳役。他也必须在夫人的林地上收集3天的坚果，并在圣马丁节向她缴纳1蒲式耳的小麦。"在圣诞节之前"，他必须交给她一只母鸡，换取树林中的枯枝。也就是说，母鸡保证了码地农在夫人的树林中收集枯枝和落果的权利。我们应该记住，她在威奇伍德森林中拥有附属于庄园的林地。他也会在圣诞节送给她一件价值1便士的"礼物"。它是什么，没有特别规定。除这些应缴物之外，每年还会按照夫人的意愿向码地农征税。也就是说，她每年可以从她的农奴的货币和实物中抽取她想要的部分。

10个农奴持有半码地。其中两人是寡妇，而且一人叫理查

第 16 章 一个例子

德·贝德尔(Richard Bedell)。贝德尔(bedell)就像庄头一样,是一名庄园官吏,但层级较低。每一个半码地农必须在米迦勒节和收获节期间提供 30 天的体力劳动(是码地农的一半),3 次犁地,以及 5 天的打干草工作。在收获期间,他要干 12 天活,并完成 3 次布恩收割。在圣马丁节,他要给夫人 3 只母鸡。此外,他还要被征税。

斯佩尔斯伯里最贫困的阶层是茅舍农,他们有 6 人,其中 3 人是妇女。他们每个人都持有一块茅舍地(*cottagium*),其大小没有特别规定。一个茅舍农每年要干 40 天的活,外加 5 次打干草,再加上 3 次布恩收割。他必须提供 4 只母鸡。到此,对斯佩尔斯伯里的描述结束,安加蕾塔·德·博尚的这个庄园的每年收益是 30 英镑 19 先令 10 便士。

如果斯佩尔斯伯里是一个庄园,那么,哪些是一个庄园的特征?按照封建法的条款,它是一块份地(holding)、一块地产(tenements),为某人所持有,但这种表述并没有太大意义,因为任何一块土地都是一块地产或某块地产的一部分。尤其是,斯佩尔斯伯里是一块自由地产,而且不仅因为它是一块自由地产,持有它的安加蕾塔还明显是一名贵族妇女。它也是一整块地产。斯佩尔斯伯里庄园也是斯佩尔斯伯里村:斯佩尔斯伯里村的所有事物都在庄园之中。庄园分为两部分:较大的那部分,处于佃农手中,较小的那部分,即自营地,由夫人的官吏来管理,并由她的仆人和农奴来耕作。在这块自营地上,可能有一处庄园宅邸和法庭,以及农庄建筑,在庄园的宅邸大厅中召开庄园法庭。按照他们持有土地的数量和因持有土地而负担的地租和劳役,佃农被分成数个等级,分别被冠以专门的名称。在佃农之中,也有人在村庄经济或庄园管理中占有特殊地位：磨坊主、铁匠、庄头、贝德尔。最后，除了从佃农那里得到地租和劳役之外，夫人还对他们拥有一定的其他权利，尤其是召开庄园法庭的权利。他们必须出席法庭，而且她从法庭的判决中获益。

斯佩尔斯伯里不是一个典型的庄园，但它与三十年前被视为典型庄园的事物非常类似。这种典型的庄园是从对一些大寺院的惯例租役簿的研究中诞生的。此后对于英格兰所有地区的地产组织的研究已经使这种典型庄园的特征很少再被视为典型。典型的庄园被认为与一个村庄吻合。但有许多庄园大于或小于一个村庄。瓦伦和萨里伯爵在约克郡维克菲尔德的庄园是一个例子，其法庭案卷经常在本书中被引用。有时，两个或更多的人在同一个村庄持有庄园——这种设计是丹法区的特征——或者存在一个复杂的分封土地的结构。这种典型庄园被认为拥有自营地和农奴份地，即负担劳役的农奴佃农的持有地。事实上，自营地的规模和劳役数量之间应该有某种联系。比耕作自营地所需更多的役务不能被索取。但在自营地问题上，实际中的任何地产可能都在两个方面之一区别于典型庄园。它可能没有自营地，只是有一些持有领主土地并交租的自由佃农。在许多庄园上，甚至当有自营地之时，其中一部分都会不时被出租给佃农。或者，这块地产可能整个都是自营地，没有农奴份地。[3]

很明显，根据它们都拥有的大量共同特征，我们无法说明什么才是庄园。那些可能被称为庄园的地产在13世纪涵盖了英格兰的大部分土地。它们在结构上差异很大，但这个词已经足够宽泛来将它们全部包括在内。甚至现在，它的含义也不需要严格界定。人们

第16章 一个例子

使用庄园一词,不是用来指代复杂的逻辑行为,而只是为了方便,以此表明他们要讨论的是一种很大、包含多种事物的东西。但如果庄园没有界定,村庄也一样。不论将它们之间的土地进行划分的庄园组织是什么,村庄都是一个可区分的单位。它是这样一个单位,有两个或更多的大块土地,遵循原野农业的习俗,将村庄包围,并属于这个村庄,村民的住房聚在一块区域,而村民认为他们是一个不同的社会群体,并按照这种想法做出行为。王室政府将地方治安的任务置于村庄,而不是庄园之上。这里我们对庄园组织感兴趣,原因不在于其本身,而在于它对村庄社会的影响。

但当考虑到所有的方面,某些特征仍然可以用来定义一个庄园。庄园是一种自由地产,而且是一种具有一定规模的地产,这种说法仍然成立。任何人都不会将一块码地误认为庄园。它是集中于一个地方的地产,而不像一些大荣誉领那样分散于几个郡中。在大多数庄园上至少有两个阶层的人:一位领主和在他之下、向他负担地租和劳役的佃农。甚至一个码地农也会有佃农,即房客。区别不在于佃农,而在于对他们的控制。如果一个庄园领主的佃农是农奴,那么他们的财产在法律看来就不属于他们自己,而是属于领主。他们一无所有,除了自己的肚子——当人们想要将情况尽可能说得明了而残酷的时候,就会如是说。[4] 领主可以随心所欲地增加农奴的地租和劳役;他们没有任何补偿。他可以将他们驱离自己的住所,变得一无所有。更为重要的是,庄园领主建立了某种庄园管理组织,尤其是可以召开一个他的大部分佃农必须出席的法庭,它位于英格兰法庭体系的最底层。没有法庭,不叫庄园——这是一个很好的规则,特别是对于严重依赖庄园法庭案卷提供的信息的研究而言。

对于社会研究者而言，关于一个庄园最有趣的问题是领主和他的佃农之间的关系。这些关系中首先要说的是，它们是永久的。只要他活着，领主就可能拥有同样的佃农家庭；只要他们活着，佃农就有同样的领主家族。两个群体结合在一起，不论好坏。一个自由佃农可能在自己想要的时候离开庄园，一个农奴在向领主支付罚金并同意每年支付一小笔被称为迁徙税（chevage）的罚金后，也能离开，但任何佃农没有强烈的引诱都不会离开庄园，因为离开意味着失去自己的土地。领主和他的人之间的关系是永久的，但他们很少是一个面对面接触（face-to-face contact）的问题。如果领主拥有许多庄园，他都不会于一年之中在某个庄园住上超过一两周的时间。惯例租役簿总是提到，佃农应该向领主缴纳何种租役，以及领主应该给予佃农何种好处，但这种对领主和他的人之间直接关系的假设只是一种表述方式。除非领主实际上是一个很小的领主，一个总管或管家（steward or bailiff）都会是他与佃农的中间人。今天，官方文献往往以同样的方式描述一个工人和雇用他的公司，当他与这个公司组织的唯一面对面接触实际上就是他与自己的顶头上司的接触之时。当然，这个事实并不能阻止工人和上层管理人员对彼此有强烈的忠诚感或不信任感。

正如我们至少应该考虑庄园上两个阶层的人：领主和他的佃农，我们也应该在开始就至少考虑两个决定他们关系的要素：他们的利益和他们的情感。两个群体的经济利益和其他利益是很明显的，以经济利益为最，也许这种明显性就是经济科学比其他社会科学更为发达的一个原因。如果他的佃农不能缴纳地租和劳役，领主将没有东西来维持家庭的生计，支付官吏和仆人的报酬，并向女儿们提供嫁妆。他在世界上的地位是由他从庄园上获得的收入来维持的。他希望持续得到收入，如果可能的话，就增加它的数额。但甚至当他有法律权利随心所欲敛取地租和劳役之时，就像他对其农奴那样，他也不打算如此压榨他的佃农，因为那样会令后者从庄园逃跑。然后，土地将会抛荒，他也就不会再从那儿得到任何收入。甚至如果佃农没有离开庄园，压迫也可能会迫使他们进行消极的反抗，这从长远来看将同样会损害领主的利益。另一方面，佃农拥有的谋生方式，他的份地，有赖于他向领主提供应有的和习惯的地租和劳役，因此，对于他而言，有极好的理由要与领主维持关系，因为领主有权力给予许多恩惠。最后，佃农的心中有他的家庭的未来，他希望保证那块土地能够传给儿子和继承人。

但如果认为经济利益是诸如领主和佃农之间的关系中涉及的唯一要素，总是错误的。甚至当双方对话，好像他们的经济利益是唯一涉及的要素，当他们谈及剥削，一个明智的人会寻找其他起作用的力量。形势可能是革命性的；但由于马克思提出的某些原因，它将很少是革命性的。从事实来看，强烈的情感渗入领主和佃农之间的关系。对任何不曾在英格兰和在乡村长大的人谈这些情感是什么过于草率。一个历史学者可以说的全部事情是，对于许多时期，虽然不是对于英格兰历史上的所有时期而言，领主和佃农之间相互行为的证据显示，双方都感受到许多彼此的忠诚和理解。领主并不仅仅是一个领主。他负责地方管理，并以某种方式要对所辖地区居民的普遍福祉负责。他的责任要求在看待社会关系时要有一种传统的现实主义，说它是传统的是因为这不是一个研究或清晰表达的问题，而是通过聆听父亲的教诲而根植于年轻人的思想之中，并在此后他们自己的经验中得到强化。说它是现实主义,是因为它从不曾被忘记,甚至在19世纪初经济理论的伟大时代也不被忘记,比经济利益更多的东西参与到社会的构成之中。这种传统是这样的——我们可以称之为托利传统,尽管辉格派也与托利派一样对其烂熟于胸——它使迪斯雷利相信,普通人愿意将自己的命运交给土地贵族,英格兰的绅士,而不是新的工业富豪。数个世纪以来,在政治和战争中,普通人事实上时刻准备着接受他们的领主的领导。可以肯定的是,这个传统并没有阻止领主和佃农在意他们的特殊利益。事实上,他们可能都视这种传统为理所当然,以至于他们很少清楚地意识到,任何经济利益之外的东西也利害攸关。此外,任何一方的人如心怀恶意都可能违反那种原则。但如果它足够坚挺地建立在共同体之中,甚至这样的人也会必须遵纪守法。规则之下,人人都不由自主地做绅士。

有理由相信,领主和佃农之间关系中的这些非经济要素在英格兰由来已久。正如法国人所说,关系变化越多,它所保持的相同事物越多。要描述它在今天或在19世纪的样子都过于困难。为了描述它13世纪的模样,一个人应该抓住蛛丝马迹,阅读来自档案中的一些记载,它们将只会告诉他已经固化为大众习惯的做法;它们将告诉他很少关于领主和佃农的实际态度的东西。但这种做法值得尝试。尽管对其他问题的处理可能通常会使它模糊,但领主和他的人之间的关系的非经济要素的重要性将是接下来的篇幅中讨论的主题。

第17章 人的类型和身份

在所有的高级文明中，人都被划分为阶级，每个阶级有不同级别的社会地位。但在今天的西方世界，阶级之间的分界线完全是不明确的：从最高阶级的人到最低阶级的人之间的序列几乎是连续的。我们论及统治阶级、中间阶级、无产阶级；事实上，并没有普遍接受的特征用来将一个阶级的所有人与其他阶级的人区分开来。造成这种情况的原因至少有两个。人们从社会的较低阶级上升到较高阶级在过去和现在都很快，因此，阶级的成员身份从来都不是闭合的。职业的范围如此之广，变化如此之迅速，以至于每种职业的社会认可程度都还没有固定下来。一个人的工作不再无误地显示他所属的阶级。但在一个相对稳定和简单的社会中，如13世纪的英格兰社会，诸阶级是相当不同的，在当时的话语中，它们被给予了明确而固定的名字。

甚至在一个村庄里，也存在不同的阶级，但描述它们时存在困难。对人的类型和身份的另两种分类与根据社会地位的分类交叉在一起。第一种分类是法律上的：它由王室法庭的法学家们推出，作为他们巩固普通法的一部分。第二种分类是经济上的：它根据人们在一个庄园的经济中发挥的作用来描述他们。这些方案的每一种都有其自己的术语：每一种都在某些点上与其他点相符，并将它们与其他分类区分开来。此外，事实本身也很微妙，用来描述它们的词汇很多，因抄写员们想要强调的一种或另一种情况中的某一种因素而异。社会分类是社会学者最感兴趣的内容之一，在其得以公开之前，必须对法律式分类和庄园式分类进行描述。

法律分类经常被描述且已经由梅特兰[1]进行了完美的论述，他的著述也是当前的概论必须依赖的。人们根据他们的个人地位，以及他们持有土地的保有权来被分类。两种方案都在自由和奴役、自由保有权和奴役保有权、自由人（freemen）和农奴（villeins）之间做出首要区分。一种按照地位和保有权来进行的分类可能看起来过于复杂，但它实际上在13世纪得到使用。在那个时期，很可能，一个自由人持有一块农奴份地，一个农奴持有一块自由地。有时，一个人如果持有自由地就是自由人这种理念开始出现。在1275年召开于约克郡维克菲尔德，一个属于瓦伦和萨里伯爵的庄园的法庭上，有案例称，斯坦弗伊德（Stanefeud）的铁匠约翰是伯爵的农奴，但持有自由土地，法庭的命令如下："他将被扣留来答复他是怎样，以及为何从农奴变为自由人的。"[2] 但这样的理念对于王室法庭而言是陌生的。

持有方式要么自由，要么不自由，即奴役。如果它们是自由的，它们就由王室法庭来保护。如果它们是不自由的，它们的命运就由领主来掌握，只由领主庄园法庭上施行的庄园习惯来保护。自由保有权有四类。教役保有权（Frank almoigne），按照提供施舍为义务的保有权，是大多数寺院持有土地的方式。军役保有权是大封建持有方式。服役保有权指的是，人们按照做许多役务中的一种而持有土地，这种役务并不必须是军役，比如作为一个大领主的世袭总管的役务。索克奇是自由保有权的残余类型。索克奇地并不受封建形式的监护和婚姻权利支配，涉及这类土地的诉讼在许多情况下是由当地习惯而非普通法来判决的。索克奇是小持有者的土地保有权。

农奴土地持有要受到庄园法庭的制约，而不是王室法庭。因此，王室法庭的法学家，他们发展了普通法，在不同的农奴保有权之间并没有做出区分，除了一种情况，即曾经是国王古自营地一部分但后来被转让的土地。古自营地被界定为诺曼征服之前处于忏悔者爱德华手中的土地。在古自营地的一个庄园上，两种不同类型的农奴保有权被区分开来：完全农奴（villeinage proper）和索克奇农奴（villein socage）。索克奇农奴的特殊性如下：一个按照这种方式持有土地的人可能必须为庄园领主做实为农奴制特征的活，但对他的土地保有权领主不得侵犯。他并不像其他农奴那样按照领主的意志持有土地。如果一个农奴索克曼（villein sokeman）的土地保有权受到其领主或其村民邻居的伤害，他可以在王室法庭上求得一个安全令状，即"小权利封闭令状"（little writ of right close），签发给庄园的管家，并要求他们按照庄园的习惯行事。庄园法庭然后要按照这些条件做出裁决。而且，如果一个领主在农奴索克曼的惯例役务之外增加负担，他们可以得到以"他们指示"（monstraverunt）开头的王室令状。它被签发给领主，并要求他停止压榨。如果没有按照小权利令状或指示令状来做出公正判决，那么就有其他令状将这些案件转移到王室法庭上。因此，小权利令状保护农奴索克曼作为个人拥有土地的权利，指示令状则保护他们作为集体对抗新役务压榨的权利。[3]

那么，索克奇一词，并非指一件事，而是好几件事情。它指的是一种自由保有权。它意味着古自营地庄园上的特权保有。偶尔,在另一些庄园上,按照所有的法律标准都是农奴,但向领主缴纳货币地租而不是劳役地租的人,也被称为索克曼。含义的多样性因两个原因而起。在诺曼征服之前,索克曼可能构成了一个明确的阶级。后来,当法学家们试图在自由和奴役之间划出明确的界线之时——这一界线在古英格兰并不存在——索克曼就被分成了两类,分别处于这条线的两侧。为了完成这种令人困惑的行为,法学家使用索克奇作为描述一些自由保有权的方便词汇,它包括诺曼征服之前已经被认可为索克曼的人,也包括许多没被认可的。在13世纪,索克奇和索克曼等词汇主要在法律上使用。一个研究社会而非专门研究法律的学者无须关心它们。

人如保有权一样,或是自由,或是奴役。在他们简化普通法的伟大工作中,王室法庭的法学家们必须在奴役和自由之间划出一条线。鉴于许多原因,这是一种便利,但不幸的是,法学家们无法在农奴和自由人之间找到一种清晰的社会差别。无疑,这样一种差别曾经是存在的。在诺曼征服时期,英格兰是有奴隶的,尽管他们在那时并不多,而且正在消失。法学家们所做的是从罗马法中找到人们是隶农(serfs)或自由人的教条,并试图将其用于指代持有农奴份地和以其他方式持有土地的人们之间的差别。根据罗马法,一个隶农仅仅是他的主人的财产,法学家就准备将农奴设想为一名隶农。但对于他们而言,习惯难以处理。一个农奴,甚至且不说他持有的土地,有时会被其领主卖给另一个领主。理论上来讲,他是按照领主的意志持有他的土地。他的东西就是他的领主的财产。然而,只要英格兰农夫是一个向领主负担惯例劳役、耕种他自己的份地并将其传给儿子、在庄园法庭上按照邻居的判决来解决纠纷的人,他就不能如一个罗马奴隶那样被看待。

由于在自由和奴役之间缺乏任何清晰的区别,如存在于罗马法中的那些,法学家们建立了一系列的标准来决定一个人是否身处农奴的地位。一个人的父母如果曾经是农奴,并持有农奴份地,他自然会被视为农奴。但这个规则仅仅是将问题溯及过去。最明显的标准是周工(week-work)。一个每周要为领主工作几天的人肯定是农奴。百户区案卷称农奴为血统上的农奴(de sanguine suo emendo)。人们用这个短语指一个人是农奴,他要为女儿嫁出庄园缴纳婚姻捐,在自己的儿子不论出于何种原因永久离开庄园时要缴纳罚金。百户区案卷也将农奴称为按照不确定役务来持有土地的人。按照法律理论,庄园领主可以随意改变农奴们向其缴纳的地租和劳役量。另一方面,自由持有者的地租和役务是固定且"确定"的。事实上,尽管农奴役务有时会增加,但它们通常都是按照当地习惯固定的,习惯在中世纪的生活中是确定的事情。甚至,总是被描述为尤其因领主的意志而定的农奴的任意税(tallages),通常也是按照习惯数额固定的。一个人是不是农奴的另一个标准是,他是否曾当过庄园的庄头。庄头往往是农奴。但任何特定案例中的情况都可能会使许多这些标准难以适用。为了理解13世纪的人是如何按照农奴一词来被理解的,我们应该考虑庄园的经济组织和村民自己认可的社会阶级。

出家、在王室自营地或拥有王室特许状的城市住满一年零一天,一个农奴即可获得自由。他要想获得自由,还可以娶一名女性自由人,尽管他们的孩子是否自由还是未知数。他也可以,如果他的领主同意的话，购买他的自由。这样一种解放出现在 1274 年格洛斯特郡明钦汉普顿的法庭案卷中：

> 休·卡特想要摆脱奴役。他向领主缴纳 13 先令 4 便士来购买自由，外加每年 2 便士的迁徙税。[4]

缴纳迁徙税，即人头税(head-money)，是农奴解放的一个常见特征。

自由人和奴隶之间罗马式的差别不论是否能够严格地适用于英格兰的情况，法学家都已经如此好地完成了自己的工作，以至于人们认为一个农奴就是低等人。农奴本身是个法语词汇，由一个诺曼领主应用于他的英格兰佃农。在 13 世纪，它已经开始获得其后来的意义。村民们不愿意被称为农奴(serfs、neifs、villeins)，尽管他们就是这样的人。在庄园法庭上，这一冒犯，如任何其他诽谤一样，会被处以罚金。真相不容抗辩。1300 年 10 月 5 日召开于伍斯特郡黑尔斯欧文的一个庄园法庭的案卷提到这样一种诽谤罪：

> 罗伯特，伊雷的克里斯汀(Christine of Illey)的儿子，因托马斯·艾米斯(Thomas Amys)的违约行为而被扣押财物，二人庭外和解，而罗伯特对此向领主答复，他说他的身份比托马斯·艾米斯高。

仅三周之后，也就是说，在下一次法庭上，这个罗伯特就遭到处罚，"因为他称自己的邻居们为农奴"。[5]

也许是因为黑尔斯欧文的修院长和女修院长都是暴戾的领

主，或至少，如我们此后将看到的那样，一如既往地恶劣对待其佃农，因此，自由和奴役的问题在那里很尖锐。这个庄园法庭案卷中记录的其他两个案例解释了这一点，也透露出农奴和自由人如等级（estate）一样的组织。第一个案例出现在1297年4月22日的法庭上：

> 一个全体自由持有者组成的调查团做出如下判决，由于泰文府的威廉（William of Tewenhall）是自由人，他不应该被列入农奴，并因农奴的错误陈述或隐瞒而被处以罚金，而是仅仅因自己犯错被处罚。因此，法庭认为，上述威廉应追回他因里奇埃克（Ridgeacre）村而造成的损失，而该村因自己的错误评估（ingistiamentum）受到处罚。[6]

很明显，黑尔斯欧文的习惯是，如果农奴作为一个群体在庄园法庭上做出隐瞒或错误诉讼行为，他们会被处以共同罚金。另一方面，自由人明显仅仅因为他们自己犯错而被处罚。泰文府的威廉是自由人；但里奇埃克村的农奴将自己招致的罚金分给他了一份。因此，威廉受到了损失。这里应该注意另一点。这个调查是对所有自由持有者的调查。自由持有者自己就是决定一个人是不是他们的成员的那些人。

尽管有这个决定，泰文府的威廉的地位，或与他同名的他的儿子的地位，在此后同年中黑尔斯欧文的庄园法庭上仍然悬而未决。238 这个案例记录如下：

威廉，泰文府的威廉的儿子，因宣誓成为（麦酒）巡回法庭审判员（keeper of the assize）一职而被扣押一头小母牛，他来到法庭上索取自己的扣押物，并找来担保人来遵守这个权利，即菲利普·贝莱高姆贝（Philip Belegaumbe）和约翰·奥海瑟（John o' the Hethe），这个威廉被安排宣誓承担陪审员一职。他陈述称，他不能被迫宣誓，或由农奴选举担任那个职务，或通过他们的选举担任任何职务（bailiwick），他将自己置于同侪（peers）的判决之下，农奴被问到，他们是否愿意自担风险维持原选举或另选他人担任陪审员。他们称，那些身份更高的人并不归该法庭管辖，而是归国王的法庭管辖，因此，双方等待一天后召开的下一次法庭。[7]

正如农奴作为一个整体要招致共同罚金的惩处一样，他们自行评估这种罚金的份额，因此，在黑尔斯欧文和其他地方，他们也从他们的成员之中选举特定的庄园小吏，并任命庄园法庭的陪审员。也就是说，他们选择农奴陪审员。如果有需要的话，自由人可能组成他们自己的陪审团。威廉宣称自己是一名自由人，因此将被免除农奴共同体的所有负担，而且为了确立这个事实，他将自己置于那些他宣称为同侪，即自由人的判决之下。如果农奴坚持将威廉选进自己的陪审团，他们要自行承担风险。也就是说，如果他被认为不是他们中的一员，他们将被处以罚金。但威廉所宣称的同侪，即自由人，跟着国王爱德华的第一军团去威尔士了，对这个案子的判决因而推迟。一个村庄的品酒师（ale-tasters）必须决定，为出售而酿造的麦酒是否达到了国王麦酒法令所确定的标准。如果没有达到，庄园领主将对犯错的酿酒者处以罚金。庄园法庭征收了无数这样的罚金。

黑尔斯欧文的这些案例将关于一个英格兰村庄人的阶级的重要问题提到前台。一些现代研究社会组织的理论学者曾经根据等级来为社会组织辩护。他们并不简单地认为，社会应该被分为阶级：大多数发达社会是如此分类的。他们也并不简单地认为，阶级应该更加明确地区分，而不是如今天大多数西方国家那样。他们主张，阶级应该以某种方式被作为集团来对待，每个人都有其集体的责任和特权。

这种理论的创立者承认，它的部分基础在于他们对中世纪社会秩序的理解。他们认为此类事物就像法国的三级会议（Estates General of France）。但即使是在中世纪社会中一个更小的区域，即13世纪的英格兰村庄，不同阶级也是作为等级来做出某些行为的。在黑尔斯欧文的庄园法庭上，农奴作为一个群体提出涉及庄园良好秩序的问题，而且他们集体为他们所提起的诉讼中的任何错误和隐瞒负责。作为一个群体，他们选举庄园法庭的农奴陪审员和其他几种庄园官吏。自由人并没有如农奴那样紧密地组织起来。一个自由人不仅不受领主权力的侵害，而且还免于其作为一个农奴和共同体的一员本应负担的若干役务。然而，自由人在某种程度上表现为一个等级，只要他们的一个成员有权要求，对他的案子的判决不能由农奴陪审员做出，而由他自己的等级，即同侪做出。在另一些庄园法庭上，奴役和自由之间的分界线是否如黑尔斯欧文一样严格并不确定，但有迹象表明，如我们将要看到的那样，在英格兰的许多地区，一个人在某种程度上要对他所在的那个阶层的人群负责。

对人的类型和身份的第一种分类是法律的，依据是土地保有权和地位。第二种是根据人们在一个庄园的经济中发挥的作用。当然，存在许多无地的人：房客、单身工、居住在庄园大宅中的仆人。但重要的村民是土地持有者，即佃农。从一个负责管理一个庄园的人的角度来看，存在两种佃农：那些主要缴纳地租的人和那些负担耕作自营地的沉重劳役的人。这里，在法律和经济分类之间立即出现了一种大致的吻合。不论农奴制的法律标准可能曾是什么，大多数庄园上自由持有者和农奴之间的实际主要差异是，前者向领主缴纳货币地租以及少量劳役或没有，而后者缴纳沉重的劳役，而且通常也有一些地租。但自由持有者群体可能包含在他们的邻居看来是占有不同地位的人。一个自由持有者可能是持有一大块土地，一两海德的人。一个自由持有者也可能是一个不持有土地只拥有自己的茅舍的人。两者被合称为自由持有者，仅仅是因为两者都缴纳地租，并不负担劳役。鉴于这个原因，奴役和自由之间的界线无法在所有地方都被承认为真正社会阶级之间的界线。

　　此外，并非所有缴纳地租而不负担劳役的人都是自由持有者。在有些庄园上，有一类人必须缴纳婚姻捐，充当庄头，并缴纳任意税——简单而言他们是农奴——但他们所服的劳役很少或者没有。他们在拉丁语中被称为 censuarii，英语中的摩尔曼（molmen），因为他们缴纳摩尔（mol），即地租。摩尔曼产生于劳役折算过程之中。他们或他们的祖先曾经负担沉重的劳役，领主已经将它们折算为货币地租。他通常根据当时看起来更加有利的做法，安排他们要么服劳役，要么交租。[8]

　　最后，更多的人是法律角度的农奴，而不是通常所说的农奴。在许多庄园的惯例租役簿中，例如斯佩尔斯伯里，农奴的名字仅仅用来称呼那些持有大量地产,并向庄园领主负担大量劳役的佃农。他们也被称为 consuetudinarii 或 custumarii,即惯例佃农,因为他们的役务是惯例劳役,或沃克曼(werkmen),因为与摩尔曼不同,他们服劳役。在有些庄园上,向领主缴纳的劳役必须是每周 3 天或 4 天;在另一些庄园上,他们的劳役较少,他们的地租相应更多。就这个方面而言,庄园因自营地的大小和它们被耕作的方式,不论是依靠农奴的劳役还是使用雇佣劳动力,而有很大差异。

比持有大量土地(码地和半码地)低一级的人是茅舍农阶层,他们每个人都持有一个茅舍,也许还有几英亩土地。在法律意义上,许多茅舍农就是农奴,但是他们一般并不被称作农奴。茅舍农,作为一个真实的社会阶级,对应着庄园经济中一群特别的人。一个持有小块土地并养活一个小家庭的人无法被要求为领主干大量工作。因此,茅舍农负担的劳役要比那些持有相对更多土地的人的劳役轻得多。事实上,在有些庄园上,茅舍农被称为 lundinarii,即周一工(Mondaymen),因为他们必须为领主干活的时间是每周一天,即周一,但持有更多份地的农奴必须干好几天。

在这些主要经济阶级之外,人们可能被划分在特别的名目之下,如果他们持有某种特殊种类的土地,或承担某些特殊的役务的话。自营地的部分地块可能被用来出租,这与掌握在领主手中的那些不同。这样一来,就有一群人被称为自营地的佃农。少数农奴也可能被指派驾驭领主的耕犁,并照料他的犁队。鉴于这种特殊的役务,他们会得到特殊的优待,并被免除他们在其他情况下会向领主负担的部分劳役。这些人在古英语中被称为阿克曼(akermen)。但通常,按照他在庄园经济中承担的角色,一个持有土地的人会被列入四个阶级中的一个。他会是一个自由持有者,或一个摩尔曼,或一个农奴,或一个茅舍农。当然,在任何所述的庄园上,这些阶级的一个或几个可能并不存在。[9]

对于一个社会学者而言,不论是按照法律地位还是根据在一个庄园的经济中发挥的作用对村民进行的分类,都不如分成由同伴决定的等级和由邻居给予的重视程度那样重要。与不同类型的土地一起,我们对村庄社会阶层已经进行了一些讨论。有些东西也已经由对人的类型和身份的法律和庄园的分类而得到论述。惯例租役簿在这个问题上尤其有用。它们记载了一个庄园每个佃农持有土地的数量,而且在一个相对稳定的糊口农民的共同体中,一个人持有的土地数量是与其社会地位紧密关联的。实际上,在考察村庄主要社会阶级的时候,无地的人——房客、单身工和其他人都可以被忽略。通常,惯例租役簿记载了村民们称呼不同阶层人的古英语名字,而这些名字是这些阶级在事实上被认可的最可靠证据。

在13世纪,村民中存在三个主要的社会阶级,这里用那时已经最为常见的英语名字来称呼他们:弗兰克林(franklins)、农夫和茅舍农。从描述中间的和最大的村民阶级开始是方便的。在英格兰北部和东米德兰兹,他们被称为农夫。在那个时代,农夫指的是一个属于一个特定阶级的人。他是一个依附农,与只持有一种较差的住所,即茅舍的茅舍农相比,他有一处住宅。但中间阶级的村民被以许多其他名字来称呼。在威塞克斯和南米德兰兹的部分地区,他们被称为尼茨(neats)。例如,罗彻斯特主教的庄园惯例租役簿中,在对白金汉郡哈德纳姆和卡丁顿习俗的论述中,行文如下:

在圣马丁节,领主可以让他想要的任何一个尼茨来干活。已知的是,这些尼茨也就是比茅舍农多少更加自由的农奴(*neiatmen*)。他们都至少持有码地或半码地。[10]

neat、neiatman、net 和 neth 等词应该来自盎格鲁-撒克逊语词汇 *geneat*,指的是一个农奴,这个 *geneat* 看来与德语词 *genosse* 相关联。也就是说,尼茨是村庄中的伙伴,即那些参与其共同事务的人。在西部的一些地区,农奴阶层的人可能被冠以一个更加模糊的名字恩茨(*enches*)。[11] 或者,根据自己持有的地产,他们被直接称为码地农(yardlings)或半码地农(half-yardlings)。当然,在拉丁语中,他们总是维拉尼(*villani*),也就是农奴。在法律意义上,茅舍农阶层的成员可能是农奴,但几乎所有的惯例租役簿,包括完全使用这个词的《末日审判书》,将更加富裕的农奴放在了维拉尼的名目下,将较不富裕的农奴放在茅舍农的名目下。

不论他们名称的区别是什么,萨默瑟姆的农夫,哈德纳姆和库丁顿的尼茨,斯佩尔斯伯里的农奴明显是同一个阶级的人。他们就是在村庄中持有土地的人,这些土地每块都包含大量的分散于敞田中的条田,按阶级分类的地块的面积都是相等的。在南方,他们是持有码地和半码地的人。在北方,他们是持有一块或两块半码地的人。他们的财富并不相等,但与其他两个阶层的村民相比,他们的份地面积都处于同一范围。也就是说,持有 10—40 英亩土地的人会被认为是一个农奴。

除非他们是自由人,或已经被当成摩尔曼,一个村庄的农奴都是必须全年在领主的自营地上每周干几天活的人。他们必须清洗和修剪领主的羊,除草并打干草,收割、打捆并运输谷物,然后将其脱粒和扬壳,等等。说一个人用"叉和枷"干活就是说他是一个农奴。[12] 但这个中间阶级的村民所负担的最重要劳役是犁地。使用他们自己的犁队或带着自己的耕牛加入他们同伴的队伍来组成联合犁队,他们必须犁耕领主的自营地,然后再用他们的马将其耙松,在春秋的犁地季节,他们就这样一周周地干活。而且,至少一季一次,当领主紧急需要的时候,他可能召集他们带着他们的犁队来做特殊的布恩犁地工作。1336 年,柴郡的达恩府和欧弗的佃农起义反对领主皇家河谷修院长(Abbot of Vale Royal),并面见国王爱德华三世倾诉他们的痛苦。原档案这样说:

> 上述佃农,鉴于他们所称领主带给他们的困苦,带着他们的铁犁铧,到国王面前起诉;国王对他们说:"你们身为农奴来到这里,应该作为农奴回去。"[13]

这个关于起义的故事很有趣,但现在不重要了。重要的是其象征意义。犁铧是农奴身份的标志。当他在文学中作为一种类型出现的时候,他被称为农夫皮尔斯。耕犁是他的生命。

中间阶级的村民在不同的地方被冠以不同的称谓。下层社会的村民并非如此。他们被称为茅舍农(cotters、cotmen、cotsetles)。在每一种情况下,称呼他们的名字指的是他们住的房屋的类型。他们住在茅屋(cotes)或茅舍中,在那时与此刻一样,茅舍一词指的是,一间比其他房屋要小的棚子。在《末日审判书》中,许多下层村民被称为边地农(bordarii),边地农也出现在13世纪的文献中,尽管很少。但边地农仅仅在名称上可以与茅舍农相区分，他们的名字，就像茅舍农的名字一样，指的是他们的住房。他们是持有边地（bordels）的人。

茅舍农的名字让他们因拥有较小的住房而区别于其他村民；他们的持有地也比邻居的土地小得多。除了自己的棚子及其周围的地之外，如果一个人在农田里持有超过5英亩的土地，他本不会被认为是茅舍农阶级的一员，因为许多茅舍农除了自己的茅舍外一无所有。在另一些方面，茅舍农的土地趋向于遵循乡村地产的一般模式。在任何村庄里，薄田在面积上很可能是相等的，更确切地说，每个阶级的土地面积都是相等的，甚至在茅舍农中仍然有亚阶层——大茅舍农和小茅舍农。

一个人能否成为茅舍农并不取决于其在法律上的地位，而是取决于他所持有的土地数量以及由此产生的财富和报酬的等级。他是自由人的事实并没有使其摆脱茅舍农的地位。我们读到被专门称为自由茅舍农的人。[14]事实上，由于在任何情况下他们的劳役都很少、很轻，茅舍农阶层的人更可能比那些持有大量土地，并承担重要周工的人拥有完全的自由。在社会的底层与顶层一样，自由人都很常见；他们在中间阶层村民当中却不常见。

茅舍农分为两个群体：持有地直接来自庄园领主的那些人，以及在村庄上较富裕的农民的土地上获得茅舍的那些人。如果村民们用词友善的话，第二个群体的人应该总是被称为房客。事实上，他们通常被称为茅舍农，或更好一些是coterells，最后这个词暗示他们确实是非常卑微的茅舍农。[15]

我们已经看到，一个农奴的租役大致与自己的份地面积是成比例的。然而，一个码地农全年每周都会为领主干几天活，一个茅舍农的工作仅仅是每周一天或更少。这种安排源于事物的本质。一个持有一码地的人能够养活一个大家庭，并可以耕作自己的土地，即使他忙于领主自营地上的活，但一个茅舍农耕作自己的那块地，不会有外人的帮助。此外，他可能无法仅仅靠自己小块土地上的产出来养活一个家庭，必须为较富裕的邻居干活获取货币或实物工资来增加一些生计。因此，一个领主只能够要求自己的茅舍农干几天的活。[16]

通常，茅舍农的租役在种类和程度上都有别于农奴的租役。1277年伊利惯例租役簿说到剑桥郡威尔伯顿（Wilburton, Cambs.）的一个茅舍农：

> 他和他的伙伴应该收集、准备、投掷、立起邓纳姆（Dunham）公园里的所有干草，而这些干草是所有持有码地和半码地的人收割的。[17]

萨塞克斯的卡克汉姆（Cakeham, Sussex）持有半海德土地的农民负担的役务也是如此，它们被记录在奇彻斯特主教的庄园惯例租役簿中，行文如下：

> 他应该用自己的马车运输主教的粪肥，并在茅舍农的帮助下装车。[18]

这些案例本身很小，但它们显示，在庄园工作的组织上，农奴被作为一个群体对待，茅舍农则是另一个群体。正如在黑尔斯欧文的庄园法庭上，也如威尔伯顿和卡克汉姆的自营地上，诸阶级以某种方式表现为等级，每个阶级都在工作中承担一种不同的角色。如果要在两个阶级中区别他们向领主负担的不同工作的话，我们是否能够怀疑，在村庄生活的其他事务中，他们之间也会有其他区别？农奴和茅舍农之间的一个常见区别是，他们是否有资格承担庄园和村庄的官职。一个码地农或半码地农如果被选中做庄头或看护员的话，他必须上任；而一个茅舍农必须做领主的犁把式、羊倌或猪倌。在惯例租役簿中，对于这种区别没有给出原因，但我们可以猜测他们曾经可能是什么样的。很可能，茅舍农没有维持自己充当庄头或看护员等重要职位的财富或权威。另一方面，很可能，犁把式、羊倌或猪倌的工作在尊贵程度上也低于码地农。在有些村庄，两个阶级的持有地甚至存在地理上的分割。在1241年的一份最终协议中，我们听说"五杆沼泽地……它们位于茅舍农的公共沼泽地和安维克（Anwick）的农奴的公共沼泽地之间"。[19]

在茅舍农和农奴所负担的劳役的区别上，有一种看起来特别重要。在许多庄园上，尽管并非全部，一个农奴为领主所干的活儿大部分是犁地，或是用自己的犁队，或是带着自己的耕牛加入伙伴之中组成一个联合犁队，但一个茅舍农只能做"手工活"，即挖坑、脱粒、扬壳等。这种安排也源于事情的本质：茅舍农的持有地很小，这块地小到既不能养活一个人及其家庭，也不能养活一头牛或一匹马。因此，我们推断，推断之外也有证据表明，小土地持有者不可能有耕牛。亨利三世治下，威斯敏斯特修院地产的惯例租役簿中，关于赫特福德郡奥尔德纳姆（Aldenham, Herts.）庄园的调查作出以下论断：

> 所有拥有一副耕犁的人，尽管他只有五英亩土地，都应该每年犁耕三次，而无需食物。如果实际上，领主想要犁耕更长的时间，他应该为他们准备食物，那些不拥有耕犁的人也负担一次这样的劳役。[20]

很明显，这个案例的用词暗示，一个仅持有五英亩土地的人不可能拥有一个犁队。但他当然可能有一头牛或一副牛轭来与他的伙伴们组成一个联合犁队。我们有比这更可靠的证据来证实这个论断，即小土地持有者不可能有耕地的挽畜。1301年萨默塞特斯托克库西（Stoke Courcy，Somerset）的一份惯例租役簿提到九个"惯例佃农"，每个人都有五英亩土地。在冬季种子季和大斋种子播种季，每个人都必须带上他在犁地时能驾驭的耕牛，为领主耕地三天。每副犁每天得到一便士作为"报酬"，据估计，四个佃农通常能够组成一个犁队。如果一个佃农没有耕牛，他必须，或者耕地，或者提供某种补偿以代替耕地。九名惯例佃农每个人在理论上都必须完成这项劳役，但这份惯例租役簿继续说：

> 由于常见情况是，他没有耕牛，而这种习惯的价值仅仅是补偿，因此，它没有被扩展。[21]

这里有一种常见的论断是，至少在斯托克库西，一个持有五英亩土地的人当然是茅舍农阶层的一员，通常并不拥有耕牛。

第17章 人的类型和身份

另一个有启示性意义的情况：在许多庄园上，领主的犁把式是从茅舍农中挑选出来的，而且在这些庄园上，作为犁把式的一项报酬，犁把式通常获准使用领主的犁队在周六耕自己的地，而周六对于农奴来说通常是为领主干活的时间。[22] 如果犁把式有自己的犁队，或有可以与伙伴们组建联合犁队的耕牛，使用领主的犁队对他并没有好处。我们应认为，他并没有自己的犁队。但对于13世纪的英格兰村庄社会而言，没有通用于每个村庄的规则，在有的村庄里，茅舍农都被希望拥有耕牛。在萨默塞特的灵顿（Wrington, Somerset），例如，在1235年前后，一个持有五英亩土地的人，必须"两次带着一头牛，或更多头牛，如果他有的话，参加领主的布恩犁地工作"。[23] 茅舍农是否拥有犁队可能取决于他们的村庄附带的牧场和草场数量。

在英格兰，农夫拥有耕牛，这是最重要的一件农业工具，而茅舍农没有，对这一点反复解释的原因在于，在欧洲其他地区的农民社会秩序中，这种人与人之间的经济差别是与一种社会差别相联系的。在法国，正如我们之前所见，村民的两个主要阶层是由能够保有犁队的人和只有靠自己双手劳动的人组成的。前者是大农，后者是小农。小农可能是双手使用自己的铁锹深翻自己的土地，但在大多数村庄里，一个人自觉必须帮助其邻居，而且小农通常能够借到较富裕村民的犁队。如果他们这样做的话，他们被期待向大农提供一定时间的体力劳动。[24] 一种相似的标准可能将中世纪的农夫与茅舍农区分开来，而一种相似的合作可能将两个阶级联合在一起。事实上，我们知道，这种行为模式至少在一种情况下得到遵循，当一个庄园的领主选择一个茅舍农作为其犁把式之时，他允许茅舍农使用犁队去耕作自己的土地。

除农夫和茅舍农之外,第三个阶级也可能在13世纪的一个村庄中找到,一个很小但在等级和财富上处于三个阶级最顶端的阶层。他们就是弗兰克林。[25] 弗兰克林一词,来自盎格鲁-诺曼方言,指的是自由人,但并非所有自由人都是弗兰克林。村里有人被称为自由茅舍农。可能,也有自由农夫。这种人持有的土地的规模如其他茅舍农和农夫一样,但不同的地方在于役务免除和农奴的其他事情。这种人本不会被称为弗兰克林,也不会是贵族和乡绅的成员,尽管他们也是自由人。在对拉姆西修院的骑士征收海德税(hidage)的过程中,这次征税追溯到1184—1189年,修院的契据册提供了一份对弗兰克林一词的早期使用案例,以及对弗兰克林地位的描述。这次海德税给出了那些按照军役从修院长那里持有土地的人的名字,他们的采邑的大小,以及每个人在国王召集封建军队时必须提供的骑士数额。四海德为一个骑士的采邑,但许多骑士的持有地低于法定标准,尽管不少于1.5海德。然后,这份海德税继续说:

> 除了这些之外,还有许多弗兰克林,他们中有些人持有半海德,有些人持有更多或更少,他们必须而且习惯于辅助骑士们来服军役。[26]

这段文字确定了弗兰克林的地位,至少是在拉姆西庄园上。因此,弗兰克林之上是骑士,这些骑士至少持有1.5海德土地。弗兰克林之下是农夫,他们任何人的份地都不可能超过1码地。由于1海德是4码地,弗兰克林是自由持有者,他们处于份地面积是2码地的那个层次上。这就是对弗兰克林们的一般论断，而且13世纪拉姆西庄园的惯例租役簿，包含在契据册中，显示许多村庄里实际上都有一个小但不同的人群，他们处于海德税赋予的弗兰克林们的地位上。

此外，拥有类似拉姆西弗兰克林地位的人也出现在米德兰兹和英格兰南部的许多村庄里。他们是自由人；他们持有的土地小于封建绅士，即庄园领主们的地产，大于中间阶级村民的份地。百户区案卷中记录的几乎所有被冠以弗兰克林姓氏的人都是这种地位。因此，在斯佩尔斯伯里，约翰·弗兰克林是一个持有2码地和6英亩新垦地的自由人，而最富裕的农奴的份地不会超过1码地。但13世纪的姓氏是不稳定的，而且任何定论都不能仅依据它们做出。

大多数的弗兰克林持有法学家称为索克奇的土地，这是一种自由租佃的残余。他们并不因自己的份地而负担军役，他们也不是警役（sergeants）。他们向领主缴纳地租，而且往往也不是沉重的地租；他们与庄园经济紧密地联系在一起。他们被称为弗兰克林，不仅是因为他们是自由持有者，也因为他们是身为农夫和村民的自由持有者。大多数的村民被要求为他们的领主服劳役；弗兰克林是自由人，而且全部或大部分免于所有役务。甚至当他们习惯于服劳役之时，它们都是特殊的劳役。为了满足他们在所属庄园的利益，弗兰克林们不得不出席百户区法庭和郡法庭，并当他们就在附近的时候出席国王的巡回法庭。也就是说，他们必须承担所谓的外来役务（forinsec service）。这些负担往往将弗兰克林卷入远离他们村庄的奔波之中；事实上，他们有时因出席百户区法庭的负担而被称为百户长（hundredors）。[27]

更有意思的是弗兰克林们在领主的收获布恩之时承担的役务。在1274年萨塞克斯的登顿(Denton, Sussex),约翰·帕特里西(John Partrich)是一名自由持有者,持有半海德土地。奇彻斯特主教庄园的惯例租役簿继续说起他的劳役:

> 在每次收获布恩时,他必须找一个人来收割,由领主提供食物,而他,约翰,必须在每次收获布恩时期承担警役工作,手持木棒,忠诚而诚实地监督收获,由领主提供食物。[28]

1267年,在格洛斯特的诺斯利奇(Northleach, Glos.),该府的罗伯特持有三码土地:

> 他本人应带着自己的木棒,与收割工共处三天,以监督他们是否完好而忠诚地工作,然后他会与领主共餐。[29]

这种劳役在许多庄园上都很常见。在一份中世纪手稿中,甚至有一幅画显示,一个监工手持木棒在监督收获时的收割工作。[30] 监工有时从较富裕的佃农中选出,也从弗兰克林中选出,这当然没错,但他们总是高等级的村民。领主的收获工作使用的是村庄社会的阶级联合。

简单来说,有确切证据表明,在13世纪的英格兰乡村,存在一个小自由持有者阶级,不比乡绅富裕,但比农夫和茅舍农有钱,这些人被称为弗兰克林。在接下来的那个世纪中,如果我们根据乔叟笔下的弗兰克林来判断,这个阶层的人正在兴起,并获得了大量财富和权力。

在任何社会中,人们的阶级构成都不是一成不变的。人们在地位等级和财富规模上与他们的父辈和祖父辈不尽相同。有些有能力的人,或通常有精力而没有妨碍成功的顾虑的人,上升到比他们出生时高的地位。另一些人,没有维持他们先祖高地位的能力,会带着自己的孩子一起沦落。在任何一个社会的历史上,人们通过社会阶级实现的这种循环的速度和路径因社会、因时期而异。在上个世纪的西方世界,这种循环速度很快,而且其重要性给研究人类事务的学者留下了深刻印象。

在混乱或经济扩张时期,这种循环的速度最快。按照我们的标准,中世纪盛期既不混乱,也不富裕,因此这种循环很慢。13世纪英格兰的一个农民,如果他很富裕,并居住在一个对土地转让的限制不强的地方,可能积累起地产,并成为村中最富裕的农民。很难设想,他或他的孩子们会被认可为临近拥有地产的绅士。如果一个人想要在那个世界中进步,他必须离开生他养他的共同体,因为那里的人已经对他及其家庭的地位形成了思维定式。他必须离开他的村庄。

年轻人要实现自己的雄心壮志,有两种途径,即城市和教会。在13世纪,伦敦和更小的城市正在成长;在那里能挣到钱。他的父亲可能原是他所在村庄附近城市商贩的顾客,并让这个儿子去给其中一人当学徒。不论他在一个城市中谋生的环境如何,一个有运气、有才智、有意愿努力工作的人能够使自己成为一个有一技之长的人。接下来,也许他的孙女会带着一份丰厚的嫁妆嫁给一个乡绅,由此,这个家庭会在接下来的一代人回到有地产阶层和更高的地位上。

另一个良机在教会。一个农奴必须在其儿子可以削发为僧之前向领主缴纳一笔费用，不过一旦这个男孩去上学并成为一名神职人员，他就可能会拥有一个远大前程。他不仅可能成为一位主教或修院长，而且可能成为统治英格兰的群体中的一位主教或修院长。大多数英格兰的高级神职人员是乡绅的幼子们，但并不都是如此。除了拥有诺曼姓氏的人，如赫里福德主教圣托马斯·德·坎蒂鲁普（St. Thomas de Cantilupe），也有如圣托马斯·贝克特（St. Thomas Becket）似的身为商人儿子的主教，甚至还有一人曾生为农奴。这就是林肯主教罗伯特·格罗斯泰斯特，修士们的朋友，西蒙·德·孟福尔的朋友，中世纪英格兰最能干、最开明的教士。至少有传言称，他出身低下。1239 年，他与他的座堂教士团（cathedral chapter）发生争吵。教士团成员们，即教士（canons），尤其可能出身乡绅，在争吵中，马修·帕里斯（Matthew Paris）说，林肯的教士们"深受其辱，因为这样一个出身低微的人担任他们的主教，而他们也当着主教的面对此进行过公开抗议"。[31] 如果一个人有能力，他在教会中就能够比在其他职业中走得更远更快。教会为出身低微的人成为行政大员或精神领袖提供了唯一的途径。

第18章　劳役

在考察一个庄园的领主和他的佃农时,需要考虑至少两个因素:双方的利益和他们的情感。这一点在前面某章已经得到阐述。现在,我们开始更详细地研究这些关系,它们包含在庄园地租和劳役之中。但我们不会理解劳役,除非我们考虑另外一个因素,即思想框架(the intellectual scheme),在其中领主和他的人思考他们与对方的关系。

这个框架由语言和仪式交替呈现。如果你问今天的一个工人为什么他会从他的老板那里获取工资,他会告诉你,这是他为老板干活的回报。同样,如果你问一个中世纪的农奴,他持有土地的条件是什么,他无疑会回答,领主授予他土地,回报是从他那里得到地租和劳役。在两种情况下,一个人与另一个人的关系,或者,主人和他的人之间的关系,如果你愿意这样举例,被认为是相互的。它被认为是基于交换关系。

接下来要考虑的是,当一个佃农,尤其是以农奴身份一个持有土地的佃农死去之时会发生什么。如果这块土地没有继承人即刻出现,法庭上就会要求将这块土地返回到领主手中,当继承人按照庄园的习惯出现之时,他到法庭上,缴纳他的前人的死手捐和他进入这块土地的罚金或继承税。然后,法庭案卷中可能会这样记录,

"他获得了这块地的占有权（seisin），本人持有它，并由此承担应缴费用和惯例劳役"。因此会被重申的规则是，这块土地是以符合习俗的劳役而授予的。

通常，继承人获取持有权的凭证是"树枝"。也就是说，主持法庭的领主的总管给继承人一根木棒，当继承人握住它时，他当时就被理解为获得占有权了，就好像占有权从总管的手中沿着木棒到了佃农手中。由木棒来授予占有权的有趣的描述来自1275年维克菲尔德庄园的法庭案卷：

> 威廉，索伊尼夫（Soignyf）的儿子，有两块半码地，在公开法庭上，他将一块给予长子托马斯，经托马斯同意后，另一块给予幼子理查德，在他们的父亲威廉死后，托马斯和理查德来到公开法庭上，并缴纳了16先令作为上述两块地的罚金；总管的手里拿着一根木棒，一头黑，一头白，他将白色一头给了理查德，黑色一头给了托马斯，算是授予的占有权，这在颜色上是公平的。[1]

这段话之所以有趣，有好几个原因。我们肯定观察到，这是一块份地在上一任持有者的两个儿子之间分割的案例，尽管事实上，维克菲尔德乡村的习惯是，一块持有地只传给一个儿子。但这并不是一个彻底的可分继承的例子。首先，这块份地很大。实际上，它是两块地——两个半码地。很可能，分割大块份地比分割小块地更为常见。其次，长子，就是如果不分割就会继承整块地的那个儿子，必须同意这个交易。在这个案例中，许多其他案例也是如此，继承人

第18章 劳役

的同意在土地以任何非习惯方式转让之前是必须的。农奴佃农往往被称为"树枝"(*per virgam*)佃农，与之相对的是，被称为"特许状"(*per cartam*)佃农的自由佃农。

当一个人获得占有权之时，他就进行效忠宣誓。法庭案卷如此证实，而没有说是按什么方式来做的。但在14世纪及以后的时间里，出现了许多关于法庭的小册子，这些小册子给出了进行效忠宣誓的程式，它们不可能不像那些实际的做法。例如，《法庭召开方式指南》(*Modus Tenendi Curias*)(约1342年)认为，一个叫罗杰·W.的人缴纳了3英镑获得了一块宅地和一码土地，这些是他的父亲曾经持有的，因此他要为领主服与父亲一样的劳役。然后，小册子说，"他将这样进行效忠宣誓：——'请听着，我的主人！我，罗杰，将效忠和忠心于您，对您的忠心将使我从您那里持有农奴份地，身体和财产都可以由您来裁决。请上帝和他的圣徒帮助我。'"[2] 这个宣誓可能仅仅是一个空洞的形式，但至少它证实，领主和他的人之间的关系并不仅仅是一种经济利益。这个人要对他的领主表示忠心和效忠。

总结一下：当一个人去世之时，如果他持有一块农奴份地，他的继承人按照庄园的习惯立即就可以继承这份财产，这跟之前一系列继承人所做的一样。但他的继承的标志是在庄园法庭上举行的一个仪式。这个仪式围绕一个假设展开，即当上一个持有者死去后，领主自己重新将这块土地收回，然后再将它重新授予继承人。有时，这块土地被说成已经回到领主的手中；继承人总是必须缴纳一笔进入罚金，他以一种方式获得占有权，这种方式暗示这种占有权从领主的总管手中转移到继承人的手中。所有语言和行为的象征意义都加强了这个最初的假设。领主收回土地，然后重新授予继承人，仅仅是在仪式中完成的，但这个法庭中的仪式足以重新确认这个规则，即土地是领主的，他可以决定授予谁，以什么条件授予。而且，如果它就此确立，土地是领主授予的东西，那么服劳役以换取这种授予看起来就是恰当的。领主和他的人之间利益交换的概念似乎更不是一种伪装。

领主与佃农之间的关系被认为是基于一种交换：地租和劳役的缴纳是为了换取土地的授予。另一种中世纪流行的理论认为，绅士阶级和农民阶级相互关系的基础是一种更加普遍的"社会契约"（social compact）。这种理论的一种形式在《农夫皮尔斯》第九节中得到阐发。皮尔斯遇到一位骑士，这位骑士说，他不知道该怎么活下去，因为他不懂农作。皮尔斯这样回答他道：

> "骑士老爷，别担心，"皮尔斯那时如此说，
> "我将不怕辛劳，为我们二人播种，
> 全心为你耕作，终身不懈，
> 你须按契约，捍卫神圣教会和我的灵魂，
> 保护我免受奸徒攻击，世界得以延续；
> 你要猎杀野兔和狐狸，
> 还有破坏我的篱笆的熊和鹿；
> 带上你的鹰隼，捕净野生鸟禽，
> 它们到我的田园里，让我的谷物遭了殃。"[3]

简单来说就是，皮尔斯种植足够多的谷物来养活他们两个，作为交

换，这位骑士要保护皮尔斯免受他人和野兽的攻击。一个领主的佃农实际上从他那里得到了很大程度的保护。其中之一就是，管家保护他们免受其他领主的人或官吏的损害。然而，我们可能怀疑，《农夫皮尔斯》中的这种观念是否曾在农民的真实生活中广泛流行。

领主和佃农之间的关系被认为是基于交换。我们现在应该离开理论，看看现实如何。将要阐述的重要一点是，事实对理论做出了一些论证。领主和他的佃农在他们的许多活动中实际上是互相提供协助和便利。可以肯定的是，每一方都会为得到的帮助付出，但互相帮助是存在的。今天，雇主和工人之间的关系与中世纪领主和佃农之间的关系的一个主要不同是：现代工人给出了一种东西，他的工作，交换另一种东西，他的工资，而领主和佃农之间的利益交换，不论是真实的还是想象的、大的还是小的，都有很多，远远超过授予土地换取缴纳地租和劳役的那种主要交换的范围。事实上，我们可以对这种相互关系进行分类，并在主要交换关系之外，称它们为特殊的和仪式性的。像所有的分类一样，这种分类仅仅是为了方便，仅仅是为了将一些特定事实呈现出来。

作为持有土地的条件，一个农奴缴纳的租役——这块土地的租役——被记录在庄园惯例租役簿之中。[4] 在保存最完善的惯例租役簿中，它们被详细记录下来。如果一个受过良好教育的人，并非这个学科的专门研究者，被问及一个庄园组织的轮廓，他的开始无疑会谈到由农奴为领主在自营地上所服的劳役。事实上，在大多数庄园上，佃农的劳役的价值要小于他们缴纳的货币地租。但劳役总是被强调，尤其是其中所谓的周工。一年之中，许多农奴必须在领主的自营地上每周工作一天、两天、三天，甚至更多天。在秋季，农奴用领主的犁队或自己的犁队耕地。然后，他们会播种、耙地、挖沟，或不在地里干活，而是在庄园的谷仓里脱粒、扬壳，并干农场院中的其他杂活。在春天，他们会再次耕地，为春季谷物的播种做准备，在初夏，会有一次或更多次的休耕地翻耕。在 6 月和 7 月，领主的羊必须被清洗和剪羊毛，还需要打干草。在收获结束之时，那时农奴每周为领主干活的天数通常会增加，领主的谷物需要收割、打捆，然后麦束成堆，并被运往粮仓。

在这项翻耕土地的工作之外，农奴们通常也会被希望去做一些其他劳役。其中之一是，他们必须用自己的马匹将领主的货物在庄园和其他地方之间运输。当一个庄园是一块大教会地产的一部分，而这块地产又作为一个经济单位来管理，同时，这个庄园与作为地产负责人的修院或主教座堂又有一定距离，那么运输役就特别繁重。白金汉郡，罗彻斯特主教的哈德纳姆和卡丁顿庄园上的农奴必须运输到牛津、沃灵福德（Wallingford）和威科姆（Wycombe）。这些城镇都不远，但他们还必须到塞汶河上的格洛斯特和罗彻斯特去，然后带回鱼，而上述两个地方在英格兰的两边。[5] 甚至在淡水郡（fresh-water shires），腌鲱鱼往往也是收获布恩期间提供给工人的食物，而且肯定一直是一种常见食物。这些运输役要让他们离开自己的庄园好几个晚上。这推翻了曾流行的观点，即中世纪的村民很少跨出自己村庄的边界，而且在自己的一生中能见到的人可能只有几百人。相反，他对英格兰了解很多，应该对世界也有了一些认识。

对于这里所谓的领主和佃农之间的主要交换——一方授予土地，换取另一方缴纳地租和劳役。从经济条件上来讲，这种主要交换是迄今最重要的，但我们这里感兴趣的并非衡量来自一个庄园的收入的每个要素。我们感兴趣的是将庄园领主和他的佃农之间的社会关系的特征提炼出来。这种特殊的交换是显而易见的。它们可以被称为特殊，是因为它们在特殊场合发生，而且通常由特殊的名字来命名。在它们之中，我们能够更完全地看到双方相互关系的重要特征。领主给予的一系列利益并非由佃农缴纳的一系列地租和劳役来补偿，而是一系列特别的利益被授予以换取一系列特殊的税费，关于每一种利益和相应的税费之间关系的记忆被保存下来。这些特殊的交换可能被分为两类：一类是佃农首先要求的利益，另一类是领主首先要求的利益。

斯佩尔斯伯里夫人——斯佩尔斯伯里被当作具备许多庄园共同特征的一个庄园——在附近的威奇伍德森林拥有庄园的附属林地。"作为享有这些干木的回报"，可能在这个林地上，每一个码地农都必须在圣诞节给夫人一只母鸡。这只母鸡是佃农为换取领主的一份特殊权利而缴纳的一份特殊地租，这种权利就是在她的林地中捡木材。这种地租很常见，而且在有些庄园上，它存在的理由因其姓名而保存下来。这只母鸡被叫作木鸡（*wodehen*）。一个村庄对林地的占有通常是一个模糊的事情，一方面，法律倾向于认为，一个庄园的领主可以交易他的庄园边界以内的、没有特别授予自由持有者的所有土地，也可以按自己的意愿允许或拒绝他的农奴来使用这块林地。另一方面，村民们很可能已经使用这块林地很多代人了，并将其认为是自己有权利使用的土地，然而在法律上它是领主的。在某些庄园上，农奴事实上在领主的林地上享受着取材权（*husbote* 和 *heybote*），即搜集木材建造房屋和打造篱笆的权利，而不用付出任何租金。也许，斯佩尔斯伯里农奴的先祖们曾总是从威奇伍德森林获取木材，而且斯佩尔斯伯里的领主们也曾能够保持他们对这片森林的合法占有，仅仅是要求农奴们交点钱来使用它。也许，事实上，他们仅仅是保证一种现有地租的合理化存在——木鸡被当作"圣诞礼物"交给领主的情况，使地租可能曾经是一种在那个季节交给领主的仪式性礼物，与收集干木的权利没有任何关系。但这仅仅是一种可能性。到《百户区案卷》汇编的时间，公认的规则是，斯佩尔斯伯里的农奴向他们的女主人贡献母鸡，来换取到她的林地中取木材的允准。

除了林地之外，一个庄园的领主拥有的牧场数量通常远超自己所能使用，或者，也许村庄对牧场的占有与对林地的占有一样模糊。在任何情况下，领主允许他的佃农们在其牧场上放养自己的牛，作为回报，他从他们那里获取一种劳役。通常，这种因使用牧场而回报的劳役是耕地或系列耕地，它通常被称为草耕地（graserthe）。与木鸡的情况一样，这项劳役的名称证明了为特殊利益而付出的劳役。付出草耕地劳役以换取使用草地的权利。耕地（erthe），它看上去是村民给予任何耕地的通用名。在剑桥郡的斯特雷特姆和威尔伯顿（Stretham and Wilburton, Cambs.），还存在一些惯例耕地叫作冬季耕地、大斋节耕地和夏季耕地（wyntererthe, lentenerthe and sumererthe），因它们完成的季度而得名，还有 benerthe 和 nederthe，即布恩耕地。[6] 此外，如果草耕地被折算为货币地租，这份货币租将仍然被称为草耕地，也许仍然在最初提供耕地劳役的时候来缴纳。这种原有的联系被不惜代价地保存下来。

提供劳役以换取一种特殊利益的事实并不仅仅存活于记忆之中。如果劳役被拒绝，相应的利益也会被终止。因此，在 1290 年

剑桥郡埃尔斯沃思(Elsworth, Cambs.)的法庭案卷中,这是拉姆西修道院的一个庄园,记载有下列事件:

> 陪审员们称,(各种人的名字被列出,拉姆西之外其他领主的佃农),没有参加收获时期的布恩劳动,他们习惯于用其来换取占有牧场的公地。因此,此后如果他们的牲畜出现在牧场上,就让它们被扣押。[7]

在这个案例中,使用牧场的人并非领主自己的佃农,而是那些属于其他领主的人。而且,他们习惯于提供一次收获布恩,而非一次耕地。但互惠的原则是相同的。对于木鸡和草耕地适用的事情也显示出适用于大量其他的惯例租役。

使用庄园的林地和牧场是佃农需要并由领主授予的利益。但有些情况下,当领主需要村民的帮助之时,他们就会帮助他。这些情况中主要是农忙时期,领主的耕地、割草或收割工作需要利用好天气或避免坏天气尽快干完。然后,领主有权召集他的佃农放下所有其他事情和工作来为他干一定天数的活。更多人在这些时间里为领主干活,而不是为他干周工,实际上,通常是每个可以免除家庭责任的村民都会参与,大多数劳役要在固定时间内完成——例如,一个农奴可能已经在每周一、周三和周五为领主干了活——但这些其他工作完成于它们最急需的时候,而这有赖于领主管家的判断。

这些不固定的工作在拉丁语中被叫作 *precarie*,在英语中是布恩(boons、benes),或者,来特别说明它们的类型的布恩耕地(*benerthe*)、布恩打草(*benemawe*),或布恩收割(*bidripe*)。后面还要谈及这些名称的重要意义。除了它们是不固定的、它们在领主召唤的时候完成等事实之外，还有另一些布恩的常见特征。在进行布恩的那一天，领主给他的村民食物，或饮料，或钱，或三种都有，作为对他们的劳动的回报。这是"补偿"。有时一份惯例租役簿承认，补偿的价值有时要比所干工作的价值更多。但即使以雇用其他人来做同样工作所付出的成本来衡量，布恩的货币价值应该在很大程度上也是习惯的。有价值的并非工作本身的数量，而是它随时可以征用的特征。这种布恩实际上是所有劳役中保持时间最为长久的。自由持有农不用缴纳任何其他劳役的时候，需要提供这些劳役；当农奴的其他所有劳役已经被折算之后，他们仍然要提供这些劳役。

在所有的布恩工作之中，收获布恩是最重要的。给予提供布恩的佃农及其家庭的饮食是由习惯固定的，大多数详细地记录在惯例租役簿中。事实上，不同的布恩时间往往是以佃农每天获得的食物的种类来命名的。因此，数百年来，拉姆西修院的一些佃农带着一种冷幽默式的口吻称，他们的三次收获布恩为麦酒布恩（*alebedrep*）、水布恩（*waterbedrep*）和饥饿布恩（*hungerbedrep*），分别对应的是领主向他们提供啤酒或水等食物，或他们自己解决吃饭问题。[8] 但所有的布恩，那些耕地、割草以及收割工作，大致遵循同样的模式，正像奇彻斯特主教（Bishop of Chichester）位于萨塞克斯的毕肖普斯通庄园（Bishopstone, Sussex）关于耕地和收获布恩的记录，它显示：

毕肖普斯通、诺顿和登顿佃农的所有耕犁都将来做两天耕地布恩工作,一天吃肉,另一天吃鱼和喝一定量的麦酒(ceruisiam rationabilem);所有在犁队中拥有耕牛的人,如果愿意,都将到领主的宅邸吃晚饭。所有来做收获小麦布恩工的人将在午饭时获得汤、小麦面包、牛肉和奶酪,晚饭时获得汤、小麦面包、鱼和奶酪和充足(ad sufficienciam)的麦酒;另一天,他将获得汤、小麦面包、鱼和奶酪,以及充足的麦酒。午饭时,每个人都将面包管够,晚饭时每人一条面包。[9]

在耕地和收割布恩中,所有惯例佃农都被期待到来,在工作之后,领主提供食物给他们。

当领主的饮食并没有达到惯例标准之时,农奴们有时就会罢工。1291年11月22日,亨廷顿的布劳顿庄园,隶属于拉姆西修院,召开的一次庄园法庭的记录显示:

> 布劳顿村镇的全体农奴,因蔑视修院长领主,而且在他在场时,在大收获布恩时离开,使他们的工作从中午搁置到晚上……给出的邪恶和错误理由是,他们没有获得他们以前习惯得到和应该得到的够大的面包,劳役和习惯登记簿显示,上述农奴不应该获得面包,除非购买,如果领主想要这样的话,因此,两个人应该共享一条价值三法寻(farthing)的面包。而且,由于上述农奴,如前所述,不愿意接受这样的面包,因蔑视领主,而从收获期间的领主的工作中离开,造成这个领主的严重损失,他们被处罚40先令。[10]

拉姆西登记簿，也就是拉姆西惯例租役簿（the Ramsey custumal），已经在这里被提及。由于记录在一份惯例租役簿中的劳役通常被村民陪审团定为惯例，因此，后者可能没有理由抗议要求他们服役的压迫。类似布劳顿这样的罢工，在档案中很少，我们也许可以由此推断，领主很少做出尝试来削减习惯上在收获工作期间提供给佃农的食物的数量或质量。

上面刚刚描述的劳役在拉丁语中叫作 precarie。在英语中，它们甚至被称为爱布恩（lovebenes）。在埃塞克斯的雷腾顿（Rettendon, Essex），有一种收割布恩劳役，叫 thanchalfaker。[11] 对它们名字的强调是因为这些布恩劳役，由领主召集来的佃农完成，是出于爱。怀疑者将立即抗议说，不论它们在理论上是什么，不论它们的名字是什么，这些劳役实际上并不是自由提供的，而是压榨的。怀疑者的主张将由庄园法庭案卷中的案例所验证，而这些案卷显示佃农因为不恰当地提供自己的布恩而被处以罚金。1290 年，格洛斯特郡明钦汉普顿法庭档案中这样记载：

> 村庄的工人被扣押，因为在布恩耕地中的错误，在每驾犁都应在布恩中翻耕三英亩的地方，不论犁是三轭，还是四轭，但它只翻耕了一英亩半。[12]

或 1278 年，拉姆西修院位于亨廷顿的埃尔顿庄园法庭档案说：

> 亨利·高斯温（Henry Godswein）被处罚 6 便士，因为他不愿意在收获期的第二次收割布恩时干活，并要求每个人都在

第18章 劳役

到点之前和未经管家的允许回家，由此妨碍上述收割布恩，造成了领主损失半马克，也因为他以其他方式在领主的耕地上糟糕地进行收割布恩。[13]

但在这些问题上，它可能过于愤世嫉俗了。布恩是一种惯例劳役。尽管它们曾经只是出于爱在领主请求之下才提供的，但随着时间的推移，它们的次数如此频繁，以至于佃农觉得有义务提供布恩。在中世纪，零碎的做法很快变成惯例，而且一旦它们被认可为惯例，它们就会被那些从中获利的人压榨为一种权利。什么是惯例与什么是压榨之间没有界线。领主和他的佃农可能会真诚地认为布恩工就是出于爱才提供的，尽管这是后者必须提供的。事实上，在一个重复的过程还没有将劳动固定为惯例的领域，佃农仍然为其领主干活，名义上是"出于特别的爱"。它至少就是1300年的埃尔顿法庭案卷所宣称的那样。这个案例说道，19个茅舍农：

> 被抓获和起诉，因为他们没有来将领主的马车装上要从草场运至庄园的干草，如过去曾习惯做的那样，这为保管员休·普雷斯特（Hugh Prest, Claviger）所见证。他们到来，并宣称，他们不应该完成这种惯例，只有应警役或庄头的请求出于爱才这样做，而且他们请求，这应该由自由人和其他人来调查。调查团到来，并称，上述茅舍农应该在草场和领主修院长的庭院中垛起领主的干草，但他们不必在草场上装车，因为总管没有拉姆西登记簿，据之他可以确保这个事情，前述要求被暂缓直至等等。让上述茅舍农针对上述要求与领主协商和处理。[14]

这个案例在一条主线背后有许多有趣的点。出现在其中的茅舍农看起来正在，作为一个等级，做一种特殊的工作，他们请求另一个等级，即自由人，来支持他们的工作。庄头看起来是一个负责庄园农作的人。这是他正常的地位。他的职责将在后面详细描述。总管正在主持法庭，他再次翻阅拉姆西登记簿作为解决关于惯例工作的所有问题的最终权威。最后，茅舍农与他们的领主，即修院长，对这个问题进行直接谈判。社会的最低和最高阶层正面交锋。但所有这些都是偶然的。重要的一点是，茅舍农拒绝了做一些特定工作，并坚称，他们做这项工作仅仅是在领主或他的官吏的请求之下出于爱，这得到了调查团的确认。茅舍农须在草场上为领主的干草堆垛，在庄园庭院中也是堆垛。这些是压榨劳役。但如果他们选择，他们就可以拒绝将干草装车并将其从一个地方运输至另一个地方。也许，农奴向领主提供的劳役的确立和规定下来是一个长期的过程，在这个过程中，出于爱而为领主干的活，尽管爱中总是掺杂着大量的恐惧，在多次重复的过程中成为惯例和榨取。

让我们回顾一下布恩的特征。给领主干这些活的人是每一个能从其他工作中抽身的村民，或至少是比为领主每周干活的人数量多得多的村民。布恩的数量是固定的，但它们是在领主的官吏召唤他们之时才做，而不是有固定的日期。理论上而言，至少它们是出于爱，而不是不同的土地附带的一种劳役。而且，干活的工人在布恩期间会得到领主提供的食物和饮料。

接下来要确定的是那些在英格兰之外建立的英格兰村庄。当一群人流动到一个新的国家，离开生养他们的地方，他们并不试图调整他们在母国使用的惯例系统来适应他们在新国家遭遇的环境。

相反，他们会试图改变新环境，来适应旧的惯例。对于殖民者而言，新国家可能过于强大，并迫使他们放弃许多传统的方式，但他们一开始就尽可能地保存这些惯例。以这种方式，我们应该认为，在黑暗时代从丹麦和德国西北部来到英格兰的人们尽可能地在英格兰重复他们熟悉的故国的惯例。

当英格兰人进行他们的下一次大移民之时，也就是从英格兰穿越大西洋来到现在的美国，他们所做出的行为，就像他们的祖先们穿越北海而来之时的行为一样。他们带着自己的村庄。他们并没有将其带到南方，尽管英国人也到了南方。在南方，也许除了在马里兰，以大种植园来组织生活和工作的便利阻止了村庄扎根。但他们将其带到了新英格兰。新英格兰从一开始的定居形式就是村庄，或者是村镇——村镇是一个恰当的新英格兰式名称，正像它对一个村庄而言是合适的古英语名称那样。最早的新英格兰村镇甚至有类似"公地"和公共畜群式的原野制度。[15] 当人们拥有的土地数量巨大、清理荒原的技术完善之时，它们就被放弃了，但村镇作为一个基本的社会组织仍然存在。事实上，两种情况使它比以往任何时候都更具有连贯性。一个村镇在早期也是独立的清教徒集会地。在边界，村镇居民必须团结起来共同防御来自印第安人的进攻。在最先定居的新英格兰地区，在一个中心集中建立一个村镇的房屋的做法，仍然是很久之后的事情。

新英格兰的村镇只有一个方面与他们的英格兰祖先明显不同。也就是，那里没有庄园领主；没有土地乡绅。相反，村镇回到了民主自治的传统之中，正像我们将看到的那样，它在13世纪的英格兰乡村是很强的。在城市之外，新英格兰仍然以村镇的形式来组织。它们的事务由一个地方行政委员会来管理，它在每年春天由村镇的所有选民在村镇集会时选举产生，其成员的行动受该村镇会议投票支配。

新英格兰村镇最著名的一个制度是聚会(bee)。[16]如果一个人想要给自己的谷物脱粒，或建新谷仓的框架，或任何其他亟须完成或需要超过自己家庭所能提供的人手之时，他就告知邻居们，他将在某天举行一个脱粒聚会(husking-bee)或建仓聚会(raising-bee)，或一些其他种类的聚会。邻居们就会在指定日期聚集在他的农场上，并提供足够多的人手来完成这项工作。他们期待举行这次聚会的人会提供大量的饮食，当然也期待他在一个邻居举行聚会时会出现。聚会被大家视为享受快乐和近邻之谊的时光。在一个新英格兰村镇的生活中，往往很辛苦而且没有节日，聚会就满足了经济和社会之需。

在类似边疆时代新英格兰的地区，当有许多艰苦的工作、人手又很少之时，像聚会一样的制度就最完全地发展起来。随着这个国家定居的人越来越多、人与人之间的依赖性越来越少，这种制度就越来越失去效用。但聚会仍然在新英格兰存在，[17]事实上，一些此类互相帮助的惯例是所有贫困农民共同体的一个特征。聚会本身，像其他新英格兰村镇的制度一样，只是英格兰乡村习惯的一种传承。在古时约克郡的做法之中，与之相像的做法是举行豆节(*bean-days*)。一位观察者这样写道：

当一个新来者较晚占据一个农场之时，村庄的其他农民将聚集为他做一件好事。如果它是需要完成的耕地工作，他们会

第18章 劳役

用自己的犁队继续耕地，并在一天之内完成而不解轭，由此让这位新来者能够"赶上季节"。这样一天的傍晚会以节日方式度过；一般而言，邻居们享受这位农民的款待。在紧急时间，如在油菜和芥菜脱粒期间，就会有豆节，那时邻居们互相帮助，徒手和带上工具，然后是一个快乐的傍晚。如果一个人允许一条小路穿过他的任何土地，这种默许行为被一个豆节所认可，那时这些农民为这种让步提供便利和服务。[18]

很明显，豆节相当于新英格兰的聚会。当一个农民有许多紧急的工作需要完成，而他自己家庭的劳动力又不能满足需求之时，豆节就会举行。豆节的举行不是在固定时间，而是当它被需要的时候。那个享受豆节的人盛情款待他的邻居。对于13世纪，我们还没有发现有记录提及由领主向一位村民提供的豆节。这不是档案关心的事情。只是近些年，人们因为自己的利益对农民的习惯产生了兴趣；在过去，他们对这些习惯感兴趣只是因为它们影响了一些绅士的收入。但以某种形式的互助，如在13世纪及更早的村民中交换豆节，是最可能的，因为当时出现的条件使互助是必需的。那时有一种村庄制度——这里我们最后已经达到了这个长论的目标——更像后来的豆节。那就是村民向庄园领主提供布恩的习惯。

首先，两种制度的名字是相同的。19世纪的 *bêan* 和13世纪的 *bene* 当然是同一个词，而且有理由猜测，美式英语中的单词 bee 也是源自 bene。但这两个词是相同的，只有一个字母之差，而且在13世纪，bene 一词已经被拼出，据推测其发音可能是 *béene*。当然，词典并没有对这种定性提供权威；事实上，它们甚至没有将其作为一种前提来讨论。[19]重点不是这些词,而是那些制度是相似的。如果我们愿意抛开不信任,将领主仅仅看成村民中的另一个成员的话,那么我们看到,13世纪向他提供的布恩、耕地、割草、收获,与那些在后来由邻居向任何有需求的村民所做的工作相似。在两种情况中,工作都不是在固定时间进行,而是发生在有需要的村民要求之时。它不是由一两个人来做,而是由所有的村民作为一个群体来进行。享受邻居提供的劳动的村民要提供饮食作为报酬。而且,有时向领主提供的布恩的名字——它们被叫作爱布恩——显示,在理论上,作为一种帮助,它们被提供给领主,就像它们会向任何其他邻居提供一样。在某种程度上,领主享受布恩,好像他就是需要帮助的村民中的一员。也许,曾经它们完全具备这种性质,被自由地提供,而且只是在许多次重复的过程中成为惯例,并因此成为压榨。也许,在另一方面,邻居们互相提供的帮助在后来的时间里就是模仿他们的父辈曾向领主提供的布恩。但这些问题的起源很难在此时得到解决。重点是,两种情况中的行为模式是相同的,村民为其领主干活的方式在某种程度上就是他为一个伙伴干活的方式。

领主和佃农之间存在三种交换。主要交换,据此,一个佃农以缴纳地租和劳役的方式换取对土地的持有。特殊交换,据此,一个佃农可能做耕地工作,换取对领主的牧场的使用权,或可能提供布恩工,换取一餐。还有第三种交换,只能被称为仪式性的。这种交换,像第二种一样,可能被分成两个子类,其一包括佃农向领主提供的税费,其二包括领主对佃农的回报。

在佃农对领主的各种仪式性税费之中,最重要的是他在特定的重大宗教节日之时缴纳的实物租。这种习惯包括在圣诞节给领主母鸡,在复活节给鸡蛋。尽管,这些租金对领主来说通常是一种相当重要的收入来源,但很难相信它们曾经并非仪式性的礼物,也许甚至在中世纪盛期之时都还保留着一些仪式的味道。鸡蛋,尽管已经模式化,仍然会在复活节被仪式性地缴纳,在中世纪欧洲的许多其他地区也是如此。许多庄园地租给我们留下的印象是,正像布恩工,村民们将他们之间流行的交换系统扩展到领主那里,而且最终这些礼物成为领主习惯性的、可榨取的一个利益来源。有时,佃农在圣诞节提供母鸡的原因是,他们获得了使用领主的林地的权利。它们是木鸡。但这种解释并不经常出现,以至于有理由认为,木鸡这份礼物是原始现象,宣称它是为了换取捡取林中的枯木仅仅是一种后来的解释。一种不同的仪式性回报,这里应该被提及,那就是一些庄园上,每个佃农在结婚当天必须提供给庄园仆人的饭食。

圣诞节是村民们紧密团聚在一起的温馨时刻,此时,领主和佃农之间的仪式性交换是精心设计的。为了过节,佃农们会带着自己的木鸡或其他食物到庄园大宅中,这些食物是 *lok*,即礼物,拉丁语是 *exennium*。或者,它们会为领主带来谷物,并将其酿成酒。[20] 在领主一方,他会固定地在圣诞当天为所有或大多数佃农提供一餐食物,有时这顿饭上出现的食物种类是在惯例租役簿中详细规定的。我们不应该认为,惯例租役簿记录的仅仅是佃农对领主的责任;领主对佃农的责任也是记录的一部分。但任何关于村庄圣诞节的长篇叙述最好放在谈论农夫的一年的时候再说。通常,佃农吃喝掉了他们自己在圣诞节之时提供给领主的食物和酒。事实上,一份惯例租役簿有时会提及,他们出现在领主的圣诞宴饮中,是因为他们之前给领主带来了一份礼物。因此,1301 年,格洛斯特的希斯顿（Siston, Glos.）的土地估价册中记录的陪审团的调查发现如下：

> 他们称，那里有12个农奴，每个人都持有20英亩土地，并在圣诞节缴纳1条面包，价值1便士，1只母鸡，价值2便士，他将与妻子在圣诞节当天一起到来，将吃上一顿饭，或将从领主那里得到3便士。由于上述习惯的价值仅仅是一种补偿，因此它没有被扩大。[21]

这里，佃农在圣诞节给他的领主食物，作为回报，他的领主给予他价值相当的一顿饭。领主的作用看起来仅仅是组织村里的圣诞宴，并将食物烹调好。但我们不应该认为，这种交换仅仅是经济上的。佃农提供的礼物和领主提供的饮食都是仪式性的，至少从它们被提供是为了准备和庆祝农民一年中最重大的节日这种意义上来说是如此。二者的相对经济价值在一名社会学者的眼中是不相关的。在有些庄园上，礼物的价值要高于那顿饭；在其他庄园上，它的价值又不及那顿饭。但领主和他的佃农之间的礼物链应该有助于拉近双方的感情，并象征着被视为双方友谊基础的互惠关系。

领主和佃农之间互惠关系的另一个特征被称为"公平挑战"（sporting chance）。[22] 公平挑战在欧洲大陆比在英格兰更为流行，但也并非不为人所知，尤其是一个领主给他的打草工以习惯礼物之时：每个割草工在每天傍晚都可以带走一捆草，他的大镰刀可以箍起来的最大量，在工作全部结束之后，他们还会得到一只羊。在剑桥郡的威尔伯顿，据1277年的伊利惯例租役簿记载，一块整地的持有者在割草时有以下习惯：

第 18 章 劳役

> 他将打草一整天,将摊开草直到草场将被收割,此时,他与整个村镇应该获得 1 只绵羊,或 12 便士,和 1 块奶酪,或 2 便士。他将获得,在割草那天,他用他的大镰刀能箍起来的干草数量,即在傍晚,如果在举起这些草时,他弄断了镰刀柄,那么它将不会得到草。[23]

如果大镰刀断了,这个农奴就失去了自己的草,这个条件被认为会阻止他在取草时过于贪婪。但除此之外,它可能还有另一个效果。当他成功地从自己的领主那里赢得一捆特别大的草之时,其中的额外风险可能给了农奴更大的满足感。

在领主草场上的打草工作结束之时,割草工会得到一只绵羊,这种做法出现在关于贝德福德郡泥中巴顿的习惯的案例之中。绵羊应该被端上了打草工的餐桌。巴顿是属于拉姆西的一个庄园,这份遵循大多数惯例租役簿做法的调查称,这只羊是拉姆西修院长个人给他的割草工的。他的管家、庄头,或其他官吏,实际上应该是按他的指示行动的。这个案例是这样的:

> 他本人将一只羊放到草场上和割草工中,如果他们能够抓住它,他们就获得它,如果它逃脱了,在那年,他们就不会得到羊。[24]

由于我们无法看到,农奴如何抓羊或如何谈论这只羊,因此我们无法得知这个游戏会给他们带来何种满足感。尽管一系列的礼物和劳役交换掩盖了领主和佃农利益分歧的事实，但这些分歧依然是存在的。公平挑战是否通过将其变成一种赌博的方式化解了这种冲突造成的焦虑和紧张？我们不知道。不论这种习惯的更多功能是什么，它的一个功能至少是使农奴的工作立即更加有趣。许多质疑者看到的仅此而已。

目前所描述的都是不同地租和劳役的特殊性。从现在开始，所有它们的共同特征将会得到考察，而且首先要考察的是判断一种地租是否完全被缴纳、一种劳役是否被适当履行。在中世纪英格兰的文献中，很少有词比习惯（consuetudo）更为常见。在文明的早期阶段，人们也许会认为这个过程理所当然，而不会注意到它，通过这一过程，最初只是被重复的行为，在一段时间后必须被重复。但在12、13世纪，尽管这个使纯粹的实践变成不可违背的习俗的过程仍然保持着它曾经的模样，但英格兰人已经为其所缚。像他们今天的后人一样，他们并不轻易地建立或打破一个先例。

现在，一个农奴必须为领主提供的地租和劳役是习惯的。诚然，法学家们总是把它们说成是"不确定的"；领主可能会让它们成为自己想要的模样，而且毫无疑问，在13世纪初期和中期，许多领主事实上确实增加了他们的佃农的负担。但如果他们这样做，很可能就会碰上麻烦。不论一个人对另一个人理论上有什么权利，他都不能完全地施加这些权利，因为人类本性（human medium）是固执的。在庄园文献中，它们比法律书籍更贴近于乡村生活的现实，农奴们的地租和劳役不被认为是"不确定的"，而被认为是"习惯的"——略有不同。惯例佃农（custumarius、consuetudinarius）是农奴的一个通用代名词；惯例租役簿是一本登

第18章 劳役

记习惯的册子。他的地租和劳役是习惯的，因为他的继承规则是习惯的——正如继承规则被遵守一样，租役的缴纳从人类的记忆中没有与之相反的时期就已经开始了。在它们可以被视为习惯之前，有些庄园上的地租和劳役事实上已经多年保持不变，而一个佃农可能曾感到，在它们被缴纳如此长时间之后，领主有权要求它们应继续被缴纳。甚至当劳役被折算成货币租之时，对最初习惯的记忆往往以地租的名义保存下来。

在地租和劳役是习惯这个问题上，当对它们事实上是什么产生疑问之时，所遵循的程序与在其他习惯中的情况一样。它们是由最有权了解它们的人"判决"的。几乎所有的庄园惯例租役簿都是根据宣誓的村民陪审团的判决起草的，这些人实际上负担劳役并缴纳地租。毫无疑问，如果一个调查团的成员达成了一项庄园领主认为错误的结论，那么他们就会遇到麻烦，正像一个庄园法庭的陪审团会因错误地呈案而被处以罚金那样。但庄园的租役被强加到佃农头上的方式肯定不简单。

任何研究庄园惯例租役簿的人应该已经被他们看到的极致细节所震撼。例如，他们经常不会简单地说，一个人应该为领主的一英亩土地犁地、播种和耙地。他们说，他在耕地的时候必须带上自己全部的牛，耙地的时候带上全部的马匹和犁铧，播种的时候必须用自己的马匹和布袋从领主的仓库运来种子。劳役以极为详细的细节为人所牢记，如果更多的细节，甚至最明显和最必要的细节，并没有在惯例租役簿中被提及或为过去的长期实践所证实，它们就不是惯例，而且也不会被做。我们应该记住，埃尔顿的茅舍农承认他们不得不在领主的草场上，然后在谷仓的院中堆垛，但他们坚持认为，并没有惯例要求他们将干草装车，从第一个地方运至第二个地方。

理论上，如果一个佃农长期不缴纳惯例地租和劳役，那么结局将是他的份地被收回。实际情况是，一个佃农，如果太穷或太衰弱以至于无法维持份地及其劳役，那么他会在法庭上将土地退还给领主，然后这块土地会被再次授予另一个人，有时是上一个佃农的儿子，此人有能力"捍卫"它。常见的条件可能会是用这块份地的产出来养活上一任佃农。一次延迟履行这些特殊劳役将会在庄园法庭上被处以罚金。这些延迟的记录几乎在所有的法庭案卷中都可以找到，但它们的数量并不太多。它们为我们留下的印象是，很少有对惯例劳役的普遍拒绝，除非领主和佃农在惯例到底是什么上产生分歧。对不为领主干活的罚金有时很有趣。1288年，贝德福德郡希灵顿（Shillington, Beds.）的休·沃尔特（Hugh Walter）的儿子在那儿举行的庄园法庭上被处以6便士罚金：

> 因为在收获时，他站在一条地垄的头部，妨碍领主的工作。[25]

也许，一个早先的例子显示出消极的抵抗。1311年，亨廷顿郡布劳顿的罗伯特·克兰（Robert Crane）被处以3便士罚金：

> 因为他在为领主干活时玩游戏（alpenypricke）。[26]

我们无从得知这个游戏是什么。

上述证据已经显示出为领主干的活儿在何时、如何被完成。而

第 18 章 劳役

它们在何时、为何被做还有待观察。尽管惯例租役簿通常会提及一个农奴为其领主工作的天数,但这个农奴往往并非在这些天为领主从早干到晚。例如,如果他在庄园谷仓里脱粒,习惯做法是当领主的犁队结束当天的耕地,他就自由了,这通常就是在下午很早的时间。这一天剩余的时间,他就可以自由支配了。另一件需要记住的事情是,除了在布恩时间,一个农奴并不会带着自己的家庭成员一起为领主干活。因此,尽管他在自营地上忙活,但耕作自己土地的工作必须不能耽搁。也许,佃农甚至并不需要亲自为领主干活,而是自己免于这项劳役,如果他可以派出一个健全的人代替他。[27] 一种情况会停止某些劳动,尤其是耕地和播种,那就是糟糕的天气:下雨或霜冻。然后农奴就会被允许不再耕地,或去做其他某种工作。如果一个农奴生病了,他就会被免除常规的周工,通常可以达到 30 天,如果他病了如此长时间的话。然而,惯例租役簿说,他仍然必须要服耕地和运输役,以及收获布恩。[28] 事实上,他可能已经被允许派出另外某个家庭成员来代替他。同样,如果一个人死了,他的妻子通常会被免除份地所负担的 30 天劳役,仍是除了耕地和收获布恩。[29]

在假日期间,佃农不会为领主干什么繁重的周工。这些假日中会发生什么将在下面"农夫的一年"这个主题中讨论。这里需要说的是,有三个这样的长假。几乎所有地方的农奴都不会在圣诞节的 12 天,或复活节和圣灵降临节的两周里干活。此外,他们在教会的其他某些重大节日期间也不会干活。这些节日对于某个特定庄园而言意味着什么有时在惯例租役簿里有特别说明;有时这个问题明显悬而未决,正如在萨福克的哈特斯特(Hartest, Suffolk),根据

1222年伊利惯例租役簿,那里的农奴"在不应动犁的每一个圣日"都无须干活。[30]当这些节日的某一个落在农奴们要为领主干活的那一天时,根据某些安排,这一天就成了领主的纯损失。根据另一些安排,一个节日的损失归于农奴,下一个归于领主。也就是说,在另一个落在工作日的节日里,农奴们去给领主干活,或者在这一周的另一天进行弥补。在他们对劳役的榨取中,庄园领主看起来并非不关心他们的佃农的情绪。

农奴的劳役是按照庄园的习惯固定的,对此这里已经说了很多。但任何知道那些对他人有权力的人、经济利益与他们的利益相反的人通常如何行为的人,都有权利怀疑有些庄园领主企图增加佃农们的地租和劳役。增加的某些劳役如何进行已经清楚:领主可能要求某些工作,字面上而言,如爱布恩,这随着时间的推移成为习惯和可榨取劳役。但爱布恩是特殊的劳役;很难相信,这个过程紧跟着一个农奴在一年中每周为领主工作天数的增加。梅特兰发现,通过比较伊利主教在1222至1277年间的四个庄园上的两份劳役租役簿,即威尔伯顿、林顿(Lyndon)、斯特雷特姆和特里普罗(Thriplow),在米迦勒节和霍克节(Hocktide)之间每周增加了一天的劳动时间。[31]这里只有惯例租役簿的无声的证据。这种增加如何操作,农奴们对此作何感想,我们不得而知。

根据法学理论,农奴处于领主的经济控制之下。当他们的劳役被增加之时,他们没有补偿。唯一的例外是农奴索克曼,他们在庄园上持有的土地是国王古自营地的一部分。如果他们的领主榨取非惯例劳役,这些农奴索克曼就能够得到国王指示令状,这份令状会直接发到领主那里,并要求他停止榨取行为。如果他没有这样做，这个案子就会转移到王室法庭。这种指示令状之下最有意思的两个案例是，我们已熟知的拉姆西修院长位于亨廷顿的国王的利普顿庄园上的人在1275年提出反对他们的领主，即修院长的案例。那些人宣称，修院长迫使他们服劳役并缴纳婚姻捐，在一个世纪之前的亨利二世治下，他们只缴纳土地的租金。但那些案例已经在其他地方得到报告。[32] 这些人完败。

当现在被称为百户区案卷的王室调查进行之时，那些称为农奴索克曼的人再一次坚称，他们的劳役被增加了。例如，贝德福德郡韦斯托宁（Westoning, Beds.）——韦斯托宁肯定是古自营地，人们宣称自己是农奴索克曼——的人抱怨说，庄园领主增加了他们的劳役。以前，他们做三种收获工作；现在他们被迫做十种，外加一种水布恩收割（waterbedripe）。以前他们每年共同给领主2马克作为任意税；现在领主免除了一两个人的负担，但继续从其余人那里榨取跟以前同样数额的税。[33] 大量证据表明，某些庄园领主强制增加劳役。但从13世纪中期开始，这种趋势，如果不是趋向于农奴总负担的减轻，至少是朝向将劳役折算为货币租。

1381年大起义之前，有据可循的农奴反抗领主压迫的最激烈的起义发生在柴郡的达恩府和欧弗庄园，当时那里的人反抗他们的领主，皇家河谷修院长。但那个故事也已经人尽皆知。[34] 领主和他的人之间争吵的一个不那么激烈的案例，但更有意思，因为它持续时间长，来自黑尔斯欧文庄园。[35] 它也涉及同一个问题，即佃农们宣称他们是古自营地上有特权的农奴。这个争论持续了一百多年时间，在那整个期间，领主和他的人之间的意见分歧集中于他们的信念，即他榨取了并非他们按习惯提供的劳役。这个案例有一个更有意思的地方，因为黑尔斯欧文庄园的法庭案卷属于现存最完整、最详细的庄园法庭案卷之列。它们已经得到出版，而且在这里经常被引用。

黑尔斯欧文是一个大庄园，包括几个小屯（hamlets），位于伍斯特郡和什罗普郡交界处。它的名字来自威尔士王子欧文的儿子大卫（David ap Owen），此人迎娶了亨利二世的一个姐妹。他在1177年成为黑尔斯欧文的领主。在1204年他死后，庄园回到国王约翰手里，国王在1214年将其授予温彻斯特主教彼得·德斯·罗彻斯（Peter des Roches, Bishop of Winchester），目的是他可以在那里建立一座寺院。一座属于普雷蒙特雷修会白修士（the White Canons of the Premonstratensian Order）的修道院由此建立，[36] 亨利三世确认这座庄园属于该修会修院长和女修院。这座修院和佃农之间冲突的第一次征兆出现在1243年。那一年的4月27日，在位于威斯敏斯特的御座法庭的一份上诉案卷中，有如下记录，即黑尔斯欧文的人接受，他们在女儿出嫁之时向领主缴纳婚姻捐，不论他们是在本地出嫁还是嫁出庄园；他们必须将自己的谷物拿到领主的磨坊里研磨；如果他们在庄园法庭上被处以罚金，罚金的数量应该与侵害相当；他们要为进入他们的份地而缴纳继承税；他们会根据庄园习惯被征收任意税，不论国王是否向他的庄园征收；每一个码地农都要在大斋节期间做六次耕地和六次耙地，较小的持有者根据土地面积干相当比例的活；他们必须做其他习惯劳役。就劳役量而言，这份清单并非不常见或负担很重。我们对地租一无所知。在修院长一方，他规定他自己和继任者，他们不会榨取任何其他劳役；佃农不需要在黑尔斯欧文的市场上消费；如果修院长破坏了通往佃农的

第18章 劳役

公共牧场的道路,这种错误应由守法人士群体来修正。最后,修院长免除了人们向其缴纳的12.5马克的任意税。[37]这种解决方案应该是在某些司法行为结束之后做出的,但我们既不知道这个案件是如何到国王法庭上的,也不知道矛盾到底是什么。从解决方案的内容,我们可以推测其中有些应是如此。修院长和他的人在市场和公共牧场问题上应该曾出现过冲突,但由于解决方案采取了习惯的叙事模式,争议应该主要是因为领主对劳役的榨取而产生的。

很多年没有更多关于修院长和他的人的信息。后来,到了1252年,修院长得到了一个国王封田令状,它命令什罗普郡郡守,由于国王在他的自营地上征收任意税,去监督修院长对他在黑尔斯欧文的佃农征收了合理的任意税,因为黑尔斯欧文曾经(因此令状才出台)是国王的自营地。[38]根据1243年的解决方案,修院长有权征收这个任意税,但佃农们是否坦然地默认了这个方案呢?修院长得到这个令状,是否因为没有得到郡守的帮助,他就无法从佃农那里榨取任意税呢?我们还是不得而知。这个庄园据说曾经是国王自营地,这个事实为解释1243年争议被提交到御座法庭上的原因提供了一些线索。黑尔斯欧文的人应该已经抗议,正像如此多其他庄园的人抗议那样,尽管他们是国王古自营地上有特权的农奴,国王古自营地的习惯可能并不因领主的意志而改变,但修院长迫使他们提供并非惯例规定的劳役。我们也应该注意到,鉴于后来发生的事情,当前在1252年,修院长和农奴们都宣称,或至少利用一份曾经如此宣称的令状,黑尔斯欧文过去是国王自营地。

接下来,并没有关于冲突的信息,直到1255年。在那一年,一个王室调查团发现:

> 黑尔斯欧文的修院长及其管家经常违反担保习惯，任意扣押黑尔斯欧文庄园的人的牲畜，此后，这些人寻求国王领主的令状，并将国王领主的令状呈上郡法庭，他们无法获取郡法庭上的权利，因为他们的（修院长和女修院）的特许状。[39]

法庭上援引的特许状无疑就是国王将黑尔斯欧文庄园授予彼得·德斯·罗彻斯以建立一个寺院的那个特许状。那份特许状让修院长和女修院免于百户区法庭和郡法庭上的诉讼。[40]修院长和他的管家们可能曾采取行动来扣押农奴以提供某些劳役，或他们可能也曾将他们置于某种新的关于公共牧场的争议之中。除非"黑尔斯欧文庄园的人"仅仅是黑尔斯欧文的自由人，他们看起来再次稳稳获得王室令状的事实应该意味着，王室法庭仍然准备支持这样一种主张，即他们是古自营地上的自由农奴。

直到20年后，在新王爱德华一世统治之初，争吵才有些眉目。爱德华竭尽全力恢复那些并无特许状而让渡的国王权利，结果，在1275年的11月，他统治的第四年，一个什鲁斯伯里的王室调查团汇报了关于黑尔斯欧文庄园的情况。根据这份记录，陪审团发现：

> 黑尔斯欧文的修院长和女修院增加了黑尔斯欧文庄园的惯例和劳役，大于他们（他们的人）在国王约翰之子亨利治下习惯承担的劳役，但上述修院长和女修院与上述黑尔斯欧文的人达成一项协议，即他们会将它们保持在上述国王亨利治下的惯例和劳役之内，将会撤回增加的惯例劳役，因而，在国王的巡回法庭法官上一次来过之后，通过他们之间达成的某种协

议,在法官到来之前,它们被撤回了。[41]

这份记录看起来暗示着,修院长和女修院已经达成协议,因为他们害怕,如果他们的人到法官面前申诉他们的冤屈,之后会发生什么。修院长没有坚持1243年的解决方案,那份方案曾允诺不会增加佃农的劳役,他的佃农们明显认为,他在信守这份新"协议"上不可信任。

无论如何,接下来的那一年,一份令状直接颁发给了什罗普郡郡守,它要求郡守,"为了黑尔斯欧文修院长的佃农们的利益",组织一个陪审团,其成员部分来自什罗普郡,部分来自斯塔福德郡,调查关于佃农们申诉的错误行为。1276年6月举行了一个调查法庭,并对佃农们的惯例制定了一个方案,它与1243年的解决方案大致相同,除了它以这种方式结尾:"他们说,国王约翰授予这个庄园承担同样的劳役,由此这块土地从他那里持有。"[42] 这应该仅仅是陪审团的主张,因为一个事实是,在建立特许状(foundation charter)里并没有这样的条款。

在这些年里,佃农的策略明显是坚持黑尔斯欧文庄园是国王的古自营地,他们因此是特权农奴,不能被要求做超过古代劳役更多的事情。他们试图将这些古代劳役由庄园的调查法庭来确认。王室法庭应该至少表面上接受了他们的主张,否则王室令状不会如此反复地向佃农们颁发。到此时,他们完全是成功的,但修院长很快开始了反击,并将目标瞄准了佃农们支撑自己主张的那些论据。

两年之后,1278年,那一年的议会很可能在复活节召开,修院长和女修院前去将诉状呈给国王和他的御前会议。这份诉状坚称,黑尔斯欧文的人最近在国王的法庭上控告修院长和女修院，内容是关于那些当庄园处于英格兰国王们的手中之时他们正常提供的惯例和劳役，并称它们是国王的古自营地。然而，《末日审判书》显示，它们不是。(在法律上来讲，古自营地当然不是曾在任何时候都处于英格兰国王手中的土地。需要验证的是，在诺曼征服之前，它是否为忏悔者爱德华国王所有，这就要由《末日审判书》来决定了。)这份诉状继续说，在没有国王法庭的任何判决的情况下，按照国王的一份令状，庄园上的人不向修院长和女修院提供劳役，而且修院长和女修院扣押的人——这个悬而未决的案件——都被什罗普郡的郡守给释放了。因此，修院长和女修院恳求对这些劳役的补偿和占有，直到该案被听讼为止。国王对这项上诉的答复是，教士们应该运用土地法或寻求一项恢复劳役和惯例的令状来保护他们自己以对付他们的人——再无他法。[43]

虽然不能指责国王、他的法官和什罗普郡的郡守偏袒了黑尔斯欧文的修院长，但当争吵最终要到国王的法庭上来解决的时候，它的判决就会有利于修院长。佃农们肯定不能上诉说他们是自由人，因为按照最常见的一项标准，即是否缴纳婚姻捐，他们是农奴。问题在于，他们是古自营地上的特权农奴，还是纯粹的农奴。如果他们是前者，王室的法庭会保护他们，防止惯例劳役的任何增加。如果他们是后者，他们按照领主的意志持有土地，领主可以改变他们的劳役，只要他想这样做。如果《末日审判书》显示土地在诺曼征服之前属于国王忏悔者爱德华，那么这块土地就是古自营地，而《末日审判书》显示黑尔斯欧文并非古自营地。不论使用的论据是什么，佃农提起的诉讼在修院长和女修院呈上自己的上诉之后很快就败诉了。该年御座法庭复活节期间的上诉案卷(the Plea Roll of the Easter term of the King's Bench)记载道,修院长被允许无限期地离开,因为他的佃农并没有申请令状来起诉他,以保障他们的主张,即领主榨取了他们不应该承担的那些劳役。[44]

对于修院长而言,这个案例看起来还有更令人不爽的后续影响。也许,由于之前那年的诉讼,国王在1279年的米迦勒节期间要求黑尔斯欧文的修院长必须展示他们以何种特许状持有该庄园。修院长展示了约翰王将其授予伍斯特主教,以及国王亨利三世对此进行确认的特许状。他的所有权是正当的。[45]

现在,战场从威斯敏斯特转移回了伍斯特郡。农奴们本应受到羞辱,如果他们将这次冲突呈给国王的法庭的话。他们于1278年在那里的失败让他们尚可保存颜面。由于在法律上行不通,于是他们重新采取直接行动。至少,当我们发现在1278年12月伍斯特主教向沃里克(Warwick)、珀肖尔(Pershore)和威克(Wick)的教区长下令将那些对黑尔斯欧文修院长和他在贝奥利(Beoley)的弟兄们施以暴力的人革除教籍之时,很难认为这次斗争跟大冲突没有联系。[46]

在这些年里,保存下来的黑尔斯欧文法庭案卷开始记录发生在这个庄园上的修院长和他的人的冲突。这次冲突在1279年仍未平息。在当年11月20日召集的一次法庭上,陪审员们被任命:

> 来找出全部那些事情的真相,他们是男还是女,那些自己带着他们的财产从领主的土地上离开的人,他们在哪儿,他们是谁,他们的财产在哪儿。[47]

这里可以很好地衡量佃农的不满。一个中世纪的村民能够做出的最绝望的举动莫过于离开自己的土地，他唯一的生计来源，并逃走。但逃跑现象在1279年的黑尔斯欧文很常见，在接下来的一些年里，出现了几个逃跑者的案例。[48]

在赢得对佃农的司法胜利之后，修院长想要报复。在紧接着的1279年12月11日那次法庭上，案卷中出现了如下案例：

> 罗杰·凯特尔（Roger Ketel）向修院长缴纳罚金100银先令，五年付清，因为他不公正地在领主国王的法庭上起诉修院长，而且，帮助并与他的其他邻居一起在御前会议上起诉修院长。……修院长停止了对罗杰的愤怒，并准予他应该以判决令状中阐明的条件持有土地，即按照领主意愿的奴役持有。[49]

由此，我们得知，一个有利于修院长的判决令状已经由国王的御座法庭颁发了，它宣称，佃农负担劳役，农奴们按领主的意志持有土地。罚金很重，应该是被设定来惩罚叛乱者的头目罗杰·凯特尔的。

但佃农的努力并未就此结束。他们将案子再次提交给法庭。不幸的是，我们对第二次诉讼一无所知，除了出现在御座法庭的上诉案卷中关于1286年的简短而暴力的记录。这份记录如下："黑尔斯欧文修院长诉他的佃农的另一判决，即他们永远是农奴。"[50] 没有比这更直白的了。

修院长获胜之后的四十年里，女修院和它的佃农之间也出现了几次冲突的外在迹象。在这个长期历史过程中，修院长死去，新修

第18章 劳役

院长们被任命,但我们对他们了解太少,以至于不允许我们猜测他们的性格是如何影响他们与佃农的争议的。在1311年,可以肯定的是,到这个修院来的普雷蒙特雷修会造访者们发现,修院长缺乏控制,而且普遍能力有限,修院的情况变糟了。[51] 从一开始,我们必须假设,庄园的管理是野蛮的、无序的,或那里本与佃农并无艰苦和长期的斗争。但1311年的事情看起来对于女修院和它的人之间没产生什么影响。

下一个重要日期是1327年,即爱德华三世统治的第一年。在该年天使报喜节召开于黑尔斯欧文的一次法庭上,修院长为了100先令,将他的人的所有劳役都折算成货币租。他还同意,任何人都不会被扣押来充当农事倌(beadle),所有的其他古自营地都将得到保持,而不会有妨碍和收回。在佃农一方,他们认识到他们必须选举一大一小两个庄头,二人要付钱担任这个职位。这个协议的条件以契约的方式被记录在案,佃农们手执一份。同一天在罗姆斯利召开的法庭上,庄园上另一项农奴劳役也被折算,价值23先令。[52]

由此,劳役折算来到了黑尔斯欧文。13世纪见证了庄园经济的终结,在这个组织里,大自营地由农奴的劳役来完成耕作。在那个世纪末,更频繁地是在接下来的诸世纪,劳役被折算成货币租。到1381年,起义农民的一个要求已经是完全取消农奴制;到伊丽莎白女王去世之时,英格兰已经没有农奴这样的群体存在。我们并不知道折算运动的所有原因。有些经济学家会提到货币经济的发展。事实上,人们已经决定,由于我们知之甚少的经验,使用劳役耕作自营地不如使用其他方式耕作更为有效。事实上,庄园经济的两个要素,自营地与劳役,都消失了:随着劳役折算运动的发展,在有些地主中间出现了放弃耕作甚至使用雇佣劳动来耕作的运动。他们将全部土地出租。僧侣们可能尤其青睐这种变化。在交出他们在庄园组织下所拥有的对乡村经济的大部分直接管理权时，他们丧失了许多在13世纪使他们成为共同体领袖的品质。他们成了亨利八世统治时期低出身掠夺者的剥削对象，而这群人是一个新统治阶级的先祖。

人们可能会认为，劳役折算本应消除黑尔斯欧文和他的人之间最令人生厌的争议起源，但它没有。在理查二世治下，1381年农民大起义（Peasants' Revolt of 1381）也发生在此时，原来的争议再次出现，其原因几乎与150年之前的那些原因完全相同。实际上，所有的劳役并未在1327年完全折算，因为在1387年，理查二世在位的第十年，一个听讼裁决任命状被颁发给国王的法官们：

> 关于如下信息，即在什罗普郡罗姆斯利，黑尔斯欧文的修院长的贫穷农奴和依附佃农拒绝他们的份地负担的惯例和劳役，并宣誓联合起来抵抗修院长和他的官吏。[53]

根据这份任命而召集的调查法庭在什罗普郡的布里奇诺斯（Bridgnorth, Shropshirc）举行，主持者是国王的两名法官。陪审团经宣誓裁决，修院长已经召集他的农奴们在某个日期出现在罗姆斯利，按照他们的租佃所要求承担的进行效忠宣誓，并提供其他劳役。约翰·阿特·莱斯（John atte Lythe）和他的妻子与托马斯·普特维（Thomas Putteway）等人没有到场。这就是调查的结果。因此，一份令状颁发给郡守，命令他在某个日期将这些人召集到黑尔斯欧文。在黑尔斯欧文,当着修院长的面,郡守宣布,普特维已经死在了什鲁斯伯里城堡的监狱中,里斯失踪了。在接下来的四次郡法庭中,那些人被召集出场,当他们没有这样做的时候,就被剥夺法律权利。[54]

一位领主和他的农奴之间长达一个半世纪的糟糕对立的故事就此结束。它完美地解释了许多类似的争执事件:修院长增加他的惯例劳役的努力,农奴们基于他们是这块古自营地上的特权农奴的主张进行的抵抗,当司法行动失败之后他们求助于暴力和逃亡,修院长对他的庄园法庭、王室法庭和王室官员的利用以惩罚他的佃农,并迫使他们提供劳役。我们能够清楚地看到佃农、修院长、伍斯特主教、国王和他的御前会议、法官们与郡守在斗争中发挥的作用。所有这些问题都得到完美阐释,因为冲突是一个长期过程。但这样的冲突特别少。如果它们曾普遍存在,社会的结构将在革命的混乱之中瓦解。领主和农奴可能并不相信对方,但他们之间频发冲突是不常见的,只是因为农奴们获胜的可能性如此之小。

第 19 章　商贩、仆人和官吏

在任何庄园、任何村庄上，总有一些人与众不同，因为他们从事着某种对村庄有益而且需要特殊技能的职业，因为他们以某种特殊方式为庄园领主服务，或因为他们在庄园或村庄的管理中承担某种职务。在他们之中，地位上虽有高低，但许多人有一个共同特点，那就是他们都是领主和村民共同体的仆人。因为他们为两个主人服务，所以他们的工作往往就很不容易。

磨坊主（miller）通常是村庄中最重要的人之一。因此，在我们的样本斯佩尔斯伯里庄园上，磨房主科尔瑟恩的威廉是一个自由人，并已经缴纳了一大笔租金。一个庄园的领主往往享有对村庄磨坊的垄断权；也就是说，他的农奴们必须将谷物带到他的磨坊中来研磨。磨坊的收入来自磨谷费，即磨坊主保留用作支付劳役的那部分面粉。如果磨坊属于领主，磨谷费就给他。但领主很少亲自经营他的磨坊。他将其出租给一个或一群磨坊主。磨坊主很可能是村庄里的有钱人。尽管他必须为自己的土地交租，并不得不维持磨坊经营，但这个磨坊是最大、事实上也是村庄中唯一的机械，他有机会通过自己的劳动获得比大部分其他村民更多的收益。他总是被怀疑以不正当手段发财。通过使用不合理的称量方式和其他欺诈行为，获得了大于习惯允许他所得的磨谷费。乔叟的《庄头的故事》(*Reeve's Tale*)

反映出了对磨坊主的传统看法。事出总是有因，针对磨坊主的诉讼证实了这一点。当磨坊主所获超出应得时，他们就伤害了村民，因为村民们对于食物储备最为敏感。无怪乎许多人愿意使用手推磨（hand-mills、querns）来磨面粉，甚至不惜冒着在法庭上被处罚的风险来违背领主的这项垄断。

村里铁匠的富裕程度比不上磨坊主。在斯佩尔斯伯里，他是一个自由农，但是一个仅持有1码地的自由农。在许多地方，他是一个农奴，份地面积远少于那个标准。萨塞克斯郡奥丁伯恩的铁匠的职责被列在奇彻斯特主教的惯例租役簿之中，该记录非常完整且信息丰富，在任何单一记录中都是最典型的。它行文如下：

> 铁匠的寡妇持有4英亩土地，每年向领主府内（*thalamum*）缴纳100块马蹄铁，其中50块有8个孔，50块有6个孔，不带钉子，她因此将获得25便士。如果需要的话，她将完全按总管的要求为他的役马（*palfredum*）打造马蹄铁，每4块马蹄铁获得1便士。她将寻找生铁，全年为警役的马和车把式的马打造马蹄铁，每4块马蹄铁获得1便士。她将全年免费为领主打铁，并修理和打磨两驾犁的铁质部分；她将在需要的时候修理（另外）两驾犁的铁质部分，领主会付给她钱。她将在三个时期从领主的树林里获得泥炭。她将在领主在的时候得到食物。领主将翻耕她所有的土地，直到播种完成。如果她死去，领主将获得她家中最好的遗产。[1]

这里立即遇到一个困难。打铁不是一个妇女可以像男人那样胜任的工作，但这个案例说，好像铁匠的寡妇事实上在做铁匠的工作。它的意思当然是，寻找一个铁匠的责任落在村庄里的一块特定份地上。当一名铁匠死去，另一个恰巧了解这个行当的人就会被选作新的铁匠。或者，这份责任继续落在它过去所在的地方。毫无疑问，铁匠的儿子通常就是接任者：他的父亲可能已经传授了他这门手艺。在奥丁伯恩，与其他地方一样，铁匠的两种主要工作是为耕犁制作犁刀，为马匹打造马蹄铁。铁匠通常并不自备生铁：它往往由顾客提供，他要做的就是按照顾客的要求来打造它。至少在制作领主的犁刀之时，采取的是这种方式，为领主干活的方式，我们熟知，与为普通村民干活的方式相似，而这后一种方式我们并不知道。领主支付给铁匠的报酬部分是现金、部分是实物。铁匠从领主的树林中获得木炭；当领主在庄园上的时候，他可以在大厅中吃饭（庄园仆人的常见报酬），在播种期间，他可以使用领主的犁来耕地。这最后一种报酬是最有意思的。铁匠并不总是靠打铁维持全部生计。他也持有土地，并进行耕作。但他不可能持有太多土地。在奥丁伯恩，他只有4英亩土地，身处茅舍农之列，这些人作为一类持有者往往无力拥有自己的耕牛。有意义的是，铁匠使用了领主的犁队。事实上，我们可以从这个事实中发现另外一点启示，即在英格兰，跟在法国一样，较贫困的一类村民为较富裕的邻居提供帮工，换回使用后者的耕牛。我们现在假设，村民将在他们之间使用的那种交换扩展到他们的领主那里。但这种假设是否可以证实？普通村民向铁匠的工作提供报酬的方式是否与领主提供报酬的方式相同？他们是否向他付钱，或者习惯上使用熟铁来交换食物或农场工作？我们不知道，而且我们也不知道英格兰的铁匠是否也被认为是使用巫术的人，正如他们其他时空中的形象那样。

　　磨坊主和铁匠这两类人，是唯一操着特殊技艺而在村庄经济中被赋予公认特殊地位的人。村里还有人姓卡朋特（Carpenter），但他们并不会因为自己的职业而得到特别的报酬和领主的奖赏。因为中世纪的木工活并不复杂——村庄房屋唯一用木头的地方是它的框架的柱和梁——很可能，许多人就是他们自己的木匠。

　　除了商贩之外，村庄生活中的另一个特别群体是庄园仆人，即庄仆（*famuli*）。甚至当领主的自营地几乎全由他的农奴的惯例劳役来完成之时，也有一些这样的仆人，居住在庄园的庭院之中：挤奶女工、牛倌、车把式、农场雇工和家庭仆人。此外，惯例租役簿显示，某些份地必须为领主提供特定的仆人，当他选择使用之时。持有这种较小块土地的人，不论是半码地还是茅舍地，通常必须充当领主的犁把式，来操作领主的犁，并照顾他的耕牛，或者作为羊倌照看羊群，或作为猪倌，等等。只要他们做这些工作，他们的份地负担的部分或所有其他劳役就会被免除，他们还会被允许得到另外的重要报酬。

　　领主的犁把式，或阿克曼的职责在上文已经描述。这里，领主羊倌的职责和报酬，在萨默赛特的布林登的惯例租役簿中有详细记载，将作为那些庄园仆人群体的一个例子。在布林登，尼古拉斯·蒙克（Nicholas Monk）持有1/4码地，被列为一名茅舍农。他的役务如下：

　　　　他应照料领主的羊群，如果他被要求这样做，然后被免除所有日工。他将每天运输或移动领主的羊圈，他要将领主的羊圈从圣诞节前夜到主显节前夕的中午建在自己的土地上，如果领主的羊群当时在圈里的话……他将照料母羊，直到它们生出30只羊羔；然后，领主将寻找另一个羊倌来照料母羊和它们生出的羊羔；村庄的羊倌将照料另一些母羊直到生羊羔；在生下羊羔之后，他将它们送到领主的羊倌那里，并将帮助领主的羊倌，这样，羊羔可以早晚得到哺乳……他将在复活节前夜获得一条白面包和一盘肉，并在圣诞节当天为自己的狗获得一条面包。[2]

这些不是布林登所有羊倌的职责和报酬，但他们提供了足够多思考的东西。首先是羊圈问题。英格兰温和的冬季气候，使其成为养羊大国，向英格兰人提供了一个最好的方式使他们可以全身心地投入已经在耕种的土地。人们将羊群圈在栏中，然后将羊圈每日移动，因此土地系统地为羊粪所滋养。在英格兰有些地方，农奴的羊必须要放在领主自营地上的羊圈中，在诺福克，羊圈移动是决定农业和份地特征的重要因素。在这里，在布林登，羊倌的一个主要职责是将领主的羊圈每日在领主的土地上移动。如果领主选择尼古拉斯·蒙克来照看他的羊，尼古拉斯就被免除了一个农奴要为领主所服的其他劳役，而且在这个主要报酬之外，他还被允许将羊圈在圣诞节到主显节期间放在自己的土地上作为一种特别的奖励。它们是12天的圣诞假期，那时每个村民都想去找乐子。也许领主感到，在这段时间，以羊的形式给予羊倌一种个人利益，他可以保证，羊倌不会忽略羊群。但也可能是因为，将假期作为羊倌获得获励的时间是出于好意，这是做好事的合适时间。这个关于羊倌的习惯在许多庄园上都很常见。在布林登,他也在圣诞节从领主那里获得食物,甚至他的狗也有口吃的。当下羊羔的时候,领主会再找一个羊倌来照顾羊羔和母羊,从这时开始,尼古拉斯·蒙克明显被称为这个村的羊倌(bercator ville)以区别于领主找来的另一个羊倌。许多村庄的人实际上会选举一个公共羊倌来照看全村人的羊,正如他们选举一名公共牛倌来照看全村的牛。[3]也许,更常见的是,每家都照看自己的羊群。

商贩构成了村庄中有特殊地位的一个群体,庄园仆人是另一个,当地政府的官吏是第三个。关于这些官吏的一个重要事实应该立即进行披露。他们承担的职责是非常多样的,但他们有一些共同的特征。在许多情况下,他们被村民伙伴们选举出来担任职务,村民作为一个群体要对他们的不端行为负责。尽管这个村庄要对它的官吏的行为负责,这些官吏们却不仅仅对这个村庄负责。正如我们将看到的那样,他们是领主的官吏,也是村庄的官吏,领主通常拥有接受或拒绝他们的权利,那是他的选择。他向自己的官吏支付报酬,就像给铁匠或犁把式提供报酬一样:他免除了他们应该做的全部或部分劳役,并额外给予他们特殊报酬。

这里,我们应该再次提出一个沉寂的话题,自从村会被论及以来——村庄是作为一个共同体而存在的组织,共同体是在中世纪对该词的理解。原野村庄的人组成了一个共同体,在其中,农业由一套约束全体村民的规则来管理。他们构成了一个共同体,在其中,这些规则由村民集会制定和修正,在集会上,每个村民都有发言权。而且,我们现在观察到,他们在这个更进一步的方面构成了一个共同体,即原野农业的规则和政府的其他功能是由村民集体选举出来的官吏实施和执行的。领主与共同体共享这些官吏的事实可以由这种假设来进行解释，即最早的庄园领主为了庄园管理控制了此前作为村庄共同体管理人员的一群官吏，不论它能不能对应实际发生的事情。这样做是很自然的。领主倾向于通过一个已经存在的组织工作，而不是建立自己的一套新组织。

如果认为同样的一群官吏在每个村庄都被任命，或因为两种官吏的头衔不同，他们的职责必然不同，那是错误的。在一个庄园上，一个收割庄头（reap-reeve）可能做着另一个庄园上看护员的活；一个庄园上的警役可能是另一个庄园上的管家。令人意外的事情是，英格兰不同地区不同官吏的职责与他们事实上所做的事情紧密对应。官吏的名单很长，他们属于不同的阶层。有一种低级官吏叫护林倌（woodward）。在法庭上选举护林倌的案例出现在1275年埃塞克斯的哈灵伯里（Hallingbury, Essex）的庄园法庭案卷中：

> 科韦克的沃尔特（Walter of Cowyk）经全体佃农选举被任命为护林倌，并宣誓恰当而忠诚地看护领主的树林，否则将被罚没所有的物品。[4]

附属于一个庄园的林地很可能是领主和他的佃农争议的问题所在。从法律上而言，它被视为领主的私人财产，但村庄共同体已经使用了它无数代人了。在有些地方，佃农们放弃了取材权，即为建房子和篱笆从林地取木材的权利。护林倌是领主的仆人，但他也是村民中的一员，是由村民选举而担任该职位的。两方利益的冲突完全落在他身上，这个事实在1273年格洛斯特郡明钦汉普顿的庄园法庭案卷中有很好的描述：

> 威廉·德拉·莫尔被控，他砍倒了处于夫人保护之下的一棵小橡树。他承认，他这样做了，并找来副护林官（underwoodward）伯里的亨利（Henry of Burley）来担保，并称，他之所以干这事，是因为他的犁梁在那片树林附近断了，这棵树正好合适用来修理它。而且由于他深知，护林官可能不会为这样一个价值不高的东西担保，他仍然受到惩罚。[5]

他的惩罚是一天的犁地工作。"处于夫人保护之下"这句话，应该意味着，明钦汉普顿的夫人已经据此宣布了她的私人林地的边界。明钦汉普顿，正如其名字所暗示的那样，属于卡昂的圣三一修女们（nuns of the Holy Trinity of Caen）。

收获期是人们担心自己最重要的东西——谷物——被偷走的时期。无怪乎那时，有些农奴必须"在收获期间守夜，并在夜晚看护领主地里的谷物"。[6]但普通村民的谷物必须也像领主的那样被护卫。在原野乡村，一个人的大部分土地远离自己的住处，并分散在村庄的敞田之中。当谷物成熟可以收割或已打捆立于田中，会很容易被偷走，因为周围有大量的收获工，他们没有邻里关系束缚，经常被法官怀疑是干坏事的人。在某些庄园上，看护员有责任在收获期间看护所有的谷物，但在其他庄园上，这种责任落在了为此目的而特别选举出来的人身上。秋倌（custodes autumpni）在拉姆西庄园的法庭上被选举出来，他们的责任不仅是看护土地，也要监督收获规则是否得到遵守，这是他们工作的自然延伸。[7]在白金汉郡的霍尔顿也有"收获法规的监督者"。这种秋倌看起来就是英语中的收割庄头。[8]根据1316年剑桥郡小港庄园法庭的发现，收割庄头在收获期间从不同的侵犯者身上搜出了他们非法得到的麦穗。但他立即将这些谷物据为己有。他将其脱粒，得到了一蒲式耳小麦、一蒲式耳大麦和两蒲式耳豆子，价值4先令4便士。他被命令交回这一数额。[9]

农事倌由领主选择，或由村民们选举产生，通常是村中持有土地较少的人。他首先是法庭上的一名官吏。正如他的名字所显示的那样，他的职责是为法庭传唤出庭人员。他也征收扣押费、执行扣押，并收取罚金。有时，他也收取佃农的地租。这不可能是一个令人愉快或受人欢迎的工作。此外，他可能也承担了与领主的自营地耕作管理有关的其他和更为不同的职责。正常而言，奇彻斯特主教的惯例租役簿对一个农事倌的职责有很好的描述。它出现在萨塞克斯的普雷斯顿（Preston, Sussex）的调查之中：

> 威廉·比德尔持有三英亩土地和一处住房，将在领主耕地之后播种。在耕地布恩之后，他与其他的帮手将获得一满筐小麦、大麦和燕麦。他将照料主教的牛，并喂它们水，只要它们在庄园的草地上。他必须照看主教的谷物和牧场，将对遭到的损害负责。他将实施胡尤村（Huue）和在威克村的人的[住处的]所有的扣押和召集工作。他和庄头将在耕地之前丈量土地，在收获期间称量谷物……当总管召开庄园法庭的时候，他将在主教的庄园宅邸吃饭……[10]

威廉是一个穷人：他仅持有三英亩土地。他是法庭上的一个官吏：他负责扣押和传唤。但他也是庄头之下管理领主农业的人之一。这种有趣的法庭官员身份与农业劳动监工身份的混合是关于农事佃职责的为数不多的典型记录。我们应该记住，在不同的庄园上从事同种工作的人有着不同的头衔。例如，这里的普雷斯顿，农事佃必须留心领主的谷物和牧场，干其他地方由看护员所从事的工作。

既是领主的官吏，又是村庄政府的官吏，两类最重要的人物是看护员和庄头。关于看护员（拉丁语为 messor）职责最好的一份记录是13世纪的法律书籍《弗莱塔》(Fleta)。在《论看护员》(De Messore)的标题之下，《弗莱塔》的作者写道：

> 看护员应该具备坚定、敏锐、健康和忠诚的美德。他应该早晚巡视和照看庭院、树林、草场、农田和其他附属于庄园的东西，扣押对领主造成损害的牛，当争吵发生，诉讼担保已经到位之时，他负责传唤和扣押，为各方确定下一次开庭的日子，并公开在法庭上陈述他在这件事上的所作所为。他也必须按标准接收种子，在土地被播种之后，答复庄稼汉关于结余的问题。他的职责还有，监督播种时期的耕地和耙地，这样任何错误（如果有的话）都可以得到适当的弥补。他也应该征收定量的惯例和布恩耕地工作，在一整年，庄头应该记录收取、播种和偿还的种子和劳役，惯例的和被要求的都在内。不论有什么欠款，就让他答复庄头或庄稼汉，庄头答复管家，如果他答复充分，就不必再进一步解释。[11]

在我们转向看护员的职责之前，这一段中有一点值得注意。这段文字对惯例劳役和布恩工做出了区分，后者被提及好像它们实际上是"被要求的"。《弗莱塔》有时据说不是一份可靠的资料，但在这种情况下，它所说的关于看护员的职责都被其他的证据所证实。至于其他的事情，它没有说什么。它也没有告诉我们，看护员是如何被选举，或如何获取报酬的。实际上，像村中其他的大部分官吏一样，一个看护员有时是由领主选择出来，但更经常的是由佃农们选举产生，他被允许免除许多要做的劳役，除此之外还会得到某些特定报酬。[12] 然而，充当看护员从不是一份轻松的工作，许多人甚至做出欺骗行为来避免成为看护员。[13]

根据《弗莱塔》，一名看护员的主要职责有三种：扣留流浪的牛、在特定条件下充当法庭官吏、充当领主自营地农业管理的下属人员。在第一种职责中，看护员就像以前新英格兰村镇中的巡逻员：他监管的对象是干草，是原野乡村当土地处于耕作之时围圈所用的篱笆。看护员必须确保干草之间没有空隙，通过这些空隙，放牧在村中休耕地和公共牧场上的牛可能会闯入草地和庄稼之中。事实上，在有些村庄，看护员可能承担着一个村庄牧人的职责。《弗莱塔》和许多其他资料说，好像看护员仅仅保护领主的谷物；事实上，他被选择来保护所有村民的谷物。他对领主的责任仅仅是其责任的一部分，尽管是其中最重要的那部分。

在紧张的收获时期，看护员作为村庄谷物看护人的工作变得尤为沉重。《农夫皮尔斯》说，在任何村民被叫去担任的官吏之中，下面这个要做的是：

> 手持号角，充当看护员，
> 在夜间巡逻，照看我田中的谷物
> 以免受到盗贼侵掠。[14]

如《农夫皮尔斯》中的许多其他人物一样，这一点得到了文献的确认。在伯克郡的布莱特沃尔顿(Brightwalton, Berks.)，巴特尔修院(Battle Abbey)的一个庄园，有记录说，看护员必须在收获期间围绕领主的谷物夜巡。[15] 这项工作在其他地方是由特定的收割庄头来承担的。看护员的号角，他的工作徽章，应该被用作警告牛或其他不法进入谷物地的人。小男孩布鲁(Little Boy Blue)就是一个看护员。

如果牛、马、羊，甚或鹅进入了田里或草场，看护员有责任抓住它们。庄园法庭案卷中的几个案例显示，他是如何干这部分工作的。在13世纪的村镇中，有供看护员将流浪的牛驱赶进去的扣留场(pound)吗？在此后的数个世纪，在老英格兰和新英格兰的许多村镇，就有这种扣留场，通常被正式称为punders。在有些村庄，看护员会从那些流浪牲口的主人那里获得一点钱。这个钱应该是对谷物遭到损害的人的补偿。因此，白金汉郡的哈德纳姆和卡丁顿的一个惯例如下：

> 如果恰好，领主的看护员将踩踏领主的谷物的任何马或牲畜从圣马丁节扣留到圣约翰节，他应该从这匹马或牲畜所属的人处得到一条面包。然后，从圣约翰节直到米迦勒节，罚谷(cornbote)按照全部损害而被缴付，正如他按照习惯宣誓要做的那样。[16]

这些日期是有趣的。圣马丁节(11月11日)是冬季谷物播种预计结束的日期:一个看护员的责任会从那时开始。圣约翰节(6月24日)被视为干草收获的开始。到那个时间,面包很短缺,以至于看护员会直接将损失作为罚谷,形式是未收割的谷物。

看护员保护谷物,不仅防牛,也防人。在比较国王的信使与一个普通商人的旅行方式之时,《农夫皮尔斯》这样说:

> 如果信使在麦田里穿行,
> 人们不生气,也不要他赔偿;
> 看护员也不会这样做;
> 因为,必要时,无法律。
> 如果商人在谷物中穿过,
> 正好被看护员撞见,
> 他须留下帽子,或袍子,或手套,或钱,
> 否则就别想离开。[17]

我们感兴趣的不是国王的信使,他可以做自己喜欢的事情,而是商人。如果商人从未收割的谷物中穿行,如果看护抓到他的话,就会从其身上扣下一件"礼物",他的帽子、罩衣、手套或些钱,可能因损失的大小而异。

在他担任谷物和草场的监督员的首要职责之后,紧随着自然是看护员作为法庭官吏的身份。他必须出席所有关于流浪牲口的法庭,因此受损失的村民可能会认领这些损失,领主会对这些侵害行为处以罚金。此外,庄园法庭上的扣押之物,通常是牛,因为牛

是唯一的有价值的动产。由于看护员将抓牛作为自己日常工作的一部分，因此他经常被召集来实施这种扣押。看护员做出扣押之时发生何事的案例出现在1298年的牛津郡纽因顿一个基督堂小修院（Christchurch Priory）庄园的法庭案卷中：

> 由于威廉·克鲁克（William Cloock），贝里克（Berrick）的看护员，对修院长的采邑造成损害，也就是说约翰·科比（John Kybe）的三只鹅，他将它们驱赶至另一块采邑上，以至于无法被释放，因此，根据命令，他被扣押来法庭，并答复关于此前发生的事情，领主的佃农被禁止向这个看护员支付报酬，直到他澄清自己。[18]

纽因顿和贝里克都是小修院长的地产。这个案例中最有趣的地方在于，它提到了看护员的报酬。对于他的第一部分工作，也就是保护领主的谷物，看护员被免于在其他情况下要承担的劳役；对于第二部分，即保护村民的谷物，他们会支付一笔报酬，正如他们向公共牛倌或羊倌支付报酬一样。至少纽因顿的村民付给了他一份报酬，如果在纽因顿如此，其他地方很可能也是如此。

《弗莱塔》说，除了充当一名法庭官吏之外，看护员像农事倌一样，是领主自营地农场上的一名工作人员，但关于这个事实的有说服力的独立证据仅出现在威尔特郡塞文汉普顿的法庭案卷中。1290—1295年，那里的看护员，先是斯蒂芬，然后是罗伯特，再然后是罗杰，全部由农奴选举产生，他们都在法庭上的不同场合被处以罚金，原因有未监督犁把式、让领主的土地没有被耕作好，让领主的谷物收割不好，没有清理谷仓里脱粒的谷物，以及其他疏忽。因此，我们应该认为，在庄园管理中，看护员承担了不同责任的职位。事实上，庄头在上述某些罚金案例中与看护员有瓜葛，而且看护员看起来是庄头的副手。[19]

我们寻找一个庄园官吏的职责所在的最好方式是看他因为没做什么而被处罚。有记录可查的对看护员的最严厉处罚是剑桥郡小港村的看护员约翰·波考辛（John Beucosin）的案例。1325年，在那里召集的一次法庭上，一项关于他对领主和邻居们所作行为的调查由12名村民来进行。他们经宣誓说：

> 上述约翰没有完成应为领主干的活，也没有完成他负担的保护好领主的农田和草场的工作。他们也称，上述约翰应原告的诉求对被告提起诉讼，而没有要求原告提供担保来实施他们的诉求，从而欺骗和蒙蔽了领主的法庭……他们还称，上述约翰将领主法庭所执行的没收物和罚金据为己有，并利用、浪费和消耗它们造成领主及其邻居的损失和偏见；而且，他也通过利用对维普的威廉（William at Whippe）的扣押占有了一个黄铜盘子。[20]

各种针对他的较小的投诉都被呈上法庭。法庭命令，约翰本人应由总管扣留，而且他应被免除看护员的职务。此后，整个共同体为约翰做保释，他将补偿因自己的行为对领主造成的损失。他们选择约翰·阿尔宾（John Albin）顶替他看护员的位置。

从古英语单词 gerefa 的一种或另一种形式，衍生出后来使用的两个单词：grave 和 reeve。grave 在英格兰北部地区使用，[21] reeve 在英格兰其他地区使用。它们都被翻译成拉丁语庄头（*prepositus*）；它们都是被用于这样一个人物，他在庄园管理中的重要性要低于他作为村庄主要官吏的重要性。研究庄头可以从一份关于 13 世纪地产管理的手册，《弗莱塔》或《总管手册》（*Seneschaucie*）开始。[22] 这两本书告诉我们庄头应该如何工作，但叙述很长，而在惯例租役簿和法庭案卷中，有许多关于真实庄头而非理想庄头的描写。尽管这些描述中没有任何一个能提炼出庄头的所有特征，但作为一个群体，他们留下的形象是完整而连贯的。根据这些文献，这里将对庄头进行考察。

庄头通常在 9 月底，也就是大约在米迦勒节之时选出，那时收获结束，新的农年将要开始。他的任期是一年，有些庄园的做法是那些能胜任这个职位的人轮流担当。这种制度可能被设计来保证任职庄头这一负担的平均分配，因为庄头的工作如此繁重，以至于有人在法庭上支付罚金来避免担任庄头，或在当选后拒绝工作，因此，领主被迫扣押他们来进行工作。在其他庄园上，庄头每年轮换。当领主已经保证了一个有能力的人成为庄头之后，他自然乐于尽可能地保住他。但所有的事情都倾向于显示，这个职位的责任因庄园不同而差异很大。工作很多、报酬很少的庄头是不愿意长期担责的。

选择庄头的方法也因庄园差异很大。几份惯例租役簿说，领主有权选他看中的任何一个佃农担任庄头。在其他地方，农奴在庄园法庭上集会推选出他们中最合适担任庄头的几个人，然后领主通过管家再从这些人中把庄头选出来。农奴们因此能够在这件事情上有限地表达自己的意愿。另一个常见惯例是，农奴们选举庄头，但领主有权按自己的意愿接受或不接受选举出来的那个人。最后，在有些庄园上，农奴们选举庄头并没有领主的明确介入，尽管领主应该总是有方法让自己的意愿为众所知，而且至少有一个案例，即在萨默赛特的斯塔普格拉夫（Staplegrove, Somerset），温彻斯特主教的一个庄园，佃农们从他们的领主那里购买了"选举自己的庄头，庄头须由选举产生"的权利。[23] 通常，在13世纪，庄头由佃农以某种方式选举产生，正如他们选举看护员和其他庄园官吏，而且他们作为一个整体对于他们选举出来的那个人的不足负责。在格洛斯特修院的契据集中，有一套管理庄园的规则，对这一情况做了很好的说明。它行文如下：

> 让庄头由庄园法庭的共同体来选出，它选出的人，应该为众所知，其品德适合独立而慎重地耕作自己的土地，管理他的其他财产，整个庄园法庭应该负责他的缺点和疏忽，除了紧急需求或一个可能的原因为庄园法庭在管家面前提供一个合理借口。[24]

按照惯例，并非领主的所有佃农都被要求在被选中后做庄头。首先，自由持有者被免除了这项职责。正如庄头通常由农奴选举产生一样，他也从农奴中间产生，也就是从负担惯例劳役的那些人中产生，而监督这些劳役的履行则是庄头的主要工作。[25] 实际上，按照领主的意志充当庄头的责任是农奴身份的公认标准。[26] 此外，并非每个农奴都必须做庄头：持有较少土地的农奴被排除在外。在耕作领主的自营地之时，一个庄头开始对他的伙伴享有权威。如果他不是一个本村人，他们不会接受他的领导。但领主的牛倌、羊倌、农事倌都来自茅舍农阶层，他的庄头和看护员通常来自更为富裕的农奴。许多惯例租役簿经常称，这种安排是为众所接受的。因此，在斯佩尔斯伯里，庄头托马斯持有一块完整的土地：他的社会地位跟其他地方的庄头差不多。

一个庄头的工作很重，他的报酬相应较高，尽管也不能突破给予其他庄园官吏报酬的模式。他被免除了所有或大部分如果不担任庄头职务而应当承担的劳役。他往往也会得到一份薪水，并得到一些津贴。例如，当他在任之时，可以在领主的牧场上放马或使用一块特殊的土地。最常见的一项特权是从收获节到米迦勒节可以在庄园大厅与领主同桌进餐，也就是在收获期间，那时庄头必须把所有时间都用来监督庄园农业的进行。

尽管有这些酬劳，许多村庄的人仍然希望避免充当庄头。平心而论，庄头的工作相当辛苦。毫无疑问，他的工作因村庄不同而有些许不同，但庄园惯例租役簿的记载和关于庄园管理的小册子都在常见的问题上达成共识。与管家或警役一道，庄头负责领主自营地农业的管理，尤其是收取和监督农奴的劳役。与看护员的情况一样，庄头的短处是他的职责的最好的证据。在庄园法庭案卷中，我们发现，庄头被处以罚金的原因有，将领主谷仓的钥匙送人，没有将领主的谷仓收拾干净，让一些地没有翻耕。农奴则因为没有遵守庄头的命令而被处以罚金。[27]《总管手册》宣称，庄头：

> 应该监督所有种类的牲畜的看管者不会去集市，或市场，

或参加摔跤比赛,或酒馆,导致上述牲畜四处游荡没有保护,或者对领主或其他人造成损害,但他们应该请假,并使看管者们在其位,以至于损害不会发生。[28]

但在与农业相关的职责之外,庄头还有其他工作。在庄头中,有的人替领主收租,有的人接管被领主没收的土地,有的人扣押农奴来宣誓效忠,有的人有权允许农奴的女儿嫁到庄园之外,有的人必须出席农奴订立遗嘱的场合,有的人则负责监管法庭案卷。[29]一名庄头往往在庄园的一般管理中有重要作用。

在《农夫皮尔斯》中,懒惰(Sloth)以一名堂区神父的口吻说:

我会挑选和好日,听庄头们给我把账算。[30]

事实上,关于庄头地位的最好证据在于,往往正是他而不是管家负责核算一个庄园每年的收入和支出。账务核算在米迦勒节进行,时值一个农年结束,核算之时,一边是地租、法庭收益、谷物和牲畜的出售所得等,另一边是庄园管理和维护带来的所有支出。同时产生的是,一份活畜的清单与"庄园产出和它是如何被消费的账目",包括农奴负担的劳役。堂区神父或其他一些书记员将所有这些信息录入羊皮纸卷中:庄头自己通常不会写字,在核算时依靠对实际发生事情的好记性,以及当他被授权上交领主的物品之时宣布的账目,正如许多农夫所做的那样,无疑还有一组谷仓大门上的刻痕。[31]在许多管理良好的地产上,这种账簿此后要被审计,审计人是领主的总管或专门的审计员,他们为此目的在庄园之间游走。有时,庄头的结局是欠上领主一笔钱，不得不在第二年账簿的开头记下他的欠款。13世纪和此后诸世纪的庄头和管家的账簿大量得到保存，是英格兰经济史的最重要的资料之一。

庄头是领主自营地农业的管理者；他经常要负责庄园的一般管理；此外，他通常是一名乡村头领（village headman）。因此，他在之前诸世纪的地位也许要比在13世纪更高。斯滕顿教授注意到，在12世纪，在丹法区，文献中出现的庄头有时是一个村庄的首领，有时是一块地产的管家，但从不是"农奴的农奴监督人"（serf overseer of serfs）。[32] 但甚至在13世纪，甚至当庄头是农奴之时，他往往就是一名村庄首领，在所有事情上都要征求他的意见。当我们研究村庄在王室法庭上的呈现方式之时，这个事实变得更加平常，但现在让我们考察一个萨福克陪审团的如下判决，这个陪审团的判决被保存在《百户区案卷》之中：

> 他们称，拉特尔斯登（Rattlesden）的庄头罗杰，与拉特尔斯登的全体村民，从圣埃德蒙德自由领的验尸官处，带走了比阿特丽斯·科比（Beatrice Cobbe）和上述比阿特丽斯的女儿比阿特丽斯，以及艾里亚斯·斯卡拉德（Elias Scallard），被控诉犯有造成上述比阿特丽斯的丈夫威廉·科比死亡的罪行，因此妨碍了验尸官进行他的工作。[33]

是什么事件导致了像这样一条简单的记录所显示的情况，搞清楚它们是令人高兴的，但我们对它们并不了解，而且一位历史学家没有权利对它们进行想象。重要的事实是，庄头是其村庄的领袖，甚至在违法事件中也是如此。

对一个村庄庄头的职责的叙述可以进行很好的总结了，正像对看护员的职责所做的那样，其方式是论及这种官吏可能会被控诉的错误行为。为此，有一个有趣而富有启发的诽谤案出现在1278年召开于亨廷顿的埃尔顿庄园的法庭的案卷之中，这是属于拉姆西修院的一个庄园：

> 迈克尔·里夫（Michael Reeve）起诉乔瑟林的儿子里彻、理查德·里夫及其妻子，因为当那年万圣节之前的周日他在埃尔顿的教堂庭院中之时，上述里彻、理查德，以及上述理查德的妻子到来，当着整个堂区信徒的面用恶劣的言辞侮辱上述迈克尔说，这个迈克尔动用领主修院长的劳动力来收集自己的干草，他使用村民的耕地布恩来翻耕自己在伊弗思霍姆菲尔德（Eversholmfield）的土地，他免除农奴的劳动和运输役只要这些农奴以便宜的价格将自己的土地授予和出租给这个庄头，他应该从不是缴租者的富人那里收取礼物，还应该将穷人陷入地租之中。[34]

最后一条中的 *debuit* 被模糊地翻译为应该（should），因为它本身的含义是模糊的。庄头应该，也就是，确实从可能不是缴租者的富人那里收取了礼物，有错吗？或者事实是，庄头本应该，也就是，庄头理应为此从富人那里收取礼物，却没有这么做？很难相信前者不是书记员的目的，但他没有把自己表达清楚。法庭发现庄头并未犯有受指控的罪行，被告补偿了他的损失。但对此，这个事实没有做出区别。如果上述指控对于这名庄头并不是真的，它们对其他庄头应该是真的。否则，诽谤者就不会想到提出指控。通常，庄园法庭会为领主对庄头的行为做出详细的调查。甚至这次错误行为证实了上述他的职责。他是农奴的惯例劳役的监工，这体现在以下事实中，即他可能被控诉使用它们来耕作自己的土地。他负责庄园的一般管理，这体现在，他可能被控受贿以允许佃农提供劳役而不是地租。埃尔顿看来是这样一个庄园，那里的农奴可以提供劳役，也可以缴纳地租，以领主便利为宜。为什么人们，如果我们的解释正确的话，不愿意缴纳地租，不愿被当作农奴，我们不得而知。也许，像后来那个世纪的农夫一样，他们有大量过剩的劳动力，但现金很少。但这个案例有趣的地方并不仅仅是因为它透露出一个庄头的信息。它也描述了中世纪一定存在的典型场景。一个堂区的所有人都在周日集中在教堂院中，也许是在做完弥撒之后。他们在回家之前窃窃私语，有些人抓住机会诽谤一个邻居是不忠诚的管理人员和受贿分子。

社会的研究者将比较庄头与今天担任相应职位的人——工厂里工人的一线监督员。[35]如果现代工业管理没能设计出一个由被监督人选举产生的监督员，如庄头，原因应该在于庄头和监督员工作条件的差异。区别在于两个方面：需要从事的工作的性质，做这件事的人群的性质。在数量和种类上，农奴为领主干的工作是习惯性的。说它是习惯性的，是因为中世纪农业中的工作都是习惯性的：人们并不寻求改善他们的父辈使用过的方法。它的习惯性也是从下面这个意义上说的，即许多农奴，从人们的记忆未有反面证据之时开始，就为领主干了特定的活，并希望继续做同样的活。农奴本人通常是必须说出这些劳役是什么的人,他经宣誓做出的裁决登记在惯例租役簿中。即使领主有司法权,他确实有,来榨取他想要的劳役,事实上劳役仍然强烈趋向于保持与过去一样。紧接着劳役的惯例特征,以及将领主与农奴联系在一起的依附关系的永久性,是实施劳役缴纳的特定方法。缴纳劳役的规则,也就是说,是既定的法令。违背它们也会像违背任何其他法令那样被惩罚——在法庭上被处以罚金。简而言之,劳役的标准是习惯性的,农奴本人在某种程度上也参与了制定这种标准。

如果你告诉现代工厂的一位管理者说,他的方法是习惯的,他很可能认为你的看法是一种批评。改变是前提。管理的前提是改变生产方法以使其更有效率。就管理者和工人的关系而言,变革本身并不像影响变革的方式那样重要,而且管理者对这个问题关注太少。当一位效率专家得出结论说,一种操作如果以一种新的方式实施可以更有效时,通过等级施令的管理者就倾向于命令工人们改变他们的操作方式。变化永远是由一种神秘的权力从上施加到工人身上。实际上,神秘权力的目的通常是善意的。管理的目标往往是使工作更容易,或为工作提供更多刺激,但由于某种原因,工人们被激怒了,并称这种目标就是用更少的钱让他们干更多的活。

庄头与现代管理者的不同之处在于他所监督的工作的性质;也在于他管理的人群的性质。这些人是一个有组织的、被认可的共同体的成员。他们构成了一个共同体,不仅是因为他们普遍遵守原野农业的规则,也因为他们在其他劳动和生活中都是近邻。庄头本人是这个共同体的一个成员;他由共同体选举产生;共同体要为他的错误负责。他首先是同侪的一员,而且在许多情况下任期有限。

第19章 商贩、仆人和官吏

一个现代工厂的管理者认可以下事实，即工人分成各种群体，但只是在少数一些方面如此。人们形成群体是因为他们参与同种操作，共处一室，在同一个监督者之下。有时人们根据一些群体计件工作项目而被分成不同的报酬群体。这些仅仅是管理者认可的群体，但实际上，在所有的工厂里，人们已经形成和正在形成的群体比那些管理者认可的群体有更加重要的特征，这些特征堪比村民共同体的那些特征。它们的成员作为一个群体行动，不仅是进行当前的工作，还在于交谈与娱乐，在于束缚群体全体成员的行为规则的出现，在于对不遵守规则的成员的惩罚，在于这个群体对外人形成统一战线，这里的外人包括其他群体和管理者。

如果管理者发现工人在这些方面分成了群体，它通常持怀疑态度，很可能会明确拒绝承认，尽管事实上会考虑它们。一个典型的情况如下。管理者规定了做工或报酬方式的某些变化。管理者可能会真诚地试图改善工作条件，但一个被要求实施这种改变的工人群体，可能会认为这是对既有群体或它们的成员的福利的威胁。这个群体，尽其所能，将尝试保证，它的所有成员都不会将这种改变付诸实施。即使这种改变能够在今后增加工人们的产出，并为自己和群体的所有其他成员带来收入的增加，这个群体通常会阻止任何成员采用这种变化，如果有人将产出提高到一个特定水平上，他将遭遇身陷麻烦的威胁，尽管如果他这样做会给群体带来直接的经济利益。

现在考察一线监督者的位置。监督者总是在他监督之下工作的群体的一个成员，通常也被认为是一个成员。他整日与这个群体相处。然而，他由管理者指派；他的工作是监督工作是否是以管理者想要的那样完成，工人是否采取了管理者决定的工作方式上的改变。如果他没有尽力这样做，他就是对管理者不忠，但许多管理者制定的计划对于他的群体的成员而言是令人愤怒的。如果他坚持实施它们，他也许就会丧失他可能会与自己的人建立起来的令人满意的个人关系。此外，这些人处于一种会让他的生活极为不爽的位置上。

通常，一个庄头的工作条件与一个现代工厂监督者的工作条件在许多方面有所不同。庄头必须召集和监督古老习惯固定的劳役的数量和种类。监督者负责的工作，其方法不仅因为效率而需要持续改变，也因来自上面的命令而改变。在庄头监督之下工作的人都是一个被认可的共同体的成员，他们在一起工作，不仅为领主服劳役，也干村庄里的其他活。这些在监督者的权威之下的人形成群体的方式与村民形成群体的方式多少相同，但这个群体并不被工厂的管理层所认可。如果说庄头是他所在共同体的一个成员，并由他的同伴们选举上任，虽然监督者与工人们共处但并非来自他们，而是由管理者指派，那么就没有理由感到惊讶。两种人地位上的其他差异足以解释这最后一种差异。

一个庄园上的另外两种重要官吏，管家和总管，这里无须多说。他们由领主任命，完全是他的仆人，而绝不是村里被选举出来的官吏。中世纪关于地产管理的所有小册子都会大篇幅提到他们，但他们并非研究村庄社会秩序的学者的首要关注对象。到目前为止，庄头已经得到描述，好像他是负责庄园管理的活跃角色。在有些庄园上是这样的，但更普遍的是，也许，他听命于一个常驻管家（resident bailiff）。在这种情况下，管家可能负责庄园的总管理，而庄头的责任则局限在自营地农业生产上,尤其是监督农奴们服劳役。管家和庄头可能就像是两个群体的全权代表:管家代表着领主的利益;庄头则是农奴的代表。

当一个领主有许多庄园时,负责所有或若干庄园管理的那个人,地位在管家和庄头之上,是领主的总管(steward 或 seneschal),通常是一个有出身、有地位之人。他的职位迫使他不停奔走。首先,他要在召开法庭的不同庄园间奔走,并主持庄园法庭。《农夫皮尔斯》见证了这个事实:

> 有人做奴仆,为老爷太太们服务,
> 如总管那样,坐镇法庭把案判。[36]

其次,他必须与审计员一起在庄园之间奔走,尤其是在米迦勒节农年结束之后,去了解和审计庄头和管家的账簿。[37] 托马斯·德·坎蒂鲁普,赫里福德主教(1275—1282),提及了总管的以下工作:

> 让对庄头账簿的核查工作于每个季度都在进行,由总管或至少由当地的管家与总管的抄写员进行。

然后,对着总管,他继续说:

> 我们要求你不要如此善意或勤勉地召集法庭,并听讼案件,以至于你难以对耕地、农庄的事务和庄园的其他利益持有坦率的胸怀和警惕的精神。[38]

对于中世纪英格兰的大地产，我们所知道的要比对小地产的了解更多，因为只有大地产有能力制作复杂的记录，也只有大地产需要这种记录来进行管理。而且，可能只有大地产有满额的庄园官吏：一个总管，对所有的庄园进行总监督；管家，每个人负责一个特定庄园的管理；庄头，每个人负责一块特定自营地的农业；其他小官吏：看护员、农事倌等等。但我们不应过于肯定，管理团体并没有多少成员，甚至在较小的地产上也是如此。经验显示，当人们在一起工作之时，某种监督就是必要的，只有很少一部分人的工作能够由一个监督者进行有效监督。

结束对村庄官吏的论述，《农夫皮尔斯》里有一段话引用在这里很合适。它行文如下：

> 在记忆中游荡，雷森（Reson）因此将我斥责，
> "你是否能给我干活，"他说，"或在教堂里唱歌，
> 为割草工堆垛或将它装上车，
> 专心打捆，还是把草割，
> 或者做收割庄头，每天早起把事做，
> 或者带着号角充当看护员，在夜里巡逻，
> 保护我田里的谷物免遭盗贼侵掠？
> 或做鞋，或制衣，或者照看牛和羊，
> 造篱笆，耙地，或者驱赶猪和鹅，
> 或者做满足大家需要的其他手艺活，
> 或者帮助贫弱的人找到谋生的好事业？"[39]

威廉·朗格兰，如果他就是创作《农夫皮尔斯》的人的话，在这里将对村庄和共同体有用的、最为不同的工作总结在一起，从到教堂做礼拜到收割和打捆谷物，从充当看护员或收割庄头到看管牛羊，以及制鞋或制衣。他指出这些工作并非为私人利益所做，而是为了共同体的福利，为了维持穷人和老人的生活。朗格兰是一个多愁善感之人。他写作《农夫皮尔斯》就像左翼描写工人，而且创作动机是相同的。当社会各阶级之间的冲突加剧之时，他同情那些普通人。在此时，那个阶级的成员呼吁团结，正像朗格兰在本段中呼吁农夫之间的团结那样。但他的有些灵感可能有着一些比同情普通人更古老的来源——它们来自英格兰村民的态度，即他们觉得有必要帮助邻居，并做力所能及的事情，每个人各司其职，来扩大他们的村庄的共同福利。

第 20 章 庄园法庭

前文所述的主要资料来源是庄园法庭案卷。来自它们的每一条引文都提到了法庭的组织和它们遵循的程序,但到目前为止,这仅仅被认为是次要的信息。在研究一份土地诉讼的记录时,我们曾对其透露出来的诸如继承习惯的事情产生兴趣,而不是这个诉讼是如何出现在法庭上并被裁决的。然而,庄园法庭是一个庄园的典型制度。在庄园法庭上,领主向佃农提供正义,而他自己,从某种意义而言,也听命于他的法庭的判决。任何关于村民之间或村民与他们的领主之间的关系的研究,如果没有一些关于法庭审判方式的文献支撑是无法完成的。大历史学家梅特兰在这个领域首屈一指,[1]而一个没有受过法学训练的人所做的事情无非是以某种直接的方式来重复梅特兰的发现。

任何自由人都有权为自己的佃农设立一个法庭,并从法庭中获利。也就是说,这种权力在法律理论上是不能否定的。实际上,它实施的范围要比理论允许的要窄得多。在任何土地持有者和国王之间,可能存在一个中间领主(mesne lords)的长长链条,如果所有这些领主都为所有他们的佃农设立法庭,不论大小,那么一个复杂的领主法庭的等级结构本会出现,这对于诉讼当事人,对于法庭请愿人,甚至对于召开法庭的领主而言都是不方便的。因此,在庄园法庭之上，私人法庭寥寥无几。有时，一个大土地持有者，一个修院长，一个主教，一个伯爵，会为自己的自由佃农设立一个特别法庭，即一个荣誉法庭（a court of his honor）。而且，在一个其界内包含几个村庄的庄园上，制度安排有时是，为次一级的村庄设立法庭，也为庄园整体设立一个法庭。这种做法为维克菲尔德和黑尔斯欧文所采用，它们那里的法庭案卷很好地保存下来。[2] 但如它们一样大的庄园很少，而且通常每个庄园仅有一个法庭。这就是所谓的"庄园法庭"（halimote 等）。尽管这个词的由来不明确，但它的第一个词素可能是 hall 一词。领主的大厅是一个庄园的常见特征。我们一定认为庄园法庭是在大厅里的集会，但庄园法庭在许多其他地方举行，在堂区教堂，甚或露天举行。理论上而言，庄园法庭每三周举行一次。实际上，它们的召集很不固定。一次庄园法庭的集会都被称为一个开庭日（law-day）。

庄园法庭的收益归领主，被记入管家或庄头的账簿之中。庄园法庭有利可图，因为犯错者通常会被处以罚金。有时，人们会因自己的错误行为被关起来（in compedibus），但并不经常如此。庄园法庭管辖的罪行并不重要到要用监禁来惩罚，而且在任何情况下，中世纪的公共官吏也不愿意羁押，因为监狱的维护很昂贵，守卫也是个麻烦事。当一份法庭案卷称，某某人以某某金额"得到怜悯"（in mercy），它的意思仅仅是，他被处以那个数额的罚金，即"被处以罚金"（amerced）。罚金有时是一定天数的劳动，而不是现金。除了对于冒犯领主或共同体的错误行为的罚金，还有与法庭中行为相关的罚金。人们被处罚的原因包括，无法提起一项诉讼、错误的控告、不合适的诉辩等。即使在没有什么特别案情被呈上法庭之时——而且有些法庭案卷显示明显缺乏案情——庄园法庭仍然可以生财。作为一个群体的佃农,或至少农奴佃农,必须出席法庭。如果法庭的这些当事人的一个没有出席或没有提出一个合理的借口,那么他就会被处以罚金。我们可以怀疑,仅仅因为它们有利可图,某些庄园上法庭的召开次数比需要召开的次数多得多。

除了罚金之外,庄园法庭还以另外两种方式为领主谋利。通过在法庭上做主持的领主的代理人,一个人可以向领主交钱获得提请法庭做出一次调查的特权。中世纪司法的这一特征具有普遍性:甚至国王也会出售他的令状。而且,当人们继承土地的时候,它们会到法庭上支付自己的继承税和死手捐。庄园法庭对于领主而言是一个收益来源,但它们对他有利可图的事实并不会让它们对佃农而言无用。

召开一次庄园法庭的方式有两种:常见的惯例法庭,即庄园法庭,每三周召开一次,十户联保法庭(the courts of the View of Frankpledge),一年召开两次。对于十户联保法庭将另外论述。召集庄园法庭、主持法庭的人,从领主的一个庄园到另一个庄园去召开法庭的人,是总管。有时,他会派出一个人替代自己。《弗莱塔》说,一个总管的责任如下:

> 召开庄园法庭,即使他经常通过一个代理人来做这件事,但十户联保法庭,或,如果领主并不享有那个特权,至少一年召开两到三次,如果他因此无法更经常地休息的话,他应亲自召开法庭。[3]

尽管总管主持庄园法庭,我们将看到,他并非一个法官,除了也许有触犯领主的案件的时候。他会影响法庭的判决;做出判决的是法庭的陪审团或它的全体出席人。

法庭的组成人员是它的出席人(suitors),即那些要在法庭上参加诉讼的人。中世纪英格兰的小法庭,那些郡法庭、百户区法庭和庄园法庭,都不仅仅是那些去法庭提起案情的人出席。法庭的出席者是那些鉴于土地租佃、地位或他们在案件中的身份等原因而必须出席的所有人。一个庄园法庭的出席人首先是农奴佃农。在有些庄园上,许多自由持有者也必须出席,或至少出席每年两次的十户联保法庭。因此,磨坊主科尔瑟恩的威廉,必须每年两次出现在斯佩尔斯伯里的法庭上。法律的规定是,一个自由持有者并不向庄园法庭提起诉讼,除非他的先人曾这样做,或者,除非这种诉讼在他据之持有土地的特许状中有明确规定。[4] 所有不能参加和没有以正当理由,即缺席允准(essoin),派另一个人出席法庭的人,会被处以罚金,尤其当他们是必须出席法庭的当事人之时。常见的庄园法庭案卷的开始是陪审员的清单;然后是缺席者的清单。

在出席人之中,在组成法庭的人之中,产生一定数量的人,往往是12个,被选为陪审员(iurati)。在有些村庄,陪审员只从农奴中选。1278年,亨廷顿郡的埃尔顿,拉姆西的一个庄园,一些人拒绝担任陪审员,理由是他们是自由人,我们已经看到,有些同类的事情曾在黑尔斯欧文发生。[5] 无疑,在这种庄园上,一个特别的自由人陪审团将会组建,如果一个涉及自由人的案件出现在法庭上的话:一个自由人会要求由自己的同侪来做出审判。常见的法庭陪审团是一个农奴陪审团,因为常见的案例都是涉及农奴的案例。

在有些村庄，一个可以观察到的趋势是，陪审员的名字重复出现在一份又一份法庭案卷中：[6] 存在一个陪审员贵族团（an aristocracy of jurymen），事实上，在有些村庄上，陪审团总是由十户联保组的负责人组成的。但在庄园陪审团的组成上找不到普遍一致性。陪审团当然在法庭上宣誓，它的职责有两个：将违法者提交法庭（至少在十户联保法庭上它有这个责任），按照事实和庄园的惯例对不同的诉讼做出判决。

除了总管和陪审员，还有另一些人在庄园法庭上承担特别角色。农事倌或看护员负责法庭所要求的传唤或扣押。不同的庄园官吏可能被要求将涉及他们管辖事务的违法者提交法庭。如果领主从国王那里获得召开皇家麦酒巡回法庭的特权，也就是，决定在庄园上酿造并用于出售的麦酒是否符合法定标准的权利，然后品酒师将会被选出，负责提请所有违背法令的行为。在许多情况下，一个庄园的大多数酿酒者——酿酒者往往是妇女——都会违背法令酿酒，从而被处以小额罚金。麦酒法令仅仅成为征收小额税或许可费的手段。最终，在有些庄园的法庭上，特殊的罚金评估员（affeerors）被选出，他们的责任是评估不同违法行为需要缴纳的罚金数额。

有些事情不在庄园法庭的管辖范围之内，首先是所谓的国王的诉讼。一些小的王家特权，如召集麦酒巡回法庭或十户联保法庭的权利，已经由领主承担，或通过特许状特别授予他们。有时，一个庄园有一个绞刑架，盗贼会被绞死，如果他们被领主抓住的话。但很少领主法庭，如果有的话，能够受理国王的大案子，如那些关于谋杀和其他重罪的诉讼。庄园法庭在应对自由人上也受到限制。对于一个自由人的小错，庄园法庭可以做出惩罚，但一个自由人对另一个自由人的诉讼，尤其是土地诉讼，就是另一码事了。它很可能发起于一个庄园法庭，甚至在那里判决，但任何当事方的行为都能够轻易地将其转移到国王法庭上。[7]而庄园法庭主要针对农奴，处理农奴对农奴的诉讼，处理农奴触犯领主或共同体的罪行。

即便如此有限，一个庄园法庭的事务还是很多样的。它已经由这里所援引的来自法庭案卷的诸多案例得到了说明。首先，有些案例的当事方是领主。如果他有权这样做的话，他会召集麦酒巡回法庭和十户联保法庭，并从中渔利。这里，在庄园法庭上，所有侵害领主的行为都被处罚，包括所有不缴纳租役的行为。在这里，行为不检、结婚许可、出家许可都要缴纳罚金。这里，当一个佃农去世，他的继承人要支付死手捐和继承税，来获得占有权，并宣誓忠诚。在这里，庄园官吏被选出，并宣誓。有时，陪审团甚至选一个人来持有一块无人耕种的土地。[8]

其次，还有一些整个村庄共同体介入其中的事情。村民们因为让自己的牛去谷物地里游荡、在收获期间匿藏罪犯、违反原野农业的规定，以及其他一些小错而被处以罚金。村法是为了共同体的利益而制定的，在14世纪和此后的世纪中，它们都进入了法庭案卷。

最后，还有两个或更多村民之间争议的事情：诽谤、侵害、侵权诉讼（pleas of transgression）、债务诉讼、契约诉讼，尤其是所有的土地诉讼，它们已经被如此广泛地用于解释家庭法的习惯。在所有这些案例中，庄园法庭提供了一种有序的解决办法。

现在，我们应该考察一下庄园法庭的程序，它并非不正式和随意，而是秩序良好，并按照每个庄园法庭的习惯设定。在任何可疑的案例中，有手册告诉一位总管如何召开一次法庭。程序多少因庄园而异，但所有地方都有一种普遍的相似性。至少在一个重要方面，所有庄园法庭都区别于王室法庭：专业的辩护人（pleaders）是不被承认的。没有理由在刑事案件的程序上耗费时间，只需要说当一个人被指控犯罪时，总管可能允许他以 6 个或 12 个人团队来应诉。也就是说，他可能要求被告去寻找，如果他可以的话，5 个或 11 个人作为一个群体宣誓，被告是那第 6 个或第 12 个，他没有犯下他被指控的错误行为。如果他能够找到必要的宣誓帮助者（oath-helpers），他就获得自由。宣誓断讼法（the wager of law）是北欧人的一种古老法律制度。只有当人们居住在每个人都知道他的邻居及其事情的共同体中之时，它才可能是一种令人满意的制度。

但让我们遵循庄园法庭上一种被我们今天称为民事诉讼的程序。让我们假设，一个人提起一项针对其邻居的案件，他认为这个邻居不公正地损害了他的土地利益。这种行为，正如它们被载入法庭案卷中的那样，已经包含了许多关于村庄继承习惯的信息。这项程序是由控告而起。原告出席法庭，并控诉说，某某人不公正地侵犯了他某块地的利益，而那块地是其按照继承权占有的。他提起诉讼，即他带来了那个准备证实他控告内容为事实的人，并要求寻找担保人，以保证他可以提起这个诉讼。找到担保人，即保证人，是中世纪司法的一个特色。当法庭希望确保，一个人可以提起诉讼，在他是当事一方的案件中出面，缴纳罚金，保持良好行为，或任何其他此类事情之时，它能够要求他去找一定数量的愿意成为他的担保人的人。如果这个人缺席，他的担保人会被扣押或被处以罚金。

就像诉讼发起人一样，这种制度是地方共同体中人与人之间关系密切的社会中的一个特色。

在他被迫做出辩护或因缺席输掉案件之前，被告被允许一定天数的延期。常见的习惯是，他被允许有三次召集、三次扣押和三次缺席。也就是说，在三次不同的法庭上，召集他出席的命令被签发；在另外三次法庭上，扣押他出席的命令被签发，他有机会索回（replevy）扣押财产；在另外三次法庭上，对于未能出席，他能够提出缺席理由，即借口。只有在被告耗尽了自己的召集、扣押和缺席理由之后，法庭才能为这项诉讼定下日期，而且在那一天，被告被迫出席，否则就有因缺席而招致不利于他的判决的危险。当然，在一般案例下，和议很早就进行了，但庄园法庭案卷显示，许多原告被迫在他们的案件审判之前一次又一次地出席法庭。

当然，案件可能从未被审判。原告可能深思熟虑后又改变主意，并因撤回诉讼向领主的总管缴纳罚金。或者，他可能无法完成自己的诉讼；在这种情况下，他会被处罚。如果更完整的法庭案卷记录案件的方式是庄园法庭上一系列实际程序的标志，那么原告就以对他的上诉的行文开始；被告随后做出辩护，也许双方还有一次辩论。在控辩中，用词的严格精确性是一个很大的压力：原告要按照习惯形式提起诉讼，被告要逐字逐句地否认控告。这是北欧人古老法律的另一个特征，在冰岛的法庭（Thing in Iceland）案件中最为发达，正如它们在萨迦中被描述的那样。案件被这样对待，仿佛它们魅力无限，只要稍加改变就会失去其美德。甚至在中世纪的英格兰，在这些低级的庄园法庭上，许多抗辩都失败了，因为人们不会正确地重复这些惯用语。事实上，在他们坚持严格的用词精确性上，庄园法庭比王室法庭更加遵循古法。

例如，在亨廷顿国王的利普顿的一次庄园法庭，召开于1303年的收获节（8月1日），雷吉纳德·勒斯陶凯尔（Reginald le Stalkere）的儿子威廉，在一项土地诉讼中出席反对约翰·勒斯陶凯尔。他做出控诉称，这块土地及其宅地是通过其父亲的权利获得的。这份案件记录继续说道：

> 上述约翰到来，并否认上述威廉的权力、侵权和权利，当，等等。他称，他不必应答他（威廉）的起诉，因为他没有在起诉中说，这个约翰霸占他的上述地产及其附属物，也没有在诉讼中说，上述地产在哪个村镇，也没有说他从哪个祖辈那里占有该土地，也没有说这个权利如何传给他，也没有说在哪个国王在位期间，他的祖辈由此获得占有权，也没有说他获得了什么土地收益，而且他没有提起任何诉讼，而上述全部对于起诉是必需的。因此他请求裁决，他是否应该答复这种上诉。在这个问题上，他将自己置于法庭的考虑中。上述威廉也是如此。因此，按照整个法庭的考虑，裁决认为，上述威廉通过自己的令状得不到任何东西，但应该因为错误的宣称而被处罚。上述约翰无限期离开。[9]

让我们逐点考察这个案例，因为它解释的不仅是对习惯的诉讼格式的坚守，也是格式本身的性质。被告的开篇是逐字逐句否认原告的控告，否认自己有错，以及否认用来保持这种错误的力量。这种论述仅仅是辩护的习惯开篇。当在法庭案卷中记录这些案件的时候，有些书记员并不提及这些话，或者，如在这个案例中一样，字面上使用"等等"。接下来，被告进一步宣称，他并不必须回复原告，因为后者的控诉技巧是不正确的，而且他提出了其不正确的几个方面。他所宣称的原告没有做出的每一项陈述，实际上都是庄园法庭土地诉讼所必需，它们为来自全英格兰的法庭案卷所确认。偶尔，土地所得（*esplees*）是土地的收益。获取收益是拥有占有权的证据。被告进一步宣称，原告没有提起诉讼，即他没有带人到法庭来证实他控告的真实性。这些人就是出席人；他们经原告提名在法庭上出现是我们所说的"提起诉讼"的源头。他们并不如见证人那样重要。法庭案卷并没有提及，出席人以个人或以整体来证实任何事情，但仅仅说诉讼被发起。发起诉讼是惯例的一部分，因此应被严格遵守。

在这一点上，双方都将自己置于法庭之上，而且是整个法庭，即法庭的所有出席人，对被告做出裁决，明显同意他的辩护，即他的对手的控告是有瑕疵的。接下来要解释的事情是令状。国王的利普顿，正如我们从其名字、另一个著名诉讼所知的那样，曾经是国王的一个庄园；它是古自营地，据推测，威廉是古自营地上的一个特权农奴，一个农奴索克曼。因此，他能够在国王法庭上获得签发给庄园管家的小权利封闭令状，要求他们核实那种权利是否按照庄园的习惯应用于原告身上。这样一个令状属于威廉。这些国王权利令状有时被发现附于古自营地庄园法庭案卷的边缘。

这个案件后来的故事很有意思。在第一次起诉失败后，威廉看起来已经获得了另一份令状，并通过几个法庭起诉。根据庄园习惯，在因缺席败诉之前，被告能够有三次召集、三次扣押和三次缺席，而约翰充分利用了自己的权利。最后，在召集于1307年的一次法庭上，近四年之后，这个案子得到审判，结果是威廉的父亲雷吉纳德在早先的一次法庭上，已经"通过一个相似的令状"（per consimile breue）将这块土地转让给了约翰。[10]

国王的利普顿的这个案例，诠释了诉讼中对严格用词的强调，已经远超庄园法庭受理一份土地诉讼的过程的故事。当控与辩都被听取，许多可能性中的一个会发生。一方或双方可能都请求总管进行一次特别的调查，并为这种特权缴纳一笔费用。调查团成员会被选出，并进行宣誓，然后做出判决。或者，判决会由法庭上的一个常规陪审团做出。或者，如刚刚引用的那个案件一样，双方可能都将自己置于整个法庭的考虑之下。不论案件中承担判决责任的群体是哪一个，它都必须对事实和法律做出判决。它必须按照自己关于原告或被告所述是否为真的判断来做出裁决，然后它必须运用庄园的习惯。它的判决依据必须是庄园的习惯，村镇的习惯——这些用语在法庭案卷中一再出现。如果庄园习惯是，一块土地传给上一任持有者最年幼的儿子，而且这种习惯决定了争议中正确的土地持有者，那么陪审团或整个法庭都会据此做出判决。陪审团和法庭上的其他成员都稔熟于对案件的事实和相关习惯做出判决。他们居住在一个共同体中，那里发生的几乎所有事情都是众所周知的；他们生于庄园习惯之中，并终生生活于其中。因此，他们是庄园法庭上做出判决之人：总管的职责仅仅是影响他们的判决。

即使在两个村民之间的诉讼中判决做出之后，领主还是会获利。如果原告败诉，他可能因"错误控诉"而被处以罚金。当然，案件可能从未做出判决。双方会为庭外和解而缴纳一笔许可费，或者如果在法庭看来，一个案件仅仅是对两个村民之间长久不和的表达，那么总管就会要求双方在已知的法庭集会日之前的某时选一个和好日(dies amoris)。在和好日，双方按照协议消除分歧，并和解。也许，堂区教士或双方的朋友会介入将他们拉到一起。在已经被引用的《农夫皮尔斯》的片段中，懒惰假装成一个堂区神父说：

> 我会挑选和好日，听庄头们给我把账算。

有时，这些和解的条件被记入法庭案卷。一个这样的案例出现在1286年白金汉郡霍尔顿的案卷中。它表述如下：

> 霍尔顿的堂区主持人罗伯特先生是一方，莫顿的托马斯为另一方，当两者之间的争吵，在朋友的介入下被平息，他们按以下方式成了朋友，即上述堂区主持人，还有托马斯接受，如果他们二者一方被公正地控诉朝对方进行任何不法行为，他将向领主缴纳4先令，而无须提起任何诉讼。[11]

另外一些被记载的此类案例中，第一个犯错者也向堂区教堂的建设支付他的罚金，并留在一个房间中，在市场进行期间忏悔一天。使一个村民远离市场的利益和社会可能是一个沉重的惩罚。[12]

一般而言，当一个案件的双方都是领主的佃农，它由一个陪审团或所有法庭出席人按照庄园习惯做出判决之时，一个法庭是公平的，但当领主的利益牵涉其中的时候，它的公正性就会立即大打折扣。法庭是领主的法庭。它的召集人和主持人是他的总管或他的其他官吏。农奴，法庭出席人中的最大群体，是听命于他的佃农。理论上而言，他能够剥夺他们的全部土地和财产，并将他们驱离庄园。他可以从他们那里索取他想要的租役。除非他们是古自营地上的特权农奴，他们在法律上没有任何方法反抗他。在这些条件下，对领主的专断权力的约束看起来只有他的好意。

一方面，领主的利益在法庭上的所有案例中都有所涉及。法庭的收益是他的；增加罚金的额度和数量是他的利益。在有些庄园上，罚金评估员被选出来估计不同罪行的罚金额度。另一方面，也许，这种责任是由陪审团或法庭作为一个整体来承担的，但毫无疑问，总管能够推翻罚金评估员的评估，并在有些庄园上自行确定处罚额度。在1329年，达恩府的农奴起来反抗他们所认为的领主，即皇家河谷修院长的压榨，他们提出的一项控诉是：

除了按照他们的邻居的评估之外，对于修院长而言，因任何错误而处罚他们都是不合法的。[13]

布鲁恩的罗伯特·曼宁尖锐地抗议庄园法庭上总管做出的专断判决：

总管心里应明白，
聚齐领主的人来将法庭开，
因为总管并不能，
总是做出合适的裁定；

第20章 庄园法庭

也就是，对那些可怜人，

毫无顾忌把坏事做。

……

倘若你如此贪心，

开出过高的罚金，

尤其是向那些可怜人，

他们对罚金更恐惧，

可以肯定，总管先生，

对你的惩罚将会很严酷。[14]

除了罚金的事情，每当领主及其佃农之间的争议被提出来时，领主的利益在法庭上就处于危险之中。令人吃惊的事实是，许多这种争议都在法庭上得到解决，正如当事双方都仅仅是村民所表现得那样。它们按照一般方式解决，即按照庄园习惯做出判决，而且有些判决是反对领主的。例如，在1315年萨塞克斯的卡克汉姆，某些佃农宣称，他们并不必须为他们的领主，奇彻斯特主教，运输粪肥。三个法庭展开调查，佃农的主张得到确认。[15] 由于它被列入他的官方惯例租役簿中，我们只能认为，领主接受了这个不利的判决。领主的专断意志受到约束，或者毋宁说，他允许它被由佃农们确立的习惯约束。无疑，佃农感受到强烈的情感，其为悠久的传统所确认，即存在于他们的领主与他们之间的争议问题，如其他出现于村民之间的争议一样，应该按照庄园法庭宣称的习惯得到判决。而且，这位主教曾得出结论称，一个有理智的人不应为了宣称自己对他的佃农的专断权力而招致他们的憎恨。

举另一个例子,在 1295 年威尔特郡布朗厄姆法庭案卷的页边上,有调查(inquisicio)一词,它旁边是这样一个案例:

> 他们宣誓称,所有人,不论是自由人还是其他人,在他们的前任死后向领主缴纳进入费,如习惯上根据土地的面积所缴纳的那样。农奴并不按照领主的意志来姑息他。[16]

根据这个案例,我们仅可以推断,领主已经宣称拥有按照自己的意愿确定佃农进入自己继承的土地的费用,而佃农否认了他的权利,并称罚金应该是传统数额,按土地面积大小进行评估,关于这个问题的一个调查已经在法庭上确定,调查的发现有利于佃农。再一次,领主的意志受到约束,或受到法庭宣称的庄园习惯的约束。

佃农与其领主的一个官吏之间,可能显示出双方典型行为的一个有趣的争议案例,出现在 1300 年亨廷顿的埃尔顿,拉姆西的一个庄园的法庭案卷中:

> 威廉·詹姆斯的儿子,理查德·布莱克曼、威廉·查尔德、智者雷吉纳德(Reginald the Wise)、道边的亨利(Henry in the Lane)、理查德·卡特、约翰·特鲁恩、沃辛利的拉尔夫和十字路口的杰弗里(Geoffrey at the Cross),为保管员休·普雷斯特所扣押,并被控诉,他们驱赶他们的牲畜穿过被称为绿道(Greenway)的路,当时领主修院长的作物在那附近播种。上述这些人称,他们和埃尔顿村的所有人应该全年拥有进行上述穿越的权利,正如所有的外来者带着自己的牛自由通过那条路

而不会受到责备或阻挡。上述休称,尽管外来者在那里有通过权(chace),但上述农奴和他们的继承人,当领主的谷物播种之时偶尔向领主缴纳4先令来获得他们的通过权。上述农奴和村中所有其他人,不论自由与否,还有12名陪审员,他们的名字包含在案卷的开头,宣誓称,如果任何费用由村庄的农奴缴纳以获得那里的通过权,上述保管员通过任意地扣押和勒索获得那笔钱,并不公正地征收这个钱。因此,上述总管,看到保管员的要求和上述人对他的反驳之间的分歧与不和,不愿意宣布不利于上述保管员的判决,而是将这个判决完全留给了领主修院长来做出,这个领主,在仔细审阅了关于这种诉求问题的登记簿之后,应该完成和命令看起来最好应做的事情……[17]

与庄园法庭案卷中的许多其他案例一样,这个案例告诉我们除了我们马上论及的事情之外的其他几件事情。保管员看起来相当于被称为司窖员的修院官吏,而埃尔顿本应授予他该官职应有的薪俸。在圣奥尔本斯修院,司窖员是最重要的管理官吏之一。在埃尔顿庄园法庭上,总管亲自出席,并主持法庭,来到法庭上的是这些农奴和休·布雷斯特,后来的保管员,作为争议的双方当事人。争议的问题并没有完全说清楚。这个保管员的主张看起来是,在过去,佃农曾因驱赶他们的牛通过绿道的权利向领主缴纳罚金,而他们这一次没有缴纳,因此他们被拒绝授予这项权利。佃农们否认他们曾为他们的自由通过权缴纳罚金,除非它是通过榨取,而且他们宣称,他们一直享有这项权利,正如作为外人享有它那样。此外,不仅是牵涉其中的农奴佃农,而且所有其他村民,不论是否自由,以及法庭的陪审团都宣称这个主张是真实的。因此,总管被期望宣布有利于农奴的判决。他们必须在法庭上所起的作用这里明确了:陪审员和法庭上所有人都宣布了他们的判断,他的责任是使其发生效力。也值得注意的是,出席法庭并誊写法庭案卷的书记员在其记录中完全明确了总管的行为。在对这个案件的看法上,他看起来毫无偏袒之心,尽管他,如我们应认为的那样,手拿拉姆西修院长的薪俸。这个特征在制作法庭案卷的书记员中很普遍:他们的记录并没有让人看到有倾向于领主的色彩。但回到这个案例中——如我们可能期待的那样,官吏们出现分歧。拉姆西的总管不愿意宣布不利于保管员的判决,而是将这个责任转给了最高权力者,修院长本人。甚至,此时农奴也有一些对抗专断决定的保护措施。如已经援引的其他案例一样,人们在拉姆西佃农习惯登记簿中找答案,而这份登记簿是佃农们经宣誓的调查结果的汇编。

一个庄园的领主在法律上被认可为对其农奴佃农拥有专断权力。但领主和他的人之间的争议案例并不以领主的专断行为而终结。它们被认为应该由,而且事实上经常由,宣布适用这个问题的习惯的庄园法庭陪审员裁决。领主,在他自己的法庭上,在他的利益牵涉其中的案例中,待遇很像所有其他的村民。领主在庄园法庭中地位的模棱两可只是许多这种模棱两可中的一个。领主庄园上的林地在法律上被认为是他的,他可以自由处理;事实上,他的佃农自古享有,并持续享有使用林地的权利,一系列的合理化设计被用来协调法律和实际。按照法律,领主有权向他的佃农要求他想要的劳役:他们实际上负担的劳役可能就是他们过去曾承担的那些。这个事实在时代的话语中被认可:这些劳役被说成习惯。

第20章 庄园法庭

领主从他的佃农那里榨取布恩，但布恩被说成因爱而生，而事实上，农奴对领主服劳役的行为有些像他为任何贪婪的邻居所干的活。再一次，庄头、看护员，以及其他人都是一个村庄共同体推选的官吏，同时是领主庄园管理人员中的一员。我们能够解释这些事实，如果我们认为，在过去的某时，领主的前任曾将自己的领主权施加到一个迄今独立的村庄共同体上。但他远不能够对共同体为所欲为，因为它的成员保持着古老的情感和传统。事实上，在压榨共同体以维持生活的过程中，他不得不利用已经在村民中流行的合作习惯。一个惊人的事实是，庄园制度仅仅在原野乡村，即由大村庄组成的乡村，也就是在共同体农业中实行大规模合作的乡村，才得到完全发展。

当对这种情况进行一个初步描述的时候，法律所赋予领主对村民的权力事实上无法实施。法律是由属于庄园领主阶层的人在罗马概念的影响下发展出来的。但以这种方式论证相当于论证我们所知甚少的根源。领主和村民共同体之间模糊不清的关系是13世纪的一个事实，是对庄园法庭的一项研究显示出的最重要的事实。在此后的世纪中，它为更像现代地主和佃农关系的东西所取代。

那里存在两种庄园法庭：普通庄园法庭和十户联保法庭。在诺曼征服之后，也许在更早的时期，英格兰国王的常规命令是，所有12岁及以上的男性都应纳入十户联保。[18]但曾在13世纪著述的勃拉克顿认为，人数更加有限，而且至少在乡村地区，自由人并不必须进入十户联保。[19]以其最常见的形式，制度设计是这样的：人们被分为十人或十二人的被称为十户联保或十户区的群体。一个十户区的成员是其首领，被称为头人（the headborough）、十二户长

(dozener)、主保人(chief pledge)或十户长(tithingman)。他一般被选出任职一年,但经常连续任职数年。这些主保人是,在某些庄园上,尤其是在英格兰东部,组成庄园法庭陪审团的那些人。十户联保制是一项维护治安的措施。十户区作为一个整体,负责在法庭上供出被控以罪行的任何成员,如果不这样做将会被处以罚金。通过这种方式,英格兰的统治者们,如他们在其他情况下所做的那样,充分利用了集体负责原则。

十户联保并非出现在英格兰所有地方,只是出现在约克郡以南、柴郡、什罗普郡和赫里福德郡以东的各郡。在其他诸郡,北部和西部边界的那些郡,它并不流行。[20] 而且也并非所有地方都采取同样的形式。在古威塞克斯王国,在汉普郡和其他西南部各郡,十户区是边界性的。在那里,法庭案卷提及某某地的十户长。例如,威尔特郡的布朗厄姆有三个十户长,即赫塞斯雷特、浩克斯特雷特和韦斯特布洛克的十户长,而他们十户区的组成人员应该是居住在该村庄被如此称呼的三个地区,而不仅仅是十个或十二个人。[21] 一个较小的村庄本身会是一个十户区。在威塞克斯,十户长也承担了其他地方属于庄头的责任,尤其是那些涉及地方治安和代表村庄出席百户区法庭和郡法庭的责任。

肯特,在许多方面与英格兰其余地区不同,在这方面也不同。那里,如在威塞克斯一样,十户区具有边界性,但它们被称为 borghs,十户区的负责人,承担如威塞克斯十户长所承担的同样的责任,被称为 borgesaldres,后来被称为 borsholders。[22]

最初,国王在一个郡的最高长官郡守的职责之一是,确保在他巡视这个郡的过程中,所有十户区的人都应该在十户区内。在这个问题上,他对缺席的所有人和所有十户区处以罚金。十户区要保持完整。这种调查被称为十户联保,每年进行两次。在13世纪的有些庄园上,郡守仍然承担其古老的职责。在百户区案卷中,例如,据记载,虽然莱斯特的凯特尔比(Kettleby)和西松比(Sysonby)习惯于以四个十户联保出现在郡守的巡视中,但它们仅有三个出现。[23]但由于长期非法使用或特别的国王授权,许多庄园领主从郡守那里得到了举行十户联保法庭的权利。当一个庄园的领主享有召开十户联保法庭的权利,他每年举行两次法庭,就像郡守所做的那样,通常一次临近霍克节,后一次临近米迦勒节。

但十户联保法庭的责任并不限于调查所有应该处于十户联保的人都在其中。如所有保存完好的法庭案卷将显示的那样,十户联保法庭也是法庭——"巡视法庭"(Courts of the View)。实际上,它们是每年最重要的庄园法庭。用当时另一种表述来说,它们是"大法庭"(Great Courts),称其为大法庭,不仅因为某些免除了出席一般庄园法庭的自由持有者必须参加十户联保法庭,而且也因为十户联保法庭上处理的案件不会出现在普通庄园法庭上。

在这些法庭上,主担保人和他们的十户区负责所有涉及地方治安的事件,尤其是国王的小诉讼。他们提交侵占公产,侵犯国王的道路,破坏麦酒法令,发出大喊大叫等诉讼。一个人必须进行呼喊(*huthesium*),也就是,哭喊出来,当他认为重罪正在发生的时候。当呼喊声起,邻居们必须带上武器出现,并追赶罪犯。但错误地发出呼喊是一个要被惩罚的错误行为。针对所有这些错误行为,如果人们没有呈上已知的罪行,并指出犯罪者的话,他们会在法庭上被处以罚金,十户区也会被处罚。

简单说一下法庭案卷，庄园法庭的档案。案例被记录在长条的羊皮卷上，不足一英尺宽，然后被卷起来，并作为案卷保存。有时，两种或更多的备忘被附于末端来构成一个案卷；有时，一些备忘集中附于顶端，然后卷起。案例以拉丁语手写体由可能出席法庭的书记员记载，记载的时间或是法庭召开期间，或法庭结束之后不久。案卷显示许多仓促的痕迹，尽管，公平而言，比预期的要少。书写往往很糟糕，案例满是缩写、不合语法的和模棱两可的语句结构。在案卷的左侧边缘是对于相反案例类型的注释，还有做出的判决类型、罚金的数量。在某个法庭案卷的末尾，法庭罚金的总数被记录下来。

有些法庭案卷看起来就像昨天刚刚完成的，而另一些则是污迹斑斑、破损不堪、无法辨认。但除了这些由于三百年的偶然因素造成的差别之外，法庭案卷在它们的关注点上变化极大。例如，有些满是对放任牛流浪行为的处罚；另一些关于这样的案例则很少，但有许多关于各种土地诉讼的记录。这些差异应该反映出了村民活动的差异。有些法庭案卷仅仅包含法庭罚金的记录；其他的则包含了以精妙的法律用语对申辩、调查结果和判决进行了详细的描述。研究者的兴奋可以想象，当他第一次接触这最后一种案卷时，如那些拉姆西庄园的案卷，或纽因顿和霍尔顿的案卷。另一种法庭档案应该再一次被提及。有些庄园领主认为，值得他们雇用书记员核查他们的法庭案卷，并将重要的案例仔细地记录在法庭文书中。最著名的现存法庭文书是圣奥尔本斯修道院庄园的那些，从中我们已经援引了许多来说明家庭法的习惯。由于法庭案卷包含了公众对于庄园习惯、租役、土地占有的意见，因此它们被认为极为重要，无论是对好事还是坏事，无论是对领主还是佃农。领主仔细地保存他们的法庭案卷这一事实体现在，它们许多保存到今天。另一方面，农奴起义中起事农民的首要行为之一就是拿到法庭案卷，并烧毁它们，因为在它们之中，有他们奴役身份的证据。

第 21 章 村庄及其以外的世界

本书和其他著作对于作为"村庄共同体",即具有合作行动传统和习俗的人群的中世纪英格兰村庄已所述甚多。一个村庄的人共同行动的基础是原野农业。它的规则使村民共同使用村庄的资源。当规则被改变或换成新的方式付诸实施时,采取行动需要邻居们集合为一个村会的共同同意才行。此外,一个庄园的领主并不会将他的人作为一个个体对待,更多的是将这个群体作为一个共同体对待。这个常见现象的表现方式是,庄园官吏被选举而出,庄园法庭处理领主和他的人之间的冲突。但村民们作为一个共同体行动,不仅是在原野农业中,也体现在对付庄园领主之时;在他们与村庄边界之外的广大世界的许多关系中,他们作为一个共同体行动。这里仍然有许多事情需要考察。

衡量共同体凝聚力的标准是对外来者的不信任。一个村庄作为一个整体做出最简单和最直接的行为,是在它与被怀疑做坏事的来自另一个村庄人进行斗争的时候。因此,黑尔斯欧文庄园的人与邻近的伍斯特郡克伦特(Clent)村镇的人进行着长期的争执。黑尔斯欧文庄园和克伦特庄园之间的这种争执可能产生于对公地的使用,它仍然存在或曾在数年前存在。1274 年的 7 月 7 日,周六,根据三天之后黑尔斯欧文庄园法庭的呈堂档案,克伦特的人已经推倒了黑雷的拉夫考克（Lovecoc at Hayley）的篱笆墙，由此呼喊声起。[1] 若干年后，一次更为严重的冲突发生。根据1292年召集于什鲁施伯里的王室巡回法庭的案卷，另一次冲突发生于克伦特和黑尔斯欧文的人之间。克伦特的一个人用三支箭击中黑尔斯欧文的一个人，此后第四天，这个人死于箭伤。达德利的忏悔神父（chaplain of Dudley）托马斯和克伦特的神父西蒙同时在法官面前喊冤，这个事实告诉我们许多关于中世纪神父的地位和性质的信息。[2]

一个国家对于其市民最大的功用就是为防卫而斗争。在13世纪，与今天一样，战争将村民带入他们作为成员的更大的共同体的生活之中。有些封建领主选择带着家丁作战，而不是缴纳因持有采邑而承担的军役被折算的免役金。对于其他人而言，13世纪的英格兰军队是由各郡的武装人员组成的。各种武装法令（Assizes of Arms）规定了每个人根据自己的财产应该准备的武器种类，并规定了应该建立"武装巡视"（views of arms）。各郡武装人员的首领是郡守，在爱德华一世的早期战争中，郡守有时个人领导战士们作战，但随着国王经验的增长，他开始指派特别的官员，后来被称为统帅（Commissioners of Array），并签发令状授予他们征集一定数量士兵的权威。国王支付士兵工资，但仅仅从他们第一次走向战场的日期开始。[3]

与下一个世纪不同，13世纪是和平年代。在约翰王的失利之后，欧洲大陆上没有严重的战争，亨利三世和莱斯特伯爵西蒙·德·孟福尔之间的战争是内战，时间不长。仅仅是在威尔士边境和苏格兰边界，爱德华一世的精力和他的军事才能，才表现为重要而频繁的战争，而且他的做法仅仅是从战场附近的各郡为这些战争招募士兵。但这些郡中的两个是约克郡和什罗普郡,一头的维克菲尔德法庭案卷,另一头的黑尔斯欧文的法庭案卷告诉我们一些关于士兵招募的情况。

法庭案卷看起来显示,一个村庄被命令提供一定数量的士兵,而且这些人由他们的村民同伴选出,就像一个村庄的官吏被选举那样,但在任何一种情况下,我们都不知道选举是以何种方式举行的。因此,黑尔斯欧文案卷中1295年1月19日的一个案例提及,一定数量的人"被选举"到什鲁施伯里参加国王在威尔士的军队。一个叫托马斯·希尔(Thomas Hill)的人,见了所有被选举出的人,而他们每个人都向希尔交钱作为他替代他们参加威尔士军队的费用。然后,希尔带着钱消失了。这件事后,他跑了一段时间,但最后返回,并做出了赔偿。很可能,收钱替某个人去参军并没有什么错误:希尔唯一的错误之处在于他把这个游戏玩得太好了。下一次法庭上,据发现,托马斯在勒普特(le Putte)从这个共同体中得到9便士作为他在威尔士的开销,但他并没有去。[4]对于国王的官员而言,这种募兵方法的无效应该是令人恼怒的。逃跑也很常见。

村庄在庄园法庭上对付领主的方式已经得到描述。但在这个问题上,还有更多东西要说。有时,一个村庄共同体与领主谈判,好像它是一个能够持有财产的团体。例如,在1296年的一次法庭上,伯克郡布莱特沃尔顿的农奴共同体到来,将他们宣称在领主的名叫赫梅尔(Hemele)的树林里拥有的公地权利交给领主,他曾是巴特尔修院长,作为回报,领主将他位于东田(Eastfield)和被叫作特伦戴尔(Trendale)的农奴树林中的公地给这群村民,以及一些其他交换条件。[5]领主和这群农奴交换他们的权利,好像农奴与领主在

第 21 章 村庄及其以外的世界

法律上是平等的，并非领主可以肆意处分的农奴那样。

正如一个市镇委员会从国王或一个小领主那里持有市镇那样，13 世纪的村庄也由自己的村民从领主那里持有村庄。[6]他们从自己中评估和征收租金数额：共同体的政治制度足够强大实现这个目标。一个市镇和这样一个村庄之间的唯一差异是，市镇保持永久经营，村庄仅仅是一些年的期限。一个村庄被交给其居民的协议的一个极好例子出现在拉姆西契据集中。[7]修院长将亨廷顿的赫明福德庄园授予赫明福德的人七年，开始日期是在 1280 年的米迦勒节。他们每年要支付 40 英镑银币作为全部租役。他们也拥有自营地和庄园法庭上处理所有案件的能力，除了那些必须由修院长或其管家决断的事务。修院长拥有处理此类事务的一半权利。他们并不拥有教堂的圣职推荐权，也不拥有鱼塘、磨坊和十户联保法庭的收益。诸如此类：还有一些更小的规定。如果没有修院长的同意，人们不会将他们的土地转让给外人。最终，庄园被转让给农奴，然后被转让回来，这两种状态都已得到描述。简单而言，村庄的人要自己管理这个村庄。政治和管理权力在这些条件下被代表和实施的规则，村民在不受领主影响下管理自己事务的方法，仍然是学者们未知的事情。村会提供了一个线索，由村民选出来管理自营地农业的庄头提供了另一个，此外还有其他线索。但它们并没有接近于显示村民自治的全部制度。

有时，一个将庄园交给自己的农奴的领主发现他们管理庄园的方式不合己意。因此，在埃尔顿，一个拉姆西庄园的爱德华二世治下第五年的法庭案卷中，出现了以下案例：

此后修院长约翰爵士（约翰·德·索特）禁止埃尔顿的所

有佃农，承包上述村庄的人，允许领主农奴中的任何男人或女人为了到另一个庄园居住而离开领主的庄园，或在没有得到领主特别许可的情况下接收任何外人在上述村庄居住，否则向上述领主缴纳罚金，此后继承税或罚金只能由上述领主修院长来做出，他们也被禁止。如果上述农奴被控违反上述规定，也就是说，不论是部分，还是全部，他们都将被重罚，并按领主的意愿缴税。[8]

看起来，农奴们已经准备好说，什么人离开了庄园或在其中得到了土地。他们已经准备好完全控制这个庄园。但领主并不愿意让他们这样做。尽管这个庄园被外包，他坚持保持自己对某些事务的权力。实际上，埃尔顿法庭案卷的特征并没有在村民承包庄园期间有明显改变。

当村民共同体对当地所有事务施加，或准备施加自治权的时候，我们并不意外地发现如下案例，它来自1295年威尔特郡布朗厄姆的法庭案卷：

所有农奴都被处以罚金，因为他们不尊重领主。[9]

案卷边缘的一个备注告诉我们，罚金是100先令。除了施加类似市镇委员会的权威，有些村民群体，在这个案例中的那些村民，想要共同体（incorporation）的外在符号。自然地，领主认为，共同体的外在符号也是独立的符号，因此拒绝了。这个案例更为有趣，是因为布朗厄姆看起来并不是一个在任何方面都不同寻常的村庄。

村民们经一致同意评估和征收他们欠领主的农场承包金的方

法，从他们必须支付某些其他费用的做法中可以看出一些端倪。在 1306 年林肯郡萨顿庄园法庭的一件诉讼中，罗伯特·加拉登（Robert Galardon）控诉三个人说，他们不公正地在国王位于萨顿的大道上带走了自己的七只羊，并将它们赶入一处扣留场，然后一直控制着它们，直到由法庭的管家释放，在法庭书中，加拉登说，他遭受了半马克的损失。这个案例继续说道：

> 威廉·布里德（William Bridde）和其他人在争吵中进行辩护等等，他们称，扣押财产，而且恰好在上述地点，是因为他们称，去年大斋节中期之后的那个周四，罗伯特·加拉登被估税半夸特的燕麦，按照整个村庄的共同同意，根据郡守的命令这将为领主国王所用，还因为上述罗伯特不愿意缴纳上述谷物，因此他们扣留了他的牲畜，也是他们可以做的。罗伯特称，他没有按照村庄的同意被估税，也没有超出糊口水平的牲畜，等等。因此，对此进行调查。调查发现，罗伯特·加拉登，作为拥有超出糊口水平财产的人，由村庄共同体估税半夸特的燕麦；因此，他因错误的宣称而被处罚。[10]

郡守，国王在一个郡的最高级别的官员，有权为国王的利益做出索取。理论上而言，这些索取应该被缴纳。但小村民可能很难拿回他们的物品的价值。在任何情况下，这些扣押都是令人恐惧的。林肯郡守看起来已经命令萨顿作为一个村镇提供一定量的谷物，而这个村镇共同体已经评估了其成员的各种财产来缴纳这种费用。据之做出评估的原则之一明显很自然，即只有这些人有义务缴纳，因为他们有超出自身基本需求更多的东西。评估按照支付能力做出。罗伯特·加拉登被评估要缴纳半夸特燕麦，而他拒绝这样做，因此共同体开始将意志强加到他身上，方式是进行财产扣押。他的七只羊被扣押。当他带着受损的诉求到法庭上的时候，庄园法庭的调查支持了共同体的行为。对于村庄共同体做出这种评估的程序的记录最有价值。但如果这些事情都有记录，那么看起来它们没有全部被保存下来。

当一个村庄与地方和国家管理机构产生联系的时候，它以一种独立、自治团体的面貌出现表现得最为明显。在百户区法庭和郡法庭上，在国王巡回法庭上，在郡守巡视中，在一次王室调查中，村民们不是以个人，而是作为他们的共同体的代表出现的。这个论断是一种第一近似，应该立即被限定。接下来，让我们考察一下郡法庭的组成，就是国王向一个郡的郡守发布命令召集来满足巡回法官的要求的集会。郡守召集所有的高级教士和按照封建租佃制持有地产的所有俗人。（这些贵族可能派出他们的总管或律师代替他们。）他召集所有的自由持有者。他召集郡中每个百户区选出的自己在法庭上的十二人代表，每个市镇的十二名市民代表，每个村庄的代表是庄头和另外四个村民。[11] 这最后的事实对于当前的目的是很重要的。我们再一次必须面对庄头，这一次将庄头作为代表他的村庄的一个代表团的头领。

庄头和四名村民组成标准代表团代表一个村庄的早期历史很有意思。征服者威廉任命的使者进行的调查，汇编入《末日审判书》，调查的就是每个村的神父、庄头和六名农奴。[12] 还有，名为《亨利一世法典》（Leges Henrici Primi）的12世纪汇编称，一个村庄在百户区法庭上的代表是庄头、神父和村庄的四名品行最好的人。[13]一份起源更加可疑的汇编，被虔诚地称为《忏悔者爱德华法典》（Leges Edwardi Confessoris），宣称当有价值的财产被发现时，发现者必须将其发现的物品带进教堂，并将其呈给神父、庄头和村庄品行最好的人。然后，庄头召集每个邻村的神父、庄头和品行最好的四个人，并给他们依次展示这些财产。[14]不论这两份法典是否描述了实际的做法，都差别不大：他们至少描述了这种做法的传统。关于这些早期情况的重点是，它们显示，庄头在代表村庄的代表团中并不是孤独的头领；他总是有神父陪伴。但在13世纪，神父从村庄代表团中完全消失了。了解他消失的原因很有意义。一个猜测是，挪用堂区的财产来养活寺院的运动与之有些许关系，这个运动在13世纪变得影响巨大。新的受益人将治愈灵魂交到贫穷的代理人手中，这些人不再如旧时的神父那样是他们堂区中的首要人物。另一方面，这个结果可能是因为庄头降级到一个"农奴监工"的位置上。

照例，庄头和四个人代表一个村庄并非整个英格兰的一致做法。威塞克斯的一个村庄由十户长和四个人代表，肯特的一个村庄的代表则是十户长和每个十户区的四个人。在什罗普郡，村庄有时派出六个人和庄头，[15]在北方，村庄派出四个人，而完全没有提及庄头。[16]向法庭或其他地方派代表团的成本有时在领主和村庄之间分摊，[17]有时，如被希望的那样，参加法庭的责任被当成特定地产的劳役之一。由于所有的自由持有者在任何情况下都会被召集参加百户区和郡法庭，因此常见做法是，来自每个村出席法庭的庄头和四个人是农奴，但几个较大寺院的地产惯例租役簿显示，在这些地产上，每个村庄的代表仅仅是少数，往往是四个较富裕的自由持有者，即弗兰克林阶层的人。[18] 他们按自己的责任被称为百户长（hundredors）。任何其他人都不需出席。

在这种代表体系中，没有考虑到庄园。在实际中，国王的官员面对的是自然的人口单位村庄，而不是租佃单位庄园。但许多村庄包含两个或更多个庄园，以至于庄园领主和他们的佃农必须在不同庄园的人中分配村庄代表团的成员身份。还有，村庄很小的地方，它们中的两个或更多个被一起组成一个集体庄园（villa integra），这就变成派出代表团的单位。[19]

百户区和郡法庭并非每个村庄的庄头和四个人出现的唯一地点。当他们就在附近的时候，他们也出现在郡守的巡视中和巡回法官面前。但共同体和王室法庭是自由人法庭。庄头和他的伙伴通常是农奴，而除了在保护生命问题上，农奴只由他们的领主审判。因此，他们出现在这些法庭上，仅仅是为了报告村中出现的关于国王的和平的问题。他们也出现在所有王室调查团面前，他们甚至位列评估王室税收的人之中。[20]

没有理由总是陈述以下事实，即在当地司法和管理的所有重要问题上，庄头和四个人被召集来代表村庄，如果这些人有时并不担任一个更加重要和有趣的职务，作为管理一个村庄事务的负责任的委员会。例如，当1203年，诺曼领主起义反抗国王约翰的时候，他们在英格兰持有的土地被国王没收。在关心这些土地价值的王室法官面前，调查团组建，在这些调查团中，出现了每个被没收村庄的庄头和四个人。迄今为止，程序是常见的。新的因素是，在这些村庄中的一个，牛津郡的科特灵顿（Kirtlington, Oxon.），庄头和四个人被称为"村庄被委托给的那几个人"。在其他地方，庄头和四个人被称为村庄监护人（custodes ville）。[21] 他们不仅报告每个村庄的价值，实际上也管理村庄的事务。还有，林肯的教区长和教士团的登记簿包含两份特许状，其中，诺丁汉威洛村（Wellow, Notts.）的四个村民和整个共同体，为他们自己、他们的继承人和继任者，暂时应属于同一个共同体，负责在威洛的小礼拜堂供养一个忏悔神父，这个小礼拜堂属于埃德温斯托（Edwinstowe）的母教堂，而且，他们作为一个共同体，通过宣誓捆绑在一起，并将他们共同体的印章盖在特许状上。[22] 然后，不像布朗厄姆，威洛村被允许拥有一个共同体的印章。它能通过特许状团结自身，并将它的印章盖在特许状上。此外，威洛的四个村民明显处于村庄管理领袖的位置上。而且，按照1290年诺福克郡奥克斯尼德（Oxnead, Norfolk）的一份法庭案卷，村庄所有的土地和份地被交予庄头和其他六个人的监护之下；他们要对被损害的每英亩土地和属于庄园的其他事情负担2先令。[23] 这种证据特别稀少，但我们所掌握的证据似乎表明，一个村民委员会，不论其中是否有庄头，能被而且曾被授权管理村庄的事务，并以它的名义发声。当然，庄头已经是领主自营地农场的管理者。在村庄的一般管理中，成为同侪中的第一人，这不可能极大地扩展他的责任。当新英格兰村镇的建立者们将它们的管理交到选举产生的管理委员会手中的时候，管理上一仍旧贯，他们遵循着母国村庄的古老传统。

市民主要从事手工业和贸易，村民主要从事农业。但许多城市，尤其是较小的城市，有公地，而大多数村庄有它们自己的集市，即便它们只是每年召开，又有它们的手工业，尽管它们仅仅由一些贫穷的茅舍农从事。贸易路线的转移，普遍繁荣的增长，可能都会使一个村庄成为贸易中心；它的一个村庄工业的出名可能就会使其成为一个制造业中心。接下来，村民们会开始放弃将农业作为首要关注的问题。许多城市曾经都是村庄。然而，城市和村庄在人们的头脑中明显是分开的。一个市镇是周围村庄的一个交易中心。在城市，乡村的人将自己尽可能多的剩余谷物和奶酪出售；在城市里，他们买回自己无法生产的东西；他们将自己的儿子送到市镇上充当学徒。在他们看来，城里人，总是喜欢城里人，一定都喜欢嘲笑他们的乡村表亲。

城市和村庄是两个不同的世界。但从之前全部的论述来看，一个应该清楚的事实是，中世纪城市组织的形式在很大程度上类似于村庄。甚至，当两个地方的做法不同的时候，这些做法对情感和传统产生的影响也是类似的。[24] 因此，在城市，还有乡村，对经济活动的规范的主导因素只是，一种保持共同体成员在经济机会上的平等性的愿望。人们实施反对垄断、囤积居奇，以及其他妨碍所有市民享有公平和廉价市场的措施，人们设计出古老的抽签权，据此一个市民有权以与其他任何市民支付的同样的价格购买城市中出售的一份商品——主导这种人的思维的情感与那些保持原野农业精妙设计的人的情感是相似的。在初期，城市地产甚至趋向于面积上相等，如半码地和码地，应用于城市地产的家庭法的规则在类型上与邻近村庄的规则是相同的，尽管市民通常比村民更加免于受到土地转让的惯例束缚。

一个村民共同体的有些习惯与一个市民共同体的有些习惯是相同的。正如一个城市的商人会因一个市民朋友的债务而被扣押，村民也会因此被扣押。一份保存在百户区案卷中的北安普顿郡的调查记录道：

> 威廉·斯特雷克（William Strake）、罗杰·克罗（Roger Crowe）和许多其他人，按照罗斯威尔村（Rothwell）格洛斯特伯爵的总管威廉·帕瑟勒（William Passeleu）的命令，从他的管辖区将奥灵伯里村（Orlingbury）的 60 头牲畜带走，原因是奥灵伯里的罗伯特的父亲拉尔夫，必须偿还罗斯威尔的一名商人的一笔债务，并控制它们直到这个罗伯特偿还商人 20 马克，以及半马克看管牲畜的费用。[25]

一个村庄的人集体负担施加给共同体的所有罚金和其他税费，就像市民对城市的所有税费负责那样。村民伙伴们甚至被说成互相分担税收，这种用词总是被用到市民伙伴身上。[26]

最后，在管理上，城市和村庄也是相似的。城市共同体从国王或小领主那里承包城市；许多村庄共同体从他们的领主那里承包村庄经营，如果不是永久性地，那么至少持续一些年的期限。一个城市的事务由一个市长和市政官（aldermen）来管理；一个村庄的事务由一个庄头和四个其他人来管理。一个村庄共同体甚至可能有一个印章。实际上，在它们的管理方式上，有些村庄在每个方面都是城市，除了不拥有一份特许状。它们并非城市仅仅是因为它们并不被这样认可。

坚固的围墙可能将城市与村庄分开，而且它们的使命也不同，但在赋予它们形式的情感和传统上，二者是同种类型的社会组织。

第 22 章　领主和佃农

每个社会都有一些人比其他人控制着更多的食物、衣物和那个社会所生产的其他形式的财富。这里特意使用控制一词：不论从何种视角而言，对财富的控制都比仅仅占有更为重要，但这种论断引起了这里无法解答的问题。财富分配采取的方式是多样的。但人们承认，在所有的社会，或更恰当说是，几乎所有社会中都有穷人和富人之分。在13世纪的英格兰乡村，唯一重要的财源是用来农作的土地。因此，当农奴们每周要在领主的自营地上干上几天活的时候，无须卡尔·马克思对他们解释，他们的领主比他们中的任何人都要富裕，因为他们向他贡献了他们的剩余劳动。在领主一方，他给予他的人一定的金钱和食物——我们应记住，圣诞晚餐和收获布恩期间的食物——但他给予他们的这些东西的价值明显要比他们向他缴纳的地租、劳役、继承税、罚金和赋费低得多。

领主和他的任何一个人之间的财富分配不仅是不平等的，而且这种不平等还因为一个人要耗费自己的一部分时间为他的领主做无偿劳动。然而，除了在混乱时期之外，人们的思想并不专注于这种不平等。人们看待这种财富的分配往往并不像一个持怀疑态度的外人看待它的方式那样，而仅仅是把它看成根据传统神话设计出来的东西。也许，最好的说法是，在每个社会中，都有少数人能够看到财富分配和其他此类制度的真实面目,但如果少数人已经看得透彻,他们通常就已经明了,最好不要将真相泄露出去。他们知道,事实在这种意义上是一件无足轻重的事情。我们想起迪斯雷利的《恩底弥翁》(*Endymion*)中瓦尔德赛尔(Waldershare)的话。他说,明智的人们都信仰同一种宗教。而且,当被问到那是什么意思的时候,他答复道:"明智的人从不说。"财富的分配从不被真实描述,而只是被描述成按照传统神话设计成的那个样子,我们今天和中世纪都是如此。尽管我们大多数人,坦率而言,如果被要求承认这个事实会感到很恼怒。唯一的神话就是其他民族的神话。

中世纪神话与我们今天的神话之间的一个共同点是,当时的领主和佃农,犹如今天的雇主和工人,两者之间的关系是以交换为基础来描述的。如果今天的一个工人,或我们中涉及那种事情的任何一人,被问及,为什么他会从雇主那里得到报酬,他会回答,他的报酬是他为雇主干活的回报。同样,如果中世纪的一个村民被问及,他是根据何种权利持有自己的土地时,他会回答,他的持有地是向领主提供应付的和惯例的土地租役的回报。

神话是一个语言问题。让我们考察一下中世纪谈及份地时使用的语言。这种考察,比任何其他事情都重要,将表明当时的人设计财富分配所依据的方案,它也将表明,隐藏在这些方案中的设想。人们说——法学家说它最为复杂,但主要的词汇对所有人而言都是常见词汇——一个领主持有一块采邑,一块地产。持有(hold)一词的运用使领主对其采邑的占有像极了他对诸如刀剑之物的占有。如果这块采邑是一个庄园,据说领主就会将这块地的一部分掌握在自己手中。请再次注意这个隐喻。其余的被分成份地或地产,据说领主会将其授予佃农,即那些事实上占有并耕作这些土地的人。而且像领主持有另一个上级领主的土地并向其提供特定役务那样,如在战争时期为一个骑士提供装备,这些佃农也从领主那里持有自己的土地,其代价是向其提供应付的惯例役务,在这种情况下,役务的形式是货币地租和农业劳役。现在我们叫这种制度为封建制度。或不如说,当我们说到封建制度的时候,我们指许多事情,但我们指的至少是那种特殊的语言框架(verbal scheme),中世纪的人们据其来描述财富分配和人们之间的其他特定关系。封建制度通常被这样描述,仿佛它仅仅被应用于土地贵族:从此种表述在这里被使用的意义上而言,它适用于所有的人。

现在让我们考察一下这种看待事物的方式对于人们的情感产生的影响。在大多数社会中,一个人最亲密拥有的东西,他持有的那些东西——他的剑、犁和钱——被认为是他几乎可以随意处理的东西。按照中世纪的法律神话,拥有土地就像拥有此类东西一样。一个人最常见和最强烈的另一种情感可能以下面这种方式来表达:如果一个人给另一个人他拥有的某样东西,那么这另一个人就欠他一样东西作为回报。中世纪的法律神话将领主授予佃农土地,然后佃农向领主缴纳租役,比作一种简单的交换,类似于市场上一个人向另一个人付钱购买商品一样。然而,这两种交易并不相同。在市场上,一人给另一个人富余的东西,即钱,获取某些富余的东西,即商品。在领主和佃农的交换中,没有类似的事情发生。佃农向领主缴纳某些足够富余的东西,即地租和劳役,领主提供的回报,即授予土地,是纯粹口头上的。领主说,他将土地授予佃农,在庄园法庭上甚至还会有一个象征土地授予的仪式——法庭的一项重要功能,而且这个功能经常被那些为了使它们更有效率而想着改革它们的人们所遗忘,这正是对一个社会的许多重要神话给予仪式性的呈现。但事实上,佃农的先祖往往数代人持有和耕作这块土地。他们已经处于持续的占有状态。这个社会产生的财富大部分在领主手中,它包括佃农向领主缴纳的地租和他们在自营地上的劳动,但他们缴纳这些地租,承担这些劳役,被说成为了得到并不存在而只是虚构的土地授予的回报。

当然,土地持有的法律用语,对于13世纪的许多人而言,可能已经只剩下一套惯用语。但即使是套话,如果它们被习惯使用的话,也可能把我们的思想限制在特定的频道上。例如,今天美国的法律将一个公司看作一个人,与其他人一样,这个人拥有只能通过法律既定程序才可以得到的权利。我们认识到,一种虚构已经建立,尽管它是一种不可避免的和有用的虚构。但谁会说,在我们头脑中的某个角落,我们实际上并不会将一个公司想象为另一个人呢?

然而,认为领主一方并没有什么真实的东西牵涉其中是荒谬的。让我们想一下,如果一个佃农拒绝缴纳地租、服劳役,会发生什么。领主会宣布没收他的土地,将其授予另外一个人,在必要时,暴力驱逐原持有者。如果有许多佃农一起拒绝缴纳租役,这个事情就会被视为暴动,而且会被武力镇压。此类事情实际上就发生在1381年的农民大起义之中。当时,英格兰的绅士们表明,他们有保持在社会制度顶层位置的必要特质。如果他们没有使用必要的暴力,社会的形式本来会急剧改变,直到一种新的平衡状态达成,其标志是一种各阶层人的新集结,一种新的财富分配,甚至也许是一种解释新形势的新神话。简单来说,它本来会是一场革命。一个愤世嫉俗者会说，中世纪的土地法沦落为非常简单的东西。实际上，领主告诉他的佃农：如果你不向我交租、服役，我将以我最大极限的武力惩罚你。但人们实际上并不这样提及这种方式的财富分配，而且这里也没有说他们是伪善者的意思。历史学和人类学显示，人们描述他们的社会制度时并不一定用真实的话语，而是用神话，更为重要的是，一个稳定和成功社会的神话并不是将人与人对立的那些神话，而是以好意促进人们协作劳动的那些神话。

343　　无论如何，今天的经验告诉我们，法律语言只能非常不充分地描述人们之间的关系。领主和佃农之间的关系中牵涉的东西远比一方是经济利益、另一方是害怕压榨更多，而且在一种双方都习以为常的神话中，上述利益冲突是被合理化的。其中更多的事情在一个人获得土地占有权的仪式中得到认可。他得到占有权，但他也宣誓效忠。他宣誓对领主诚实和忠心。领主控制的他那个社会生产的财富要比任何人都多，他做到这一点是因为他们或向他交租，或向他承担耕作他的自营地的劳役。所有这些都是被承认的事实。但在中世纪社会中，如在其他社会中一样，在决定人们对另一个人是不满、愤怒，还是满意、成功合作这个问题上，与影响生产和财富分配发生的其他条件相比，生产和财富分配的经济方式往往并不那么重要。之前大量行文的主题是传统的某些特征，一个村庄据之为其领主干活有利于成功维持领主和佃农之间的关系。这些特征也许可以通过它们与一个人在许多现代工厂，尤其是美国工厂中为其雇主干活的条件的比较，得到提炼和总结。现代工厂的劳动条件显然会有某种问题导致有些工人发问，为什么他们必须为老板干活，而且这种问题可能要比

第22章 领主和佃农

他们通常给出的理由多得多，那就是老板向他的工人支付低工资，却让他们长时间劳动。

关于一个领主和他的佃农之间关系的本质的最佳证据，可以在他们为其耕作自营地的劳役中找到，它们被记录在庄园惯例租役簿中。对于劳役，要说的第一个事情是，它们是惯例的。农奴本人通常被称为惯例佃农，因为他们服惯例劳役，同样，关于劳役的数量和性质的详细记录被称为惯例租役簿。劳役首先是惯例的，因为在那个时代，所有的农作方法都是惯例的。17世纪的杰维斯·马克姆（Gervase Markham）在其文中写道：

> 这种农业劳动力，通常不是有知识和有理解力的人，而是粗野、单纯和无知的克劳恩（Clowne），他只知道如何干活，而无法解释，他为什么要干这种活，这仅仅是他的父母的教诲，或这个国家的习惯。[1]

马克姆的论断对于历史上大多数时代的大多数农民都是适用的，对于马克姆写作之前四个世纪的英格兰农民当然也适用。但农奴的劳役是惯例的原因还源于它们缴纳的数量和方式，在人们可以记起的最早时间找不到相反的例子。理论上而言，一个领主有权按照自己的意愿确定他的佃农的劳役。他们是他随意支配的佃农。而且在几个可证实的案例中，领主们确实有意增加他们的农奴的劳役数量。但不管一个人对另一个人所拥有的抽象权利是什么，他往往无法在实际操作中坚持这样做，因为人类本性是顽固的。如果农奴强烈要求他们的劳役应该保持在古老习惯确定的标准上，那么一个领主就会发现在增加农奴劳役方面存在巨大的实际困难。在记录这些劳役，即制作一份惯例租役簿的时候，其程序与那些为司法目的而记录任何惯例的程序是相同的。习惯是由那些最有资格知道它们是什么的那些人——农奴自己"发现"的。这些劳役由农奴的宣誓陪审团，由最合适的人，即那些要服劳役的人确认。有证据证实，尤其是在拉姆西登记簿的案例中，当对一种劳役的负担数量或方式在领主和他的佃农之间发生争议的时候，求助于惯例租役簿是被双方认可的最终办法。

今天，在一个大工厂的工作安排中，对工人做出的一个区分在过去不会出现，或至少不会如它现在那样系统地做出。一方面是技术专家，另一方面是实际操作机器的人。就其本身而论，技术专家的出现相对较晚。用杰维斯·马克姆的话来说，他的工作包括知晓和理解工人。他应该持续地将观察和推理应用于工作方法中。如果你告诉他，他的工厂中遵循的任何方法都是惯例的，他可能会将这种话当成一种批评。他的职责是将它们变得更有效率，或至少去思考如何改变它们。不论在哪里看到有改进的可能，他都会向运营管理者报告，管理者就会命令操作机器的人做出这种改变。

与技术专家不同，操作机器的人在很大程度上仍然是曾经的劳工。也许，他并不像杰维斯·马克姆所说的农民那样如此多地受制于习惯，但如果他发明了一种方法，让他觉得可以更令人满意地做这项工作，他对做出改变就会犹豫不决，尤其是当改变它就意味着改变他与工友之间的关系时更是如此。他自己可能也设计出了技术改进，但他采用它们的情感与他采用技术人员设计和管理者命令的改进技术时产生的情感不同。事实上，他这样做是为了使后面那些变化归于无效，甚至当它们符合自己的利益之时也是如此。它们是被强加的，并非由工人自己发明出来的。它们是被强加的，往往并没有他对原因的理解。它们是由一种力量强加的，不论这种力量的诸多目的在事实上是如何仁慈，它们都会受到质疑。与农奴在领主的自营地上所干的活相比，现代工厂里的工作不仅不能按照惯例固定，而且还要频繁地按照最让做这项工作的工人愤怒的方式改变。如果存在一种解决这种问题的办法的话，那么它并不是取消技术专家，而是扩大他们研究的范围，以将实施变化技术的人的行为纳入在内。

如果领主自营地上的首要劳动条件是其惯例性的话，那么第二个条件便是，做这项工作的人是一个有组织的共同体的成员，并被如此公认。在很大程度上，实际社会组织和被公认的社会组织是一致的。人们都是共同体的成员，不仅是在劳动中，而且是在所有其他生命活动中也是如此。他们是村民，而一个村庄是一个物质、经济和政治单位。我们已经看到，在领主依照法律对农奴施加的力量与领主实际对待他们的力量以及他们回应的力量之间出现了一种很大的模糊性。第一，领主被对待的方式仿佛他就是村庄共同体的一个成员，尽管他是一个特别受尊重的成员。布恩劳役需要他的佃农来做，它们说起来就像出于爱，好像这些活是他们为了他们中的任何一个需要帮助的同伴而做的，有线索表明，在一个更宽泛的意义上，村民们将他们之中遵循的活动形式扩展到领主。再说，领主获得来自庄园法庭的收益；他的总管主持法庭；在法理上来讲，他的佃农对于他的专断行为没有解决措施，但事实上，领主和他的任何一个人之间的争议案件,通常都是由法庭的一个陪审团判决的,这个陪审团宣布适用于这个问题的庄园习惯,就像双方都是村民伙伴一样。

第二,领主对他的佃农通常更多地是以共同体成员而不是个体来对待的。他们挑选出来的管理共同体的官吏:庄头、看护员和其他人,也是负责领主自营地农场管理的头目。一个领主可能会将他的庄园出租给一个村民共同体,甚至将共同体看作一个可以持有和处理土地的集体。

一个现代工厂并非中世纪村庄意义上的一个共同体。一方面,工人们通常并不住在一起,也不在一起工作,或者说,即使他们比邻而居,他们在工厂的共同工作并不是强调将他们束缚为团体的一个原则。但在一个工厂内,反复形成的工人群体具有村民共同体的某些特征。但这些群体并非由管理者来认可,尽管管理行为看起来好像它实际上对他们负责一样。我们已经看到,在13世纪领主自营地上的劳动和一个现代大工厂劳动之间的种种反差,是如何与一个庄头和一个一线监督者之间的进一步反差相联系的。

佃农为其领主劳动的条件的第三个特点已经大致得到了考察。领主和他的佃农认为他们之间的关系是相互的。不仅是因为,人们向领主缴纳的租役被视为他授予他们土地的回报,而且在于,在这种主要交换之外,领主和他的佃农之间还存在一系列的利益交换。如果人们使用领主的林地或牧场,他们每个人要给他一只母鸡,以换取特权或翻耕半英亩土地之权,地租或劳役的名称木鸡(*woodhen*)或草耕地(*grass-earth*)提醒人们,这些特别捐税的缴纳是为了换取特别的利益。另一方面,如果到了农年的紧要时期,即播种或

第22章 领主和佃农

收获期，领主需要先把自己的自营地耕了或自己的谷物收割了，他有权召集他的所有佃农来为他工作。尽管实际上，有人可能会因为没干这些活而被处以罚金，而这些活被说成出于帮助而做。它们被称为爱布恩。而且他们会从领主那里得到饮食的酬劳。但对于理解领主和他的佃农之间的关系，缴租的事实不会比互助的事实更为重要。

要强调的一点是，领主的事情和他的佃农的事情在所有的邻里活动，如农业、管理和节日中都有接触。当然，在领主的收入比任何他的佃农的收入更多的意义上而言，实际的经济利益交换非常有利于领主，但他获得收入的条件应该与它的实际数量一样得到考察。我们已经从中世纪继承了这种思想，即雇主和工人之间的关系是相互的，雇主向工人支付工资，以换取他们的劳动。使这种关系有别于中世纪领主与他的人之间的关系的东西在于，这种单一的向工作支付报酬的交换通常是雇主和他的工人之间的唯一联系。在其他生活行为中，没有什么将他们连接在一起。当我们说雇主没有或不用负与经济权力伴随的"社会责任"之时，我们讨论的就是这个事实。

佃农为其领主所做的工作的最后一个特征如下：除了完成一种迫切的经济目标之外，它也是进行一种快乐的社交聚会的时机。事实上，有时我们所考虑的经济目标可能只是人们所享受的聚会。当在一个旧时的新英格兰村镇，一个家庭进行一次聚会，召集邻居来帮助其完成某种特定工作的时候，这个聚会绝对是农民一年中最欢乐的时刻。要做的工作仅仅是举行聚会的一个借口。在任何落后的农业共同体中，大多数的工作都有这些特征。它应该由合作完成，并作为一次同伴聚会而令人开心。在 13 世纪的英格兰村庄中也是如此。收获布恩应该与作为一种社交机会的新英格兰聚会差不多。那时，整个村庄，不论老幼，自由人和农奴，都被召集去收割领主的谷物，并得到领主提供的一顿饭。但在现代工厂中，工作和令人高兴的社交生活被视为两种不同的东西。对于二者而言，都有属于自己的一段合适的时间。工人被认为是到工厂去做工，而不是享受与同伴的社交生活。有时，他们甚至不被允许交谈。宴乐社交是下班后的事情。

村民们可能从不乐意必须为领主工作，而且当领主是如黑尔斯欧文的修院长那样的人时，他们的劳役更是不可忍受。但在有利的条件下，而且当前的解释也许太过于依赖有利的条件，一个村民为领主干的活是惯例的，是由他作为一个强大和被认可的共同体的一员来完成的，同时伴随着这样的情感，即如果这些人为领主干活，也是为自己获益而干活。关于按这种方式所进行的工作，它也适用于人们的情感，至少在它并非极端让人愤怒这种意义上如此，可能在一个更加积极的意义上也是如此。在许多现代工厂里，许多这些工作条件并没有出现，而且即使他们出现了，管理者有时也并不认可它们，或认为应该反对它们。说一种制度是好的，另一种不好，是荒谬的。二者都有缺点，但方式不同。古代的制度在经济方面是无效的和生产率低下的。在另一方面，在现代制度上，不顾令人满意的社会工作条件可能会引发愤怒和混乱，从而有损于社会稳定。公平而言，迄今发现的东西没有什么导致研究人类事务的学者相信，两种制度的长处可以结合起来：现代制度的高度经济灵活性和合理性特征，与中世纪和其他原始制度的高度道德性特征。今天，与在13世纪一样，流行一种不平等的财富分配制度，伴随而来的是一种描述这种制度的特殊神话。分配制度及其神话与生产性工作得以完成的社会条件不是不相关的，相反，二者处于一种互相依赖的状态之中，以至于对社会条件的适应不良会成为这种分配制度及其神话遭受攻击的一个原因。

第四编

节　日

第 23 章 农夫的一年

农夫劳作和娱乐的一年，正如在 13 世纪，只有通过拼凑来自两种不同文献的信息才能重建。[1]庄园惯例租役簿相当详细地记载了每年劳动的内容与完成的时间。我们可以想象，当一个农奴为领主做某种工作之时，惯例租役簿会有所记录，他也要为自己做几乎同样的工作，而这却不会出现在租役簿中。同时，惯例租役簿也记录了节日的名字，它们标志着不同的劳动季节开始与结束的时间。但是，如果我们仅仅依靠 13 世纪的档案，我们将对农民在这些节日的所作所为知之甚少，除非它们是教会的节日，这当然是个很大的例外。我们会了解许多他干得怎样的信息，对他玩得如何所知很少。例如，我们会知道"五朔节"（May day）这个名字的节日存在于 13 世纪，而不会知道它是如何存续的。对于这样的问题，我们做出猜测的唯一方法便是习俗，现在被称为民俗（folklore），它们最初是在中世纪结束之后很久才得到收集和记录的。在最早的民俗学家中，有一人名叫托马斯·塔瑟，在其《农事五百条》的一篇中，他描述了农民的"节日"（feasting-days），因为它们也存在于塔瑟生活的 16 世纪中叶。但大多数记录工作的进行不早于 19 世纪，那时，许多古老的习惯正在消失。如果要对 13 世纪农民的一年做出某种重构的话，一个传统的节日周期，其细节只能从 19 世纪的文献中得知，应当根据得自当时档案的传统农忙周期来确定。这种形式的重构有其明显弱点，只在没有更好办法的时候才适用。首先，这要求我们假设 19 世纪对不同节日的遵守大致上与 13 世纪对这些节日的遵守一样。这种想法尽管危险，但有其存在的理由，从现存不多的关于中世纪的记录中，我们得知，中世纪的一些节日的庆祝方式与数个世纪之后差不多。既然这些节日如此，那么其他节日的情况很可能也是如此。

与今天一样，13 世纪农民的一年被分为四个季度，但开始和结束的时间与今天却不同。"冬季"(yems)这个名字指的是从米迦勒节到圣诞节之间的农忙期。在这段时间里，小麦和黑麦得到播种，这些谷物因此被称为"冬季种子"(semen yemale)。复活节之前的 40 天和今天的情况差不多，但大斋节(Lent)大致指的是从圣诞节结束到圣周(Holy Week)。谷物在这段时间播种，燕麦、大麦、野豌豆、豌豆、菜豆，它们被称为"大斋节种子"(semen quadragesimale)。这样，季节就按照大的种植期被分开了。从复活节周(Easter Week)之后的霍克节(Hocktide)，到收获节(8 月 1 日)是夏季(estas)。相应地，五月女王(May Queen)也被称为"夏季女王"(summer queen)。从收获节到再一次米迦勒节便是秋季(autumpnus)。[2]

米迦勒节(9 月 29 日)是圣米迦勒和所有天使的节日，标志着农民一年的开始和结束。在这个时间，收获结束，庄园的管家或庄头会制作该年的账簿。同时，在一个原野乡村中，干草之间的缺口开放，村中的牛群可以在谷物残茬上游走。但待米迦勒节一结束，如果不是更早的话，在新地上种植黑麦和小麦就会开始，而这些田地在去年一直处于休耕状态。

到了十月,人们会带上牛和犁、马和耙到田里干活。在此后的几个世纪中,在冬季播种结束之后进行一次宴饮成为惯例。托马斯·塔瑟笔下的农民对妻子说:

> 老婆子,这个星期找一天,如果老天不为难,
> 今年的小麦也种完。
> 我记性不好,但你要牢记:
> 种子糕、肉馅饼,还要一锅弗门蒂(furmentie)。[3]

弗门蒂是一种食物,由煮熟的未研磨的小麦,加入牛奶、醋栗果、葡萄干和调料制成——这是所有农民宴饮时的最爱。塔瑟说,这是埃塞克斯和萨福克的习俗之一。在林肯郡,习惯做法是在播种结束后向农民提供一次晚餐,这次晚餐在那里被称为料斗糕(hopper-cakes)。[4] 料斗糕是浸过啤酒的加入香料的蛋糕,通常因料斗(hopper)或播种筐(seedlip)而得名,农民将其挂在肩膀上,方便从其中取种子撒播。

冬季谷物土地的播种需要在万圣节(11月1日)之前完成,最晚不能晚于圣马丁节(11月11日)。托马斯·塔瑟建议道:

> 黑麦下地,趁九月;
> 十月种小麦,要尽快。
> 种瓜得瓜,种豆得豆,
> 到万圣节前夕,务必播完小麦。[5]

抑或，在罗彻斯特惯例租役簿中，下面是关于肯特郡南弗利特（Southfleet, Kent）的佃农劳役的记录：

> 他们将翻耕、撒播、耙松25英亩田地，当要播种小麦之时，他们也将按庄头的吩咐把种子带到田里，因此，在圣马丁节前夜，如果有人被发现没有完成工作，即这块田地相当比例的工作量，他将要被领主处以罚金。[6]

在这个日期之前的某个时间，领主招呼其佃农完成布恩犁地工作，以保证自己的种子能够在合适的季节播入田里。在一个原野村庄，秋季播种一待完成，冬季谷物田地周围干草之间的缺口将被填上，看护员的职责，即护卫干草，就开始了。

万圣节（Hallowmas），即所有圣徒的节日（11月1日），是北欧的四个古老节日之一。它们均匀地分布在一年之中：其他三个分别在二月、五月、八月之初到来，在13世纪教会或民俗节日中，它们都仍在被庆祝。在一个人们靠牲畜为生远比中世纪更甚的年代，11月1日是一个关键时间，因为牛将从夏季牧场被赶到冬季牧场的栏中。这时，最重要的是，人们害怕恶魔作祟：在万圣节，尤其是在万圣节前夕，女巫们游荡在外，她们需要被抚慰。在原始社会，恶魔主要源自死人。因此，11月初的盛大节日，标志着该年进入"死亡季节"（morte saison），是一个纪念死者的节日。它就这样被保存下来，尽管教会将11月1日变成纪念所有圣人的节日是其反对异教习俗运动的一部分，而且，甚至教会也并不完全漠视该节日的起源，他们将第二天，即11月2日，变成万灵节。万圣节，尤其是万圣节前夕，即之前的那一夜，都以火来庆祝，正如四个古老的其他节日也得到庆祝一样，这种做法现在已经与盖伊福克斯节（Guy Fawkes Day）的做法融合了。

11月曾被盎格鲁-撒克逊人称为"流血月"（blood-month），到13世纪，它仍然是杀牛的传统时间。

> 迎来万圣节，屠宰时间到，农民们的盛宴开始了。

塔瑟如是说。[7]尤其是，这项工作是与圣马丁节（11月11日）相联系的，而圣马丁节也是基督降临节（Advent）的开端。人们谈到圣马丁节的牛肉。经过整个夏天的喂养，牧场上的牛已经肥了。现在，草不多了，霜冻马上要来了。由于农民没有大量的干草储备，他们只能饲养一定数量的牲畜过冬。其余的则必须被屠宰。鉴于这些原因，11月就成为屠宰牲畜和腌肉的合适时间。

在播种完冬季谷物之后，农民可能会从田里转移到仓库，他要在那里忙着处理上次收获的麦捆。首先他要脱粒，也就是将穗与秸秆分离，其方法，或是用老式连枷，即皮带绑起来的两根结实的木棒，抽打谷物，[8]或者赶着牛在脱粒场上的谷物上走动。然后，他要扬场（winnow），即将谷粒与壳分离，其方法是使用一种扬场扇，或薄板，或铲，或筛子，将谷物抛入空中，谷粒就会从较轻的壳脱落。这就是处理谷物的古老办法。直到土地被霜冻之前，农民可能也会花时间进行一次准备性的犁地，开春后，土地将被再次翻耕，然后被播种。

圣诞节，及之后包括主显节（Epiphany）（1月6日）在内的12

天,是农民一年中最大的节日。农民没法在夏天休息,跟我们一样,因为夏季是最繁忙的时间。他只能在冬季中期休息,那时,田地被雨水淹没,或被霜冻结,必须停止户外工作。圣诞节也位于两个不同的农季之间。冬季作物播种主导的时期结束,春季谷物播种未开始。几乎所有地方的佃农都会在这12天停止为领主干活,有些庄园仆人会得到特殊的报酬,如领主的羊倌会被允许在此期间使用在其土地上的领主的羊圈。人们被召集起来庆祝古老的圣诞节(feast of Yule),它曾经是太阳转到赤道以北的标志,现在则是为了庆祝耶稣的诞生。

圣诞节是最具共同体情绪的时间。牛、羊和猪刚被宰杀。收获也结束了。农民们开怀吃喝,而不用考虑可能会到来的匮乏时光。这个节日的高潮是一次晚宴,在任何符合习俗的庄园上,圣诞节当天,领主都会将其厅堂留给所有他的佃农。塔瑟说:"在圣诞节,我们宴饮(banket),不论贫富。"[9] 也许,最好认为,领主只是组织了这场晚宴。农奴们必须给领主带来一份圣诞礼物。他们要为他酿酒,要给他带来习惯数量的面包或家禽。这些礼物可能就是领主向自己的人提供的晚宴的菜肴。一份惯例租役簿有时会明确地提及,工人们得到他们的礼物(lookmete),实际上是对他们送出的礼物的回报。[10] 在原始社会,这种仪式性的交换在财富分配中发挥了非常重要的作用,非现代文明社会所能比拟。关于圣诞节晚宴的最好的一份记录出现在1314年萨默塞特的北柯里(North Curry)的惯例租役簿中,该庄园属于威尔斯的教区长和教士团。在那里,约翰·德·科奈普(John de Cnappe),与其合伙人和佃农们,持有2.5码地。他享有以下特权:

第23章 农夫的一年

>   他在圣诞节时的"招待餐"(gestum)是两条白面包,他们一天尽自己所能喝的啤酒,一块牛肉,一块带芥末的熏肉,一份母鸡汤(browis of hen),一块奶酪,烹调他的食物及国王古自营地上其他佃农的食物所需的燃料,宴会之后一直烧到傍晚及之后的燃料,他们坐着喝酒之时,两根蜡烛要一直亮着直到燃尽,如果坐着喝酒的时间足够久,蜡烛要一根接一根地亮着,如果他不来,可以派三个人顶替他的位置,或者派人来享受面包、牛肉、熏肉和两加仑啤酒;第二天中午之后,他还会得到一些割草酒(medale),以及尽自己所能喝的啤酒,直到甚至……[11]

"布洛伊斯"(browis)是一种汤或肉汤,里面是炖出的肉汁,相当浓。割草酒,正如其名字所显示,应该是领主将其提供给那些在夏天来为他割草的佃农。就在这个庄园上,罗杰·巴特(Roger Bat)持有一个法德尔(fardel)① 的土地,也有圣诞节享受晚餐的权利,尽管,受制于其较低的地位,他不会得到像约翰·德·科奈普那样的礼遇。按照惯例租役簿的用语,他将得到:

>   ……跟以前一样的招待餐和割草酒,但他需要带上自己的衣服、杯子和盘子,并带走所有落在衣服上的东西,他将为自己及其邻居带走一块被切成三份的瓦斯特尔面包(wastel),而古时圣诞节游戏所使用的正是这样一块瓦斯特尔面包……

---

① fardel,法德尔,即1/4码。——译者

这个圣诞节游戏到底是什么，我们不得而知，但我们知道，它们应该与数百年后在圣诞节晚餐时仍然玩的游戏相似，如"豆王游戏"（the game of King of the Bean）。

在许多原始社会中，习俗规定了明确的时期，在这些时期，通常制约人们行为的规则经共同同意后不再有约束力，这与我们现代社会不同。我们无从知晓，人们在这些时期享有的放纵是否使他们更加全心全意地在该年其余的时间遵守社会的习俗。它可能有一些这样的功能。在中世纪，圣诞节是一种放纵时间（a time of licence）。那时会有许多食物，人们全心投入分享它们，根本不理会在收获之前很难再获得食物补充。但圣诞节不仅仅存在一个暴饮暴食问题。圣诞节也是选举无序之王（the Lords of Misrule）和愚人宴之王（the Lords of the Feast of Fools）的时间：日常的规则不再适用。圣诞节是一次狂欢会。人们貌似已经预见到之后的暴乱：有些佃农必须充当12个夜晚的侍者，来看守领主的厅堂。在埃塞克斯的威克姆（Wickham, Essex），伦敦圣保罗的一处庄园上，惯例佃农"约翰·奥尔德雷德（John Aldred）要与同一个阶层的其他人推选出一人，此人应在从圣诞节到主显节看守庭院，他可以在大厅里燃一堆篝火，得到一条白面包、一条烤鱼（ferculum coquinae）和一加仑啤酒；如果有任何损失，看守之人需要赔偿，除非他呼喊全村去追捕"。[12] 很明显，麻烦随时都会出现。乔叟在《弗兰克林的故事》（Franklin's Tale）中描述雅努斯（Janus），同时面对旧年和新年的神时，以最完全的古英语表达方式唱出了古英格兰圣诞节的特色：

严酷的霜冻和雪雨，

摧毁了家家院中的青绿。

有两面胡子的雅努斯坐在火堆旁，

用他的牛角来把酒品尝；

野猪肉挂在他面前，

"圣诞佳节"，每个壮士口中喊。

更神秘的是，圣诞节的12天是表演哑剧（the mummers' play）的时间。不论这个剧是否与剑舞（the sword dance）有关系，如在亨伯河以北那样，或者与庆祝首耕周一（Plow Monday）相关联，如在米德兰兹的部分地区那样，或以圣乔治剧（St. George play）的特殊形式，如在威塞克斯那样，它的一个永恒主题是其中一个演员被杀死，然后复活。[13] 哑剧，以流传给我们的诸种形式，很可能不早于16世纪，但很难相信，它们不是此前数个世纪里流行的戏剧的衍生品，也很难相信，死亡与复活并不象征着表演于其时的季节的信息：所有生物的死亡和新生。观看这些哑剧的农民对这种象征主义抱有何种想法，我们不得而知。

新年（New Year's Day）当然会得到庆祝。在上个世纪的西部乡村，一种黑刺灌木被点亮，并被带着掠过新种小麦的地垄，"灌木火燃烧时跨越的地垄数量被视为当年成功（农作）月份的数量的征兆或预示"。[14] 但更加有趣的是这些仪式，它们标志着圣诞节假期之后劳作重新开始。中世纪男人的劳动是在田地里，妇女的劳动是在家中。亚当的形象总是手握铁锹，夏娃的形象总是手不离纺纱杆，在古英语中，它也被称为筹克（rock），这就是人类之父和人类之母的写照,一人耕地,一人纺织,我们须认为,这就是大多数中世纪父母的真实情况。犁或锹是男人身份的标志,筹克则代表了女人。

当男男女女在全年最大的节日后重新开始工作之时,他们就崇拜犁和石头。罗伯特·赫利克(Robert Herrick)这样告诉我们,1月7日,主显节后的第二天,有些地方也称之为"圣蒂斯塔弗节"(St. Distaff's Day),而一本15世纪关于虔敬的小册子《财主和穷人》,谴责那些背弃神圣教会的人,因为那些人的做法是:

> 将犁放在火上,象征着当年有个好的开头,他们在接下来的一整年也会过得更好。[15]

这里的犁,农耕的象征和最重要的工具,再加上炉灶,家庭生活的象征和中心,就形成一个强大的巫术仪式。但也许比这些行为更常见的是那些发生在英格兰许多地区的标志着主显节之后的第一个周一的做法,这个周一被妇女称为首织周一(Rock Monday),被男人称为首耕周一。

首耕周一在19世纪北部和东部的大多数郡保存下来。[16] 在那天,按照习惯,一群年轻农夫,自称耕牛(plow-bullocks),拖着一张被称为"愚人犁"(fool plow)或"白犁"(white plow)的耕犁在村里走家串户。每到一家,他们就索要小钱,如果有人拒绝,他们就犁翻这个人门前的地。这群人身着鲜艳布条,也许是从布料上剪出犁、马、猫、狗的形状,并将它们缝在上衣和罩衫上。由于它被叫作白犁,因此,犁本身应该被装饰过。耕牛队领头的人打扮成一个厚脸皮的老妇人,叫贝茜(Bessy)。在古时,她穿着带有牛尾巴的袍子，手舞足蹈，随身带着钱盒子。随着首耕周一的游行，有时上演一种哑剧，然后贝丝就变成其中一个角色。另一个传统人物是拿着狐狸皮当风帽的男人，身后悬着尾巴。还有一个当然是愚人（the Fool），带着自己的棍子和皮囊。如果冬日艰难，脱粒工会带上连枷、收获工带上镰刀、车把式带上他们的棍鞭加入愚人犁队伍中，有时甚至还有制造犁铧的铁匠和研磨粮食的磨坊主。

在19世纪，所要来的钱被用来支付耕牛们及其乐队在酒馆的消遣。在更早的时候，许多村中都有一个农民协会。他们在首耕周一举行一次宴饮，然后与白犁一起游行。他们收集来的钱用来为协会在堂区教堂的神龛中供养一支犁灯（plow-light）。有时，犁本身好像就立在或挂在神龛附近。[17] 但除了所有宴饮和基督教的活动，很难不将首耕周一看作开土犁地的仪式，就像中国皇帝每年年初要做的那样。

迄今还没有出现任何记录证实，首耕周一，以自塔瑟时代以来其表演所采取的方式，出现在13世纪。但也没有理由相信它不是这样的：民俗通常不是中世纪记载的素材，而这种做法看起来很古老，可以这么说。在一个涉及诺丁汉郡林德里克的卡尔顿村（Carlton in Lindrick, Notts.）的古怪案例中，有趣的事情是，村里人在主显节的第二天举行了一场犁地比赛。[18] 在1292年复活节季（Easter Term）的御座法庭（King's Bench）上，卡尔顿的堂区神父托马斯·德·伊夫舍姆（Thomas de Evesham）出席，他控诉说，在1291年7月22日，该村的领主理查德·德·福尔内斯（Richard de Furneys）和其他六个人收割了一块名叫佩尔森斯布雷克（Persones Breck）的地里属于他的黑麦，并让他们的牛吃了一周自己的燕麦。

362 领主申诉说，土地是他的，其他人则说，那是他们的公共牧场。原告回应说，那是他的教堂的土地和获赠产业。这个案子到了由村里人组成的一个调查陪审团那里。他们发现，

> 这块地既不属于理查德，也不属于托马斯，或者其他人，而是该村整个共同体的公地，该村的惯例在此前和当时都认为，村庄领主、堂区神父和村中所有自由人都可以在主显节第二天日出之后带上自己的犁到那里去，他可以收割尽可能多垄的谷物，每一垄中有一个犁沟，可以在当年撒播尽可能多垄的谷物，只要他愿意，无须许可，如果他不用肥料的话；如果要使用肥料，他就不能在施过肥的土地上播种，除非有该村共同体的同意；如果没有许可，他种了施肥过的地，共同体成员可以随时到这样播种过的土地上放养自己的牲畜。

接下来，陪审员发现，堂区神父在未施肥和施过肥的地上都播种了，而没有获得许可，因此受到惩罚：这块地成了被告的牲畜的牧场。

陪审团的主张是相当清楚的。他们将这块地视为该村整个共同体的公地。理查德·德·福尔内斯宣称，这块地是他的，因为他是被村民漠视的该庄园的领主。他们也将该地视为一种新田，它被称作布雷克（breck）的事实支持了他们的主张。作为村庄的公地，通常本村人都可以来放养牲口，但在特定条件下，该村的习惯对此有所规定，它可以用来耕作。这些条件就是，在圣诞节假期之后，主显节次日太阳升起之时——这个日期将习惯与首耕周一的做法关联起来——所有想参与耕作新田的自由人聚集在一起，他们带着

自己的犁，竞相去看每个人能够在多少个不同的地垄中拉出一道垄沟。每个人如此做过标记的地垄便是他今年可以耕作的地。正如提出这个案例的梅特兰所说："这种习惯可以防止人们在他已经得到的地里施肥，看起来就是尽力阻止拥有这种权利的个人通过这种做法而常年拥有这块条田。"作为一块新田，这块地处于该村固定耕作的田地之外。它被暂时耕作，然后重新变成牧场。因此，村民们全力警惕，任何人都不得通过常年占据这块土地从而获得该地的专属权。

但这正是在卡尔顿发生的事情。陪审员们必须承认，这个神父已经在这块地上播种长达15年之久，不论是否有村庄的许可，事实上他从成为卡尔顿的神父时就这样做了。他发现他的教堂手握这块地；它被称为佩尔森斯布雷克。因此，陪审员们对原告给出了判决，他们指出，被告的行为明显是一种侵害（injury），不会得到任何村会的支持（*quod quidem factum manifeste est iniuriosum et non per aliquod birlawe sustinendum*），而损失得到补偿。许多村庄的耕地可能已经逐渐通过这种将新田永久耕作的方式而得到扩大。

尽管人们保持着首耕周一的习俗，但他们不可能在一月的寒冷天气中做许多实际的犁地工作。重新开始耕作的时间习惯上已经是圣烛节（2月2日），即圣母玛利亚行洁净礼的节日。让我们回顾一下一个原野乡村的田地在这个时候的情况。前一年休耕的土地在秋天种上冬季作物。种植春季作物的地则将在下一年全年休耕。一个三圃制乡村的第三块地，前一年种的是冬季作物，将要在春季种上燕麦、大麦、豌豆和菜豆。上一次收获之后，它就成为村里牛群的牧场：这就是它的"开放时间"。但现在，在圣烛节，在任何一个符合习俗的村庄,牛都会被从这块地上赶走。它会被"保护起来",春耕就要开始。圣烛节也是将草地保护起来的传统时间,此后,牛将不能在上面觅食,直到收获结束,即收获节(8月1日)。[19]圣烛节本身取代了古代异教的一个季度性节日,其他三个是万圣节、五朔节和收获节。它的名字源自手持被祝圣过的蜡烛参与当日游行的习俗。妇女们在生产之后去教堂接受仪式之时手持蜡烛;因此人们手持蜡烛来庆祝马利亚的洁净礼。

从复活节之前40天的大忏悔节期(great penitential season)开始,即从主显节到复活节之间的整个时期,被称为大斋节(Lent)。忏悔周二(Shrove Tuesday)——如此称谓,是因为人们会在大斋节的最后一天得到赦免;它也被称为 Fastens E'en——因传统游戏和运动而出名,盛行于整个英格兰。塔瑟提到它,与首耕周一、剪羊毛(Sheep Shearing)、守夜日(Wake Day)、收获入仓(Harvest Home)和种子糕(Seed Cake)一起,是农民特别推崇的节日之一。这时撒播的春季谷物的种子被称为大斋节种子。这就是大斋节农忙(lenten tilth)。农民希望种子撒播到地里的最后期限是圣母节(Lady Day)(3月25日),即天使报喜节(the feast of the Annunciation),[20]或者至少在复活节之前。

大斋节和复活节会在户外得到庆祝,当时的活动比现在宗教改革后的英格兰多得多。在大斋节期间,堂区教堂的神龛或教堂中殿和高坛之间的圣坛屏上会覆以幔子,直到圣周的周三,《受难记》(Passion)中的话被阅读:"殿里的幔子,分为两半。"或者,它要在耶稣受难日(Good Friday)礼拜时的类似点上落幕。十字架和其他圣像也被覆盖起来,周日除外。在圣枝主日(Palm Sunday),堂区居民们手持紫杉或柳条，而不是棕榈枝，跟随圣像和十字架绕着教堂的庭院游行。在耶稣受难日，十字架揭开面纱，放在圣坛脚下，人们到那里亲吻它，跪着或弯腰靠近它——"爬向十字架"。在此之后，十字架和圣像被埋在某个暂时的容器中，埋在建在教堂墙壁中的特别的"复活节神龛"（Easter Sepulchre）中，或埋在小礼拜堂中，蜡烛在周围点燃。在复活节早晨，神龛被打开，十字架和圣像被拿着绕遍教堂，并被放上圣坛。这种"神龛的巡游"在有些地方发展成复杂的戏剧表演。在复活节前夜，跟之前两个傍晚一样，所有火把和蜡烛在赞美耶稣的晨祷中被熄灭。然后，新的火把被仪式性地点燃，复活节烛（Paschal candle）也由此点燃，它为复活节前夕教堂的守夜提供光亮。[21] 所有的仪式都在引导人们心中的激动情绪不断攀升，直到复活节早晨的弥撒，天主教会最神圣的仪式。

复活节，跟圣诞节一样，也是领主和他的佃农之间交换礼物的一个日子。在圣诞节，佃农带给领主母鸡，因此，在复活节，礼物变成了鸡蛋。在大地产上，鸡蛋开始获得经济上的重要性，但很难相信它们仅仅是仪式性的礼物，就如在今天和整个中世纪被给予的复活节蛋那样。在领主一方，许多人会在复活节向他的佃农，或至少是庄园的仆人提供一份晚餐。复活节周，也就是复活节之后的那一周，还有圣灵降临节周（Whitsun Week）和圣诞节的12天是农奴的3个长假。我们须认为，它们是真正的假日，农奴在那时停止干活，不论是自己的田地，还是领主的持有地。复活节周结束的标志是霍克节，即复活节之后的第二个周一和周二。词素 hock 的含义还不清楚。19 世纪的习惯做法是，村中的妇女在周一拦住和捆绑她们所能控制的所有男人，并俘虏他们，直到他们支付罚金才会被释放,到了周二,霍克节当日,男人们以同样的方式抓获妇女。霍克节肯定也存在于13世纪。它是一个重要的法定结账日(term day),因此,它的名字经常出现在当时的文献之中,但它是如何被庆祝的,我们不得而知。我们不知道它在后来是怎样的习俗,但应该是霍克节曾经基本模样的遗存。对复活节和圣诞节的比较显示,农年的这些重大节日的庆祝有单一的模式。它们以宗教节日开场。此后的一周或更长的时间,农奴无须为其领主干活,事实上很可能所有人都停止了劳动。最后,假期结束和劳动重新开始的标志是另一个节日,此时它不再是一个宗教节日,而是一个民间节日。这种模式在庆祝圣诞节之时十分清晰。它以圣诞节本身开始。之后是12天的假期,然后在首耕周一之后,劳动再次开始。复活节庆祝也遵循同样的模式。最开始是复活节本身。紧接着是一周的假期,之后是劳动重新开始,其标志是一个民间节日——霍克节。

霍克节也标志着在中世纪被叫作夏季的开始。在冬季,在大斋节,在收获季,都有紧急的农活需要完成,但在夏季,尽管有许多不同的工作让农民们忙碌,但它们都不如当年其他时间内的那些工作重要,而且也不需要抓紧时间完成。全年处于休耕的土地会在复活节之后翻耕一次,也许在仲夏(Midsummer)之前,还要再进行一次翻耕(rebinatio)。生长中的谷物需要除草,羊毛需要修剪,但直到收割干草之时,农民更大的忧虑才会重新出现。也许这就是夏季的假日比全年其他任何时间都要多,以及人们为何在夏季感到快乐的原因。

正如万圣节或米迦勒节标志着牛群从牧场被赶进牛圈,并在那里待上一整个冬季,五朔节则标志着牛群被再次赶进牧场的时间的开始。有证据表明，这种做法仍然是13世纪的传统，至少在林肯郡是如此。[22] 这就是五朔节的经济价值所在。五朔节作为一个假日，我们知道它存在于13世纪，因为这个节日的名字出现在那时的文献之中。林肯主教罗伯特·格罗斯泰斯特在1244年写给他的执事长(archdeacons)的信中，抱怨教士们玩"一些被称为带来五月或秋季的游戏"。[23] 但我们不知道13世纪的人如何过五朔节。英格兰的文学作品让所有人都知道了它在后来的时间中是如何被庆祝的：在五朔节，年轻人如何在早晨很早出门，带回一些开花的山楂树枝，装扮到他们的房子上，村里最漂亮的女孩如何被带上花冠，成为五月女王，即夏季女王，人们是如何树起五月花柱，并戴上花环，男孩女孩们又如何围着它跳舞。

在中世纪晚期，五月是表演莫里斯舞(Morris Dance)和罗宾汉游戏(Robin Hood Games)的时间，但我们再次对13世纪的"夏季游戏"(somour games)所知甚少。很明显，它们与后世的游戏有某种程度上的相似。伍斯特主教沃尔特·德·坎蒂鲁普，在其1240年的教令中，禁止"玩耍国王和王后的游戏"[24]——那时应该有一个五月领主和夫人，正如此后一样。民间游戏模仿了贵族的社会组织。再一次，布鲁恩的罗伯特·曼宁谴责以下破坏安息日的做法：

> 如果你曾在村里或农田，
> 制作花环或花冠，
> 把女孩们打扮得花枝招展，
> 比一比哪一个最好看；

> 这是把戒律放脑后，
> 假日为此也蒙羞；
> 这样的聚会太淫乱，
> 充斥了傲娇和自满。[25]

这样一种游戏应该非常像此后数世纪中的五月游戏。有时，一种欢乐骚动的场景出现在严肃的司法文献中。百户区案卷包含的一份格洛斯特郡的调查讲述了一群人的故事，他们：

> 来到男孩和女孩歌颂鸽子的地方，一个男孩说，其中一个女孩唱得很好，于是他把鸽子交给她，但这被提供鸽子的尼古拉斯·卡尔夫（Nicholas Calf）和托马斯·勒普鲁特（Thomas le Prute）听到了，他们说，这个男孩撒谎，女孩不应得到鸽子，于是他们用一支棍棒敲打那个男孩的脑袋。[26]

唱赞歌是中世纪较保守的教士谴责的罪之一，为女孩间的竞争设置奖项是其他"夏季游戏"的一部分，但我们并未获知关于这种为鸽子唱歌的特殊游戏的点滴信息。

教士将舞蹈和歌唱斥为"聚众淫乱"，但他们所控诉的这些游戏中的行为是没什么害处的。也许这些人太过于令人尊敬，而无法阐明会使他们的暗讽明了的事实。五朔节是村里男孩女孩的节日。许多线索显示，它是传统的做爱时间，当时所有的吉尔（Jill）选择她的杰克（Jack），而且，据我们所知，一对年轻人很可能在那些天发生婚前性行为。有时，青年男女们会在前一天傍晚，而不是五朔节当天早晨,走出村外来迎接五月,并在野外共度良宵。

> 躺在春天的麦田中,
> 伴着起伏的嘿嗬声,
> 这些乡下姑娘和小伙儿,……

这是有关五朔节最有趣的事情,当然也是虔诚的人们谈及最少的事情。

五月的第二个节日为祈祷节(Rogation Days),即耶稣升天节(神圣的周四)之前的周一、周二和周三。以团伙日(Gangdays)之名,它们在诺曼征服之前就存在,[27] 可能在千年之后仍然以同样的名字存在。[28] 之所以被称为团伙日,是因为人们在当时成群结队。在这一天,在神父的带领下,村民们手持十字架、旗帜、铃铛和火把,沿着村庄的边界巡视。他们立下界桩。跟随游行队伍的小男孩会被扔进小溪和池塘,或者屁股被用来撞击标识边界的树木或石头,这样他们就会更好地记住它们。在队伍前进的某个习惯地点,遇到每一棵"圣橡树或福音树"(Holy Oak or Gospel Tree)之时,游行就会停止,神父进行祈祷,并祝福正在生长的谷物。祈祷节被用作宽恕罪行和保护大地的产物的特殊祈祷:原始人不希望他们的经济活动成功,除非他们自己遵循了共同体的品行。团伙日是原野乡村的一个节日。在那里,没有人持有一整块土地,但每个村民都拥有一些散落在全村土地中的条田,并与邻居们一起使用村庄的公共树林和荒地。村庄的边界是他所知的最重要的边界。

五月的第三个节日是圣灵降临节(Whitsunday)。与圣诞节和复活节一起,它是教会每年的三大节日之一,在圣灵降临节周,大多数庄园上的农奴都不需要去为他们的领主干活。

在六月,圣约翰节(St. John's Day)之前某时,农民将他的羊群撵到最近的池塘或小河边,给它们洗澡,并剪羊毛。剪完羊毛之后,他会向为他干活的人提供一顿晚饭。托马斯·塔瑟笔下的农民吩咐他的妻子道:

> 老婆子,给我们准备好晚饭,不要心疼肉和面,
> 做点薄饼和糕点,因为我们的羊毛需要剪。
> 剪羊毛的邻居们不多要,
> 但热情的招呼和欢迎不能少。[29]

关于英格兰剪羊毛节日的最完整、最著名,也是最吸引人的描述是莎士比亚《冬日的故事》(Winter's Tale)中的第四幕。

在夏天,对应圣诞节的是仲夏节,即6月24日的施洗者约翰降生节(the feast of the Nativity of St. John the Baptist)。一本用于不同节日的布道书,为13世纪来自温什科姆(Winchcomb)的一名僧侣所作,描述了圣约翰节在那时是如何庆祝的。或者说,他描述了圣约翰节的前夜是如何庆祝的。这个节日令人激动的部分,就像许多民间节日一样,发生在前夜。该僧侣描写的圣约翰节前夜如下:

> 让我们来谈谈圣约翰节前夜习惯上会发生的狂欢,主要有三类。圣约翰节前夜,在有些地区,男孩们搜集骨头和其他特定垃圾,并点燃,由此燃起的烟飘到空中。他们也制作标志,

并带着它们在地里绕行。第三，他们推着轮子跑。[30]

这名僧侣解释说，火把被用来赶走恶龙，据说它会在圣约翰节前夜飞到户外，在泉水和其他水源中下毒。上述每一项活动都在更晚的时期得到保留：在类似圣约翰节前夜这种极少的情况下，农民一年的节日活动显示在13世纪与19世纪并无差别，这个事实给了我们更好的理由假设，在更多无法证实的情况下，也存在类似的持续性。不久以前，在不列颠岛许多地区的山顶上，篝火依然在仲夏夜点燃，标志物在当晚被带着环绕田地。有独立的证据表明，后一种习俗存在于13世纪。威尔特郡朗布里奇的一名叫杰弗里·萨尔弗洛克 (Geoffrey Salferloc) 的茅舍农对其领主格拉斯顿伯里修院长负担的劳役如下：

> 不论杰弗里是犁把式还是耙地农，他都应该与其他持有此类土地的人一起，在圣约翰节前夜领主的土地翻耕结束之时，与看护员一起守夜，并带上一只阉羊，以及领主树林中的一捆木柴当晚生火使用。[31]

阉羊想必是值夜人的晚饭。温什科姆的僧侣提到在仲夏夜滚动的轮子，应该是像专注于欧洲许多地区民俗的后世观察家所记载的，当晚生火之后，被从山上滚下来的轮子。他对这个习俗的解释被反复提及。他说：

> 滚动的轮子代表着太阳在那时升到其轨道的最高点，然后

立即翻回；因此，出现了翻滚轮子的做法。

圣约翰节，如圣诞节一样，是一个至日节（a feast of the solstice）。[32]

在圣约翰节，农业工作再次变得急迫，此后直到收获结束，在许多庄园上，农奴必须为领主每周干活的天数增加了。圣约翰节是开始收割干草的传统时间。托马斯·塔瑟说：

在仲夏，踩着荆棘驾着车，
然后，出门带上你的叉和枷：
让工人去草场把活干，
放的时间越长，割起来越难。[33]

从圣约翰节到临近收获节，农民忙于打草：收割、投掷、竖起和打垛。在打草结束的时候，会进行这样一个游戏：在地里的打草工中放上一只羊，他们谁能捉到就是谁的。或者，领主会让为他打草的人得到一束干草（sithale）。在收获节（8月1日），打草应该已经结束，草场开放，村里的牛群进入去吃打草之后的残草。这种草地，被称为收获节草地（Lammas meadows），上面不可能还留有再生新草了。

收获节标志着干草收获的结束，也标志着谷物收获的开始。根据教历，收获节是圣彼得受缚节（the feast of St. Peter ad Vincula），但它的重要性明显不是来自这一情况，而来自它是农年的一个转折点。在收获节之前，许多贫困的茅舍农应该已经用尽了储存的面粉，都在急切地等待着收获到来。在《农夫皮尔斯》中，皮尔斯提及他还有的一点粮食，然后说：

靠着手里这点粮,直到收获节到来。我满怀希望在想,那时我的田地有个好收成。[34]

在那之后,他的生活将变好。收获节,如果收成不错的话,应该是一段十分快乐的时光。收获节是一个初次收益(first fruits)的节日。它的名字来自盎格鲁-撒克逊时期的 *hlaf-mass*,即面包弥撒(loaf-mass)。诺曼征服之前,节日当天,新小麦做成的面包被带到教堂并被祝福,这条被祝圣过的面包随后被用在神迹当中。[35]

尽管每年收获之时,男女老幼都要最卖力地干活,但由于每一个免于其他劳动的人都在田里,这种非常情况就使其成为一段相互做伴的时间,而且许多传统运动和收获后的礼物有助于劳动快乐地进行。根据庄园的惯例租役簿,我们了解到关于收获布恩、收割布恩的一些事情。在进行这些收割布恩之时,所有的村民都被叫去收割领主的谷物,除了主妇、羊倌,或每个家庭的保姆,租役簿有时对此会特别规定。工人们会得到食物,包括鲱鱼或肉,以及面包、奶酪,也许还有麦酒。收获布恩中的工人会受到富裕的自由持有农,即弗兰克林的监督,他们手中握着棍棒来监督活干得是否好和到位。对于13世纪的其他收获习惯,我们所知不多,甚至一无所知。在此后数世纪中,在大家庭中,一人会被命名为收获领主(a harvest lord)来领导收割工人,也许还有一名收获夫人(a harvest lady)手握第二把镰刀。收割工人沿着地垄团队协作,一些人收割,另一些人则在他们后面捆绑和击打麦捆。在收割最后一天,这些团队喜欢争先成为第一个结束一垄地的队伍。最后一小片谷物会被留下来,并按照某种仪式来进行收割。也许由最漂亮的女孩收割,或者收割工人们将镰刀扔向它，直到所有谷物都倒下。最后一捆谷物会被装饰，并被放在尾车（hock-cart）顶上，也就是往仓库运送粮食的最后一辆车。尾车在音乐和嬉戏中到达，收获之后的傍晚是举行家庭晚宴（home supper）的时间。[36] 塔瑟说，

> 收获时的工人、仆人和大小农，
> 都应该聚集于大厅中：
> 他们玩着游戏唱着歌
> 在整个收获期间都快乐。[37]

因此，在13世纪末，牛津郡黑丁顿（Headington, Oxon.）的所有人必须在米迦勒节和圣马丁节期间到领主的庭院中，"哼着一首完整的小曲儿，就像迄今习惯做的那样"。他们应该到家中唱着收获的歌。[38] 但在宴请了他的佃农之后，领主仍然还有事情。这里再次引用塔瑟的话：

> 有了这个好宴席，但你仍不可松懈，
> 直到犁把式得到你给的收获鹅。
> 尽管鹅进了残茬地，但我不是为这个，
> 让鹅也有一只鹅，不论她是没肉还是肥硕。[39]

这只鹅是一只残茬鹅（a stubble goose），因为它靠收获的残茬养肥。它是 repegos 的派生，在13世纪，它实际上就是这样被缴纳的，或者折算成货币支付。收获完成之后，期待拾穗的穷人会被允许踏上

残茬，因为它们此后会向全村的牲畜开放。米迦勒节一到，一年的轮回就又开始了。

农民的节日只有一个保存下来，它通常被称为守夜日。人们在节日之前的晚上总是醒着，从这个意义上来讲，大多数的假日都是守夜。对于习惯早早上床的农民和孩子而言，很晚不睡是一种特别行为。但这里考察的节日是被特别如此称呼的守夜。理论上讲，守夜是堂区教堂所奉养的圣人的节日。在这一天，所有从老堂区离开的会众组成的队伍都加入赞美母教堂（mother church）的游行队伍中。1236年，林肯主教罗伯特·格罗斯泰斯特命令自己的执事长禁止：

> 在当年巡行和赞美母教堂的游行队伍中，任何堂区举着自己的旗帜抢到另一个堂区队伍的前面，因为这样引起的往往不仅是争吵，而是残酷的流血。[40]

如果守夜日的发生总是与堂区教堂所奉养的圣人有关，那么它们应该分散到全年之中。事实上，大多数守夜发生在夏末秋初。主教怀特·肯尼特（Bishop White Kennett）在他的《堂区古史》（*Parochial Antiquities*）（1695）中提到了这个事情。他说：

> 在1536年国王亨利八世的禁令之中，曾有规定，各地庆祝教堂奉养的圣人之日都应永远定在10月的第一个周日。然而，这个命令没有得到实施，或得到遵守；尽管如此，大多数那些庆典现在的庆祝时间都临近米迦勒节，那时收获和犁地工

作之后的假期为巡游和运动提供了最好的机会；在皮丁顿和这个郡（牛津郡）的其他地方也是如此……但是对于米迦勒节之前，或离米迦勒节时间很久的那些守夜而言：我们相信它们与其纪念的圣人保持着原始的关系，其庆祝时间最晚不会晚于接下来的那个周日。[41]

我们知道，13世纪也举行守夜，因为《男爵法庭章程》（*La Court de Baron*），那时的一本关于如何召开庄园法庭的手册，提到了一个典型案例：一个人被控杀死了领主的猪，无法伸张自己的权利，因为他的宣誓证人都在另一个村参加节日。[42] 但守夜在13世纪是如何进行的，我们不得而知，而且我们只能满足于后世记载的惯例。当时，正如在另一种赞美礼（*vigilyes*）中一样，人们在头天晚上不睡觉，到了守夜日的早晨，他们都去堂区教堂里参加赞美该教堂圣人的弥撒。弥撒之后，这一天完全成了运动时间，运动通常在堂区教堂的庭院中举行，尽管整个中世纪的主教们都在咒骂那些将教堂庭院当成游戏场和市场的人。也有少数情况，它们的举行地点是在山顶上、泉水旁，或靠近某棵大树或石头。[43] 我们推测，守夜可以追溯到某种异教节日，如果该节日不能被消灭，教会试图通过把它与某种教会仪式联系起来，使其变得可接受。但在有些地方，守夜仍然在异教的圣地举行。

在托马斯·塔瑟笔下，农民对他的女儿说：

烤炉里装满弗劳恩（flawn），吉妮切莫去睡觉，
明天你的父亲要守夜将灯挑。

第 23 章 农夫的一年　　445

> 每个人跳舞都可尽情,
> 不论是托姆金与托姆林, 还是吉尔与詹金。[44]

弗劳恩是一种薄饼。在守夜日, 到处都是跳舞、游戏和醉酒; 此后, 还有许多受人喜爱的摔跤和咧嘴笑(grinning)的运动, 其奖品是一个马项圈。在这些日子里, 一个村庄与邻村互相游戏。守夜的日期安排是, 一个村庄的守夜与附近另一个村庄的守夜日不冲突。[45] 由于乡村的人聚集起来守夜, 随着时间的推移, 它们其中一些变成了重要的市场。守夜日看起来也已经成为已经离开村庄的人回来看望亲属和朋友的机会。威廉·沃纳(William Warner)在其《阿尔比恩的英格兰》(Albion's England)中提到, "我们在亲朋好友间守夜"。英格兰的守夜相当于欧洲大陆的 kermesse: 在这方面, 与其他许多方面一样, 整个欧洲的民间节日的相似程度, 比我们从当前欧洲国家的差异来猜想的相似程度大得多。守夜日应尤其已经是原野乡村的大村庄的一个节日。它以某种村庄意识为前提。也就是说, 在守夜日, 一个村庄庆祝它的身份, 并邀请邻村加入庆祝中来。

　　威廉·沃纳对 16 世纪乡下人一年的迷人描写可能很适合作为我们漫长论述的结尾。他以一个北方人的口吻说道:

> 在圣诞节, 我们经常赌博、跳舞、吟颂和歌唱,
> 喝的酒, 吃的肉和馅饼, 都是国王所享,
> 在忏悔周二馅饼节, 忏悔节游行队伍带来美食尝,
> 在复活节, 我们开始跳莫里斯舞, 在圣灵降临节、五朔节

也如此,

然后罗宾汉、小约翰、塔克修士和玛丽安登上台,
领主和夫人与年轻的人儿一起去教堂,
弥撒和晚祷之后有欢乐,人们在每块村庄绿地上表演,
我们在亲朋好友间守夜,类似的游戏从未见:
在圣约翰洗礼节,邻家燃起篝火,准备好麦酒和蛋糕,
在圣马丁节,我们切开烤苹果,然后讲起罗宾汉做强盗,
进入长长黑夜后,被祝福的有灯、有门,还有窗,
桶被装满,壁炉扫净,以防大小精灵来造访:
首织周一和首耕周一都会有游戏,圣人节和教堂灯也是这样。[46]

波利比乌斯和马基雅维利——一人通过个人观察,另一人通过研究历史——表达了他们的意见,认为罗马宗教在造就规范的行为方面是有价值的。[47]但许多其他曾经存在和一直存在的宗教更像罗马宗教,而不是一种野营集会,很可能,它们在某种程度上对人的行为也有同样好的作用。事实上,这种主张为这样一种宗教被毁灭的时候发生的事情所证实。许多观察家已经指出,当与白人接触破坏了曾伴随原始人的日常劳动的巫术和其他仪式制度时,原始人就变得懒惰和不求上进了。他们好像丧失了曾经参加劳动的兴趣。古老的罗马宗教就是所谓的仪式宗教。也就是说,它包含了一套行为,在特殊场合以特殊方式来呈现,而无须尝试在神学上解释为什么会出现这些行为。在中世纪的宗教实践中,最密切符合这种模式的是那些民俗年的仪式。人们在数百年里保持着它们,看起来不

用提供任何这样做的理由，除了习惯。更重要的是，从当前的观点来看，基督教一年的诸仪式并不比民俗行为更具宗教色彩。中世纪天主教崇拜由许多要素组成，但就像罗马宗教和民俗仪式，它至少包括数套在特殊场合以特殊方式呈现的行为。与其他两种崇拜不同，这种仪式是从一套复杂的神学中得到的内涵。尽管如此，只有少数受过教育的人精通神学：在一定程度上普通人将弥撒和教会的其他仪式尊崇为巫术，尤其是当他们被一种不懂的语言实行之时。

农业总是充满了不确定。当一个农民已尽己所能，看到自己的田地得到很好的耕作，牛群得到很好的照料，他仍然对收成或牲畜的增加感到不确定。恶劣的天气或一次兽疫可能就会摧毁他。依靠自己的劳动技术并不能保证他得到想要的结果。在这种情况下，他就会感到一种被我们称为焦虑的情绪。尽管这种观点有待证实，但仍然正确的是，在任何情况下，像我们一样的人，所生活的文明对环境已经拥有了一种特别的控制力，是无法理解焦虑、害怕，甚至恐惧的，而这些通常存在于原始人的思维当中。当然，在真实的饥荒、疾病或战争的危险之外，恐惧变得普遍化，这个世界遍布恶魔。"最初世间的恐惧造出了众神"（*Primus in orbe deos fecit timor*）。为了战胜恶魔，人们对任何保护性和持续性的事物——他们生活于其中的社会及其惯例、仪式，都保持着较为强烈的紧张。善与恶的二元论根植于原始的思维之中。13世纪的英格兰人并非原始，但是他们保持着一些属于原始人的情绪性态度的东西。

人们有在行为中表达情绪的倾向。这里使用的情绪一词指的是最一般意义上的任何心理状态。[48] 当然，我们实际上观察到的是人们的公开行为。人们有一定的情绪引导他们做出他们所做的行为,这仅仅是一个假设,但这个假设非常古老,而且可能从未使任何人感到为难。在行为中表达情绪的倾向是人类同其他动物共有的一个特征。狗也在行为中表达情绪——方式是摇尾巴。人类表达焦虑情绪的行为通常被叫作巫术。这种行为取代了逻辑性、实践性的行为,为人们所不知或超出他们的力量,这保证了他们得到想要的结果。这种观点的真实性在于这样一种事实,即人们并不实施巫术行为,如果他们的技术能够保证他们得到这些结果的话。在美拉尼西亚的一个岛屿上,在该岛的狭长海湾里有一个环礁湖,环礁湖之外就是大海。土著们在环礁湖的浅水里捕鱼的技巧能确保他们实际上抓到鱼,因此,他们就没有将巫术用在这种捕鱼上。但当他们在大海里捕鱼时,他们不能确定是否可以抓到鱼,因此,在那里捕鱼就与一种复杂的巫术联系在一起。[49] 除非多少担心是否能确保一种想要的实际结果时,巫术才会被举行。

逻辑行为(logical actions)的说法已经得到使用。逻辑行为指的是那些对实施者和独立的观察者来说都是达成目标的有效途径的行为。这些行为可能不是最有效的,但它们是某种途径。18世纪的农业专家指责中世纪农业技术效率低下;他们从未宣称,这些技术毫无用处,因为没有更好的选择。非逻辑行为(non-logical actions)是其他所有行为。很明显,在这种意义上而言,农民在一年中的许多行为都是非逻辑的。它们是巫术。我们仅仅需要回顾一下新年和团伙日。确实,除了按某种方式实施行为之外,人们喜欢谈论他们的行为,而且他们可能会说,他们实施的非逻辑行为实际上是实现目标的有效途径,甚至可以解释它们为什么是有效的。

第 23 章 农夫的一年

在中世纪,一个在新年时拖着自己的犁围着篝火走的人可能曾说,这种行为保证了自己接下来一整年走好运。他甚至可能已经相信这个说法,尽管当我们谈论信仰的时候,我们可能都不知道自己谈论的是什么。但是,对非逻辑行为的口头解释,如果仅仅因为它们比行为本身更加多样的话,被更有用地视为二级现象(phenomena of the second order),被视为合理化(rationalizations)。

就像逻辑行为的形式,由于非逻辑行为的形式并不是由一种应该会实现的实际结果的性质所决定的,因此,这些行为可以采取仅由情绪和人们喜好所决定的形式。它们可能是咒语:我们应将这种文字的使用包括在非逻辑行为之中。它们可能是仪式,而仪式的几个常见的思想动机是公认的,例如,同情和反感。另一个常见的动机如下:人们在巫术中使用那些对他们的日常生活具有极大意义的物体。在中世纪,人们按这种方式使用耕犁,将其竖立在堂区教堂的神龛之中,或拖着它绕着篝火走动,以期当年有个好的开始。

行巫术源于人们的情绪,也对情绪有反作用。纯粹实施一种巫术行为缓解了一个农民的焦虑,或我们可以说,将其消除掉。他感到,他应该"做些事情";他做了事情——不论是什么——他感觉更好了。但行巫术的效果很少如此简单。农民不仅行巫术,而且,当他行巫术之时,他相信这将帮助他获得好收成。行巫术使他安心,并给予他在工作中的信心。但在这一点上,应引入一种限制。上述是一种关于巫术仪式的起源和功能的理论,而不是对人们被观察到举行仪式时的行为的描述。如果在某一时间,农民感到焦虑,因为他们的技术并不能确保会产生他们想要的结果,并举行具有消除焦虑功能的巫术仪式,那么现在事实上被观察到的是,只有当习惯仪式本身没有适当举行之时，他们才感到焦虑。而且，他们的焦虑被扩大到远远超出仪式所限：他们感到，除非社会中所有的德行都得到遵守，否则农作就会遭殃。上帝将会降罪于他的人。净化仪式（rites of purification）可能会被举行以减轻打破惯例引起的次级焦虑。与其说农民感到担心，不如说他会担心，而且这种担心可能会妨碍他的工作，如果没有一些规则方式的话，最好是在他的伙伴们安心陪伴下，他可以完成巫术仪式。他有一种得到认可的在此类行为中表达他的不确定情绪的方法，这个事实可能已经成为众所周知的农民宿命论的一个要素。一位观察家这样说波兰农民："事实上，当农民已经有规律的工作，并实现了传统要求的宗教和巫术仪式之时，他就'将其余的事情交给上帝'，然后等待最后结果的到来；工作技巧和效率的高低问题并不重要。"[50]

如果人们的技术已经得到充分发展的话，他们在巫术仪式中表达的焦虑情绪会引导他们，进入对环境产生实际影响的逻辑行为。但有些情绪在任何情况下都不会引起这种实际行为。在它们之中，有与变化的季节相关联的情绪、与艰苦工作很好地被做完相关联的情绪，以及与获得一次好收成相关联的情绪。所有这些情绪都在农夫一年的运动和狂欢中得到了表达。它们的表达方式，可以肯定的是，并不同于焦虑情绪的表达方式。它是愉快的，而非巫术的。

巫术仪式和各季度的庆祝活动并不是随意进行的。它们是一个惯例问题；它们有一种日历。到13世纪，农夫的节日的顺序已经很好地适应当年各种劳动的顺序。较大的节日发生在两个农忙季之间的空歇期，那时一类农活已经结束，另一类还没有开始。因此，圣诞节发生在冬季作物播种结束之后，春季作物播种开始之前，复活节是在春季播种结束，守夜日往往是在收获和秋季耕地之间。这种安排是很自然的，如果只是因为人们应该享受运动和仪式的休闲的话。至于较小的节日，它们许多与一种特殊的农业劳动相联系。因此，圣马丁节是传统屠宰的时间，圣烛节是将草场保护起来的传统时间。当年的劳动和节日互相结合，形成一个单一稳定的循环。

由于农民至少占人口的十分之九，因此，这种传统的年份主导着大多数人的行为，代表着所有人的普遍行为。许多主教座堂装饰的一部分是一系列的人物或雕刻，描绘了每月的劳动，有时还有娱乐。例如，在一月，有两面胡子的雅努斯会现身坐在篝火旁用牛角喝着酒，在五月，一名妇女提供一把树叶给一个男人，在七月，一群割草工在忙碌，在九月，一个男人右手拿着一把镰刀，左手是一捆稻谷。[51]

劳动和娱乐的一年在1300年之后的数个世纪中仍然是一个单一和习惯的循环，而且在之前的数个世纪里已经是那样了。对于这个实现稳定适应性的过程，我们所知甚少，但可以推测出许多细节。我们应该承认，西欧人皈依基督教之时，一轮异教节日已经很好地适应了传统的农年。教会觉得有些节日与她的教义或权威是不相容的，而且能够压制，于是她就这样做了。这些节日可能为数并不多。更多的节日被她所掌握，为她所用，她还给予它们至少一个基督教的虚名。这个过程通常只是一个用词问题。曾经用来纪念某个异教神的节日现在据说用来纪念一位基督教圣人或周年，而实际中的节日很大程度上保持着它们曾经的面目。圣诞节应该取代了一种更加古老的至日节，许多圣诞节的习俗仍然是异教成分过多。其他假日在一名农民的眼中看起来可能要比它们在主教座堂教士团的一名成员眼中的地位更为重要——例如,收获节,即圣彼得受缚节。其他节日,如五朔节,从未合理化为教会的节日,也许一些其他节日在起源上已经是完全的教会节日——复活节,但甚至复活节也都还拥有着一位盎格鲁-撒克逊女神的名字。

一套仪式,就像13世纪农夫的一年中的那些仪式,它们在特殊的时间以特殊的方式来举行,这在当时有一种更深层次的功能。严酷的天气迫使一个农夫要按时完成一些特定的工作,如果他要生存下去的话。秋季播种应该在土地上冻之前结束。干草应及时收获和晾晒,以免受到雨水影响。传统的节日日历有助于保证此类事情的完成,因为许多农业劳动开始或结束的时间正好关联着临近的基督教节日或圣人纪念日。此类关联使一个人及其邻居非常清楚,他没有及时完成农活,给了邻居们因此嘲笑他的借口。它们也使一个人及时完成每年的日常工作,在某种程度上不用思考,只要在习惯的时间完成习惯的事情就行。当然,由于天气每年都有些许差别,此类固定在宗教日历中的日期可能从未完美地适应经济环境。确实,英格兰的温和气候给了农夫相当大的自由度,可以选择完成本年度劳动的时间。重要的事情是,这种适应足够好,而且工作已经做完。[52]

一个仪式性的宗教,正如中世纪的天主教会,至少以两种方式塑造规范行为。它使人们的无助感,以及那些与四季变换有关联的感觉可以得到充分且有序的社会表达。而且,它有助于保证,日常生活以正常方式进行,因为这些日常生活与节日日历是分不开的。

第 24 章　堂区教堂

当一个人描述自己并不属于其中的某个社会之时,他通常会略掉那些与他所处的社会相同的特征。他认为它们理所当然,因此他的描述就失真了。例如,尽管很少人类学家会认为诸如十诫之类的事物已经出现在所有的社会之中,但经验表明,现象中这种不变的因素非常重要:如果你的体温改变了一点,偏离了正常一度,你很可能是生病了。教会是我们当前社会与中世纪社会拥有的共同特征之一。她当时承担的功能部分地与她现在承担的功能,以及其他教会在其他时间和地点承担的功能相同。它们很重要,不能被忽视。但教会的机构很多:教会统治集团(the hierarchy)、修道院、修士等,它们之中只有一种与乡村生活紧密相关。那就是堂区(parish)。

事实上,堂区就是村庄。尤其是在原野乡村,堂区往往与村庄而不是任何庄园吻合,庄园可能只是将村庄在它们之中分割。堂区的边界就是村庄的边界,以至于今天,当古老形式的村庄已经消失之时,堂区的边界仍被认为是之前村庄边界的上佳证据。但共同的边界是堂区和村庄共同拥有的一些较为重要的事情的唯一外在符号:堂区教堂的会众是几乎所有村民。那些一起工作的人,还一起祷告。

法国人有一句习语"尖塔精神"(the spirit of steeple),用来指一个兴趣和情绪都不超出自己所在的地方共同体的人。他们认为,如果仅从村民住房都聚集其周围这个角度来说的话,一个村庄的中心总是堂区教堂。根据英格兰的古老习俗,教堂的部分结构和设施是由堂区居民来维护的。他们有义务维修中殿(nave),而堂区主持人(rector)的地盘是祭坛(chancel)。由于神父和堂区居民在礼拜之时站在教堂的不同区域,因此,他们分割了维护教堂的责任。坎特伯雷大主教罗伯特·温切尔西(Robert Winchelsea, Archbishop of Canterbury)在一份教谕中规定了堂区教民有义务提供的教堂物品。这些物品包括:

> 一个在访问病人时携带的镶有圣体的铃、一个圣体容器、一个合适的四旬斋纱幕、一面祈祷节旗帜、数个带绳的铃、一副为死者准备的棺木、一个盛圣水的容器、一个圣体容器、一个为复活节蜡烛准备的枝状烛台、一个带锁的圣水器、一个圣像牌、祭坛之上的一个主像。[1]

让我们对这些教堂物品略作评论:教堂塔楼上的钟是任何教堂用具的重要组成部分,因为它们告诉那些在敞田中分散很远的村民不同的仪式何时举行,以及何种警报何时被拉响,或消息何时到达。钟声甚至被用来规范收获时对村法的遵守:村民可以被允许出现在豆子地里的时间仅是"在两次钟声之间"。圣水器必须锁起来,因为害怕圣水会被偷走用于巫术。[2]祭坛上的主像是这所教堂供奉的圣人的肖像。[3]它很可能位于祭坛的旁边。教堂设施的另一个重要特征是当圣礼举行之时，需要有光亮。虔诚的人们将土地赠予教堂，以保证教堂的照明，或堂区居民支付一小笔税来供养它。[4] 在此后的数个世纪里，为维护堂区教堂建筑的结构征集和支付资金的责任掌握在被选出的堂区监理（churchwardens）的手中，此外这些人还在地方政府中承担其他角色，但在 13 世纪末之前，还没有听到过关于堂区监理的只言片语。[5]

今天，在大多数英国的村庄，堂区教堂是唯一从中世纪时期保存下来的建筑。它由石头建造，并被牢牢固定在一起，除了作为吾主之所外，它有时还承担许多其他角色。它是仓库、法庭、监狱和堡垒。它是村庄中坚固的建筑。例如，百户区案卷提及一份什罗普郡调查陪审团的发现：

> 哈弗蒙德的爱丽丝（Alice of Haughmond），住在伯顿（Burton），在康多弗大百户区（great Hundred of Condover）被起诉，因为她冲进伯顿教堂，抢走了巴斯的理查德（Richard of Bath）的衣物。[6]

一个林肯郡调查团的发现如下：

> 一名重罪犯被囚在弗斯代克教堂（Fosdyke church）里，这对村民们是一个大负担，因此村民们找到了验尸官西蒙，并许诺他，如果他能来并从教堂带走这个罪犯，就会得到半马克，但他不愿来，除非能得到 1 马克，因此他（罪犯）因验尸官的失责而在教堂中待了 40 天。[7]

或者我们读到，1293 年的一次暴力攻击事件，是如何在伊斯顿教堂（church of Easton）发生的，而堂区主持人马斯特·H. 德罗瓦顿（Master H. de Rowadon）当时就在那，他准备举行圣礼。他被包围在教堂里四天多，围攻者拒绝给他食物。这份档案依旧略掉了故事中最有趣的情节，没有告诉我们攻击为何会发生。[8]

教堂周围是教堂庭院。尽管每一届主教都有禁令，但教堂庭院在整个中世纪除了作为墓地之外，还是被用作许多目的。这里是所有村民平常聚集的地方，不论是他们在周末的弥撒之后驻足闲聊，还是到这里来打听具有普遍重要性的消息。1246 年的一份北安普顿郡的调查显示，一个叫 M. 德梅特（M. de Meht）的人在国王的森林发现了一只被剥了皮的母鹿，以及一个陷阱。这是偷猎的极好证据，这份文献说：

> 他去了萨德伯勒教堂（church of Sudborough），让整个村镇都知道发生了什么。[9]

在教堂庭院里，在夏季的晚祷之后，村庄的女孩们聚在一起跳舞、唱歌。在这里举行集市和市场，甚至还有守夜运动。此外，村民们死生都会聚在这里。在教堂庭院的南向阳面埋葬着死在教堂怀抱之中的村民；北向阴面则埋葬着自杀者。

一个中世纪堂区的正常收入来源有好几种。最重要的来源是什一税（the tithes）。理论上而言，堂区主持人有权从村里每个人的年总收入中抽取十分之一：收获粮食的 1/10、牛增加头数的 1/10、菜园产出的 1/10，如果他是个雇工，甚至还包括其工资的 1/10。如果他的母鸡在一年中孵出十只小鸡，那么其中一只就要交到堂区主持人手中。如此等等。实际上，有些什一税并不容易征收，因为有些来源带来的收入远远超过其他来源。"大什一税"（great tithes）是关于谷物和牛的什一税；"小什一税"（lesser tithes）则涉及其他。在有些村庄，堂区主持人在收成中抽取第十捆（tenth sheaf）；在其他村庄，他在 13 世纪依然跟前任一样逢十抽一，"只要耕犁翻过了第十英亩土地"。[10] 也就是说，从一个人每十英亩收获的粮食中，他都会得到一英亩的收入。一个堂区另一个重要的收入来源是村中属于教堂的土地——教堂属地（the glebe）。教堂属地的数量因村庄而差异很大：在格拉斯顿伯里的庄园上，教堂属地的规模从半海德到三英亩不等，堂区长据此向领主提供地租和劳役。[11] 我们读到，堂区长有自己的佃农，甚至有一人，即白金汉郡艾尔斯伯里（Aylesbury, Bucks.）的堂区长，拥有召开十户联保法庭、面包和麦酒法庭的权利，[12] 但许多堂区长在耕作他的教堂属地时应该是自食其力。他深深参与到村庄的农业之中。一个堂区的第三个收入来源是祭品，也就是堂区居民在重要时刻，如他们埋葬自己的亲人或庆祝重大节日之时，习惯上给予的祭品。许多主教直接宣称，有教士强迫穷人进行献祭，这种做法很危险，接近于出卖圣礼的罪行。[13] 最后，在英格兰许多地区，堂区主持人收取每个死去农奴第二好的牲畜作为丧葬费（mortuary）。这种做法认为，死者在其生前应该逃避缴纳了一些什一税。丧葬费弥补了他的错误。

除了养活自己之外，堂区主持人有义务对这个堂区的收入进行以下支出。他有责任向穷人提供施舍和救济。按照传统,其收入的1/3应该用作此目的;事实上,他所支出的应该少得多。他也有责任维修教堂的祭坛,这是独属于他的地盘。然后,如果堂区人口众多,堂区主持人也会支付一定数量的报酬给低级神职人员,这些人往往品阶很低,但有时是教士。他们其中之一可能是一名专职忏悔神父,在堂区教堂里襄礼,或在附属礼拜堂里服务。另一个可能是一名圣水执事(a holy-water clerk),负责照看教堂、读使徒书信和答唱咏(the epistle and the responses),并持圣水。同时,他可能也是堂区执事(parish clerk),在有些村庄,他的报酬是由堂区全体居民来支付的。[14] 圣水俸(*beneficium aquae benedictae*)是面向即将取得神品的贫穷学生的一种供给方式。[15] 这些执事可能一起居住在堂区主持人的住宅(rectory)之中。

如果它们没有被部分挪作他用,大多数堂区的收入应该足够满足上述需求,也能向堂区主持人提供体面的生活。但堂区主持人可能会离开去大学、去宫廷,或去其他合意的居住地,而不是居住在自己的堂区,并亲自劳动。然后,他会雇用一名代理人(vicar)来取代他的位置:*vicarius* 一词字面上指的是一名替代者。或者他会将堂区的经营交给一个寺院或一名执事。其余的收入他会用来维持自己的生活。在他离开自己的堂区之前,堂区主持人必须保证获得了主教的批准,但批准很容易被授予那些贵族出身的幼子,这些人拥有英格兰的大量财富。如果这种做法是捐赠大学教育的一种方式——而且许多中世纪最有能力的神职人员在求学或教学之时能够以这种方式得到生计——那么它也是一种维持肉食者舒适生活的方式。

第24章 堂区教堂

或者,圣俸(benefice)可能已经被挪用给一座寺院。[16]12、13世纪,尤其是前者,是一段建立寺院的狂热期,一名富裕的俗人有两种方式来对他喜欢的寺院进行捐赠。他可以捐赠土地使寺院获得教役保有权(frankalmoin)。按照这种持有方式,作为持有土地的回报,被授予人对授予人负有的唯一封建义务是向穷人进行施舍。或者,他可以给这家寺院一份圣俸。大多数人都知道,在英格兰,一个堂区的圣职推荐权是任命一个神父成为堂区主持人的权利,不论何时这个肥职空缺。用习惯词汇来说,就是推荐一个神父担任这项职务的权利。而且,教堂的赞助人(patron),拥有圣职推荐权的人,往往是这个堂区的主要土地持有者(chief landholder),即这个庄园的领主。有些赞助人将他们的推荐权当作一种收益来源,方式是接受那些希望受到青睐的神父的礼物。但让我们假设一下,作为一种虔诚行为,拥有一个圣职推荐权的领主决定将这份圣俸给予一个修道院。随后,主教授予修院长和女修院将教堂转为"自己所用"——特许状的用语是 ad proprios usus——的权利,同时任命修院长和女修院成为教堂的主持人,而无须承担个人居住在此的责任。由于修院长和女修院形成了一名法人(a juridical person),而且是永久的,因此,他们将永远是教堂的主持人,而且作为主持人享有它的收入。通过这样一种行为,圣俸据说就被这家修道院给占用了。使用被占据的教堂的收入,这家修道院会维持一名代理人。因此,教堂的主持人作为一种机构就是修院长和女修院;这名代理人是替代这种虚构的主持人的真实神父,他也负责抚慰灵魂。这里,我们应区分两种代理人。任何作为教堂的主持人的替身的神父是一名代理人。但有些代理人暂时被任命,并得到工资,而其他人则是永久被任命，其生活则由堂区收入中明确为此预留的一部分来维持。当一个教堂被转给一个修道院或其他寺院，主教往往下令收入的"相应部分"（*a congrua portio*）将永久被用作满足一名代理人的生活所需。于是他就建立一种永久代理人身份。当然，代理人可能需要满足的不仅是自己的生计，还有一个或两个低级神职人员的生计。[17] 教堂收入的剩余，通常是较大的部分，就被用作修道院的维护费用。

英格兰档案中提到的第一位永久代理人应该是1147年珀肖尔的一名代理人，[18] 许多其他永久代理人出现于12世纪下半叶和13世纪。根据所谓的教宗尼古拉斯的《税收档案》（*Taxatio*），英格兰和威尔士在1291年有8085个教堂。在这些教堂之中，2711个的年收入少于10马克。[19] 主教们一直关心的问题是一个代理人职位的价值不应该如此低，以至于代理人都不能体面地生活。他们一般设定的最小数额是5马克（66先令8便士）。紧随黑死病之后，当生活成本增加，最小数额被艾斯利普大主教（Archbishop Islip）提高到6马克，在1378年，萨德伯里大主教（Archbishop Sudbury）将其提高到8马克。[20] 如果我们记得，诸如汉普郡克劳利（Crawley Hants.）的村庄中的一个码地农的年收入，以货币计算，在13世纪和14世纪初的丰年可以达到55先令7便士，荒年是36先令8便士，[21] 我们就可以对最贫穷的堂区长的经济状况做出某些判断。它比中等村民略好，但好得并不多。[22]

在欧洲社会中，人们通常不愿意担任一种无法养活自己的职位，尤其是它不能提供一种让他们感到自己是因出身和地位而享有收入的权利。因此，中世纪一名神职人员持有的圣俸的价值与其社会出身大致相符。它只是大致相符：教会中的升职道路对于低品阶的人是完全关闭的。格罗斯泰斯特，伟大的林肯主教，被传是农奴出身。但一个贫穷的男孩是不可能得到一份好圣职的。事实上，英格兰的教会总是那些适合贵族幼子的众多职业之一。在中世纪，他们的父亲是拥有堂区圣职推荐权的人，他们的叔辈是主教或修道院长一类的人，他们都愿意任命一名亲属享有圣俸或认可他为贵族寺院的一个圣职。有些堂区长"不仅在他们获得品阶之前就已经享有这些圣俸，甚至在他们年轻和孩童时就已如此"。[23] 一旦他们享有圣俸，他们就可能离开去上大学，也许住得很远，成为永久缺席者（permanent absentees）。这种神职人员按出身是领主，他们许多像领主一样靠圣俸的收入生活，这引起许多清教徒的公愤。

油水足的圣职由贵族的儿子承担，这些圣俸必须足够充裕能够维持在任者体面的生活，证实上述事实的证据来自黑死病之后的若干事件。那时，圣俸的相对价值下降，因为工资和价格同时上涨。《农夫皮尔斯》描述了那些日子堂区教士的性情。它描述了如何：

> 神父们向主教们诉苦，称自从瘟疫以来，他们的堂区一贫如洗。[24]

在英格兰一些地区，一旦堂区的价值下降，它们的贵族主持人就消失了。奥古斯都·杰索普（Augustus Jessopp）描述了发生在诺福克一个村庄的这种变化。他写道："巴多尔夫斯大家族（the great family of the Bardolfs）是位于亚尔河畔的坎特利庄园（manor of Cantley, on the river Yare）的领主，从诺曼时期一直持续到亨利四世统治时期。作为该庄园的领主,他们是该堂区的赞助人,并住在该堂区里。在近两个世纪中,堂区主持人或来自巴多尔夫斯家族,或是来自该郡其他大家族。这些坎特利的贵族堂区长中的最后一位上任时间是1372年。那个日期之后,堂区主持人明显变成平民,对他们的出身,我们不得而知。"[25]

在英格兰的堂区教堂当主持人的人和做堂区实际工作的人形成了两个互相重叠但又不完全相同的群体。当一名享受富裕生活的现任缺席之时,堂区工作就会落到一名代理人头上,此人出身不高,还必须满足于较低的薪酬。事实上,许多贫穷的代理人出身农奴。他的父亲向领主支付任何削发为僧的农奴都要承担的罚金。然后,这个年轻人获得了诸如堂区长可以提供的一些知识,并学习一些关于堂区神父职责的学问,还会从数年作为圣水执事或忏悔神父参与礼拜式中学习到一些关于堂区神父职责的知识。这样一种享有优先权的后备人员不可能受过很好的学校教育。按照1222年一次巡游的记录,为索尔兹伯里主教座堂服务的神父们竟然"不能解释弥撒经中第一篇的第一句"。[26]

考虑到他们的出身、训练和背景,任何人都不会从这些贫困神父那里期待有教养的行为。尽管所有的神职人员都是自由人,但布莱特沃尔顿的堂区主持人在那个庄园的法庭案卷中被称为农奴,他是如此紧密地与村民群体联系在一起。[27]还有些神父是猎人、酒馆老板、盗贼。有些神父参与村民之间的斗殴,像达德利的忏悔神父托马斯和克伦特的神父西蒙,他们被押送到国王的法官面前,因为他们参加了与来自黑尔斯欧文的人的斗殴,并有一人在这场冲突中丧生。许多神父有女人。实际上,改革后的英格兰教会决定允许神

第 24 章 堂区教堂

职人员结婚只不过是使整个中世纪都存在的情况合法化了。我们经常听说神父的儿子,在英诺森四世(Innocent Ⅳ)给伍斯特主教的一封信中,教宗抱怨道,他听说在那个堂区,神父们宣布放弃他们的圣俸,"除非它们能够传给自己的儿子、侄子或其他亲属"。[28] 有神父把教堂当自己家的粮仓,并像自己的所有邻居那样关心农作。德文的圣玛丽教堂(St. Mary Church in Devon)的代理神父就是如此,在1301年的主教巡游中,他的堂区居民这样提及他:

> 这个代理神父将自己所有的牲口都放养在教堂庭院中,庭院被踩踏得面目全非,并被极坏地玷污了……这个代理神父还将自己的麦芽存在教堂里,将自己的谷物和其他东西也放在那里,鉴于此,他的仆人,进进出出,让门开着,糟糕天气之时,过堂风经常吹翻屋顶。[29]

但应该有许多贫困的城市堂区长,他们的堂区居民会为他们的品行作证,就像德文郡斯泰弗顿(Staverton)的堂区居民在这次主教巡游中证明他们的代理神父的言行那样。他们的证词被记录如下:

> 当堂区代理神父马斯特·沃尔特(Master Walter)被控诉之时,堂区居民说,他品行端正、诚恳,并在宗教事务中很好地引导他们,如他们所说,那不是他的错。他们不知道有什么隐藏的弥天大罪。他们说,他的代理人职位值10马克。[30]

中世纪基督教明显是一种仪式性宗教。它包含了一系列在特定场合以特定方式举行的活动。按照传统规定的方式举行恰当的仪式被赋予了相当的重要性。礼拜仪式被当成一种巫术咒语，好像如果它稍稍脱离恰当的形式，就会丧失其功效。也许，村民们能够宽恕他们的堂区长做出的可耻行为，只要他能够按照惯例主持弥撒和教会的其他仪式。说基督教明显是一种仪式性宗教，就是说，在中世纪，其他因素相对较少，如训诫、预言，它们在其他时代的其他宗教中却很重要。布道很少。根据坎特伯雷大主教约翰·佩克曼（John Peckham）的教令，一名堂区神父需要一年至少布道四次。对他的最低要求定得如此之低，应该意味着，在最好的情况下，他也做不到经常布道。在布道中，他需要：

> 不带有任何对经文的想象，以本地语言向人们解释十四条信经，十诫，两条福音书格言，也就是双重慈善的格言，七种善行，七宗罪及其后果，七种主要美德和主恩的七件圣事。[31]

修士们是唯一经常布道的神职人员，他们将这种责任承担在肩的一个原因是，它正在被堂区神父们所忽视。

生活在一个现代大城市中的人很难理解，中世纪一个村民的生活被基督教信仰的仪式渗透到什么程度。甚至当他不在教堂之时，塔尖的钟声也在提醒他，弥撒正在举行。标志一年中转折点的节日已经得到论述。它们之中的几乎每一个都与一些多少有些肃穆的宗教礼仪有联系。甚至更重要的是那些标志一个人生命中诸过渡阶段开始和结束的仪式。[32] 他在堂区教堂的圣水器中的洗礼标志着他成为社会的一员。如果他没有洗礼就死掉了,即使他没有罪,他也只能继承"地狱中最简陋的房间"。他在教堂门口的婚礼标志着他成为共同体中具有完全地位的人,即户主。教堂的临终仪式为他和他的家庭对他的离世做好了准备。那些人参与的访问临终病人的游行,神父怀抱圣像,由手持铃铛和蜡烛的忏悔神父或执事们的陪同,应该已经成为日常景象之一,它使一个村民牢牢记住自己会死去,以及他要依靠教会实现救赎。他在教堂庭院中的葬礼最终使一个人离开生者的社会,但即使是在死亡之时,他仍然是一名村民。村民们聚集在教堂中,生前死后都是如此。

只有一种标志着一个人从一个存在阶段过渡到另一个阶段的仪式无须教堂的仪式。这就是利茨维克(*lychwake*),为一个死者的尸体举行的守夜仪式。这个活动看起来曾出现在13世纪的英格兰,其方式很像今天爱尔兰所保持的那样。在位于亨廷顿郡属于拉姆西修院的厄普伍德和大拉夫利庄园1301年的法庭案卷中,我们得知一些人们在守夜之后如何行为的信息。这项法庭调查行文如下:

> 他们(陪审员们)说,约翰·威廉(John Willem)、约翰·伦格代尔(John Ryngedele)、罗伯特·高德霍斯邦德(Robert Godhosebonde)的仆人威廉、约翰·勒泰勒(John le Taillur)、约翰·奥利纳(John Olyner)的儿子罗伯特、休·柯蒂斯(Hugh Curteys)、托马斯·勒阿克曼(Thomas le Akerman)、托马斯·曼格(Thomas Manger)的儿子罗伯特、修院长的两名羊倌,以及威斯托的所有人,来到大拉夫利,整晚看守萨特贝尔的西蒙(Simon of Sutbyr')的尸体,回家之时,他们往邻居家的门上扔

石头，并做出恶行，邻居们正当地向他们发出吆喝和呼喊。因此，庄头和农事倌被要求在威斯托法庭上起诉他们。[33]

他们应该是喝醉了，在那种状态下，许多好人在那之后结束守夜已经回到家中。我们已经从其他例子中看到，伟大的林肯主教罗伯特·格罗斯泰斯特有许多清教徒式的观点。在1236年写给他的主教区的执事长们的信中，他反对大众习惯中的一些暴行，并首先要求人们应被劝诫：

> 以免在死者的葬礼中，从一处悲伤和悼念的房子里，为防止新罪发生，他们制造了大量笑料和闹剧，造成罪的增加。[34]

所有这些线索都符合其他时间和其他地点关于守夜的已知认识。当一个村民死去，他的尸体应被放在房子里最好的房间中，燃起火光，蜡烛被放在尸体周围，也许（这是一种古老的做法）一盘盐会被放在尸体的胸膛上。死者的邻居和朋友会聚在一起。上了年纪的人会诉说他的事迹，以及旧时乡村的故事。年轻人会玩游戏。所有人都会为死者的灵魂祈祷，并得到一些蛋糕和麦酒。利茨维克是一个节日，那时所有传统的睦邻关系都得到重新确认。

跟今天一样，中世纪基督教的核心仪式是弥撒礼。[35]在我们对仪式的功能有了比今天更好的理解之前，任何人，不论是试图描述见证弥撒礼的人的行为，还是描述这种见证对他们在教堂之外的行为的影响，都不能指出其中涉及的所有重要含义。无论如何，在这里长时间对理论展开讨论是不合适的。在中世纪英格兰的每一座

第24章 堂区教堂

教堂，弥撒应该至少每天举行一次，在圣诞节和复活节期间更为频繁。基督教徒们被希望每年领受圣餐三次，即在圣诞节、复活节和圣灵降临节的重大节日，但许多人觉得，只是在死前才有必要这样做。当堂区神父们沦落到为他们的什一税而诅咒，也就是将那些拖欠什一税的人革除教籍之时，许多犯错者并未受影响，依然拒绝缴纳。[36] 但任何人都不要被人们并不经常领受圣餐的事实所欺骗。他们至少在周日的堂区教堂里见证了弥撒礼的进行，因为死者举行弥撒而捐赠的钱物数量见证了人们在仪式中表现出的德行。唯有以庆祝旧仪式的方式和时间举行的弥撒礼才是人们认为必不可少的事情，而不是任何个人的领受圣餐。

让我们来考察一下一个村庄的男女在普通周日聚集在堂区教堂参加弥撒时的行为。他们如此聚集在中世纪英格兰的一个村庄中；他们也会如此聚集在欧洲的许多村庄中。事实上，关于中世纪人们在弥撒中如何行为的最好证据就是他们在今天弥撒中的行为方式。这种集会因时因地因目的而发生，更为重要的是，为礼拜而聚集的人就是那些在日常劳动中聚集、并拥有共同情感和信仰的人。当然，村民并不都是一类人，有些并非教会做出的区别也保持在其中。在13世纪及此后数百年的英格兰，乡绅，尤其是教堂的赞助人可能就坐在祭坛之上。[37] 普通人位于中殿，即使是在中殿，位置也会因村民的富裕程度而有所区别。神父站在祭坛之上，所有的眼睛都或应该都注视着他。

神父在主持弥撒中表现出不同形态的情景与聆听他的话语影响着会众的情绪和思想。每个人受到影响的方式都不同：在任何时期的任何会众中，都有人心神分散、觉得无聊和心中生疑，用《农夫皮尔斯》中的话来说，比起天堂，他们更关心这里。也许没有人以明确的情绪来回应弥撒。在这种意义上对其仪式冷漠的人的数量是衡量一个宗教对人们掌控程度的标准。在一个国家，如果宗教对于许多人而言是一个带有强烈情绪的问题，那么这个国家在宗教上往往就是分裂的。但即便是对这些冷漠的人而言，他们也会从去教堂得到与社会期待他们所做的任何其他事情那样得到同样的满足感。他们到教堂去，就像他们向一位女士脱帽致意。至少，我们可以肯定地说，很少有人在离开教堂时还保持着进入时的心境。有些变化发生了。

仪式对会众的作用分两个部分：直接的影响，因为他们是见证仪式的个体，间接的影响，因为他们是观众的一员。人们在人群中——聆听一位演讲者，观看一场表演，参与一场典礼——的行为方式，与当他们在一个小群体中平等地一起交流，或当仅是两个人在场且其中一个接见另一个时的行为方式并不一致。人类只有在特定社会形势下才可能做出特定种类的反应。会众大多是被动的仪式见证者，但在仪式中的特定节点，他们自己才进行细微的仪式行为：他们垂首、下跪、画十字符号。这些行为，就像那些仪式本身的行为一样，必对他们的情绪产生影响。我们这么说的意思当然不是我们可以观察到情绪及其变化方式，而是我们获得了特定印象，通常非常多样和微妙，我们选择将其理解为表明了会众情绪的变化。我们可能说，为了表达全部这些印象，上述仪式有其自身的一种情绪性的调子，其强度在吾主升天（the Elevation of the Host）的仪式中达到顶峰，并在此后下降。

如果社会要存在且不在混乱中解体，那么大多数社会成员应该

第24章 堂区教堂

对其同伴进行一般和近似的行为，而不能以某种另外的方式行事。这种将人们引向采取此种行为的方式很多：对威权的畏惧，以对行为规则的接受为结束的童年时代的训练，在与他人交往中获得的，对人与人之间存在的互惠关系的理解。但这种行为在任何情况下都应该有。对于基督教社会而言，这些行为模式的基本内容被总结在十诫之中：应尊敬自己的父母、不可杀人、不可奸淫、不可贪恋（别人财产）等。存在支持这些规则的强烈情感。也就是说，如果任何规则被打破，或说得更好一点，如果任何规则被公然破坏，而且经常如此，人们将会对他们因某个人侵害而遭受的损失表现出极度愤怒的信号。他们也将采取行动惩戒违反者，其目的与其说是为阻止他和其他人再次破坏规则，不如说在于重申这些规则的绝对价值。

很明显，最好将戒规说成理想，而非规则。基督教教义建立了一套行为标准，这个世界上很少有人可以做到，但被期望由共同体的其他成员遵守。基督教教义也强调行为标准与人们实际行为方式的对照，基督教称其为罪（sin）。面对这种对照，除了顽固的有罪者之外，所有人都会在某时经历一种接近于焦虑的心理状态，或说得更合适一些，会经历这样一种状态，如果没有执行可以表现他们的有罪情感以及表现他们清理掉罪恶的行为，正如我们在描述我们对一种无法很好理解的现象的直觉时所说的那样。再一次，放弃仅仅是一个假设。实际上被观察到的是，人们举行着他们所说的将赦免他们并使他们洗清罪的仪式。诸如此类的仪式使一个基督教社会的人可以要求高标准的行为，同时忍受在实际中大量的对这种标准的背离。

所有社会都拥有传统的和公认的行为准则。也就是，任何这些社会中的人，按照他们的说法，通常在他们应该如何行为上意见一致，而且他们的实际行为多少密切地接近这种标准。就某些方面而言，正如在大多数情况下禁止社会的一名成员杀害另一名成员一样，许多不同的标准是类似的。而且任何社会的人都在他们的行为准则被破坏之后进行告解或净化仪式（rites of absolution or purification）。但人们并不简单地以特定方式做出行为，并坚称他们应该按照这些方式来做。他们创造关于行为准则起源的故事，这些故事同时授权听众使用这些准则。也就是说，上帝在西奈山上将十诫显示给摩西是遵守戒律的有效保证。他们也编造一些关于对于遵守这些准则的人会发生什么、不遵守的人又会发生什么的说法，以及这些告解和净化仪式为什么可以实现免罪和净化的理论。在任何社会中，这些语言上的建构被视为大多数社会成员的传统和共同的行为准则。它们之中的大部分很可能会合乎逻辑地或谬误地联系起来形成一个信仰体系、一种神话、一种意识形态。

行为模式和信仰体系出现在所有社会中，但信仰体系采取的形式比行为模式的准则的许多规定都要更加多样。在大多数社会中，人们被教导，他们不应该在正常情况下杀害另一个社会成员，但他们给出的为什么不能杀害的原因差异很大。他们可能会相当简单地说，这样做是错的；他们可能会说，这违背了某些神的意志；他们可能会说，这不符合绝对命令的原则。因此，我们说，行为是现象中更加重要的因素，因为它是持续的，对行为的口头解释是现象中较次要的因素，因为它是可变的。现象中更重要的因素，我们指的是，在构建一个可操作的现象理论中很可能应是首先考虑的因素。

在大多数基督教社会中，直到最近的时代，一些核心信仰已是如下。一个正直的人、一个按照戒律生活的人，在其去世之时将享受天堂的荣光，而一个有罪之人将遭受地狱的折磨。亚当，人类的祖先，因违反戒律并偷吃了能分辨善恶的知识树上的果实，而使其后代生而成为有罪之人。但上帝，出于无尽的慈爱，派遣他唯一的儿子作为人降世，后者通过自己在十字架上的死去从而将人从罪中拯救出来。如此等等：已无须深究什么仍然是一种常识的事情，当这些话题在虔诚之书以外被讨论时，我们依然感觉不舒服。

很明显，这些信仰与人们应如何行为的情感联系在一起。首先，罪是对一种公认的道德准则的破坏。但众所周知，基督教的信仰并不简单地涉及一种行为准则。它们形成了一种宇宙观，人的问题在其中可以找到答案；他们的行为、释罪；他们的恐惧、宽慰；他们的希望、履行。如果一个人想要了解弥撒如何进行，就有一个关于最后的晚餐和基督的诫命的故事："这是为了纪念我。"如果他想要了解这个世界是如何成为现在这样的，就有造物和伊甸园的故事。如果他害怕他的罪行会得到应有的惩罚，就有上帝荣耀和宽容的保证。如果他害怕其他人的罪不会得到应有惩罚，就有地狱会到来的保证。也许更好的说法是，这种宇宙观在此类问题被提出之前就已经提供答案了。此外，信仰容易形成一个封闭的系统，以至于它们之中任何一个都暗含了其他所有信仰，而且这种系统对所有人都是一样的。[38]事实上，即使是在一种非宗教社会中，跟我们现在一样，即便是不相信它的人也熟悉它，有时还会用它的用语说话，从这一意义上讲，它仍然与以前并无二样。在中世纪，共同信仰团结起人们，帮助他们与他人成功协作，正如今天拥有一门共同语言将人们团结起来一样。

还有一些其他要点需要澄清。基督教信仰体系的主要人物是被视为公正而非慈祥的圣父，遵守圣父命令的圣子，以及一个受苦和慈悲的圣母。基督教尘世的家庭关系在基督教天堂的符号中不断重复。上帝和人类之间的关系设计很像父亲和自己的孩子之间的关系，或往更远一点说，像国王与其臣民之间的关系。尘世的实际社会秩序就是想象中超自然社会秩序的模型。

一个社会中的人的信仰很少被带入单一的封闭体系中。除了基督教的信仰体系之外，中世纪英格兰和欧洲其他国家的人也熟悉另一种神话，其发达程度要比基督教差得多，但也许更加古老。这就是精灵和仙女的神话。乡下人举行特定的古代仪式，尤其是关于他们的炉灶石的仪式，并称这些仪式会给持家带来好运。他们进一步宣称，仪式带来好运的原因是，他们得到了精灵们的善意，罗宾·古德费洛（Robin Goodfellow）的襄助。用威廉·沃纳的话来说：

> 桶被装满，壁炉扫净，以防大小精灵来造访。

但我们对精灵神话所知不多，我们所知道的在日期上较晚，以至于没有充分理由在描述13世纪的乡下人时谈及它。

现在我们应该回到弥撒仪式，即我们开始的地方。由于弥撒中的执行的行为和使用的语言都不是由要完成的实践结果的性质决定的，因此，它们可能是，而且就是由其他因素决定的。我们认为，它们是象征性的，意思是弥撒礼指涉基督教信仰的主体。当这些指涉在讲话中被提及的时候，一个在中世纪堂区教堂里见证了弥撒礼的村民可能并不理解它们，因为他一般不懂拉丁语。大部分参加弥撒的人所知也不会更多。但弥撒中有许多比语言更多的信息：它的举行采取更多外在的表演，无论如何，即使是在不识字的人之中，都对不同仪式的指涉，以及它们为何举行，有一种传统的理解。在中世纪，一个堂区神父被希望向他的会众解释圣礼的含义。弥撒礼作为一个整体指涉基督教信仰体系往往能很好地被理解。我们说，弥撒的举行是为了纪念基督在骷髅地（Calvary）的牺牲，他的受难是为了救赎人的罪。在最无知的村民的情感中，弥撒无论如何都应与他称为神圣的所有东西有联系。这种主要联系，而不是一系列特殊弥撒用语或行为与一系列特殊信仰的联系，可能是重要的联系。另一个额外需要注意的事情是，弥撒仪式使用的材料在欧洲农民的日常生活中最为重要。面包是各地的生活必需品，酒是除北方国家之外所有人的饮料。

我们都或多或少地明确假设，而且，作为一种初步的假说，我们可以方便地假设，人的情感以两种状态存在，它们分别被叫作隐性状态和显性状态。例如，当我们听到一支军队经过，并看到了队伍中飘扬的我们的国旗，我们很多人都会感到，一种被叫作爱国的情感油然而生。我们对此很少有怀疑，当兴奋退去，爱国情感仍然是我们心理层面的一部分，在其他时间，一支军队和旗帜或通过其他方式，这种情感将会再次产生。音乐、旗帜已经与特定的情感联系在一起；它们已经成为符号，以至于音乐的声音、旗帜的视觉将使我们意识到，我们拥有这些情感。可能，除非情感经常会从隐性状态被带到显性状态，它们的力量将被削减，具有某些力量的情感有益于战争时期社会的复苏。也可能很重要的是，当情感被带入显性状态，应该存在这些情感据之可能在行为中表现出来的习惯，不论这些行为可能是如何微不足道。当旗帜经过之时，我们应该会脱帽致意。

这个例子只有在那些无视其含义的人看来才是不重要的。我们不得不对一个类似13世纪英格兰社会的弥撒的功能做出同样的解释。实际上，我们应考虑下列四个要素的互动：(1) 人们在教堂之外日常事务中的行为；(2) 当在教堂之中见证或参加弥撒时的人们的行为；(3) 他们对自己教堂内外的行为做出的解释；(4) 他们的情感。前三个要素是可观察的；第四个是不可观察的，但却是概念框架的一部分，可观察的要素是用它来描述的。所有四个要素处于一种相互依赖的状态中。也就是说，每一个要素都对其他任一要素起作用，并受它们影响。这样一种状态只有通过数学才能说清楚。由于我们还不能在描述弥撒的时候运用数学，解释这种相互依存的状态只能通过较差的方法，即先描述一个要素对其他要素的影响，然后再考察其他要素对第一个要素的回应。

弥撒仪式(2)与基督教信仰体系(3)处于一种相互依存的状态。尤其是，而且最为重要的是，弥撒仪式作为一个整体指涉的是基督教的核心教义，即赎罪思想。这种教义然后与基督教关于罪和正义的情感(4)处于一种相互依存的状态，这种情感通过一般而近似地与特定行为模式(1)相一致的行为来表现自己。除非按照这种模式做出行为，否则社会就会解体。除了弥撒仪式和人的情感之间借助基督教信仰体系而建立的间接关系之外，还有一种直接关系。弥撒礼(2)与人们感觉是好的、正义的和神圣的所有事情(4)联系在一起。

当会众见证并参与弥撒礼之时,他们就将自己的那些情感置于强有力的影响之下,这些情感在基督教社会的日常生活中的可行行为中显现出来,这些行为使那个社会的人成功地与另一个人共处。我们假定,弥撒礼将这些情感从隐性状态带入显性状态:仪式带来情感的强度不断上升,当离开教堂之时,会众感受到了正义。除非情感经常被从隐性状态带入显性状态,否则情感的力量就会减弱,而社会中人们习惯有序的行为有赖于这些情感。中世纪社会中的弥撒,像任何社会中的重大仪式一样,有助于维持社会复兴所需要的情感。

第 25 章 社会剖析

在许多科学中,不得不处理事实细节的人也是构建关于事实的理论的人。下面的判断可能是有用的:任何理论,如果不是直接出于它试图理顺的、为人长期且直观熟知的繁杂事实的话,就不可能持久。不论是否有用,社会学和社会人类学——举其中之一为例——的一个事实是,在一个人研究过一种特殊的人类社群之后,他经常会试图构建一种概念框架,他希望这种框架不仅可以用来描述那个社会,还可以描述许多其他社会。他试图描述的是社会制度组织的普遍一致性。

在本书中,我们已经以通常的书面方式和一般意义的语言对13世纪英格兰村民的生活进行了论述。再尝试做其他任何事情都会增加本书的篇幅,而且可能会与对事实本身的考察相抵触。但是,如果我们要发展出一种框架用来说明不同社会的共有因素的话,这种字面描述,可以这样说,就可以被翻译成另一种更抽象的语言,而且它也应如此被翻译。这最后一章不是详细解释这样一种框架,而是指出这个框架应该考察什么样的材料。[1]

这里依次提出两个警告。首先,一个可以用来描述不同社会的共有因素的框架有必要是一种抽象的体系。不论它可以在完全而具体的细节上拥有多少与现象的相似性,它也只能描述这种现象的某些方面。尤其是，当前的这个框架，像整本书一样，考察一个社会，仿佛它保持不变一样。这是一种社会剖析，而不是一种生理学。其次，许多事情将必须简化阐述，就像俾斯麦论及"铁血"。人们可能会说，它们是常见的事物，而且本就如此。但我们认为一种社会制度中理所当然的东西可能就是它最重要的特征。当我们说："人们并不经常犯谋杀罪"，我们的陈述是老生常谈，它却有头等重要性。

如果一个定义不仅仅是一种连接一组词汇和另一组词汇的方式，那么它在实际上应指向特定事实。我们教给一个孩子狗一词的含义，不是通过给他阅读它在字典里的定义，而是通过说"狗"，并指向该动物。我们说，一定数量的人类构成了一个社会。如果我们从社会一词回到我们使用它时脑海中出现的事实，我们会发现，这些人在行动、表现，他们的行为是为了回应另一个人的行为，而且互动在社会的伙伴成员之间比这些成员和我们选择的被视为外来者的人之间更为频繁。当我们说一个村庄是一个社会之时，我们所指的最重要的事情是，这个村庄的人之间整体有着比他们与外来者之间更多的联系，完全排除了这些联系是什么的问题。

是什么让人类聚集在一起形成社会，我们不得而知，但总比我们所了解的关于是什么使蚂蚁聚集成蚁山或鱼儿成群游动的知识更多一些。但事实是，他们已经聚集，而且仍然在聚集。我们看到成群的人每天都在组成——如朋友群，或工友群——它们都有一些更古老人类社会的特征。出于某些目的，考察那些在政治上独立于其他社会的社会：民族和部落，是很方便的。出于另一些目的，研究在这些更大的社会中形成的社会是方便的。本书考察的最重要的社会是家庭、阶级、村庄和庄园。

如果我们观察一个社会里与其他人互动的人，我们很快就会认识到他们行为中的要素，从某种视角来看，是重复发生的。为了使用从中世纪流传给我们的词汇，社会成员发展出了习惯（customs），在其中，他们的活动得到协调。即使一个人并不会对破坏习惯的同伴做出惩罚，但当所面对的他人的行为并不符合他预期的某种标准模式时，他总是会感觉不舒服。而且，当他不知道人们期待他如何做出行为的时候，他也会感觉不舒服。简单而言，没有什么比认为习惯是一种对人们的强制更加谬误。如果自己的行为与习惯不符，他们大多就会感到沮丧。他们会尝试尽可能快地回到他们之前的模式中。他们可能无法这样做，但他们会做出简单尝试。而且，人们如果发现，在一个足够长的时间和一个足够大的活动领域内，自己不能符合习惯，他们将会变得困惑，而且将完全不能做出任何明智的行为。社会稳定在于大量且多样的习惯的持续执行。

我们说大量行为是习惯性的，即常规行为，绝不是说它是不切实际的。在古老和稳定的社会中，人们进行着许多最实用的工作，并不是因为他们理解这些工作是实用的，而是在某种程度上仅仅因为他们总是这样做。在中世纪，一个人会耕种自己的土地，就像他会追求自己的妻子一样——是以共同体所期待的方式来进行的。有些早期人类学家注意到，澳洲土著的习惯有助于保证他们在艰苦的荒野环境中生存下来，并将习惯的智慧与土著明显的低智商进行比较，他们推测，一个更为聪明的种族曾经出现过，曾为当前土著的祖先留下这些习惯，后来他们灭绝了。这种推测是无厘头的。事实上，源于纯粹人类智商活动的习惯，甚至在这个领域，还没有被发现。它们应该是在许多因素长期互动的过程中产生的，这些因素包括人的情感，他们生活的外在环境，以及类似在英格兰产生议会制政府那样的一个过程。不论英国人何等聪明，他们都不能通过谈论想法设计出政府制度，然后施加到自己的同胞身上，而且这种制度还可以像议会制政府那样运行良好。

我们这里关心的是多样的习惯：原野农业的习惯、继承习惯、庄园习惯、节日习惯。我们也一直关注着习惯的特殊形式，它通常由关于社会和世界的习惯性说法组成。一个社会，如果其成员的活动由习惯来协调，就会被称为一个组织(organization)。但所有的组织，除最小的组织外，都是由亚组织构成的。因此，当我们认为一个组织是一个更大的组织的一部分时，机构(institution)一词将会被使用，而当我们将一个组织视为一个独立的实体时，组织一词就会登场。

如果我们只是说，人们的行为是习惯性的，那么我们在研究组织的路上还没有走得太远。我们应将习惯划分为要素(elements)，对要素的界定用来区分这些要素。此外，我们可以认为，每一个要素都会表现出作为一个整体的习惯所有的那些重复性的、规律性的特征。这里将要被考察的要素有三个：(1)互动(interaction)；(2)情感；(3)功能。它们中的每一个都可以用一个词来表达。

互动。当我们提及它与另外两个要素的关系之时，我们将这种要素视为沟通(communication)。但在对人们正在做的和人们正在感受到的情感等具体事情进行抽象的时候，我们很可能观察到，一个人的行为刺激了第二个人的行为，这第二个人的行为反过来又刺激了第一个人的行为。或者，第二个人的行为变成了对第三个人的行为的刺激，如此等等。我们已经看到，一个社会可以被定义为任何以这种方式互动的人群。在如此界定的社会之中，互动链条无限复杂，并以许多不同方式涵盖着这个社会。然而，互动链条在某些方面趋向于不变，尤其是，一个社会建立起以组织中的特定成员为沟通中心的等级组织（hierarchical organizations），因此，他们就处在了这样一种地位，即他们的行为对于相对大量的其他成员的行为而言是一种刺激。相应地，他们能够协调这些其他人的活动，而这种协调并非一种习惯问题。我们称这些人为领袖或执行官，而且我们已经在当前研究的过程中注意到许多这样的人：家庭中的父亲、庄头、庄园的领主、神父等。这些等级中的有些得到正式认可：实际上，在一些现代组织中，出现了复杂的"组织"图表。还有一些以更大数量存在的组织并未得到正式认可。这种组织要素相对容易辨别。可能做到的是，观看一些人与另一个人的互动，不仅高度精确地记录下互动发生的秩序，而且也以各种方式衡量互动率。[2]

情感。有目的的互动，即人们之间的合作，是不可能的，除非他们愿意合作。但在对任何具体社会做出描述之时，除了合作的意愿，还应考虑其他情感。成员们的情感处于一种复杂的平衡状态，有些人支持合作，另一些人则反对这样做。在对情感要素的讨论中，我们处于险境。情感总是一个个人的问题，尽管我们可能会说一个群体的情感意味着群体成员的情感。在未来的某时，我们可能拥有一个对情感的很好分类，其基础是个人的心理状态。但在当下，任何这样的分类都不存在，我们不得不依靠对人们所说的事情的解释。当他们论及友谊或憎恨、畏惧或自卑、约束或缓和，他们是在谈论由于他们与社会上其他人的互动而产生的情感。必须承认，对这些表达的解释并不是精确的。然而，大量成功的人类行为

第 25 章 社会剖析

已经建立在此类解释之上，而仅仅缺乏精确的方法——精确性在任何情况下都是相对的——不应该妨碍我们研究人类组织的一个基本要素。我们应该做我们可以做的事情。

功能。当我们想到个人的意图（intentions），我们说的是目的（purpose）。这里使用功能一词所要指示的不是个人的目的，而是他们所属的组织的目的。在人们之间，很少有被动的联系。当他们走到一起，他们是要走到一起做一些事情，尽管要做的事情是琐碎的，但重要的是完成这项工作所附带的社会联系。简单而言，如果人们并没有一个共同目标，他们就会发明一个。在某些组织中，目标被精心设计，但大多数情况下，当我们研究功能之时，我们是在研究该组织事实上干了什么，它们在自己运转所依赖的环境中做出了什么改变。村庄环境的一个重要部分是土壤，而且我们研究村庄组织对土壤做出的改变：我们研究村民们如何合作生产粮食。军队环境的一个重要部分是敌军，因此我们研究这支军队给他的敌人造成了什么改变。当功能是具体的和有形的某物，或当它是明确专门化的对象之时，它是相当容易被认识的。在其他情况下，当我们谈论这个要素时，我们对此可能并不确定。当研究一个村庄的社会组织之间、它的技术与它的地理环境之间的关系时，我们就已经在关心功能。当研究宗教之时，我们同样关心功能。

分析之后是综合。当我们确定了社会构造的要素之后，我们接下来就要系统地考察这些要素之间的关系，以期越来越密切地接近对客观现实的描述。这里使用的方法将显示成对的要素之间的相互依赖。互相依赖，我们指的是这样一种情况，即一个要素的状态在某种程度上是由第二个要素的状态决定的，而第二个要素的状态在某种程度上又是由第一个要素的状态决定的。一个组织的功能在某种程度上决定了沟通等级（communication hierarchy），但该等级的状态在某种程度上又决定了功能。在当前的框架中，社会构造的要素有三个，因此，三对要素的相互依赖关系应该得到考察，即互动与情感、情感与功能、功能与互动。这三对可以如下次序呈现。

互动和情感的相互依赖。对于这一点可以做出的最明显的论述是，互动中的人们形成共同的情感。被放到一起的人很可能成为朋友，即使他们此前从未相识。你爱上的女孩很可能是你在此前的社交中从未见过的女孩。这些评论作为老生常谈依然有意义。此外，情感通过覆盖一个大社会的互动（沟通）网络得到传播，这样它们就形成了"思维状态"（states of mind）和"公共意见"（public opinion）。在这一点上，需要引入一个复杂的问题。作为当前被视为一个独立的组织的成员，人们共享特定的情感。我因是美国人或英国人而共享特定的情感。但人们也对这个组织中以某种方式呈现出差异的人持明确态度。他们对男人、女人、白人、黑人、上层人士、中产阶级人士等持明确态度。尤其重要的是对并非因所谓的自然原因，如性别或颜色，而是因为在沟通等级中的地位而有所差异的人产生的情感，例如，对上级、同级、下级的情感。事实上，所谓的自然差异在社会中的极端重要性，仅仅表现在它们反映于组织性差异之时。在它们的关系中，这些情感可能形成了一个复杂的系统。

在以上内容中，我们已经涉及了互动和情感的相互依存。我们已经涉及了人们作为乡亲所感受到的情感，例如，他们作为邻居（vicinitas）而带有的情感。我们已经谈及领主和佃农互相感知到的情感。但整体而言，我们还没有，至少明确地，对复杂的情感系统讨论太多，例如，每一个家庭成员互相持有的情感。在某些原始社会中，这些情感变得高度标准化和具体化。[3]对于13世纪而言，必要的事实材料只是还未可得。

互动和情感的依存可以由对社会阶层的简单讨论而得到解释。从互动的视角来看，一个阶层可能被界定为一个人群，他们在构成社会的制度中拥有相似的位置，而且同时在相当程度上互相影响。例如，上层是由一个在社会中占有领导组织地位的人组成的，而且互相之间有密切社会关系。如果将这种分析更进一步，那么就可能有两种人，他们被认为不完全是上层的成员。一种是新贵（*nouveaux riches*）。他们有很高的组织地位，但还没有与相同地位的人形成密切的社会关系。他们正试图建立这些关系。另一种是没落贵族。他们继续与其他贵族维持社会关系，却已经丧失了他们祖先所拥有的较高的组织地位。偶尔，这两个阶层也会根据他们的财富来描述，但分析表明，决定性因素不是财富，而是通常伴随着财富的高组织地位，尽管并不总是如此。

因此，围绕着为互动体系所界定的社会阶层，产生了一系列情感。一个社会阶层的成员共享特定的情感；诸社会阶层被分为明确的等级；每一个阶层的成员对其他阶层的每一个成员持明确态度。例如，上层和下层有时对彼此有比他们对中层更多的"同情心"，尤其是当中层富有进取性，并在规模和重要性上不断增加的时候。此类事情是导致分裂的英格兰走向内战的一个因素。[4]在其他社会中，人们也已经观察到它的存在。[5]用来描述下列阶层：一个英格兰村庄中的富兰克林、农夫、茅舍农之间关系的材料尚不可得。

情感和功能之间的相互依存。相当明显的是，个人的情感产生出组织的功能，如此多样的情感，如饥饿、憎恨、遗憾和宗教狂热都可能会做到这一点。另一方面，一个组织的成员应该相信一种共同追求的真实存在，及实现它的可能性，否则，他们的合作意愿将被摧毁。例如，这个事实解释了政治和军事领袖在战争期间的大部分行为。最后，如果人们认识到，他们理解的一个组织的功能与这个功能实际呈现的面目存在分歧，那么合作崩溃。当功能是具体的和有形的，这种分歧很容易被辨识；当它们如在宗教中那样是无形的和情感性的，就不容易被辨识。但即使在这个领域，识别一种分歧往往也会导致敌意和嘲讽。

功能和互动的相互依存。也许对这种关系最明确的讨论出现在论述工业组织的现代著作中，使用着它们关于"线性""功能"和"雇员"的复杂观点。事实上，它们讨论的现象在所有社会中都存在。为了某些协作的目的，只有小组织是必要的，如家庭。对于其他目的而言，需要更大的组织，如庄园。再说一遍，任何大组织可能都是由几个较小的机构组成的，每一个机构都有其特殊功能。甚至在一个中世纪村庄中，那里的专业化总体上看并不复杂，但不同的人承担着特殊的功能：铁匠、看护员、神父，更不说男女之间的职能分工。人类的历史是一个不断专业化的历史，专业化越来越成为一个组织问题。实际上，虽然一个原始部落不断地分解为一个宗教集会，或一个法庭，但它并没有专业化的宗教或法律制度，而一个更高级的社会拥有固定的神职人员、审判员和警察。这一点很重要，因为每一个这样的专业化都需要沟通系统的进一步复杂化。

对于一个组织的功能，应做出一个特别重要的区分。这就是在涉及组织外部环境的功能和那些涉及其内部构造的功能之间的区别。我们已经研究了第一种功能,即在我们研究一个村庄的社会组织及其技术工具与其地理环境之间的关系之时。在我们研究堂区教堂的仪式之时,我们就研究了第二种功能,尽管宗教并非涉及其内部构造组织的唯一功能。

曾经有一段时间,当学者们研究巫术和宗教仪式时,他们注意到这些仪式的功能并非如传说的那样,尤其是它们对一个组织的外部环境并无实际影响,因此,他们就将这些仪式斥为迷信,称其唯一的目的就是养活寄生的神职人员。这种态度正在改变。我们说一种行为对外部环境没有产生可观察的影响并非说它没有功能。它的功能涉及的是该组织的内部结构。我们已经看到,中世纪教会的仪式如何可能有助于情感的维持,而依靠这种情感,社会中的人们进行有效的合作。

对宗教仪式的研究要求特别关注人类习惯中的一个特殊部分,即人们在描述他们生活的世界,尤其是他们自己在社会中的行为时所作的习惯性陈述。这些陈述至少有两个特征,其中一个或另一个应该在任何特定的情况下更重要。首先,这些陈述有些拥有共同的因素,这些因素构成的解释模式在各个方面都堪比科学的概念模式,尽管对有些目标用处不大。它们构成了一种宇宙观、一种神话、一种描述世界的语言,而且这样一种语言很明显应该是存在的。所有事实都按照一种概念框架进行阐述;如果你并不拥有一种精巧的框架,你就使用一种较粗糙的框架。这些解释框架有些被用来描述社会的外在环境。"太阳升起"这个表述是一个对事实的描述,它是根据托勒密的中世纪天文学的概念框架做出的。它们有些被用来描述社会的内在构造。我们已经看到，被称为封建制度的是，至少在某种程度上是，一种口头框架，描述了在社会较重要的组织中某些方面的人与人之间的关系。"X持有Y的土地"是一个事实描述，它是根据中世纪社会学的封建概念框架做出的。其次，人们关于他们的行为的习惯性陈述，为这种行为提供了正当性，或者用现代的表述来说，提供了合理性。封建框架为社会中不同地位的人提供了一种合理性。在这个方面，最重要的是基督教会的教义，它表达出了社会中重要的集体情感——那若不是爱，什么才是呢？——以及人们面对任何破坏协作行为的情感——此种破坏若不是罪，那什么才是呢？

研究宗教仪式要求我们特别关注神话，因为对任何一套仪式——与社会内在构造相关的有特殊功能的行为——做出的第一个表述就是，它们都象征性地涉及神话。应当注意到，这种描述是一般性的：它适用于任何一套仪式。仪式和神话之间的关系，在庄园法庭里授予土地的仪式中，跟在堂区教堂的弥撒中同样明显。一种仪式指涉封建神话，另一种则指涉基督教徒。

现在我们可以做出一个关于社会更一般性的表述。我们说一个社会是一个社会系统，因为它与其他系统有一定的共同特征。社会的要素，不论它们如何被界定，都处于一种与另一种的相互依存状态，这种相互依存是直接的也是间接的，在此状态下，它们都是一个整体，即一个要素系统的组成部分，它们因方便而被视为相互独立。如果该社会系统的一个要素改变了，所有其他要素都会改变，整个系统也会如此。这个系统还有进一步的平衡特征。也就是说，如果一种原本不会发生的变化外加到这个系统上，那么，这个系统作为一个整体将做出反应以减轻或消除这种变化。因此，在一次洪水、一次瘟疫、一场战争之后，一个社会趋向于回到灾难未曾发生时本应达到的状态。

将描述系统问题作为最为紧迫任务的一门社会科学是人类学。当代典型的人类学者已经在研究原始社会，即成员数量足够少、制度不够复杂的一个社会，这样，他可以有效地考察到社会秩序的所有要素。田野工作条件使他不得不面对描述系统整体的问题。但这个问题只对人类学是新的。它一而再再而三地出现在发展到特定阶段之时的物理科学和生物科学中。[6]因此，正如牛顿构建他的太阳系、威拉德·吉布斯（Willard Gibbs）构建他的理化系统（physicochemical system）一样，人类学家和社会学家也开始构建社会系统的概念框架。毫无疑问，社会学家被引向尝试这项工作，因为奋力研究人类社会的事实迫使他们这样做，而这并非因为他们熟悉更高级社会的历史。事实上，如果他们熟悉这种历史，他们本会更好地理解他们正在做的工作，而且本会避免大量困惑。例如，曾经有说法称社会是一个实体（an entity *sui generis*）。[7]这种陈述表达的是一种完全的直觉，实际上却引向大量关于用词的无果的争论。只有当社会学家自己已经开始处理事实之时，他们才能够理解其他科学此前遇到的困难。只有那时，他们才能够将在更发达的科学中已经发展出来的一些逻辑方法应用于他们自己观察到的现象。

让我们再次从一般性论断回到特殊案例。社会的构造已经按照互动、情感和功能等要素的相互依存而进行了描述。在论述社会系统理论中，它告诉我们关于13世纪英格兰乡村的知识，相互依存的要素将在另一种和更明显的水平上来考察，也就是构成一个社会的诸种制度的相互依存。一来，原野农业的每一种成分都复杂地依赖于所有其他要素。如果我们描述公共畜群，我们同时不得不提及村庄共同体选举出来的看护员，提及公地周围建立起来的篱笆墙，提及公地本身，提及在上面实施的作物轮种，等等。同样，一个乡村家庭的每一种习惯：土地留给一个儿子，那个儿子的婚姻，没有继承财产的孩子们的命运，对鳏寡的供养——都适应于所有其他习惯，由此形成一个和谐的整体。更为重要的是，家庭的构成和村庄农业的构成本身也互相适应。这种适应如何发生，没人知道，但适应肯定是存在的。任何维持土地代代完整相传的规则也维持着敞田上古老的土地分配，以及旧时每个等级内进行的土地均分。一个庄园的组织与一个村庄的组织在其他方面也相互依存。应属于此类的安排只是天然形成的。一个庄园的领主并不理会此前互不认识的劳动力群体，却要面对一个古老的共同体和既定的习俗。他必须运用已经存在的制度，如协同耕作、持有土地、选举村庄官吏的习惯。具有重大意义的是，在肯特，那里的定居模式跟原野乡村的不同，也缺乏典型的庄园制度。到1300年，据说肯特已经没有农奴。

按照这种方式进行考察，社会制度的相互适应是很明显的。很难想象有些这样的衔接不存在会怎样。构成一个社会系统的所有衔接明显地出现在英格兰习惯的地理分布上，在中世纪，如果你从英格兰采取一种土地制度的区域到采取其他土地制度的区域，两地的定居方式、继承习惯，甚至庄园的组织也趋向于不同。这种论断不能用得太多，因为有许多边境地区流行着混合习惯。但说它大致接近应该没错。继承习惯：将土地留给一个儿子，以及定居模式：

第 25 章 社会剖析

大乡村，在继承习惯和定居模式上，类似牛津的诸郡，与肯特和康沃尔有许多不同。社会要素呈现出变化并协调的趋势。或者对这个问题换种说法，社会要素以构成一种社会系统的方式相互依存，而一个地区的社会系统整体上与另一个社会系统有所差异。这个事实是本书用来开篇的那个论断的唯一正当理由：通过研究事物整体的任何状态，也就是各个部分及其他更多因素的总和，我们通常就能够理解它，而我们通过其他方式做不到这一点。

注　释

第 1 章

1. Brit. Mus., Cotton Mss. Tiberius, B, II and Claudius, C, XI.
2. 见 A. E. Levett, *Studies in Manorial History*, 79-96。已经得到编辑出版的一部 14 世纪法庭文书：E. Toms., ed., *Chertsey Abbey Court Rolls Abstract* (Surrey Record Soc.)。
3. 见 W. O. Ault, *Court Rolls of the Abbey of Ramsey and of the Honor of Clare* 和 Maitland, *Manorial Courts*。
4. Brit. Mus., Add. Roll 34333; cf. *Ramsey Cartulary*, I, 281 ff.

第 2 章

1. 在塔瑟笔下，原野和林地的区别是很明显的。在 1310 年德比郡贝尔珀的达菲尔德（Duffield in Belper, Derbyshire）的法庭案卷中的一个案例中，出现了一次对原野（*champaynelond*）的有趣使用：PRO, DL 30, Bundle 32, no. 287, m.1：该村供称，拉杜尔夫·斯万死去，他持有 2 块宅地、1 英亩和 1 杆自由土地，以及通过令状持有的领主的土地，每年为每英亩缴纳 3 便士和任意税。他还在原野上持有 3 英亩的任意土地，每英亩缴纳 8 便士。而且，他持有领主的 2 英亩土地，为每英亩缴纳地租 8 便士。其他案例则使用拉丁语形式 *campania*。
2. M. Bloch, *Les caractères originaux de l'histoire rurale française*, 58.
3. 关于康沃尔地墙（Cornish field walls）的描写和图像，见 O. G. S. Crawford, "The Work of Giants," *Antiquity*, X, (1936), 162-174。
4. In Tusser, 62, 出现了以下几行文字：

在暴风雨中（当风吹向北或东），

　　牲畜喜欢在篱笆墙下淋暖雨。

在页面的边缘印着"林地乡村"。

5. E. Lamond, ed., *A Discourse of the Common Weal of this Realm of England*, 49.
6. Tusser, 141-142.
7. G. J. Turner, *A Calendar of the Feet of Fines relating to the County of Huntingdon* (Cambridge Antiquarian Soc.), cxviii.
8. Messrs. Griggs, *General View of the Agriculture of the County of Essex* (1794), 8.
9. P. Morant, *The History and Antiquities of the County of Essex* (1816), I, i. 关于其他涉及埃塞克斯圈地的描述见 *Victoria County History: Essex*, II, 322。
10. A. E. Levett, *Studies in Manorial History*, 185 ff.
11. 由议会法案围圈的村庄的地图，应该与显示不同时期英格兰不同地区没有公地的土地比例的地图进行比较。这幅地图，根据 E. C. K. Gonner, *Common Land and Inclosure* 中的地图重绘，刊于 H. C. Darby, ed., *An Historical Geography of England before A.D.1800*, 400, 401。
12. H. L. Gray, *English Field Systems*, 305.
13. W. Harrison, *Description of England*, ed. F. J. Furnivall, (The New Shakspere Soc.), I, 259. 也见 I, 237。
14. A. Young, *Travels in France* (1794), I, 321. 关于法国旧农业制度的特征和分布，见 M. Bloch, *Les caractères originaux de l'histoire rurale française*; R. Dion, *Essai sur la formation du paysage rural français* 和 G. Roupnel, *Histoire de la campagne française*。
15. 一份出色的讨论出现于 Dion, *Essai*, 24-30。
16. 见 G. Slater, *The English Peasantry and the Enclosure of Common Fields*, 183-186 的参考文献。
17. 见 A. Meitzen, *Siedelung und Agrarwesen*。
18. 关于肯特的习惯及其历史，见 J. E. A. Jolliffe, *Pre-Feudal England: The Jutes*.

19. A. Owen, *Ancient Laws of Wales*, 743. 也见 H. Lewis, *The Ancient Laws of Wales*, 92 和 F. Seebohm, *Tribal Custom in Anglo-Saxon Law*, 36。

第3章

1. 本章出现的中世纪史阐释主要来自亨利·皮朗晚年的论述，尤其见他在 *Economic and Social History of Medieval Europe* 中的论断。
2. 见 A. Dopsch, *Wirtschaftliche und soziale Grundlagen der europaïschen Kulturentwicklung, aus der Zeit von Caesar bis auf Karl den Grossen*。
3. 见 W. Sombart, *Der moderne Kapitalismus* (4th ed.), I, 124-179。
4. 见 N. S. B. Gras, *The Evolution of the English Corn Market from the Twelfth to the Eighteenth Century*。
5. M. Postan, "Revisions in Economic History: The Fifteenth Century," *Economic History Review*, IX, 160-167 (May, 1939).
6. 见 J. Huizinga, *The Waning of the Middle Ages* 关于14、15世纪生活中的暴力因素的说明性章节。

第4章

1. W. W. Skeat, ed., *Pierce the Ploughmans Crede* (EETS), II. 421-440.
2. 将原野农业作为一种实际耕作制度的最好论述是 C. S. and C. S. Orwin, *The Open Fields*。
3. 见 Sir W. Ashley, *The Bread of our Forefathers*。
4. 见 V. G. Simkhovitch, "Hay and History," *Political Science Quarterly*, XXVIII(1913), 385-403。
5. 见 M. Bloch, *Les caractères originaux de l'histoire rurale française*, 52。
6. *Statistical Account of Scotland* (1791), I, 391; V, 192; VII, 585. 关于设德兰 (Shetlands) 的农作方法，见 Scott, *The Pirate*, chs. xiv, xv, xviii, xxx。中世纪英格兰使用的轻犁样式的图片证据来自 Trin. Coll. Camb. MS. R. 17.1，时间为1150年前后，重绘于 D. Hartley and M. M. Eliot, *Life and Work of the People of England, 1000-1300*, Plate 7。
7. *Hist. Nat.*, xviii, 18. 文本由 G. Baist 修订于 *Archiv für lateinische Lexikogra-*

phie (1886), 285。

8. 关于犁耕垄沟的方法见 A. Dickson, *A Treatise of Agriculture* (1785), I, 308-312; Gervase Markham, *The English Husbandman* (1635), 38; C. S and C. S. Orwin, *The Open Fields*, 33。

9. 见 *Rural Economy in Yorkshire in 1641 (Best's Farming Book)*(Surtees Soc.), 44; 也见 *Finchale Priory Rolls* (Surtees Soc.),ccccxxxvii。

10. W. W. Skeat, ed., *The Book of Husbandry by Master Fitzherbert* (English Dialect Soc.),132。

11. *Gloucester Cartulary*, III, 218. 我认为文本中的 *selliginum* 与 *sellionum* 一词相同。

12. Tusser, 45.

13. *Rural Economy in Yorkshire in 1641 (Best's Farming Book)*, 128n：“在诺森伯兰，耕犁肯定由 4 头牛牵引，从单纯节约犁刀和其他因素考虑，犁队的耕牛轮流工作。这里的每一副耕犁都有 8 头牛。”关于在 16 世纪 8 头牛被认为组成一个"完整的犁队"的证据，见 O. Baker, *In Shakespeare's Warwickshire and the Unknown Years*, 80-81。

14. 引自 *Orbis Sensualium Pictus*, 见 J. Strutt, *A Compleat View of the Manners, Customs, Arms, Habits, etc....*(1775), II, 12。

15. *Havelok*(EETS, E. Ser., no.4), II.1017-1018.

　　农夫带着他的鞭子，

　　当他刚从犁那儿来。

16. 译文见 R. Steele, *Mediaeval Lore from Bartholomaeus Anglicus*, 143。藏于中世纪图书馆中的《中世纪传说》(*Medieval Lore*)，在英格兰的出版者是 Messrs. Chatto and Windus，在美国的出版者是牛津大学出版社。这一段文字经出版者的善意许可而刊出，*Bartholomaeus Anglicus* 的写作年代是在 1260 年之前。*langhalde* 和 *spanells* 是驾驭耕牛的绳子。

17. *Fleta*, II, 78.2.

18. *Bleadon Custumal*, 205. 这份惯例租役簿的起始日期是 13 世纪，即 1221 年之后。

19. C. Pass, IX, II. 112 ff.

20. 见 I. Taylor, "Domesday Survivals," 载于 P. E. Dove, ed., *Domesday Studies*, I, 143-188。
21. F. Tupper, *Riddles of the Exeter Book* 中的文本的翻译见 R.K.Gordon, ed., *Anglo-Saxon Poetry*, 327. *Anglo-Saxon Poetry* 由纽约 E. P. Dutton & Co., Inc. 出版于 Everyman's Library。这一段经出版者的善意许可而刊出。

第 5 章

1. 见 *infra* pp.155, 367。
2. J. O. Chambers, *Nottinghamshire in the Eighteenth Century*, 156, 引自 Lowe, *Agriculture Survey of Nottinghamshire* (1798), 21。在第 155 页, 钱伯斯刊印了一幅地图显示的是 1615 年舍伍德森林卡伯顿的布雷克斯（brecks of Carberton, in Sherwood Forest）。关于迪恩森林（Forest of Dean）的相似布局见 *Gloucester Cartulary*, III, 227。
3. J. Saltmarsh and H. C. Darby, "The Infield-Outfield System of a Norfolk Manor," *Economic History (A Supplement of the Economic Journal)*, III, (1935), 30-44。
4. 见 J. C. Atkinson, ed., *Cartularium Abbathiae de Whiteby* (Surtees Soc.),II, 440。关于内-外田制度的一般描述见 H. L. Gray, *English Field Systems*。一份 12 世纪晚期诺丁汉莫顿（Morton, Notts.）的特许状刊于 *Danelaw Documents*, no.372, 提及"霍尔姆的莫顿的全部土地, 该村的北部地块, 曾是属于教士亨利的内外田"。
5. 它可能引自 1288 年的一份契约, 见 *Oseney Cartulary*, IV, 235。
6. H. E. Strikland, *Agriculture of the East Riding* (1812), 114: "在沃尔兹（Wolds）的大部分敞田村镇, 两季谷物和一块简单的休耕地从无法记忆的时间开始就已经是连续的过程: 耕地……那个时候被分为 6 块、9 块或 12 块田, 这样叫能就至少有一部分每一年都会被种植所有种类的谷物和处于休耕。这个被贯彻的进程一般如下: 1. 休耕。2. 小麦。3. 燕麦。4. 休耕。5. 大麦。6. 豌豆或菜豆。"
7. Gray, *English Field Systems*, 73.
8. Brit. Mus., Add. MS.40,010（地租簿和节选来自 1305—1435 年喷泉修院的

法庭档案), f.20r: Ricardus de Pobthorp (or Polithorp), Ricardus de Eskilby, Iohannes Ward ex parte liberior', Iohannes Robynson, Robertus Hardyng, Petrus Libi ex parte domini Ricardi Crope, Robertus Thomson, Robertus Dyconson, et Willelmus Ysacson ex parte Abbatis ordinati sunt ex eorum assensu et omnium tenentium ad faciendum et ordinandum meliori modo quo poterunt iactare campum in tribus partibus ita quod vna pars quolibet anno sit falgh'.

9. Gray, *English Field Systems*, 76 ff.
10. Brit. Mus., Add. Roll 39,754, m.1d. Nomina eorum qui seminauerunt in warecto vbi liberi et custumarii habere deberent communem pasturam suam, videlicet...et quia testatur per liberos et per totam villatam quod terre predicte fuerant seminate quando ille campus fuit warectus et hoc viginti annis elapsis et amplius, ideo concessum est dictis hominibus quod citra proximam curiam querantur inde voluntatem domini Abbatis, quod si non fecerint, remaneant in misericordia.
11. 例如, PRO, Eccl. I, Bundle 16, no.43, m.27d, 在1305年白金汉郡霍尔顿的一份法庭案卷中：他们称（十名调查员的名字），莫维尔的威廉将属于莫维尔面积为半英亩的一小块休耕地据为己有……上述威廉为这块被播种的休耕地向领主缴纳12便士。
12. *Calendar of Inquisitions (Miscellaneous)*, I, 613.
13. 其他提及这种惯例的已版资料见 W. O. Massingberd, ed., *Lincolnshire Records: Final Concords*, I, 298; *Oseney Cartulary*, IV, 235; *Gloucester Cartulary*, III, 36; *Lincolnshire Notes and Queries*, XII (1912-1913), 150-152; J. T. Fowler, ed., *The Coucher Book of Selby* (Yorks. Arch. Assn., Record Series), II, 220, 376; *Halesowen Court Rolls*, II, 453; E. Gutch, *Examples of Printed Folk-lore concerning Lincolnshire*, 295; W. Kennett, *Parochial Antiquities* (1695), Glossary, *s.v.inhoc*。
14. 有时两个看起来临近的村镇也做出这样的安排，即它们的畜群在两个村镇的公地上应该都可以放牧。1240年11月14日，在贝德福德的巡回法庭（Eyre）关于牧场损失的一件申诉中，人们发现"按照斯坦布里奇（Stanbridge）和蒂尔斯沃斯（Tilsworth）的习惯，当蒂尔斯沃斯的一块土地抛荒休耕的时候，斯坦布里奇的一块土地也会抛荒和休耕，这样它们就能共进退"。 *Publications of the Bedfordshire Historical Record Soc.*, IX, 83.

15. *Parson's Tale*, II. 897-899.
16. *Rotuli Hundredorum*, II, 848.
17. F. Blomefield, *An Essay towards a Topographical History of the County of Norfolk*, IX, 294.
18. F. W. Maitland, *Bracton's Note Book*, no.881.
19. J. G. Rokewode, ed., *Cronica Jocelini de Brakelonda* (Camden Soc.), 76.
20. *Estate Book of Henry de Bray*, 12-14. 也见 p.93.
21. 见 G. L. Gomme, *The Village Community*, 163; F. Seebohm, *English Village Community*, 11; *Rotuli Hundredorum*, II, 402, 487,862,864; *Ramsey Cartulary*, I, 283, 295, 308, 321, 332; E. Powell, *A Suffolk Hundred in 1283, passim*:(在这个保护区的几乎所有村镇，都有一位大领主拥有自由放牧公牛的权利); Brit. Mus., Cotton. MS. Claudius, C. XI, *passim*.(这是 1277 年伊利惯例租役簿。在几乎所有伊利的庄园上，主教都有自由公牛和公猪。)
22. Tusser, 141.
23. G. J. Turner, ed., *Select Pleas of the Forest* (Selden Soc.), 97.
24. *Oseney Cartulary*, VI, 83.
25. PRO, SC 2, Port. 179, no.10,m.10: Et dicunt (iurati) quod Iuo in Angulo habet vnam aperturam versus campum ad dampnum et nocumentum vicinorum. Ideo Iuo in misericordia .iij.d.
26. *Halesowen Court Rolls*, I, 129. 也见 I, 126; III, 92。
27. PRO,SC 2, Port.175,no.79,m.4: Alanus de Forwude inculpatur de hoc quod fecit asportare hayas suas circa campum de Westfeld infra terminum, qui respondens dicit quod metentes et alii asportauerunt partem hayarum, ita quod in pluribus locis fuit introitus in pluribus locis (sic) ita quod aueria compmunem introitum habebant antequam aliquid asportauit. 这份案例记录得很差，对它的复原在几个细节上值得怀疑。
28. Brit. Mus., Add. MS.36237（爱德华三世治下第五年，赫特福德郡蒂滕汉格，圣奥尔本斯修院的一处庄园的土地估价册和惯例租役簿），f.2r：由领主修院长进行的对蒂滕汉格的领主土地的丈量。在斯德特菲尔德，耕地面积是 133 英亩和 18 杆……篱笆和壕沟围起来的上述土地是 5 英亩 3 路得 18 杆半。同样，自营地所处的其他全部土地都被篱笆和壕沟围圈起来。但这些土地被聚集成三块面积大致相等的农田（*seisone*）。

第 6 章

1. PRO, SC2, Port.209, no.55, m.3: Omnes carucarii in misericordia quia sinuerunt (sic) carucas stare contra mensuram.
2. Brit. Mus., Add. Roll 34324, m.1: De Galfrido Lacy quia sine licencia domini et balliui mensurauit terram domini Attebedesolewes cum virga sua .iij. d. *attebedesolewes* 一词显示，在霍顿（Houghton），意指 plow 的古英语词汇 *sulh* 的一些形式曾被使用。
3. C, Pass. VII, ll. 267-271. 也见 Robert Mannyng of Brunne, *Handlyng Synne*, ll. 2443-2448.
4. PRO, SC 2, Port.202, no.56, m.2: Inquisicio dicit quod Radulphus Quintin amputauit duas quercus Galfridi filii Hugonis iniuste et remouebat metam inter eos et occupauit duos sulcos iniuste de terra sua, et ideo in misericordia, et dictus Galfridus quia occupauit sibi dimidium pedem ideo in misericordia.
5. Brit. Mus., Add. Roll 34803, m.1: Et Preceptum est balliuo et preposito quod capiant secum totum homagium domini tam de magna Rauel' quam de Upwod et adeant ibidem. Et videant quousque [quisquis] predictorum habeat terras suas prout de iure habere debent et tunc ponant inter eos certas metas et bundas, ita quod inde clamor non fiat amodo nec querela.
6. M. Bloch, *Les caractères originaux de l'histoire rurale française*, 194-200. 也见 R. Dion, *Essai sur la formation du paysage rural française,* 52-53。
7. 关于对码地农（*yherdlinges*）的使用见 S. R. Scargill-Bird, ed., *Custumals of Battle Abbey* (Camden Soc.), 53。
8. J. E. A. Jolliffe, "A Survey of Fiscal Tenements," in *Economic History Review*, VI (1936), 171.
9. E. Lamond, ed., *Walter of Henley's Husbandry*, 7-9.

注 释

10. W. Brown, ed., *Yorkshire Inquisitions*, Vol.I (Yorks. Arch. Assn., Record Series), 249, 250. 有证据表明, 当一个人成为持有 1 码地的佃农, 他的领主会向他提供一套牛轭, 当他持有 1 块半码地的时候, 他的领主会向他提供一头牛。在这个案例中, 每块海德或犁地都能组成一个正好八头牛的犁队。见格布尔的习惯, *Rectitudines Singularum Personarum*: F. Liebermann, *Die Gesetze der Angelsachsen*, I, 447: 在这块土地上, 适用的习惯是, 他的 1 码地提供 2 头公牛、1 头母牛、6 只羊和 7 英亩土地的种子用作土地估税。也见关于约克郡大布劳顿的一个案例, 载关于阿贝玛尔伯爵位于坎特伯兰和约克的土地的一系列估价册中, 亨利三世治下第四十四年: PRO, Rentals and Surveys, General Series, Roll 730, m.15d: 注意, 上述持有领主土地的佃农们应为这块半码地提供 1 头公牛, 这是他们对他应承担的义务。

11. 一个案例载于 *Ramsey Cartulary*, I, 346, 关于 1252 年亨廷顿的厄普伍德的劳役如下: 他因 1 码地独自为混合种子撒播而翻耕 1 垄地。也见 I, 310, 关于 1251 年亨廷顿卡尔德科特一块码地的劳役如下: 在米迦勒节后的第二周, 他的一次工作是翻耕半亩地, 被称为木布恩, 或者用完整一副犁, 或与别人合伙。

12. 见 S. J. Madge, ed., *Abstracts of Inquisitiones Post Mortem for Gloucestershire* (The Index Library), Part IV, 137, 关于萨瑟姆 1286 年码地农的劳役: "他们必须翻耕领主的土地, 犁队中有时是两个码地农, 有时更多……" *Glastonbury Rentalia*, 136, 关于朗布里奇(Longbridge)码地农的劳役: 如果他拥有 1 副犁, 他应一次(? 年)为领主完成 1 英亩的布恩耕地工作; 如果 2 个人或 3 个人与他一起进行耕地, 他们不应该翻耕超过那 1 英亩的土地; *Rotuli Hundredorum*, II, 485, 关于剑桥郡斯瓦弗汉姆(Swaffham, Cambs.)的自由索克曼的劳役: 如果 2 个人或 3 个人或 4 个人联合组成一个犁队, 他们帮助小修院在撒播冬季种子和四季斋种子时各耕地一次。下面关于格洛斯特希斯顿(Siston, Glos.)的劳役的案例出现在爱德华一世第二十九年的一系列关于罗伯特·瓦尔兰德(Robert Walrand)的调查之中: PRO, Ancient Extents (Exchequer), no.8, m.1: 据估计, 3 个农奴能够共同提供 1 副犁; 也见 m.9 关于沃里克郡拉德韦(Radway, Warwicks.)的劳役: 据估计, 4 个农奴提供 1

副能够一天翻耕半英亩的耕犁;见 *Chichester Custumals*, 95, 关于毕晓普斯通(Bishopstone)的劳役: "注意, 如果4个人(带着)一副耕犁来为主教干耕地布恩, 4个人应跟着他们的耕犁, 并注意领主的土地是否得到很好的翻耕、耙松和播种。"

13. Brit. Mus., Add. Roll 34333, m.l(cf. *Ramsey Cartulary*, I, 474-486): Quolibet autem die Veneris predicti temporis, si propriam carucam habeat, dimidiam acram arabit et cum fuerit seminatum herciabit. Si autem propriam carucam non habeat, tot aueriis terram domini arabit quot arat propriam. Licet vero bene quatuor hominibus vel octo si cogat necessitas inuicem associari ad carucam si sue facultates vlterius non extendant, et quieti erunt pro arura dimidie acre ac si dicta caruca comunis solius esset.

14. Brit. Mus., Cotton MS. Claudius C. XI, f. 116r: Rogerus Holdeye tenet quindecim acras que faciunt dimidiam virgatam terre.... Et preterea arabit infra idem tempus qualibet die Lune usque ad horam nonam pro una operacione. Ita quod iste et tres alii pares sui faciant unam carucam cum octo bestiis. 也见 *Rotuli Hundredorum* II, 440, 442.

15. *Ramsey Cartulary*, I, 346. 也见I, 310, 关于1251年剑桥郡沃博伊斯(Warboys)半码地农的劳役: 对于全部布恩耕地, 他带着自己的犁加入; 他们在冬天不能加入超过3个人, 在夏季是4个人。

16. Brit. Mus., Add. Roll 27765 m.3: Nicholaus Vpechepyng summonitus fuit ad respondendum Henrico Astil in placito conuencionis. Et vnde idem Henricus queritur quod dictus Nicholaus non tenet ei conuencionem de hoc quod conuenit sibi die Lune proxima post festum Omnium Sanctorum anno regni regis Edwardi nunc .xj.[o] in villa de Aulton quod inueniret pro caruca sua .iij. equos a die Lune predicto vsque festum Natiuitatis Domini proximum sequens eodem anno quam quidem conuencionem fregit ad dampnum ipsius Henrici .xx. s. et inde etc. Et predictus Nicholaus defendit, etc., et predictam conuencionem omnino dedicit et inde vadit legem se vj[a] manu.

17. *Wakefield Court Rolls*, III, 161.

18. *Rotuli Hundredorum*, I, 341.

19. Maitland, *Manorial Courts*, 111.
20. Brit. Mus., Add. Roll 24681, m.11: Robertus le Coc venit et queritur de predicto Fillipo, [*et*] dicit quod predictus Filepus recpit quendam ecum ab ipso in codam pacto, videlicet quod predictus Filipus debet custodire predictum ecum et pasterare et tractare in carucam. Preterea dicit [quod] verberauit predictum ecum et ligauit petram in auriculam ipsius equi et debet predicto Roberto soluere arruram vnius diete.
21. PRO, Eccl. I, Bundle 26, no.7, m.1: Item dicunt quod Iohannes Grug et Galfridus frater eius ceperunt sine licencia bestias bonorum hominum de nocte in vigilia sancti Michaelis et arrauerunt .ij. acras et dimidiam videlicet cum tribus carucis. Inquisicio facta si Ricardus de Berewyc accomodauit ipsis duobus suam carucam aut non, et dicit inquisicio quod non in illo tempore. 也见 *Wakefield Court Rolls*, III,72。
22. Brit. Mus., Cotton MS. Tiberius, B.II. f. 112v: Et sciendum quod si forsitan aliquis tenens vnam virgatam terre pro paupertate sua nichil habuerit in carucam, tenetur arare cum denariis suis per annum nouem acras.
23. 在1297年,亨廷顿的伯里,一个拉姆西庄园的法庭案卷中:Brit. Mus., Add. Roll 39562:他们在自己的土地上耕作,也耕作其他人的土地,为此他们能得到钱。
24. H. C. M. Lambert, *History of Banstead in Surrey*, I, 321 (Extent of Banstead, 1325).
25. 下面这个案例出现在(约1295年)靠近约克郡博克灵顿(Pocklington, Yorks.)布格索恩(Bugthorpe)的土地估价册中,载于 T. A. M. Bishop, ed., "Extents of the Prebends of York," *Miscellanea*, Vol.IV (Yorks. Arch. Soc., Record Series), 11:"托马斯的儿子威廉持有两块半码地……如果他没有自己的耕犁,他与自己的搭档(cum suo maru)要在那两天做布恩工[一次在冬季,一次在春季播种时],领主将向他们提供一天一顿饭。"也见 H. S. Bennett, *Life on the English Manor*, 45。
26. *Durham Hallmotes*, 56.

第 7 章

1. G. J. Turner, ed., *Select Pleas of the Forest* (Seldon Soc.), lxxviii: "通常，同一块土地看起来是冬春交替播种谷物，而且也会在播种了一定数量谷物之后休耕一整年。" 对于农田的作物轮种也见 *Collections for a History of Staffordshire* (Wm. Salt Arch. Soc.), V, Part 1 (1884), 149。
2. *Estate Book of Henry de Bray*, 87.
3. 例证见 *Rotuli Hundredorum*, II, 873。
4. F. M. Stenton, ed., *Transcripts of Charters Relating to Gilbertine Houses* (Lincoln Record Soc.), 62. 也见 J. Parker, ed., *Yorkshire Fines (1232-1246)*, 162; 一份时间开始于13世纪末的特许状，载于 R. P. Littledale, ed., *Pudsay Deeds* (Yorks. Arch. Soc. Record Ser.), 168, 显示威廉·德·鲁塞斯特（William de Roucestre）授予约翰·德·博尔顿的儿子约翰利明顿（Rimington）除八块半码地之外所有的领主权，条件如下："如果这个约翰和他的继承人在利明顿村镇的边界内做出任何改进，威廉·德·鲁塞斯特都将根据八块半码地的权利获得相应比例的收益。"
5. 见 T. A. M. Bishop, "Assarting and the Growth of the Open Fields," *Economic History Review*, VI, (1935), 13-29。
6. 例如，在 *Oseney Cartulary*, IV, 223, 1260年的一份关于小图村（Little Tew）的特许状提及被首先挑选出的位于10英亩耕地中朝西的半英亩草场。
7. G. J. Turner, ed., *Select Pleas of the Forest*, cxxiii: "我们可能会观察到，公众有权在所有未围圈的土地上狩猎野生动物，除非这些土地从属于森林法或从属于因王家授权而设的对狩猎的某些限制。" *Rotuli Hundredorum*, I, 317: 我们说，瓦伦伯爵将一处兔场强行纳入自己靠近林肯的格里特庄园，那里的所有村民过去拥有不利于国王和乡村的自由狩猎权。
8. C. Deedes, *Register or Memorial of Ewell, Surrey*, xxii.
9. N. Neilson, ed., *A Terrier of Fleet, Lincolnshire*, (British Academy: Records of the Social and Economic History of England and Wales, Vol, IV), 214. 也见 C. S. and C. S. Orwin, *The Open Fields*, 24-26。
10. 但其他国家的人所用的这种表述也得到记载。见 H. L. Gray, *English Field Systems*, 164, 191。

11. *Wakefield Court Rolls*, I. 261. 出现在一份特许状中另一个证据显示半码地如此排列，以使它们包含同样份额的好地和坏地，这份特许状描述的是一块位于诺丁汉郡的沃尔兹（Wolds, Notts.）的诺曼顿（Normanton）包含 17 英亩土地的半码地。这份特许状被引用在 Stenton, *Danelaw Documents*, xxvii, note 10, 颇有意义的用词是：全部涉事土地中，6 英亩位于较好的地方，5 英亩半位于一般的地方，还有 5 英亩半位于较差的地方。

12. F. Seebohm, *The English Village Community*, 24-27.

13. *Estate book of Henry de Bray*, 33.

14. Ibid., 23, 14 世纪初北安普顿厄普伍德庄园的三码地被描述如下：其中两码地以半英亩大小分布于哈尔斯顿的全部农田上，一块半码地以一路得半的大小挨着威廉·鲍威尔的持有地，另一块半码地则以一路得的大小挨着托马斯·勒布雷持有的那些地块。

15. R. P. Littledale, ed., *Pudsay Deeds* (York. Arch. Soc.), 296. 最后一条是：位于全部土地的所有地点上朝阳的那一块。

16. W. O. Massingberd, ed., *Lincolnshire Records: Abstracts of Final Concords*, Vol.I, 262. 一份最终协议，或土地转让确认书（Foot of Fine）是由王室法庭保存的关于该法庭上解决的一个案例判决的档案。一项虚构案例的判决的罚金被用作转让土地的手段。

17. *Estate Book of Henry de Bray*, 74-75. 甚至并非公共土地（*communibus campis*）上的半码地也都应是分散的条田，因为它们其中之一在一份档案的第 76 页得到描述，即以小块分布于他的领地上的半码地（例如，韦勒斯顿的哈默尼斯）。

18. Ibid., 89. 第 89—90 页显示，这块地产的一半包含至少 7 码地。

19. W. O. Massingberd, ed., *Lincolnshire Records: Abstracts of Finals Concords*, Vol. I, 89.

20. C. Pass. II, ll.112 ff.

21. C. Pass. I, ll. 14-19.

22. 举一个具体的例子，见 A. Meitzen, *Siedelung und Agrarwesen*, III, Atlas, Anl. 143 瑞典索尔斯约（Thorsjö）的地图。

23. C. Hardwick, *Traditions, Superstitions, and Folk-lore*, 28.

24. *Tompt aer akers moþir*. 见 L. Beauchet, ed., *Loi de Vestrogothie*, 227, *Loi d'Upland*, 217; J. Grimm, *Deutsche Rechtsalterthümer* (1854), 539。
25. S. Aakjaer, "Village, cadastres et plans parcellaires au Danemark," *Annales d'histoire économique et sociale*, I (1929), 564. 也见 J. Frodin, " Plans cadastraux et repartition du sol en Suède," *Annales*, VI, (1934), 51-61。
26. W. Brown, ed., *Cartularium Prioratus de Gyseburne* (Surtees Soc.), II, 42.
27. 见 K. Rhamm, *Die Grosshufen der Nordgermanen*, 38; L. Beauchet, ed., *Loi de Vestrogothie*, 214, 223。
28. F. M. Stenton, ed., *Transcripts of Charters Relating to Gilbertine Houses*, 7; 也见 *Danelaw Documents*, lx, note 7: "我在村庄和 X 的四方边界内拥有的全部"的句式反复出现在 12、13 世纪的特许状中,用来描述一块在英格兰其他地区自然会被写成庄园的地产。
29. *Transcripts of Charters Relating to Gilbertine Houses*, 62.
30. Vinogradoff, *The Growth of the Manor*, 178, 提及塞格霍(Segheho)的 8 海德土地的一次重新划分,但这次重新划分是对战争期间侵占的纠正。这并不是一个村庄所有土地周期性再分的组成部分。
31. Burton Agnes, Yorks. 见 P. E. Dove, ed., *Domesday Studies*, I, 55 刊出的地图。我认为这一点很重要。英格兰北部的土地制度有很多需要被发现的内容。下面这个案例来自 1479 年的地租簿,载于 J. Raine, ed., *The Priory of Hexham, Its Title Deeds, Black Book*, etc. (Surtees Soc.) II, 72, 属于约克郡的绍尔顿庄园(Salton, Yorks.):还有 16 块半码地属于领主的耕地;其中任何一块都是连续的 9 英亩;8 块半码地以四块平地分布……上述这些平地……都是分开的。另外 8 块半码地土地以多个地块不连续地分散于上述土地之中。
32. 关于来自英格兰日分制度的证据的更为详细的研究见 G. C. Homans, "Terroirs ordonnés et champs orientés: une hypothèse sur le village anglais," *Annales d'histoire économique et sociale*, VIII (1936), 438-448。
33. 译自 W. O. Ault, " Some Early Village By-laws," *English Historical Review*, XLV (1930), 212。这篇文章内容丰富。
34. PRO, SC 2, Port. 179, no.4, m.3: 埃蒂斯·奥迪那,由于在夜间运输她的谷

物，违反了收获规定，同时她没有完成应做的领主的犁地工作，因此被处罚金12便士。

35. Brit. Mus., Cotton MS. Tiberius. B. II, f. 106r: Item sciendum quod de forisfactura de Belawe et de venditione iuncorum dominus habebit medietatem denariorum. 见 *Cambridge Antiquarian Soc. Communications*, VI (1884-1888), 168。

36. 见 T. W. Hall, ed., *A Descriptive Catalogue of Land-charters and Court Rolls from the Bosville and the Lindsay Collections*, etc. 第77页正面地图显示的是，谢菲尔德附近的布拉德菲尔德的小礼拜堂辖区（chapelry）的四块村法区（byrlaws）的边界。

37. Brit. Mus., Add. MS. 40010, f. 51v. 这份手稿是对14、15世纪有关喷泉修院的法庭案卷和其他文献的案例汇编。其中有好几份关于村法的有趣案例。

38. *Wakefield Court Rolls*, I, 278. "通过村会共同体"的起源是"通过村民共同体"（*per communitatem plebiceti*）。也见 II, 48。

39. 关于村法的更多已版文献见 J. C. Atkinson, ed., *Coucher Book of Furness Abbey* (Chetham Soc.), I, 458; *Archaeologia*, XLVI, Part 2(1881), 371 ff.; *Archaeological Journal*, XLIV(1887), 278 ff.; *Historical MSS. Comm., Report on the MSS. of Lord Middleton preserved at Wollaton Hall, Notts.*, 106-109; R. Twysden, *Historiae Anglicanae Scriptores* (1652), X*(Chronica W. Thorn De Rebus Gestis Abbatum S. Augustini Cantuariae*), 1936 (1283年案例）；也见1303年案例；*Abbreviatio Placitorum*, 286b; *Yearbook, 44 Edw. III*, 19; *North Riding Record Soc. Publications*, VIII, xi。

第8章

1. *Victoria County History of Kent*, III, 325.
2. F. W. Maitland, ed., *Bracton's Note Book*, no.1770.
3. PRO, SC2, Port. 181, no.48, m.4: Walterus, Robertus, Ricardus et Iohannes filii et vnus heres Gerardi Ate Pirie vadiauerunt misericordiam pro contemptu etc. 上述沃尔特、罗伯特、理查德和约翰缴纳了继承税2便士。法庭裁决，

他们应该因持有领主的土地而承担劳役。
4. Ibid., m.3: Ricardus et Ricardus et Willelmus fratres et vnus heres Henrici le Lung optulerunt se ad faciendum post predictum Henricum quicquid de iure facere debent. Et vadiauerunt releuium. Et fecerunt feoditatem.
5. J. E. A. Jolliffe, *Pre-Feudal England: The Jutes*, 26.
6. F. LePlay, *Les Ouvriers Européens*, V, 188-191, 297-303.
7. T. Robinson, *The Common Law of Kent* (1741),62-63.
8. Brit. Mus., Add. Roll 9158, m.1d: Robertus Kempe, Willelmus Kempe, et Alanus filius Galfridi molendinarii petunt versus Alanum filium Willelmi Scholer vnum mesuagium cum pertinenciis in West Neuton vt ius ipsorum Roberti, Willelmi, et Alani. Et dicunt quod quidem Robertus Spondrift antecessor suus fuit seisitus de predicta terra cum pertinenciis vt de iure. Et post decessum dicti Roberti decendit ius et debuit decendere Ricardo Kempe et Galfrido Hauche vt .ij. filii et vnus heres. Et de predictis Ricardo et Galfrido decendit ius et debuit decendere Roberto Kempe, Willelmo Kempe, et Alano filio Galfridi molendinarii qui nunc petunt. Et quod talis sit ius suum petunt quod inquiratur. 关于这个家庭的更多详情见 Add. Roll 9162, m.1。
9. PRO, DL 30, Bundle 85, no.1157, m.4d: Robertus filius Simonis Horman qui tenuit de domino vnum mesuagium et duas acras terre natiue mortuus sine herede de se et super hoc venerunt Galfridus, Petrus, et Thomas filii Willelmi Horman fratres predicti Simonis et petunt acceptari ad dictam terram heritandam et dant domino pro ingressu x.s.
10. PRO, DL 30, Bundle 85, no.1159, m.12d: Nicholaus filius Galfridi Dod qui tenuit de domino vnum mesuagium dimidiam acram et octodecim perticatas terre natiue vnde dimidia acra et nouem perticate tenentur nomine dotis mortuus est. Et super hoc veniunt Iohannes filius Willelmi Dod et Willelmus frater eius et Iohannes filius Fulconis Dod tanquam propinquiores heredes et petunt acceptari ad dictam terram heriettandam secundum consuetudinem manerii.
11. Brit. Mus. Cotton MS. Tiberius, B. II, f. 167v: Ricardus filius Hildebrond'

et Adam frater suus et Ricardus nepos eorum tenent sexaginta acras pro decem solidis.
12. Brit. Mus. Cotton MS. Claudius, C. XI, f. 76v: Maynerus filius Iohannis Gocelin et Adam et Petrus nepotes eius tenent vnum mesuagium.
13. PRO, DL 30, Bundle 85, no. 1159, m. 2d: Robertus Denyel dat domino xij. d. pro racionabili parte terre patris sui habenda secundum consuetudinem manerii. Et quod mensuretur per bonos et legales vicinos. Et preceptum est quod mensuretur et diuidatur inter ipsum et fratres suos citra proximam curiam.
14. 这种小块持有地，它们在1291年对诺福克马瑟姆村诺里奇小修院（the Prior of Norwich in Martham, Norfolk）的土地调查中被扩大了，而形成它们的分割过程在W. 哈德森（W. Hudson）的文章中已经得到很好的讨论：*History Teachers' Miscellany*, I, 161; *Trans. of the Royal Hist. Soc.*, 4th Series, I, 28.
15. Sir F. Pollock and F. W. Maitland, *The History of English Law* (2d Ed.), II, 270：" 诺福克的大部分土地看起来是可分的，而且可分继承统治着丹法区的几个大'索克区'（sokes）"；H. L. Gray, *English Field Systems*, 337："东盎格利亚的自由持有地和农奴份地曾经流行可分继承，这看起来没有被法律史家注意到。"但它没有逃过波洛克和梅特兰的眼睛，他们在格雷之前曾论及此。
16. 我当前的名单，所涉证据的缩写包括：林肯郡：弗利特（N. Neilson, *Terrier of Fleet*），萨顿（PRO, DL 30, Bundle 85, no. 1159, etc.）；剑桥郡：威斯贝奇（Ely Custumals, see above），泰德（Ely Custumals）；诺福克：沃波尔（Ely Custumals），沃尔顿（Ely Custumals），特灵顿（Ely Custumals），蒂尔尼（*Select Civil Pleas* (Selden Soc.), 6)，霍尔姆，(*Ramsey Cartulary*, I, 401-403)，布兰克斯特（ibid., I, 427），卡斯特尔瑞兴（F. W. Maitland, *Bracton's Note Book*, no. 1663），小堡（ibid., no. 154），卡布鲁克、克兰沃斯、莱顿（ibid., no. 1009），海查姆（ibid., no. 1074），朗德姆（ibid., no. 1252），埃克尔斯（ibid., no. 1933），西牛顿（Brit. Mus., Add. Rolls 9143, 9152, 9158），维松塞特（Add. Roll 55591），霍宁托夫特（PRO, SC 2, Port. 193, no. 6），马瑟姆（*History Teacher' Miscellany*, I, 161），蒂韦歇尔（Add. MS. 40,063）；萨福克：蒙克斯艾雷斯（*Bracton's Note Book*, nos. 703, 1023），斯普拉弗顿（ibid., no. 795），伊普斯维奇（ibid., no. 1023），巴德维尔的维克斯（*Norfolk Archaeology*,

XIV, 46)、里金府 (Add. MS. 40,063)、威斯特伍德 (PRO, SC 2, Port. 204, no. 22)、哈德雷斯 (PRO, Eccl. I, Bundle 16, no. 1); 埃塞克斯：哈特菲尔德布洛克奥克 (Add. Roll 28, 519)、沃瑟姆 (PRO, DL 30, Bundle 750, no. 62); 赫特福德：斯蒂夫尼奇 (PRO, Eccl. I, Bundle 211, no. 1)。

17. 见上文第22页的地图。
18. G. Slater, *The English Peasantry and the Enclosure of Common Fields*, 78-86; H. L. Gray, *English Field Systems*, 305-354; D. C. Douglas, *The Social Structure of Medieval East Anglia* (Oxford Studies in Social and Legal History, Vol. IX).
19. 见 G. T. Clark, "The Custumary of the Manor and Soke of Rothley," *Archaeologia*, XLVII, Part I, 125：如果索克区一个有妻室的人有多个儿子或女儿，在他去世后，土地是在儿子或女儿，而不是儿子和女儿中分割；如果他有一个儿子和多个女儿，那么儿子将获得全部土地。也见 Sir F. Pollock and F. W. Maitland, *The History of English Law* (2d Ed.), II, 270。
20. Pollock and Maitland (2d Ed.), II, 270.
21. 例如，见第142、254页。
22. Brit. Mus., Add. Roll 26,876, m. 8: Iohannes filius eiusdem Roberti iunior est proximus heres eiusdem Roberti secundum consuetudinem manerii.
23. 我曾遇到下列其他村庄，那里的习惯可能是将土地传给一个儿子，位于原野农业的东部边界以东：萨福克的巴尔金、拉特尔斯登、布拉姆福德、奇尔顿、帕肯汉姆、波尔斯泰德；埃塞克斯的莱顿。无疑还有其他村庄。见 G. R. Corner, "On the Custom of Borough English," *Proc. of the Suffolk Institute of Arch., Statistics, and Natural Hist.*, II, 227-241 中一个萨福克庄园的名单，在它们中，幼子继承制是19世纪的习惯。
24. J. B. A. Jolliffe, *Pre-Feudal England: The Jutes*, 79 显示，在东萨塞克斯出现了介于土地均分制和幼子继承制之间的占有形式。
25. M. Olsen, *Farms and Fanes of Ancient Norway*, 29-60.
26. 本章根据 G. C. Homans, "Partible Inheritance of Villagers' Holdings," *Economic History Review*, VIII (1937), 48-56 而作。

第 9 章

1. 一个例子来自爱德华一世治下第二十八年,牛津郡纽因顿的法庭案卷,PRO, Eccl. I, Bundle 26, no. 41, m. 1:西蒙·德·博威克来到全员法庭上,称他对马蒂尔达·德·博威克持有的那块土地有继承权,他针对这块土地提出诉求,领主应为他作主。
2. PRO, SC 2, Port. 179, no. 6, m. 23: Tota villata dicit quod post mortem Thome Arnold clerici qui perquisiuit vnum mesuagium et .xiiij. acras terre in villa de Ripton Regis obiit seisitus de toto predicto tenemento. Et dicunt quod quidam Radulphus Arnold frater suus propinquior heres est de sanguine, set dicunt quod per consuetudinem manerii Nicholaus filius Iohannis in Angulo propinquior heres est dicti Thome ad predictum tenementum secundum consuetudinem manerii habendum, eo quod dictus Iohannes in Angulo pater dicti Nicholai qui fuit de consanguinitate ville disponsauit Margaretam sororem dicti Thome natam apud Bury iuxta Rameseiam de qua genuit [Nicholaum] qui modo petit. 我将 Iohannes in Angulo 译为 John in Le Hyrne,因为实际上,他在 m. 24. 中是按照这个名字来称呼的。这个案例被 Maitland, *Manorial Courts*, 106 引用。
3. PRO, SC 2, Port. 179, no. 6, m. 24.
4. 例如,1278 年 2 月 21 日的一个案例,见 *Halesowen Court Rolls*, I, 101:法庭认为,长姐将获得家庭宅地及其大门内外的附属物,寡妇靠自己所得的比例生活,其他单身姐妹得到自己想要选择的地块,而且单身姐妹将获得相等份额的用具。
5. 对这个名称的使用是一个偶然。这里重复一个古老的故事:"在诺曼时期,一座法式新城在诺丁汉英式老城旁边发展起来。1327 年的一个著名案例吸引了法学家们关注这样一个事实,即当法式新城的土地权传给长子时,英式老城的土地权传给幼子。法学家自然要为这个案例中的习惯寻找一个名称,由此用幼子继承制的习惯,或幼子继承制习惯,来称呼这种出现在他们面前尽管次数很少的习惯。" Sir F. Pollock and F. W. Maitland, *The History of English Law* (2d Ed.), II, 279.
6. 一个例子出现在爱德华一世治下第二十五年诺丁汉格灵里(Gringley, Notts.)

的一份惯例租役簿中：PRO, Rentals and Surveys, Gen. Series, Roll 534, m. 3d: 陪审员们称，头婚所生的幼子作为最近的继承人持有他父亲的土地。

7. *Collections for a History of Staffordshire* (Wm. Salt Arch. Soc.), 1910 vol., 136.

8. Brit. Mus. Add. Roll 31,309, m. 9: Helewysa que fuit vxor Roberti le Capel venit in plena curia et reddit sursum domino .ij. partes tocius tenementi quod quondam tenuit dictus Robertus natiue et dicte .ij. partes dicti tenementi traduntur per dominum Philippo filio dicti Roberti ad faciendum inde domino omnia seruicia inde debita et consueta vt predictus Robertus facere consueuit et dat domino pro ingressu habendo .vj. s. et soluit domine [?] et venit Stephanus filius dicti Roberti Capel iunior et concessit dicto Philippo fratri suo totum ius quod habuit vel potuit habere in dicto tenemento pro .v. s. .vj. d. et sic tradita est eidem Philippo seisina et dat domino pro releuio .viij. d. Add. Roll 31,310, mm. 1, 2 显示，菲利普的幼弟亚当，在 23 年后继承了父亲的土地。见下文第 181 页关于巴克斯迪普习惯的论述。另一个案例驳回真正继承人，见 *Chertsey Abstract*, 33。

9. Brit. Mus. Lansdowne MS. 434, f. 122v: Ab antiquo vsitatum fuerit in manerio ibidem quod post decessum cuiuscumque tenentis natus filius eorundem iunior inde consuetudine manerii predicti antecessores suos succedere solebant ad grave dampnum et detrimentum tocius homagii et tenementorum suorum. 这份手稿是切特西法庭案卷 1-21 Edw. III 的一个摘要。这段文字被引用于 E. Toms, "Chertsey Abbey and Its Manors under Abbot John de Rutherwyk, 1307-1347," MS. Thesis for the degree of Ph.D. in the University of London, 80. 也见 *Chertsey Abstract*, xiii。

10. PRO, SC 2, Port. 179, no. 18, m. 7: Walterus filius Gerardi Le [Koc qui] se per multum tempus elapsum subtraxit de feodo domini sine licencia modo venit et petit se admitti ad illam .[*dimidiam vir*] gatam terre quam Willemus Koc primogenitus frater eius tenet de domino pro gersuma inde prius facta racione quod ipse Walterus est postnatus filius dicti Gerardi; quare dicit se maius ius habere in dicta terra quam dictus Willemus qui modo earn tenet.

Et predictus Willelmus dicit quod iniuste illam terram petit pro eo quod ipse quadraginta annis elapsis tempore Willelmi de Gomecestr' tunc Abbatis Rameseie illam gersumauit secundum vsum et consuetudinem manerii; quia dicit quod tunc talis fuit consuetudo quod primogenitus frater gersumaret, haberet, et teneret terram seruilem post decessum antecessorum suorum, [set quod] Willelmus de Wassingle tempore quo fuit senescallus domini illam consuetudinem mutauit. Et quod tale sit ius [suum] petit quod inquiratur. 这份文本中的两个缺口是因为手稿中的两个洞，最后两个是因为糟糕的涂擦，但需要复原的丢失字母是相当清楚的。

11. Brit. Mus., Add. MS. 40,167, f. 31v (Court Book of Barnet, Herts.): Thomas filius et heres Walteri filii et heredis Walteri Bartholomei de la Barnet venit et petit versus Robertum filium Walteri Bartholomei vnum tenementum quod Iohannes Bartholomeu filius dicti Walteri Bartholomei iunior tenuit cum pertinentiis in la Barnet quod clamat esse ius et hereditatem suam, quia dicit quod predictus Walterus Bartholomeu senior fuit seisitus de dicto tenemento et quod idem Walterus dedit de licencia domini dictum tenementum cum pertinentiis dicto Iohanni Bartholom' filio suo iuniori tenedum sibi et heredibus suis, qui quidem Iohannes obiit sine herede de corpore suo procreato, post cuius decessum dictus Robertus ingressus est dictum tenementum cum pertinentiis et iniuste detinet ac ipsum Thomam de iure et hereditate sua deforciat, vt dicit, eo quod dictus Walterus pater dicti Thome fuit filius et heres dicti Walteri Bartholem' qui dictum tenementum dedit dicto Iohanni filio suo iuniori, post cuius decessum ad predictum Thomam filium et heredem dicti Walteri filii Walteri Bartholom' competit reuersio ratione hereditatis quia ius respicere debet ad exitum fratris senioris, et hoc petit quod inquiratur per inquistionem bonam. Venit dictus Robertus et dicit quod de consuetudine ville de la Barnet iuste ingressus est dictum tenementum post mortem dicti Iohannis fratris sui iunioris propter propinquitatem sanguinis in ascendendo et hoc petit quod inquiratur, et dictus Thomas similiter. Inquisitio capta per... qui dicunt super sacramentum suum quod de consuetudine ville de Barnet et

halimoti ibidem tenementa sic data vt supradictum est alicui filio iuniori si plures fuerunt fratres semper proximo fratri secundum partum propter propinquitatem sanguinis reuerti debent et non ad fratrem seniorem nec ad eius exitum. Et hoc habent et vtuntur secundum consuetudinem halimoti eorundem et non secundum legem communem. 因此，法庭裁决，罗伯特将持有前述领主的土地，并为此缴纳40便士。 431

12. Brit. Mus., Add. MS. 40,625 f. 15v: Iohannes de Eywode reddidit sursum in manus domini totam terram que vocatur terram Iulian' ad opus Iohannis filii sui et dominus seisiuit eundem de terra predicta cum tota vestura tenenda secundum consuetudinem halimoti faciendo etc. et dat pro seisina dimidiam marcam. Postea venit dictus Iohannes filius predicti Iohannis et concessit terram predictam cum pertinenciis dicto Iohanni patri suo tenendam ad totam vitam suam.

13. Brit. Mus., Add. MS. 40,167, f. 31r: Thomas Freysmouth reddidit sursum vnum mesuagium cum curtilagio et aliis pertinentiis sicut iacet inter tenementum Henrici Geffrey ex parte vna et Gunnildewelle ex altera abbuttant' iuxta cimiterium Sancti Iohannis in le Barnet. Et dominus seisiuit Willemum filium dicti Thome de principali dicte domus et mesuagii cum vno solario et vna camera tenendo sibi et suis faciendo inde etc. Et etiam dominus seisiuit Galfridum filium dicti Thome de duabus cameris et vno solario dicte domus et mesuagii tenendis sibi et suis faciendo annuatim dicto Willemo fratri suo .j. d. et domino alia seruicia inde debita et consueta, nec faciet vastum. Et dat domino pro seisina .ij. s., plegii etc. Et est forma seisine talis quod dictus Thomas et Agnes vxor eius tenebunt dictum mesuagium ad terminum vite eorundem. 在两个儿子之间的另一种解决方案出现在 Brit. Mus., Stowe MS. 849, f. 14v。

14. PRO, Eccl. I, Bundle 16, no. 43, m. 19: Ricardus Hycheman dat domino .xij. d. pro inquisicione habenda si Galfridus Leuwyne fecerit ipsum Ricardum heredem suum de tenemento quod idem Galfridus tenet in Halton post mortem ipsius Galfridi. ...Inquisicio venit et dicit quod idem Galfridus venit

in plena curia et duxit dictum Ricardum in manum suam et dixit in plena curia: Quia heredem de corpore meo non habeo et predictus Ricardus est filius sororis mee, ipsum facio et constituo heredem meum post vitam meam de codem tenemento.

15. 见巴内特法庭文书中亨利三世第三十六年的一个案例：Brit. Mus., Add. MS. 40,167, f. 3v：西蒙·高蒂斯丁向领主缴纳12便士，以获得许可将4英亩土地及其附属物给予自己与第二任妻子所生的两个儿子，这些土地是他从领主那里得到的一块新垦地，米迦勒节后，他带着它们来到法庭上，此外，他将从约翰·勒保尔那儿得到的1英亩给另一个儿子，将从威廉·托比那里得到的1英亩给另一个儿子。也见亨廷顿郡国王的利普顿的法庭案卷中爱德华治下第二年的一个案例 Brit. Mus., Add. Roll 34,770, m. 1d：死去的罗杰·戴克将他获得的一块面积为1路得的土地传给马里奥特·休·拉塞尔，他因此向领主缴纳1便士。还有其他与之类似的案例，都涉及新获(*de perquisito*)的土地。

第10章

1. 下列案例出现在爱德华一世治下第三十三年牛津郡纽因顿的法庭案卷中：PRO, Eccl. I, Bundle 26, no. 47, m. 1d：约翰·韦斯特，持有领主的2维尔格特惯例土地，踏上了黄泉路……爱丽丝，上述约翰的妻子到来，获得寡妇产作为自己的生活所用，并宣誓忠诚。她找来了担保人……以确保上述土地在家中或其他合适的人手中，并监护属于继承人的遗物。

2. Henry E. Huntington Library, San Marino, California, Court Rolls of Wotton Underwood, m. 4. 其他例子见 A. E. Levett, *Studies in Manorial History*, 191。

3. 有时任何东西都不会留给死者，因为领主拿走了他的份额，例如，在约1185年卡丁顿(Cardington)和什罗普郡的其他镇；见 B. A. Lees, *Records of the Templars* (British Academy: Records of the Social and Economic History of England and Wales), 41：关于死者的法律是，全部财产被分为三份，在完成应缴之后。第二份给妻子，第三份留给儿子们。也见 J. Brownbill, ed., *The Ledger-Book of Vale Royal Abbey* (The Lancs. and Cheshire Record Soc.),

118 和 R. Holmes, ed., *Chartulary of St. John of Pontefract* (Yorks. Arch. Soc., Record Ser.), II, 674。

4. 因此, 在爱德华一世第二十二年亨廷顿威斯托的一件法庭案卷中, Brit. Mus., Add. Roll 39,597, m. 3: 管家们被命令将快病死佃农的遗产都抓到领主手中, 如果他们在后者订立遗嘱时没有被叫到场。

5. Wilkins, *Concilia*, II, 156.

6. 例如, 见爱德华一世治下第九年, 赫德福德郡圣斯蒂芬的帕克的法庭文书中的一个案例: Brit. Mus. Add. MS. 40,625, f. 22v: 陪审团称, 亚当·安菲利斯滞留伦敦, 他们相信, 他在那里成为制蜡行业的学徒。

7. F. W. Maitland, ed., *Bracton's Note Book*, no. 794.

8. 见 1277 年伊利惯例租役簿中关于诺福克的菲尔特威尔的一个案例(Feltwell, Norfolk), Brit. Mus., Cotton MS. Claudius, C. XI, f. 257v: 众应周知, 每一个在村中拥有牲畜的单身工应为每一头母牛缴纳 1 便士, 为每一头公牛缴纳 1 便士, 这样, 上述和全部其他牲畜就可以都被放在领主的圈中。

9. 见萨福克郡布兰登的一个案例, *ibid.*, f. 312v: 众应周知, 每一个房客或单身男工或单身女工不论如何拥有住房或边地, 都要找一个人来完成三次秋季布恩, 由领主提供食物。

众应周知, 每一个在村里没有住房的单身工, 或做仆人, 或没有找到一个人来完成仅仅一次秋季布恩, 或缴纳 1 便士。

10. Ibid., f. 88v: Summa precariarum in autumpno duodecies viginti et octo cum prepositis preter coterellos vndersetles et anilepimans que (sic) innumerabiles sunt quia quandoque accrescunt quandoque decrescunt. 对于茅舍农(coterells)和房客们(undersettles)将在后面论及。

11 另一个是古德语 *hagestolz* (古英语 *hagustald*), 指的是一个单身汉, 也指一个仅仅持有一小块用篱笆围圈起来的土地的人。见 J. Hoops, *Reallexikon der Germanischen Altertumskunde, s. v. hagestolz*。

12. PRO, SC 2, Port. 209, no. 55, m. 8: De Reginaldo Damemalde vt supra pro fine vnius virgate terre quondam Matilde matris sue de tenemento Iohannis de Sancta Elena; et idem Reginaldus concedit Waltero fratri suo vnam domum et quolibet anno ad festum Sancti Michaelis vnum quarterium frumenti

dum ipse sine vxore et in dominio isto extiterit et hoc concessit coram plena curia. 页边注：6 英镑。罚金数额看起来很大。圣艾伦纳的约翰看起来在塞文汉普顿持有一个次级庄园（sub-manor）。

13. F. M. Page, "The Customary Poor Law of Three Cambridgeshire Manors," *Cambridge Historical Journal*, III (1930), 128.

14. 我在其他剑桥郡庄园的法庭案卷中找到的案例，很可能涉及一种类似这些其他案例的习惯，但仅仅是可能，例如1312年来自剑桥郡格雷夫利的一个案例：PRO, SC 2, Port. 179, no. 16, m. 6d：上述约翰的哥哥们，约翰·休洛克、托马斯·休洛克和罗伯特·休洛克，以及他们的姐姐爱丽丝，向领主缴纳12便士，以在他们的母亲去世之后按照习惯持有母亲授予他们的那部分村中的土地。因此，上述陪审员和整个村庄得到命令，他们应该按照上述习惯持有他们的母亲拥有的上述土地上属于他们的那部分。此后，法庭裁定，他们将获得住处，并从所产谷物中获得6蒲式耳。我对这段话的解释如下：最后持有这块土地的妇女的一个儿子继承了它。他的三个哥哥和一个姐姐现在根据惯例要求得到这块地产的一部分。这个部分不可能很大，应该是按照在奥金顿、科特纳姆和德雷顿授予无地的兄弟的那种顺序，因为兄弟姐妹们最终得到的仅仅是住处和6蒲式耳谷物。我猜，他们会丧失这些，如果他们结婚或离开庄园。这里还有爱德华一世治下第二十九年剑桥郡欧弗庄园的一个案例：PRO, SC 2, Port. 179, no. 11, m. 7：罗杰·尤缴纳6便士，以请求法庭裁定，他是否可以按照习惯生活在兄长罗伯特·尤的宅地上。因此，陪审团得到命令，他们到上述地方去看，并按照他所见以既定法律做出行为。罗杰将要依附于他的兄长罗伯特的份地上，后者据推测是继承人。我怀疑，他会丧失这份权利，如果他结婚的话。这里还有爱德华二世治下第六年萨福克郡奇尔顿的一份案例。PRO, SC 2, Port. 203, no. 23, m. 4 记录了，吉尔伯特·舍尔德雷克（Gilbert Sheldrake）的儿子约翰，给予他的兄弟吉尔伯特和威廉，他的姐妹克里斯蒂娜和爱薇丝，每人1英亩土地。地产传给一个继承人是奇尔顿的规则。

15. R. W. Darré, *Das Bauerntum*, 113.

16. Brit. Mus. Add. Roll 39597, m. 2d: Henricus filius Iohannis recognouit se teneri Willelmo Aleyn ex promissione cum filia sua mar' in vna roba precii

dimidie marce et vna patella continente duas lagenas precii .xvj. d. et vno vrtiol' continente dimidiam lagenam precii .xvj. d. et .ij. tapetis precii duorum solidorum et in quinque solidis argenti ad vnam carectam ferro emendandam et in .vj. s. de argento dato eisdem ecclesie, summa .xxij. s. iiij. d. Ex quibus dictus Willelmus relaxauit .ix. s. Et pro iniusta detencione dictus Henricus in misericordia .xij. d. 它也载于 W. O. Ault, *Court Rolls of the Abbey of Ramsey and of the Honor of CIare*, 208。

17. PRO, DL 30, Bundle 32, no. 288, m. 2d: Ricardus filius Matillde summonitus fuit ad respondendum Iobanni Wade in placito detencionis catallorum. Et vnde idem Iohannes queritur quod dictus Ricardus ei iniuste detinet vnam vaccam precii .x. s. et vnam robam precii .j. marce que quidem bona dare sibi concessit cum filia sua eo tempore quando ipse Iohannes eam duxit in vxorem ad dampnum suum .xx. s. etc.... Ricardus filius Matillde summonitus fuit ad respondendum Iohanni Wade in placito conuencionis. Et vnde idem Iohannes queritur quod dictus Ricardus iniuste venit contra conuencionem et ideo iniuste eo quod conuenit inter eos die Veneris proxima post festum Inuencionis Sancte Crucis anno [ ] in villa de Duff' quod predictus Ricardus eidem Iohanni edificaret infra annum a die conuencionis predicte quamdam domum super placeam predicti Iohannis et Auide vxoris eius in villa de Holebrok precii .xl. s. quam quidem domum dictus Ricardus nondum adhuc edificauit vnde dictus Iohannes deterioratus est et dampnum habet ad valenciam .lx. s. et inde producit sectam. ...Per licenciam curie predicti Iohannes et Ricardus concordati sunt ita quod pro omnibus querelis accionibus et rebus preteritis dictus Ricardus filius Matillde concessit se dare incontinentim eidem Iohanni vnam vaccam cum vno vitulo precii .xiij. s. Item vnam supertunicam precii .v. s. vel .v. s. Item .iij. bidentes precii .iiij. s. vel. .iiij. s.

18. 经常有迹象表明，庄园的领主和习惯都不允许将土地授予一个已婚女孩。因此，在爱德华一世治下第二十二年亨廷顿郡赫明福德的一份法庭案卷中：Brit. Mus., Add. Roll 39597, m. 7d：关于农奴西蒙·科克为何不顾领主的利益将一份礼物赠予自己的妹妹以及将要娶她的约翰·勒沙彻，罚金12便士；m. 8：关于整个村庄和陪审团……为何不顾领主的利益、违反村庄的习惯允许西蒙·科克将一份礼物赠予其进入自由婚姻的妹妹。

19. PRO, SC 2, Port. 171, no. 63, m. 6: Iohannes Russel de la Penne et Hanys' [perhaps Hanysia] vxor eius filia Roberti Osbern veniunt et dicunt quod dicta Hanis' est filia et heres propinquior predicti Roberti custumarii domini qui obiit seisitus in vno mesuagio et .xx. acris terre custumarie. Dant domino prout inquiratur. ... Super quo tota curia carcata et iurata vtrum dicta Hanis' sit filia et heres dicti Roberti secundum consuetudinem manerii propinquior vel si nunquam fuit extra homagium domini alleniata aut cum bonis et catallis dicti patris sui maritata, quia plures habet sorores; que dicit vnanimiter quod dicta Hanys' est heres propinquior et quod nunquam fuit aleniata nec de bonis ipsius Roberti maritata per quod non debeat admitti ad dictam hereditatem obtinendam. Et concessa est eis seisina saluo iuris cuiuslibet. 也见 A. E. Levett, *Studies in Manorial History*, 241。

20. F. W. Maitland, ed., *Bracton's Note Book*, no. 988.

21. PRO, SC 2, Port. 179, no. 10, m. 14d: Rogerus Syward et Alanus Syward sunt plegii Margerie Syward de .ij. solidis soluendis domino Celerario vt habeat consideracionem Curie de porcione quam ei pertinet dum vixerit sine marito de vna virgata terre seruilis quondam patris sui modo mortui. Et villa venit et dicit quod dicta Margeria et Auicia soror eius secundum consuetudinem manerii habebunt hospicium et vnam ringam bladi videlicet medietatem de frumento et aliam medietatem de pisis vnde Rogerus Syward frater earum satisfaciet eis de medietate et Alanus alius frater earum de alia medietate ratione quod terra participata est modo inter dictos fratres.

第11章

1. Brit. Mus., Add. Roll 39597, m. 16: Elyas de Britenon reddidit sursum in plena curia vnum mesuagium et dimidiam virgatam terre censuarie in Crangfeld cum bosco adiacente et cum omnibus aliis pertinenciis suis et tres acras

terre de forlond in eadem ad opus Iohannis filii sui, qui quidem Iohannes venit per Willelmum le Moyne de Bernewell atornatum suum et fecit finem cum domino Abbate per tres marcas argenti pro eadem terra habenda. ... Et prefatus Elyas vsque ad festum Sancti Michaelis proximum futurum colere faciet et seminare competentur totam dictam terram sumptibus suis propriis de qua terra recipiet plenarie sibi et Christiane vxori sue in proximo autumpno medietatem tocius vesture. Et predictus Iohannes de residuo inueniet eidem Elye et Christiane vxori sue honorabilem sustentacionem suam in cibis et potibus quamdiu vixerint et remanebunt cum predicto Iohanne in hospicio in capitali mesuagio. Et si contingat quod absit quod contenciones et discordie futuris temporibus oriantur inter partes quod insimul in vna domo pacifice stare non possunt, prefatus Iohannes inueniet eisdem Elye et Christiane vel cuicuique eorum diucius alterum eorum superuixerit vnam domum in curia sua cum vno curtilagio vbi possunt honorabiliter habitare et dabit singulis annis eisdem Elye et Christiane vel eorum alteri qui diucius vixerit sex quarteria duri bladi ad festum Sancti Michaelis, videlicet .iij. quarteria frumenti .j. quarterium et dimidium ordei .j. quarterium et dimidium fabarum et pisorum et .j. quarterium auene. Et insuper dicti Elyas et Christiana per conuencionem inter partes confectam integro habebunt penes se omnia bona et catalla dicte domus mobilia et inmobilia que sua fuerant illo die quando dictus Elyas soluit sursum in manibus domini terram suam predictam.

2. 在已出版的法庭案卷中，这些交易常见于 *Halesowen Court Rolls*；见 I, 159, 165; II, 264, 293, 399, 481, 513, 557; III, 55 和 *Wakefield Court Rolls*: I, 86, 87, 286。

3. PRO, SC 2, Port. 171, no. 63, m. 17: Quia preceptum fuit ad vltimam curiam seisire in manum domini dimidiam virgatam terre custumarie quam Petronilla de Teye dimisit Iohanni filio suo sine licencia domini prout conpertum fuit ad vltimam curiam et ad istam curiam concordatum est inter predictos Petronillam et Iohannem quod predicta Petronilla sursum reddat in manus domini totam predictam dimidiam virgatam terre ad opus predicti Iohannis cui tradita

est seisina habenda et tenenda dicto Iohanni et suis de domino in vilinagio ad voluntatem eiusdem per seruicia et consuetudines debitas et consuetas, videlicet in forma subscripta, videlicet quod dictus Iohannes inueniet dicte Petronille ad totam vitam ipsius Petronille rationabilem victum vt in cibo et potu prout tali decet mulieri et preter hoc dicta Petronilla habebit vnam cameram cum garderoba ad orientale caput dicti mesuagii ad infra hospitandum ad totam vitam ipsius Petronille et vnam vaccam, quatuor oves, et vnum porcum euntes et sustentatos super dictum dimidiam virgatam terre tam in yeme quam estate ad totam vitam ipsius Petronille pro vestu et calciatura sua.

4. 正如爱德华一世治下第三十四年，赫特福德郡科迪克特（Codicote, Herts.）的法庭文书，Brit. Mus., Stowe MS. 849, f. 28r: 这种形式是，上述杰弗里在户主的房屋内有一个房间，这个杰弗里可以终身住在那里。

5. Brit. Mus., Add. MS. 40,167, f. 50v: Iohannes in the Hale reddidit sursum in manus domini vnum mesuagium et totam terram quam tenuit in le Estbarnet cum omnibus suis pertinenciis. Et Iohannes ate Barre venit et fecit finem cum domino tenendo dictum mesuagium et terram sibi et suis faciendo inde seruicia debita et consueta sub hac forma quod idem Iohannes ate Barre cognouit quod inuenet predicto Iohanni in the Hale annuatim quamdiu idem Iohannes in the Hale vixerit vnum nouum garmamentum cum capucio, precii .iij. s. .iij. d., duo paria lineorum, tria paria sotularium noua, vnum par caligarum nouum, precii .xij. d. et victum in esculentis et potulentis honeste prout decet. Et predictus Iohannes in le Hale laborabit et deseruiet eidem Iohanni ate Barre in honestis seruiciis pro posse suo. Et predictus Iohannes ate Barre satisfecit domino pro herietto dicti Iohannis in the Hale per vnum iumentum vnde balliuus oneratur. Et dat de fine pro ingressu habendo .ij. s.

6. PRO, SC 2, Port. 179, no. 17, m. 1d: Henricus Edmond et Simon filius suus queruntur de Ada Hog de hoc quod ad festum Purificationis duobus annis elapsis conueneant inter se et predictum Adam scilicet quod predictus Simon commoraret cum predicto Ada in domo sua a predicto festo Purificationis vsque ad terminum vite dicti Ade et post mortem predicte Ade predictus Si-

mon haberet vnam virgatam terre eiusdem Ade, et ad istam conuentionem et huius rei maiorem securitatem plenius et firmius obseruandam predictus Adam reddidit sursum predictam terram suam in manus firmarii ville ad opus predicti Simonis tenendam post mortem suam sicut predictum est et predictus Henricus pater ipsius Simonis dedit dimidiam marcam pro gersuma pro dicta terra tenenda in forma predicta etc. Postea vero dictus Adam fugauit predictum Simonem extra domum suam ad festum Sancti Petri ad Inuincula proximum sequens et conuentionem ei fregit ad dampnum etc. Et predictus Adam predictam conuentionem bene cognouit in forma predicta set dicit quod predictus Simon commoraret secum in hospitio suo et ei deseruiret bene et honeste vt filius suus et quando cum ipso steterat a festo Purificationis vsque ad Gulam Augusti venit prefatus Henricus et attraxit predictum Simonem filium suum de eo per consilium et incitamentum suum proprium. Et quod ita sit petit quod inquiratur et alii similiter. Capta inde inquisitio per .xij. iuratos predictos qui dicunt quod predictus Adam non fregit conuentionem predictis Henrico et Simoni sicut questi sunt desicut idem Adam paratus fuit ad sustentandum eundem Simonem in domo sua et ad conuentionem tenendam si predictus Simon non recessisset contra voluntatem dicti Ade et adhuc paratus fuit postquam recesserat si redidisse voluerat. Quare consideratum est quod predictus Simon nichil habeat de dicta terra post mortem dicti Ade et quod ipse et pater suus pro falso clamore sunt in misericordia .vj. d. Et dictus Adam inde sine die sine calumpnia dictorum Henrici et Simonis.

7. J. Brownbill, ed., *Ledger Book of Vale Royal Abbey* (The Lancs. and Cheshire Record Soc.), 117.
8. PRO, Eccl. 1, Bundle 40, no. 1, m. 2: Mabilia de Middeton' que tenuit de domino quoddam tenementum seruile mortua est. Et dominus habet de herietto .j. iumentum. Et venit Ricardus filius et heres dicte Mabilie et dat pro ingressu et habet seisinam et fecit feoditatem et inuenit plegios de tenemento et seruiciis sustentandis. Et idem dat domino .xij. d. pro licencia habenda maritandi se.

9. Brit. Mus., Add. Roll 19069, m. 1: Caterina Leman reddit sursum in manus domini vnam acram et tres partes vnius rode terre cum vno mesuagio desuper et vnam rodam herbagii ad opus Rogeri Grilling et Agnetis filie ipsius Katerine et heredum de corpore ipsius Agnetis exeuntium. Et si dicta Agnes obierit sine herede de corpore suo exeunte dicta terra heredibus ipsius Caterine reuertatur. Et pro ista reddicione dicti Rogerus et Agnes concedunt quod dicta Caterina teneat totam dictam terram dum vixerit. Et post eius decessum remaneat dictis Rogero et Agnete in forma predicta. Et in tali forma seisina eis liberatur tenenda in villenagio ad voluntate domini prioris etc., saluo etc. et dant etc. Et dicti Rogerus et Agnes dant pro seisina habenda et pro licencia se simul maritandi, plegius Bedell. 页边注：罚金 5 先令（fin'.v. s.）。

10. Brit. Mus., Add. Roll 9145, m. 3: Adam Waryn reddit sursum in manus domini vnum mesuagium et septem acras terre cum omnibus terris et tenementis que et quas habet in Scnytirtone ad opus Roberti Waryn et heredum suis (sic) habenda et tenenda predicto Roberto et heredibus suis in villenagio per seruicia inde debita et consueta saluo iure etc. et dat pro ingressu . . . . Et predictus Robertus concedit et obligat se et heredes suos et omnia tenementa predicta ad inueniendum et ad custodiendum dictum Adam ad terminum vite sue in victu et vestitu et omnia alia necessaria.

Et idem Robertus fecit finem pro licencia se maritandi. 页边注：罚金 13 先令 4 便士（fin'.xiij. s. .iiij. d.）。

11. 这些法庭文书，我已经在大英博物馆里翻阅了一些。它们是 Stowe MS. 849（科迪科特），Add. MS. 6057（里克曼斯沃思的克洛克斯利），Add. MS. 40,167（巴尼特），Add. MS. 40,625（圣斯蒂芬的帕克），Add. MS. 40,626（沃特福德的卡西欧）。这些地方都位于赫特福德郡。这些文书包含了来自上述庄园法庭、出自 14 世纪晚期和 15 世纪人之手的法庭案卷的重要案例节选。它们包括现在已知的来自英格兰庄园法庭案卷的最早案例，开始于 1236 年，并持续了 200 年。据我所知，对于英格兰社会史而言，涉及如此范围或兴趣的资料是绝无仅有的，而且它们中的某些应该包含在中世纪英格兰手稿的出版项目中。我曾使用它们，并继续这样做。对于它们的描述见 A. E. Levett, *Studies in Manorial History*, 79-96。也见 *Hist. MSS. Com. Report on Various Collections*, VII, 304, 306。幸运的是，有些圣奥尔本斯庄园的土地估价册也保存在大英博物馆中。它们是 Lansdowne MS. 404, ff. 46-48（爱德华二世治下第十四年卡尔德科特），Add. MS. 36,237, ff. 1-12（爱德华三世治下第五年蒂滕汉格），Add. MS. 40,734（科迪科特，1331年）。

12. Brit. Mus., Add. MS. 40,626, f. 2v: Walterus le King dat domino in gersummam .x. s. pro terra patris sui et pro vxore ducenda.

13. Brit. Mus., Add. MS. 40,625, f. 62r: Gilbertus Hendigome reddidit sursum in manus domini vnam ferthlingatam terre quam Iohannes Hugh aliquando tenuit quam quidem terram dictus Gilbertus habuit de dimissione domini. Et Willelmus filius dicti Gilberti fecit finem cum domino tenendi dictam terram sibi et suis faciendo inde seruicia debita et consueta, nec faciet vastum. Et dat de fine pro ingressu habendo et pro licencia se maritandi. ij. s. 对于圣奥尔本斯庄园上的婚姻习惯的全部主题见 A. E. Levett, *Studies in Manorial History*, 235-247。

14. PRO, Eccl. I, Bundle 26, no. 48, m. 1: Agnes ate Touneshende relicta Stephani ate Tounesheine venit in plena curia et dicebat se esse inpotentem ad tenendum vnum mesuagium et vnam virgatam terre seruilis condicionis quam prius tenuit secundum vsum manerii de Newenton' post mortem dicti Stephani. Et de kinda iste terre inquisicio facta est per totam curiam que dicit quod Agnes que fuit filia Nicholai ate Touneshende kendam habet propinquiorem eiusdem terre secundum consuetudinem manerii faciendo domino quod de iure facere debet pro ingressu, et discessu eiusdem Agnetis dominus habebit pro herietto .v. s. quia nullum habet viuum auerium. Et postea venit dicta Agnes et finem fecit pro ingressu ad dimidiam marcam. Et postea venit Henricus filius Iohannis Aleyn et finem fecit vt ducere possit in vxorem dictam Agnetem ad dimidiam marcam, plegii vtriusque omnes tenentes domini. Et quia supradicta Agnes dictam terram reddidit in manus domini vt Agnes filia filii sui intrare posset, ideo dictus Henricus et Agnes concesserunt ad terminum vite eiusdem Agnetis ad inueniendum eidem Agneti victum

et vestitum secundum quod status exigit, et si non placuerit eidem Agneti dabunt annuatim dicte Agneti tria quarteria bladi videlicet duo frumenti et siliginis et vnum ordei videlicet ad quatuor terminos [terms stated]. Et si defecerint in solucione ad dictos terminos in parte vel in toto, concedunt quod teneantur domino in dimidia marca et dicte Agneti similiter in dimidia marca pro suis dampnis.

15. F. W. Maitland, ed., *Bracton's Note Book*, no. 1922. 这里出现的是 *Anselinus*；可能原词是 *Anselmus*。
16. Robert Mannyng of Brunne, *Handlyng Synne*, ed., F. J. Furnivall (EETS), ll. 1121-1132.
17. W. A. Wright, ed., *The Metrical Chronicle of Robert of Gloucester* (Rolls Series), I, ll. 819-822.
18. 见 C. M. Arensberg, *The Irish Countryman*。
19. R. H. Tawney, *The Agrarian Problem in the Sixteenth Century*, 101, 104n.

第 12 章

1. B. Pass. IX, ll. 113-116.
2. 对婚配的这种论述的基础是 C. B. Robinson, ed., *Rural Economy in Yorkshire in 1641, Being the Farming and Account Books of Henry Best* (Surtees Soc.), 116: "关于我们的乡村婚礼的风尚。" 13 世纪的习惯可能与这些大不相同，但我们没有关于它们的论述。
3. PRO, Eccl. I, Bundle 26, no. 20, m. 2d: Ita conuentum est inter Willelmum le Toter' de Warebry (?) ex parte vna et Iacobum West ex altera, videlicet quod dictus Iacobus ducet Aliciam filiam dicti Willelmi in vxorem et dictus Willelmus acquietabit dictum Iacobum de .xj. marcis versus dominum de fine et dabit ei Iacobo alia catalla sicut inter eos conuentum est, propterea dictus Iacobus concessit eidem Willelmo totum proficuum terre sue a festo Sancti Michaelis hoc anno vsque ad finem quatuor annorum proximorum sequentium et nulla bona extra feodum domini amouebit et domos sustinebit et emendabit et dictum Iacobum per dictum tempus detentionis sustinebit, et in quinto anno

inueniet eidem Iacobo ad Gulam Autumpni inbladatam terram suam cum feno et omnibus aliis fructibus illius anni.
4. PRO, SC 2, Port. 179, no. 15, m. 6: Conuictum est per iuratos quod Stephanus prepositus fregit Andree preposito conuentionem eo quod conuenit inter eos quod prefatus Stephanus deberet sustinuisse Agnetem filiam dicti Andree et hospitasse in domo sua vel quod competens hospitium infra curiam suam ei inueniet cum omnibus suis necessariis ratione quod Stephanus filius prefati Stephani predictam Agnetem duxit in vxorem. Qui quidem Stephanus postea predictam Agnetem contra conuentionem predictam extra domum suam expulsit. Ideo predictus Stephanus in misericordia .xl. d., plegii Iohannes Mareschal, Alexander prepositus, Robertus le Hyrde, Iohannes le Porter. Et pro eisdem plegiis prefatus Stephanus prepositus sustinebit predictam Agnetem cum viro suo in domo sua vel competens hospitium ei inueniet cum omnibus suis necessariis infra curiam suam, etc.
5. Brit. Mus., Add. MS. 40,626, f. 24v : Walterus filius Ailrich venit et gersummauit terram que fuit Ailrich patris sui. Et super hoc venit Adam Irman et cepit dictam terram et dictum Walterum heredem vsque ad etatem ita quod interim edificiet et terram et tenementum sustinebit et dabit EIenam filiam dicti Ade dicto Waltero, et faciet seruicia debita et consueta, et dat pro gersumma et termino et maritagio dimidiam marcam.
6. *Handlyng Synne* (EETS), ll. 1663-1666.
7. Ibid., ll. 11203-11206. *For-by* 的意思是"因此", *by-hete* 指的是"允诺"。
8. Ibid., ll. 11209-11214.
9. Brit. Mus., Add. MS. 6057, f. 5v(亨利三世治下第四十九年赫特福德郡克洛克斯利的法庭文书):上述罗伯特拥有自己的儿子与上述沃尔特的女儿结婚的许可,如果二人都同意的话。
10. Lyndwood, *Provinciale*, 271.
11. Quoted in G. E. Howard, *A History of Matrimonial Institutions*, I, 349.
12. Brit. Mus., Add. MS. 40,625, f.17: Simon filius Willelmi atte Leye dat domino .xij. d. ad habendam inquisicionem si ipse sit propinquior heres quam

Willelmus [frater] suus. Et idem Willelmus dat .xviij. d. pro eadem. Et inquisicio dicit quod idem Willelmus propinquior heres est quam dictus Simon frater eius quia idem Willelmus primogenitus fuit et pater suus matrem suam affideuerat antequam idem Willelmus genitus fuit, ideo etc. Et idem W. venit et gersumauit terram predicti Willelmi patris sui faciendo inde etc. 也见 f. 56v.

13. *Wakefield Court Rolls*, I, 212.
14. Ibid., III, 91. 也见 III, 98。另一方面，在爱德华二世治下第五年，贝德福德郡的克兰菲尔德（Cranfield, Beds.），貌似有强烈歧视足以防止婚外生子的妇女继承土地：PRO, SC 2, Port. 179, no. 16, m. 10d: 死去的威廉·泰拉特持有领主的1块宅地和10英亩土地，上述威廉的儿子杜尔西亚·泰拉特来到法庭上，并宣称按照习惯享有对上述土地的权利。因此，法庭要求对此考虑。所有的农奴到来，并称上述杜尔西亚对上述土地和宅地有继承权。后来，法庭发现，上述杜尔西亚是婚外出生，按照庄园法庭案卷此前的记录和关于上述习惯的各种调查的判决，非婚生的农奴的儿子对父母的土地没有继承权。由于上述农奴违背了他们以前为公正而作的陈述，它们在上述案卷中如此清晰，因此被处罚金20先令。上述杜尔西亚从上述土地上得不到任何东西。我从未在其他庄园的案卷中看到承认这样一种习惯的案例，但关于私生子无继承权的习惯，见 *Chertsey Abstract*, xiv。
15. J. S. Udal, *Dorsetshire Folk-lore*, 198. 也见 T. Hardy, *Two on a Tower*。甚至在这个世纪，不列颠的私生子出生率因区域不同而有所差别，它很可能只能根据这种习惯在特定地区的残存而得到解释。私生子出生率在英格兰北部、苏格兰的南部和东北部很高。见 A. Leffingwell, *Illegitimacy and the Influence of Seasons upon Conduct*。
16. 被引用于 G. E. Howard, *A History of Matrimonial Institutions*, I, 350。
17. *Handlyng Synne* (EETS), ll. 8393-8398. 对于订婚的更多信息，见 F. J. Furnivall, ed., *Child-Marriages, Divorces, and Ratifications, etc.* (EETS), xliii ff. 和 J. Raine, ed., *Depositions and Other Ecclesiastical Proceedings from the Courts of Durham* (Surtees Soc.), 53, 79。
18. Sir H. Spelman, *Concilia*, II, 162. 同样一段文字载于 Wilkins, *Concilia*, I, 581, 是达勒姆主教理查德·玛什（Richard Marsh, Bishop of Durham）的一

份教令(约 1220 年)。
19. Pollock and Maitland, *History of English Law* (2nd ed.), II, 364-385.
20. Brit. Mus., Cotton MS. Claudius C. XI, f. 117v : Item si filia istius fornicata fuerit cum aliquo et inde sit accitata tunc dabit triginta et duos denarios pro leyrwite. Et si idem cum quo ipsa prius fornicata fuerit eam postea desponsauerit tunc quietus erit de gersuma. 另一类型的案例出现在爱德华一世治下第三十三年,赫特福德郡圣斯蒂芬的帕克的法庭文书中: Brit. Mus., Add. MS. 40,625, f. 37v : 他们(陪审员们)称,托马斯·阿特·胡的女儿爱丽丝与人通奸,因此,被处以罚金,担保人福尔克·亨德高姆。这个福尔克·亨德高姆来到法庭上,为上述爱丽丝的嫁人许可和上述通奸行为缴纳罚金 2 先令,担保人吉尔伯特·亨德高姆。
21. 这些发现的手册如下: J. W. Legg, ed., *The Sarum Missal*, 413-418(这里编辑的手稿属于 13 世纪下半叶,与另一份早期手稿对照); W. G. Henderson, ed., *Manuale et Processionale ad Usum Insignis Ecclesiae Eboracensis* (Surtees Soc.), 24-40; Appendix, 17-26, 115-120, 157-169(来自 12 世纪和此后世纪以及早期已版手册中的手稿); W. Maskell, ed., *Monumenta Ritualia Ecclesiae Anglicanae* (2nd ed.), I, 50-77(按照早期已版手册圣礼的运用)。
22. W. Maskell, *op. cit.*, I, 54; 如果没有人愿意提出异议:他请教士给女士礼物,即新郎担保,它们是担保戒指或钱或新郎给的其他物件:这被称为给予担保,尤其是当给予戒指之时,然后,他们被大家称为夫妻。
23. Wilkins, *Concilia*, I, 582.
24. W. G. Henderson, ed., *Manuale et Processionale*, 27. 见 Appendix, 166: 根据(15 世纪初)Brit. Mus., Harleian MS. 2860, 当新郎将戒指戴到新娘的手上时,他说的话是:我以这枚戒指,我身体之荣耀,这笔钱和上述其他物品或我赠予你的特别礼物,与你订婚。
25. W. Maskell, *op. cit.*, I, 58n. The MS. is Brit. Mus., Bibl. reg. 2A, xxi.
26. Pollock and Maitland, *History of English Law*, II, 397.
27. Brit. Mus., Add. Roll 39597, m. 3: Robertus Iuwel conuictus est per iuratos quod ex consuetudine debuit dedisse vnum gentaculum omnibus famulis

Curie de Wystowe die quo nupsit vxorem suam et hoc non fecit. Ideo pro iniusta detencione in misericordia .xij. d. plegius Robertus atte Broke. Et per eundem plegium satisfaciet eisdem famulis de predicto gentaculo. 也见 *Ramsey Cartulary* I, 338, 347, Brit. Mus., Add. Roll 34915, m. 1d (威斯托), and PRO, DL 30, Bundle 154, no. 35, m. 1 (亨利三世治下第五十二年伯克郡国王的莱特孔比)。

28. W. Brown, ed., *Yorkshire Inquisitions*, I (Yorks. Arch. Soc., Record Ser.), 265.
29. W. Mannhardt. *Wald- und Feldkulte*, I, 471-474.
30. Brit. Mus., Add. MS. 40,626, f. 27v : Reginaldus atte Lee per licenciam domini concessit quod Lucia vxor eius teneat quamdiu vixerit totam terram cum vna domo et cum omnibus aliis pertinentiis preter redditum de Watford quam Sara atte Lee mater predicti Reginaldi tenuit nomine dotis post decessum viri sui faciendo inde seruicia debita et consueta et faciet introitum suum et exitum ita quod non ingrediatur clausum vel portas dicti Reginaldi. Et dictus Reginaldus concessit quod dicta Lucia teneat supradictam terram cum domo et aliis pertinentiis vt supradictum est quamuis diuorcium inter eos celebratur. Et dicta Lucia concessit quod si per ipsam steterit quo minus diuorcium inter eos celebratur in forma iuris et hoc ad sectam et custus dicti Reginaldi ex tunc dicta conuentio pro nulla habeatur et terram suam rehabeat sine impedimento.

第13章

1. F. W. Maitland, ed., *Bracton's Note Book*, no. 669.
2. Brit. Mus., Add. MS. 40,625, f. 47v: Willelmus de Smaleford reddidit sursum in manus domini totum tenementum suum quod tenuit. Et dictus Willelmus et Benedicta le Knyghtes dant domino .ij. s. pro dicto tenemento cum pertinentiis tenendo ipsis et heredibus dicti Willelmi post decessum dictorum Willelmi et Benedicte faciendo inde seruicia debita et consueta nec facient vastum. Et habent licenciam simul maritandi, nec elongabunt catalla sua extra feodum

domini.

3. Brit. Mus., Add. MS. 40,167, f. 29: Alicia de Rallingburi venit et petit terram quam habuit per licenciam domini de dono Gilberti Edward quondam mariti sui ad terminum vite, quam quidem terram Ricardus Snouh tenet iniustevt dicit. Et dictus Ricardus dicit quod propinquior heres est et inde de licencia domini seisitus fuit et quod dicta Alicia nunquam inde seisita fuit ad terminum vite nec aliter et hoc petit quod inquiratur. Et dicta Alicia similiter. Dicit inquisitio quod dicta Alicia habuit dictam terram de dono dicti Gilberti ad ostium ecclesie et quia illa donatio sine licencia domini pro nulla habebatur venit dicta Alicia tunc temporis et fecit finem cum domino pro dicta terra tenenda ad terminum vite eiusdem Alicie et quod post decessum eiusdem Alicie ad veros heredes reuertetur faciendo inde etc. Ideo consideratum est quod dicta Alicia teneat etc. in forma predicta. 440

4. Brit. Mus., Add. Roll 31,310, m. 2d: Philipus Capel qui tenuit de domino sex acras terre in bondagio reddendo inde per annum .xij. d. et consuetudines obiit de cuius morte dominus habebit heriettum: vnum porcellum precii .viij. d. Et venit Alicia que fuit vxor eiusdem Philipi et petit dicta tenementa per consuetudinem etc., que talis est quod vidue tenere debent vt bancum suum tenementa de bondagio quousque filius iunior fuerit quindecim annorum et tunc vidue reddere debent filio iuniori vt heredi medietatem hereditatis etc. Et tenebunt aliam medietatem vt bancum suum si se tenuerint viduam etc. Et in forma predicta habet predicta Alicia ingressum et vadiauit pro releuio .xij. d., plegius, Ricardus le Berd. Et fecit iuramentum consuetum et custodeat predictum tenementum secundum consuetudinem.

5. Brit. Mus., Add. Roll 28,029, m. 1: Lucia relicta Walteri le Hurt venit et dat domino .ij. s. pro inquisicione habenda vtrum ipsa maius ius habeat in quandam terram quam Ricardus le Hurt tenet quam ipse Ricardus qui tenens est. Et inquisicio facta per ..., qui dicunt super sacramentum suum quod predicta Lucia in viduitate sua permisit se in fornicationem decidere et insuper desponsare sine licencia domini. Et ideo Willelmus de Faukham (对这个词的解

读不确定）tunc tempore senescallus adiudicauit predictam terram esse forisfactam et comisit terram Ricardo fratri dicti Walteri quondam viri dicte Lucie et sic remanet.

6. 例如，萨福克的布拉姆福德（Brit. Mus., Cotton MS. Claudius, C. XI, 315r）。在萨福克的拉特尔斯登，寡妇持有她丈夫的所有土地作为寡妇产，除非她再婚或通奸。然后，她保有一半做寡妇产（ibid., f. 280v）。

7. PRO, Eccl. I, Bundle 26, no. 14, m. 1: Robertus filius Roberti coopertoris apparens venit et dat domino .ij. s. pro inquisitione habenda super exigentiam vnius dimidie virgate terre cum pertinentiis in manerio de Niwenton', et in qua terra ius habere clamat post mortem Roberti patris sui defuncti tenentis in capite de domino Priori. Et conuenit facere inde seruicia et consuetudines secundum vsum dicti manerii per plegios Roberti Thornepeny et Ricardi West. Et inquisitio capta per tota curia dicit per sacramentum . . . iuratorum, qui dicunt per sacramentum quod dictus Robertus filius Roberti coopertoris nichil habet iuris in dicta dimidia virgata terre cum pertinentiis viuente Agnete vxore dicti Roberti patris dicti Roberti. Set tamen dictus Robertus recipiet annuatim dimidium quarterium bladi duri medietatem iemalis et alteram medietatem quadragesimalis de dicta terra per vitam dicte Agnetis matertere (sic) sue.

8. 在爱德华一世治下第二十二年，萨福克的斯特拉特福德圣玛丽流行的习惯是，这个寡妇，如果她是上一任持有者的第一任妻子，持有他全部的土地作为寡妇产；如果是第二任，她只能持有一半。这显示出习惯规定的精妙性——见 Brit. Mus., Add. Roll 26876, m. 8：他们也称（调查团成员），上述罗伯特的妻子伊莎贝拉持有半数宅地和土地作为寡妇产，因为她是第二任妻子，而如果是第一任，按照庄园的习惯，她的寡妇产就是全部的宅地和土地。

9. PRO, Eccl. I, Bundle 26, no. 6, m. 1（爱德华一世治下第六年）和 Eccl. I, Bundle 26, no. 10, m. 1（爱德华一世治下第八年）。

10. PRO, Eccl. I, Bundle 16, no. 43, m. 25: Thomas de Merdene qui tenuit de domino vnam virgatam terre et dimidiam et .j. quartronam terre viam vniuerse carnis est ingressus per quod dominus habet pro herietto .ij. boues. Post venit Hugo filius dicti Thome primogenitus et optulit se facere domino

ea que de iure facere debet pro dictis tenementis, et ingressus est predicta tenementa per heriettum dicti Thome patris sui et fecit feoditatem. Et Alicia que fuit vxor dicti Thome dotata est de omnibus terris et tenementis que fuerunt predicti Thome secundum consuetudinem manerii prout bene constat tote curie, et totum mesuagium apud Merdene remanet penes dictum Hugonem et idem Hugo dabit dicte Alicie duas marcas et dimidiam argenti et tres meliores fraxinos apud Merdene pro vna domo super mesuagium quod dicitur Stotkeslond construenda, et dicta Alicia remanebit in principali domo apud Merdene quousque dicta domus fuerit parata iuxta discrescione domini et balliui.

11. Brit. Mus., Add. MS. 40,625, f. 24v : Alicia atte Forde reddidit sursum in manus domini vnum tenementum cum pertinenciis in le Parkstrate, et dominus seisiuit indc Henricum le Blund ita quod si habeant prolem inter eos legitimum descendat heredibus eorum. Si vero obierint sine herede inter eos procreato et dictus Henricus superuixerit dictam Aliciam tenebit dictum tenementum tota vita sua et post eius decessum dictum tenementum reuertetur heredibus dicte Alicie, et dat pro seisina habenda et eciam pro licencia se maritandi .xij. d.

12. Brit. Mus., Add. MS. 40,626, f. 31r: Elias Huwe venit et dat domino .x. s. pro licencia se maritandi cum Sara atte Grove relicta Ade Payne et ingrediendi terram eiusdem Sare tenendam ad terminum vite sue si masculum de dicta procreauerit. Et si contingat quod dicta Sara cum predicto Elia filium non habuerit tunc post obitum eiusdem Sare ad Iohannam filiam dictorum Ade et Sare plene reuertatur faciendo inde seruicia debita et consueta.

13. Brit. Mus., Cotton MS. Claudius, C. XI, f. 315r: Et si ille heres fuerit mulier tunc bene liceat ei se maritare sine licentia domini sed quod vir suus sit ydoneus. Et si ille vir in vita mulieris moriatur tunc nichil dabitur pro herieto. ... Et vir suus prenominatus immediate post mortem mulieris omnino debet exire vel si moriatur in vita viri sui et heredem habuerit de se procreatum tunc nichil dabitur pro suo releuio sed vir suus remanebit in toto predicto tene-

mento tota vita sua et post mortem dabitur pro releuio melior bestia domus.
14. *Chertsey Abstract*, xxxviii.
15. W. O. Ault, ed., *Court Rolls of the Abbey of Ramsey and of the Honor of Clare*, 279.
16. *Halesowen Court Rolls,* I, 119. 也见第 55 页及其他各页。
17. PRO, Eccl. I, Bundle 26, no. 18, m. 1d: Tota curia requisita dicunt super sacramentum suum quod Walterus Goneyre qui duxit [*in vxorem*] quandam viduam videlicet Isabellam Bolt habebit post mortem eiusdem Isabelle nuper defuncte j. cotagium cum minimo curtilagio et .iij. acras terre de vna virgata terre quam eadem Isabella tenuit, videlicet, in quolibet campo vnam acram, meliorem preter vnam, et de dicto mesuagio et terra predicta faciet principali tenenti omnia seruicia de dicto mesuagio et terra debita et consueta et inueniet domino .j. hominem ad magnam precariam et post mortem eiusdem Walteri dabitur heriettum. 关于纽因顿案卷中的其他习惯的记录，见 Eccl. I, Bundle 26, nos. 22 and 29。
18. PRO, Eccl. I, Bundle 26, no. 6, m. 1.
19. PRO, SC 2, Port. 209, no. 59, m. 4: Inquisicione facta de hominibus de Grundewelle qui dicunt quod si quis sit viduarius, et fuerit filius natus in astro, dum est viduarius habeat totum tenementum, et si velit vxorare quod filius de astro habeat partem terre ad viuendum, et conciderant quod filius Ade Seluerlok habeat .vj. acras terre patris sui quando Iohannes qui desponsauit matrem suam velit vxorare et respondere ei secundum quantitatem terre.
20. 诺曼-法语法律术语 *astrier* 的含义略有不同。见 P. Vinogradoff, *Villeinage in England*, 56。
21. PRO, SC 2, Port. 175, no. 79, m. 6: Adam Gene intrat in terram et tenementum quod pater suus tenere consueuerat et dat de releuio .ij. s. .vj. d. et Felicia mater eiusdem fecit fidelitatem vsque etatem eiusdem Ade qui modo est etatis .ij. annorum, plegii Walterus Spilemon et Alexander de Rod', ad soluendum die dominica post festum S. Martini et ad sustinendum domos, gardinum, et alia sine detrimento. Item Thomas de Lupeg' maritus dicte Felicie

注　释　　　　　　　　*531*

pro licencia intrandi in dictum tenementum. 页边注：许可 2 先令（licencia .ij. s.）。
22. C. Sandys, *Consuetudines Kanciae* (1851), 164. 也见 F. W. Maitland, ed., *Bracton's Note Book*, no. 282: 上述约翰拥有监护权，因为他是舅舅，这是自由持有地的习惯。也见 *Victoria County History of Kent*, III, 325。
23. Tacitus, *Germania*, 20, 也见 *Gisli's Saga*。
24. Brit. Mus., Add. MS. 40,167, f. 29v: Iohannes filius et heres Iohannis le Clerck optulit se versus Iohannem Saly et Agnetem vxorem suam in placito terre et petit versus predictos Iohannem et Agnetem mesuagium et v. acras terre cum pertinentiis in la Barnet quod clamat esse ius suum et hereditatem suam quia dicit quod predictus Iohannes le Clerk pater suus cuius heres ipse est fuit seisitus de predicto mesuagio cum terra et quod idem Iohannes pater suus tradidit dictum mesuagium cum predicta terra cuidam Iohanni le Bor cum quodam Pagano filio dicti Iohannis le Clerk tenendum ad terminum vite ipsius Iohannis le Bor tandem pro nutritura dicti Pagani qui infra quem terminum diem suum clausit extremum. Post cuius decessum venit dictus Iohannes le Clerk et petiit dictum mesuagium cum terra predicta de predicto Iohanne le Bor sibi retradi pro defectu nutriture dicti Pagani. Et idem Iohannes le Bor dictum mesuagium cum terra predicta retradere negauit sed tenere voluit dictum mesuagium cum terra per formam conuentionis ad terminum vite sue quia in se non remansit defectus nutriture predicte ut dicebat. 也见 33r 和 34r 及以后各页。

第 14 章

1. 一个案例来自赫特福德郡的帕克的法庭文书，Brit. Mus., Add. MS. 40,625, f. 62v: 被称为艾伍德赫德的一维尔格特土地。艾伍德是临近的一个家族的姓氏。
2. PRO, Eccl. I, Bundle 16, no. 43, m. 17d: Thomas le Chapman de Weston venit et dat domino .vj. d. [他找来了担保人，名字列在此] pro inquisicione curie habenda quod si aliquis tenens domini terram suam dimiserit ad certos

terminos et tenens domini infra terminum obierit, quis debeat post mortem tradentis conuencionem complere. Et tota curia super hoc carcata est, et venit et dicit quod nullus tenens domini potest terram suam dimittere nisi ad vitam suam, et quod heres non tenetur ad warandum.

3. PRO, SC 2, Port. 197, no. 81, m. 2: Ad istam curiam venit Ricardus ate Mere et dat domino .ij. s. ad inquirendum si sit verus heres de terra quam Iuliana Ioye emit de Willelmo ate Mere. . . . Qui dicunt per sacramentum suum quod dicta Iuliana emit dictam terram, habuit et tenuit toto tempore vite sue, set post mortem nulli poterit vendere, legare nec assignare. Vnde concessa est seisina predicto Ricardo et heredibus suis.

4. Brit. Mus., Add. MS. 40,625, f. 22v: Margareta que fuit vxor Galfridi atte Sloo petit versus Iohannem le Bedell duas acras et tres rodas terre in quas non habet ingressum nisi per dictum Galfridum quondam virum suum cui in vita sua contradicere non potuit. Et Iohannes dicit quod habet ingressum per dominum Abbatem qui nunc est et eum inde vocat ad warantum.

5. PRO, Eccl. I, Bundle 26, no. 29, m. 1d: Thomas le Northerne per plegios Iohannis West et Hugonis Dauid in placito terre optulit se versus Walterum le Rouwe et Matildam vxorem suam attachiatos per Samuelem le Northerne et Nicholaum Trys. Et predictus Thomas queritur quod predicti Walterus et Matilda iniuste ei deforciant dimidiam virgatam terre in Brochamton' que est ius suum et quod Iohannes le Northerne pater suus eis dimiserat ad vitam ipsius Iohannis et post vitam suam predicto Thome vt filio et heredi secundum consuetudinem ville descendere debuit et ad hoc ducit sectam. Predicti Walterus et Matilda presentes defendunt ius predicti Thome etc. et dicunt se ius habere in predicta terra pro eo quod Iohannes le Northerne pater predicte Matilde predictam terram reddidit in manus domini et ipsi de manibus Prioris eandem terram ceperunt sibi et suis tenendam per seruicia et consuetudines inde debitas et similiter dicunt quod idem Thomas qui modo petit simul cum Iohanne patre suo venit in plena curia et ius quod fuit suum reddidit in manus Prioris et cepit pro hoc de predictis Waltero et Matilda vnum bouem, et sic

habent melius ius in sua tenura quam predictus Thomas in sua peticione et petunt quod inquiratur. Et predictus Thomas dicit quod predictus I. pater suus per consuetudinem ville nec reddere nec aliquo modo alienare potuit terram predictam nisi tantummodo ad vitam suam et bene dicit quod venit in plena curia simul cum patre suo et pro maledictione sua non audebat eum dedicere de tempore suo, set ius suum nunquam reddidit et quod hac racione maius ius habet in sua peticione quam predicti W. et M. in sua tenura et petit quod inquiratur. Et facta est inquisicio per sacra mentum . . . qui dicunt per sacramentum suum quod dictus Thomas nunquam ius suum de predicta terra in manus domini reddidit.

6. PRO, Eccl. I, Bundle 16, no. 43, m. 14: Inquisicio facta per totam curiam de terra quam Thomas Hemmyg（其他地方是 Hemmyng）[*tenet*] ex dimissione Aleyse relicte Ricardi le Wodeward vtrum predictus Thomas habeat melius ius tenendi dictam terram sicut eam tenet ad totam vitam ipsius Aleyse quam Ricardus le Wodeward qui rectus heres est illius terre post mortem dicte Aleyse qui clamat esse propinquior omnibus aliis tenendi illam terram pro tanto dando sicut aliquis alter velit dare. Et predicta inquisicio dicit quod dictus Ricardus habet melius ius tenendi illam terram quam aliquis alter pro tanto dando sicut aliquis extraneus dare voluerit.

7. 见 M. DeW. Hemmeon, *Burgage Tenure*, 111-126。中世纪英格兰自治市镇的土地保有权（burgage tenure）习惯应该与村庄的进行比较。前者与后者类似，但不那么保守。土地的自由出售和自由规划在城市习惯中很常见；当然它们并不属于村庄的习惯之列。

8. PRO, SC 2, Port. 179, no. 17, m. 1d: Willelmus filius Petri molendinarii dat domino .xij. d. per plegium prepositorum pro consideratione curie habenda de vno crofto quod predictus Petrus tenet. Et dicit quod maius ius habet in dicto crofto quam predictus Petrus etc. Capta inde inquisitio per predictos .xij. iuratos qui dicunt quod predictus Petrus tenet vnum croftum de hereditate sua et vnam dimidiam virgatam terre de iure et hereditate vxoris sue. Et quia consuetudo talis est quod nullus debet duas terras tenere, ideo in respectu

quousque venerit coram domino etc. Et postea compertum est quod dictus Willelmus illud gersum'. Ideo quietus. 也见 *Chertsey Abstract*, xiv。

9. 案例：PRO，地租簿和调查册，Gen. Series, Roll 730（亨利三世治下第四十四年阿贝玛尔伯爵位于坎伯兰和约克郡的土地估价册）与地租簿和调查册，Gen. Series, Port. 10, no. 33（亨利三世治下第四十年哈灵顿的理查德位于布拉托夫特、厄尔比和弗里斯科尼的土地的地租簿和惯例簿）。

10. PRO, DL 30, Bundle 104, no. 1470, m. 1: Lyna filia Hugonis le Coylynr optulit se versus Nicholaum Attefen et inquisitio facta per vicinos dicit super sacramentum suum quod idem Nicholas tradidit eidem Lyne et Willelmo fratri suo quamdam dimidiam acram terre at terminum .iij. annorum ad seminandum ad campi partem et quod quando iidem Lina et Willelmus seminauerant dictam dimidiam acram terre anno primo venit idem Nicholas et vendidit eis partem suam de dicta vestura. Et quod postea vendidit idem Nicholas totam dictam vesturam Iohanni Querbec (?) et Martino Clut et tradidit eis dictam terram cum pluri terra ad firmam contra primam conuentionem suam et abstulit eis dictum bladum et terminum suum. Ideo Nicholas in misericordia et condonatur quia pauper et Lina recuperet dampnum sua.

11. PRO, SC 2, Port. 197, no. 81, m. 1: Simon Aunsel venit in plena curia et tradidit sursum in manus domini .j. croftam terre ad opus Walteri Morel et heredum suorum faciend' inde seruicia debita et consueta eidem terre pertinentia soluendo per annum domino Regi .ij. d. qui debent allocari in redditu predicti Simonis. Et predictus Walterus dat pro ingressu habendo in predictam terram .xij. d. de fine, plegius Augustinus clericus. Et fecit fidelitatem.

12. *Ramsey Cartulary*, I, 344.

13. W. Hudson, "Manorial Life," *History Teachers' Miscellany*, I, 180 称，在 1309—1329 年诺福克的欣道尔韦斯顿（Hindolveston, Norfolk）的法庭案卷记载了 753 次土地转让，可以做以下分类：死亡和继承，74；持有者在世时转让给亲属和其他继承人，尤其是老人转给他们的孩子，136；年岁不好引起的贫困所致，(1315—1319 年有几次严重歉收)，100；私人原因，包括婚姻安排，

443。
14. W. H. Hale, ed., *The Domesday of St. Paul's* (Camden Soc.), lv.
15. 格拉斯顿伯里的惯例租役簿已经出版。它们是 J. E. Jackson, ed., *Liber Henrici de Soliaco* (Roxburghe Club) 和 *Glastonbury Rentalia* (Somerset Record Soc.)。伊利惯例租役簿保存在大英博物馆中。它们是 Cotton MS. Tiberius, B. II, and Cotton MS. Claudius, C. XI。

第15章

1. F. W. Maitland and W. P. Baildon, eds., *The Court Baron* (Selden Soc.), 73.
2. *Halesowen Court Rolls*, I, 167.
3. 例如, *Wakefield Court Rolls*, I, 100 (Dec. 6, 1274): 索恩顿的托马斯, 被控由其帮手带走了一头雄鹿, 获得延期至下一次开庭。
4. *Bristol and Gloucester Archaeological Soc. Trans.*, II, 307. 与1299年另一个格洛斯特郡庄园希斯顿的习惯进行比较: PRO, Ancient Extents (Exchequer), no. 8, m. 1: 他们称(调查团成员名单), 所有农奴和这个庄园上不持有任何土地, 而且不再为他们的父母干活的农奴, 他们每个人都要在秋天做三次收割布恩, 每一次价值1便士, 他们一年内做够8次。据估计, 它们可以来自正常年份。收割布恩总计8次, 价值12便士。也见 W. H. Hale, ed., *Register of Worcester Priory* (Camden Soc.), 15a。令人好奇的是, 迄今, 自立者(*selfode*)一词在其他地方被使用的唯一一次出现在达勒姆, 在英格兰另一端的角落。见 W. Greenwell, ed., *Bishop Hatfield's Survey* (Surtees Soc.), 168, 171, 174, 232; 还有 *Monasticon Anglicanum* (1846), III, 318 (Rental of Tynemouth Priory, 1378)。
5. 案例: *Rotuli Hundredorum*, II, 748: 在牛津郡的布鲁德科特(Brudecot, Oxon.), 雨果·勒弗兰克林(Hugo le Frankeleyn)持有3码地, 其承担的劳役是: 他应让所有的仆人都出现在秋天的两次收割布恩中, 除了他的妻子、保姆和牧人; Brit. Mus., Cotton MS. Claudius, C. XI, f. 39v: 在剑桥郡小港村, 韦森特的儿子约翰和他的妻子伊丽莎白持有18英亩土地: 他要带着自己全家在秋天做布恩工, 由领主提供食物, 除了家中妻子和待嫁女儿, 而且他自己将是他们的收获工的保护人, 但如果他的妻子和女儿想要收割自己的谷物的话，她们就收割家中的自留地而不是其他地方的谷物；*Bleadon Custumal*, 209：持有1维尔格特或半维尔格特的土地……要与他的全家做三次收割布恩，除了他的妻子和首仆。

6. *Chichester Custumal*, 33.
7. J. Thorpe, ed., *Custumale Roffense*, 10.
8. Brit. Mus., Cotton MS. Claudius, C. XI, f. 312v: Et sciendum quod vnusquisque undersetle vel anilepiman vel anilepiwyman domum vel bordam tenens de quocumque illam teneat inueniet vnum hominem ad quamlibet trium precariarum autumpni ad cibum domini vt supra. 有些这种副佃农的房屋很差，这体现在亨利三世治下第七年埃塞克斯菲尔斯泰德（Felsted, Essex）的惯例租役簿中：Brit. Mus., Add. MS. 24, 459 (1),f. 3v. 在那里，据说它属于一个码地农：如果他持有带门的财产，再无他物的话，他们每个人都要做习惯规定天数的布恩。
9. *The Court Baron* (Selden Soc.), 146-147.
10. 见1574年米德尔塞克斯的亨顿庄园的一份调查册中一个论述，载于 *Trans. of the London and Middlesex Arch. Soc.*, New Series, VII, Part 1, 35："我们的习惯和长期流行的做法是，户主佃农（Head Tenant）向领主缴纳他的主租役（Chief Rent and Service），房客作为户主佃农的成员需要按照他们的份额向户主领主缴纳相应比例的租役。"其他关于房客的已版信息见 *Glastonbury Rentalia*, 108; J. E. Jackson, ed., *Liber Henrici de Soliaco* (Roxburghe Club), 129; J. C. Atkinson, ed., *Quarter Sessions Records* (North Riding Record Soc. Publications, Vol. I), 95; R. Dymond, *The Customs of the Manors of Braunton*, 27。
11. *Rotuli Hundredorum*, II, 332.
12. F. LePlay, *Les Ouvriers européens*, III, 132-144.
13. E. Demolins, *Les Grandes Routes des peuples*, II, 494 ff.

第16章

1. F. Liebermann, *Die Gesetze der Angelsachsen*, I, 445-453.
2. *Rotuli Hundredorum*, II, 746-747.

3. E. A. Kosminsky, "Services and Money Rents in the Thirteenth Century," *Economic History Review*, V (1935), no. 2, 30 ff. 他发现：(1) 百户区案卷所列诸郡中,"被描写和调查的 650 个村庄中, 336 个与庄园不一致"。大多数情况只出现在牛津郡的庄园。(2) 百户区案卷"显示被考察区域的大约 60% 的主流是自营地加依附农奴土地（如典型的庄园要素）, 而 40%, 一个相当大的比例, 显示出非庄园的特征"。(3) 存在两种非庄园设计：(a) 复杂的自由佃农, 与他们的领主有封建关系, 并缴纳地租, (b) 没有农奴土地的自营地。(4) 农奴土地数量大致直接随着地产的面积而改变。(5) 根据 13 世纪《死后财产调查》(*Inquisitiones Post Mortem*) 中的信息, 在米德兰兹东部诸郡, 劳役价值在总捐税中的比例大约为 40%, 此为最高。

4. 见特伦特河畔伯顿的契据簿（Burton-on-Trent Chartulary）：*Collections for a History of Staffs*. (William Salt Arch. Soc.), V, (Part I), 83, 85。

第 17 章

1. Pollock and Maitland, *History of English Law*, I, 229-511.
2. *Wakefield Court Rolls*, I, 116.
3. Maitland, *Manorial Courts*, 105.
4. PRO, SC 2, Port. 179, no. 79, m. 5：Hugo Carectarius petit vt possit a seruitute liberari, et dat domino pro libertate habenda .xiij. s. iiij. d. et de cheuagio .ij. d. per annum. 页边注：赎金 1 马克（redempcio .j. marc'.）。
5. *Halesowen Court Rolls*, III, 125, 130.
6. Ibid., II, 359.
7. Ibid., II, 377. 一个类似的案例出现在 ibid., III, 49。
8. 在伊利惯例租役簿中, 有些佃农在 1222 年被陪审员归入 *censuarii*, 因为他们缴纳婚姻捐（merchet）, 在 1277 年被归入自由人。见 D. C. Douglas, *Medieval East Anglia*, 74。它表明, 这些标准在区分阶级的真实差别时并不重要。
9. 所有四种阶级都被涉及的一个村庄的案例是位于大沼泽和沃什湾之间林肯郡的弗利特。那里的土地被分为自由持有地, 缴纳地租；摩尔土地, 缴纳地租和布恩工但不负担周工；周工地（werklonds）, 负担周工；周一地, 每周一服一天劳役。同样, 佃农被分为四类：自由持有农、摩尔曼、沃克曼和周一工。

见 N. Neilson, *A Terrier of Fleet, Lincolnshire* (British Academy: Records of the Social and Economic History of England and Wales, Vol. IV)。
10. J. Thorpe, ed., *Custumale Roffense*, 10. 也见 J. E. Jackson, ed., *Liber Henrici de Soliaco* (Roxburghe Club), 22; J. Stevenson, ed., *Chronicon Monasterii de Abingdon* (Rolls Series), II, 304; Sir H. C. Maxwell-Lyte, ed., *Two Registers Formerly Belonging to the Family of Beauchamp of Hatch* (Somerset Record Soc.), 6-8。
11. 例如，在1299年伍斯特的布雷顿；见 M. Hollings, ed., *The Red Book of Worcester* (Worcs. Hist. Soc.), Part I, 100: 恩茨地——恩茨约翰持有1维尔格特土地。他与其他码地农承担同样的劳役，除了他可能被召集去充当领主的犁把式。他的名字与这个事实有关吗？
12. 例如，约翰王时期塞伦塞斯特的习惯，载于 *Bristol and Gloucester Arch. Soc. Trans.*, II, 297。
13. J. Brownbill, ed., *Ledger-Book of Vale Royal Abbey* (Lancs. and Cheshire Record Soc.), 121.
14. 例如，*Rotuli Hundredorum,* II, 332, 460。
15. 例如爱德华一世治下第三十五年，亨廷顿郡赫明福德法庭案卷的一个案例：PRO, SC 2, Port. 179, no. 9, m. 5d: 他们称（裁定），亨利·德·斯丢科勒的5个茅舍农对邻居的玉米造成损害。因此，被处罚金12便士。
16. N. S. B. Gras, *The Social and Economic History of an English Village*, 71-74, 估计，在如1257—1258年的一个丰年，亨廷顿的克劳利的一个码地农可能有55先令7便士的现金用来支出。如1306—1307年的糟糕年份，他可能有36先令8便士。一个1/4码地农(farthinglander)，即一个持有1/4码土地的人，使其接近但不属于茅舍农阶层，在丰年可能有15先令11便士，糟糕年份可能有6先令9.5便士现金。一个1/4码地农只能用身体上的遭罪来挺过一次歉收。
17. Brit. Mus., Cotton MS. Claudius, C. XI, f. 52: Et iste et pares sui debent colligere parare leuare et tassare totum fenum in parco de Dunham quod omnes predicti plenas terras et dimidias tenentes falcauerint.
18. *Chichester Custumal*, 4.

19. W. O. Massingberd, ed., *Lincolnshire Records, Final Concords*, I, 341.
20. Brit. Mus., Add. Roll 8139, m. 4: Quilibet habens carucam quamuis non habeat nisi .v. acras debet tres in anno arare sine prandio. Si vero dominus amplius voluerit carucas habere debet eis prandium inuenire et qui carucam non habuit debet vnam operacionem. 在 m. 5, 赫特福德郡斯蒂夫尼奇的名目下, 我们看到: 如果有农奴持有 1 副耕犁, 但不持有半英亩或 1/4 英亩, 应该每周四为领主耕地半英亩。
21. PRO, Ancient Extents (Exchequer), no. 8, m. 7: ... et quia communiter accidit quod nullos boues habet, nec consuetudo illa non excedit reprisam, ideo non extenditur.
22. 例如, 见 *Chichester Custumal*, 16。
23. *Glastonbury Rentalia*, 78.
24. M. Bloch, *Les Caractères originaux de l'histoire rurale française*, 197, 199, 250. 见上文第 73 页。
25. 见 G. H. Gerould, "The Social Status of Chaucer's Franklin," *Publications of the Modern Language Assn. of America*, LXI (1926), 262-279。
26. *Ramsey Cartulary*, III, 49.
27. 例如, Brit. Mus., Cotton MS. Tiberius, B. II, f. 107v。
28. *Chichester Custumal*, 99.
29. *Gloucester Cartulary*, III, 181.
30. 大英博物馆藏"女王玛丽圣咏"(Queen Mary's Psalter)。见 H. S. Bennett, *Life on the English Manor*, 125。
31. *Chronica Majora* (Rolls Ser.), III, 528.

第 18 章

1. *Wakefield Court Rolls*, I, 118.
2. F. W. Maitland and W. P. Baildon, eds., *The Court Baron* (Selden Soc.), 104.
3. *Piers Plowman*, C. Pass. IX, ll. 23-31.
4. N. Neilson, *Customary Rents* (Oxford Studies in Social and Legal History, Vol. II) 应被用作一种惯例租役词典查询。

5. J. Thorpe, ed., *Custumale Roffense*, 10.
6. Brit. Mus., Cotton MS. Claudius, C. XI, ff. 45v, 50r.
7. PRO, SC 2, Port. 179, no. 7, m. 2: Et dicunt (iurati) quod ... subtrahunt venire ad vnam precariam in autumpno quem aduentum solebant facere pro communa pasture habenda. Ideo si decetero aueria eorum in pastura inueniantur inparcentur.
8. Brit. Mus., Add. Roll 34333, m. 1(关于亨利三世治下第三十九年贝德福德郡泥中巴顿的习惯的调查)。
9. *Chichester Custumal*, 89.
10. W. O. Ault, *Court Rolls of the Abbey of Ramsey and of the Honor of Clare*, 201, note 35.
11. Brit. Mus., Cotton MS. Claudius, C. XI, f. 178r.
12. PRO, SC 2, Port. 175, no. 80, m. 3: Operarii de ville distr' pro defalt' arur' bene, quia vbi quilibet caruca deberet arare .iij. acras ad benam, sive fuerit de .iij. iugis sive .iiij., ibi arur' non arat nisi acram et dimidiam.
13. PRO, SC 2, Port. 179, no. 4, m. 1: De Henrico Godswein quia noluit operari ad secundam precariam autumpni et quia impediuit dictam precariam precipiendo quod omnes irent ad domum ante horam et sine licentia balliuorum ad dampnum domini dimidie marce et quia alias male messuit suos Béénes super culturam domini .vj. d. 见 Maitland, *Manorial Courts*, 91。
14. PRO, SC 2, Port. 179, no. 10, m. 11: ... Cotmanni attachiati fuerunt et calumpniati pro eo quod non venerunt ad honerandas carectas domini cum feno ad cariandum de prato in manerio prout prius facere consueuerunt retroactis temporibus prout testatur per Hugoncm Prest Clavigerum, qui veniunt et allegant quod talem consuetudinem facere non debent nisi tandem ex amore ad instancia seruientis vel prepositi et hoc petunt quod inquiratur per liberos et alios. Et inquisicio venit et dicit quod supradicti Cotmanni fenum domini debent in pratis tassare et similiter in curia domini Abbatis set non tenentur ad honerandas carectas in pratis nisi fuerit ex amore speciali ad instancia domini. Et quia senescallus non habuit registrum Rameseie per quod

potuit certiorari super isto negocio, ponitur in respectum prefata demanda donec etc. Et quod dicti Cotmanni super dicta demanda habeant colloquium et tractatum dum domino Abbate.
15. G. Slater, *The English Peasantry and the Enclosure of Common Fields*, 183-186.
16. 我所知关于聚会(在佛蒙特州的一个镇)的最好描述出现在 Rowland Robinson, *Danvis Folks* (ch. VI, "The Paring Bee", ch. XVI, "A Raising Bee")。罗宾逊的书提供了关于出现在新英格兰乡村生活的最好和最迷人的素描图。所有的新英格兰人都应该更好地了解它们。
17. 例如,作者在1940年9月4日参加了佛蒙特州摩尔根中心的一次"聚会"。
18. E. Gutch, *Folklore of Yorkshire (North Riding and the Ainsty)*, 338. 也见 M. C. Balfour and N. W. Thomas, *Folklore of Northumberland*, 122:"在1893年春天,当一个贝尔福德农场被一个新佃农占据时,一次'布恩耕地'举行,当时有40个犁队到场,共同进行这项工作;所有人都饰以绶带,排队来到农田上,他们的大腿上悬挂着花环和铃铛,真是一景。一天的工作完成后,新佃农为犁把式们提供一顿晚餐,回报他的新邻居提供的协助。"
19. 见 Sir W. Craigie and J. R. Hulbert, eds., *A Dictionary of American English on Historical Principles*, s. v. bee。
20. 对于圣奥尔本斯庄园上为领主提供的圣诞礼物(Christmasselones)(或爱)见 Brit. Mus., Add. MS. 36,237, ff. 11v, 4v; Brit. Mus., Add. MS. 40,734, f. 15v; Brit. Mus., Cotton MS. Tiberius, E. VI。
21. PRO, Ancient Extents (Exchequer), no. 8, m. 1: Item dicunt quod sunt ibi .xij. custumarii quorum quilibet tenet .xx. acras terre et reddit ad Natale vnum panem, precii .j. d. et. j. gallinam, precii .ij. d. pro quibus veniet cum vxore sua die Natale Domini et habebunt cibum suum ad vnum repastum vel percipiet de domino pro eodem .iij. d. Et quia dicta consuetudo nichil valet vltra reprisam ideo non extenditur.
22. G. G. 库尔顿所说, 出自其值得赞赏的著作 *The Medieval Village*, 44-54。
23. *Cambridge Antiquarian Soc. Communications*, VI (1884-1888), 165. W. Kennett, *Parochial Antiquities* (1695), 401, 提供了1325年波斯特(Burces-

ter)的一个佃农的劳役：这种租佃的完整 1 维尔格特土地有参加被称为晚会的庆祝的自由，例如得到通过镰刀箍起来并能通过房门的谷物；ibid., Glossary, *s.v.* Evenyngs："这为日工在砍伐和过度取材中的腐败和可耻的行为提供了机会，他们在每个傍晚都带着一捆木头回家，尽他们的最大能力，尽管它并非他们的工资或雇佣合同的一部分。"

24. *Ramsey Cartulary*, I, 476.
25. PRO, SC 2, Port. 179, no.5, m.1. De Hugone filio Walteri quia iacuit ad capud selionis in autumpno et impediuit opus domini .vj. d.
26. Brit. Mus., Add. Roll 39463, m. 1: De Roberto Crane quia ludebat alpenypricke in opere domini .iij. d.
27. 但考察一下出现在 1279 年威尔特郡斯塔拉顿的一份法庭案卷中的以下案例，PRO, SC 2, Port. 209, no. 59, m. 4：约翰·伍尔丰因派仆人到领主的地方对后者造成损害而被处以罚金。[页边注：6 便士] 看护员尼古拉斯被处以罚金，因为他让仆人进入上述犁把式的地盘。
28. 见 *Rotuli Hundredorum*, II, 605。
29. 例如，见 *Cambridge Antiquarian Soc. Communications,* VI (1884-1888), 168。
30. Brit. Mus., Cotton MS. Tiberius, B. II, f. 195v：众应周知，在复活节之前一周及之后 12 天、圣诞节之前一周、圣诞节和圣灵降临节周，以及每一个不应动犁的圣日，他们都不应劳动。
31. F. W. Maitland, "History of a Cambridgeshire Manor," *English Historical Review*, IX (1894), 417 ff.
32. Maitland, *Manorial Courts*, 100-105. 也见 *Ramsey Cartulary*, III, 59-64。
33. *Rotuli Hundredorum*, I, 6. 也见 I, 142。
34. G. G. Coulton, *The Medieval Village*, 131 135, 引自 *The Ledger Book of Vale Royal Abbey* (Lancs. and Cheshire Record Soc.), 37 ff.
35. 关于黑尔斯欧文历史的概览，见 H. L. Roth, *Bibliography and Chronology of Hales owen* (The Index Soc.)。
36. 对于这个修院的历史，见 *Victoria County History of Worcestershire*, II, 163。
37. T. R. Nash, *Collections for a History of Worcestershire*, I, 511-512, 援引了来自亨利三世治下第二十七年，御座法庭诉讼集卷 13 关于这次裁决的文本。

它也载于关于斯塔福德郡历史的一份汇编的译本中。(Wm. Salt Arch. Soc.), IV (1883), Part I, 101.

38. *Calendar of Close Rolls, 1251-1253*, 108.
39. *Rotuli Hundredorum*, II, 68.
40. 这份特许状载于 T. D. Hardy, ed., *Rotuli Chartarum in Turri Londinensi Asservati*, I, Part I, 201-202, 也载于 Nash, *op. cit.*, I, 511。
41. *Rotuli Hundredorum,* II, 98.
42. T. R. Nash, *Worcestershire*, I, 512. 纳什说，这份调查的档案出自威斯敏斯特藏爱德华一世治下第四年法庭调查卷。
43. *Rotuli Parliamentorum*, I, 10.
44. Nash, I, 513.
45. *Placitorum Abbreviatio*, 197.
46. J. W. W. Bund, ed., *Episcopal Registers, Diocese of Worcester: Register of Bishop Godfrey Gifford* (Worcs. Hist. Soc.), 103.
47. *Halesowen Court Rolls*, I, 116.
48. Ibid., I, 124, 126, 169, 184.
49. Ibid., I, 119.
50. Nash, I, 513, 援引的是 "de anno 14 Edw. I, Rot. 25"。
51. G. G. Coulton, *Five Centuries of Religion*, II, 298.
52. Nash, I, 513, 518. 他的注释是"出自哈格里的利特尔顿的手书"。
53. *Calendar of Patent Rolls*, 1385-1389, 317.
54. Nash, I, 513.

第 19 章

1. *Chichester Custumal*, 37.
2. *Bleadon Custumal*, 207.
3. 下面这个案例出现在一本关于 1305—1435 年喷泉修院的地租簿和法庭档案的文书中：Brit. Mus., Add. MS. 40,010, f. 24v：根据禁令，向羊倌支付报酬的奥德菲尔德的所有份地被处罚金 12 便士。我们观察到，所有的佃农向这个牧人支付一份报酬。还有关于公共猪倌的相似案例。领主有时使猪倌成为自己的佃农，例如在牛津郡的福尔布鲁克（Fulbrook, Oxon.）: *Rotuli Hundredorum*, II, 745：约翰·帕勒莫在拉雷持有1块宅地和6英亩，他的劳役应是照料领主的猪，该工作价值8先令6便士，他应获得1头阉猪价值12便士，还有一些食物价值6便士。

4. PRO, SC 2, Port. 174, no. 30, m. 3: Walterus de Cowyk factus est Wodeward per electionem omnium tenentium et iuratus boscum domini bene et fideliter custodire sub pena forisfacture omnium bonorum suorum.

5. PRO, SC 2, Port. 175, no. 79, m. 2: Willelmus de la More inculpatur de hoc quod prostrauit .j. blectrum in defenso domine ad terram qui resp' facere et inde vocat Henricum de Burley subforestarium ad warantum, et quod fuit tali negocio quia trabes caruce frangebat prope boscum ad quam reparandam ei dabatur. Et quia bene sciuit quod forestarius non potuit warantizare talem donacionem remanet in misericordia. 页边注：处罚是一天的犁地工作。

6. 在伍斯特郡布莱登，持有1块宅地和12英亩土地的人的劳役如下：M. Hollings, ed., *The Red Book of Worcester*, (Worcs. Hist. Soc.), Part I, 99；但他应在秋天守夜，并在夜间保护农田里属于领主的谷物……在秋季，他要在夜间看守将被处理的谷物。但是，他可以比其他人晚点上工，早点返回。

7. 例如，1272年剑桥郡查特里斯（Chatteris, Cambs.）法庭案卷中的一个案例：PRO, SC 2, Port. 179, no. 3, m. 1d：被选举出去看守农田的人是：织工高德温、约翰·霍吉姆、安德雷斯·阿尔伯特、约翰·海斯、托马斯·吉尔伯德的儿子罗伯特。也见1295年亨廷顿阿普伍德案卷中的一个案例：Brit. Mus., Add. Roll 34769, m. 1d：阿普伍德的秋倌称，威廉·勒考克的女儿玛蒂尔达，能够工作，但不愿受雇，而是去拾穗。因此，被处罚金3便士。

8. 如在牛津郡的诺顿：*Rotuli Hundredorum*, II, 693：约翰·柯斯滕汀在那持有1块宅地和1维尔格特土地，每年为此缴纳6先令，应该充当收割庄头4天并在领主的餐桌上吃饭。在有些庄园上，收割庄头在收获期间从领主那里获得工资。见 F. W. Maitland, "History of a Cambridgeshire Manor," *English Hist. Review*, IX (1894), 421。

9. F. W. Maitland and W. P. Baildon, *The Court Baron*, 123.

10. *Chichester Custumals*, 85.

11. *Fleta* (1685), 172 (lib. II, cap. 84).
12. 见下文注释 15。
13. 在爱德华一世治下第十二年威尔特郡斯特拉顿法庭案卷中的如下案例中，一个人看起来被控与另一个人订立契约，要求后者取代他充当看护员：PRO, SC 2, Port. 209, no. 59, m. 9: 亨利·沃德对罗伯特·伍德发起诉讼，称他没有从被告那里得到一毛钱，他的家庭成员也无人成为看护员，他也没有与被告订立协议，为了给他的 12 便士而充当看护员。
14. C. Pass. VI, 11. 16-17.
15. S. R. Scargill-Bird, ed., *Battle Abbey Custumals,* 67: 如果被农奴们选举为看护员，他将免于缴纳 2 先令的地租，并作为庄头三次获得食物，在秋季他要在夜间看护领主的谷物，为此他将按照以上对这些收割的谷物的规定，每天得到 1 捆收割的谷物。
16. J. Thorpe, ed., *Custumale Roffense,* 11. 也见爱德华一世治下第十九年出现于亨廷顿的沃博伊斯和卡尔德科特法庭案卷中的一个案例：Brit. Mus., Add. Roll 39754, m. 1: 拉杜尔夫·费恩控诉拉杜尔夫·瑟伯恩的儿子沃尔特，称曾身为看护员的被告扣留了自己的 6 捆燕麦作为罚谷，被告应对他造成的损失负责，沃尔特到来并称，原告没有任何谷物被扣留，因此要求调查，原告提出同样要求。调查团到来并称，上述沃尔特返还了 4 捆上述谷物，其余 2 捆暂拖欠。
17. C. Pass. XIV, 11. 43-50.
18. PRO, Eccl. I, Bundle 26, no. 37, m. 1d: Quia Willemus Cloock messor de Berewyk cepit districciones super feodum Prioris videlicet .iij. aucas Iohannis Kybe et eas fugauit in alieno foedo ita quod deliberacio fieri non potuit, ideo preceptum est quod distringatur veniendo ad respondendum super predictas, et inhibitum est tenentibus domini quod non soluant eidem messori stipendium suum ante quam se iustificauerit. 也见 1291 年亨廷顿埃尔斯沃思案卷中的一个案例：PRO, SC 2, Port. 179, no. 7, m. 5: 威廉·阿诺德，全村的公共看护员起诉约翰·奥蒂尔曼，称上述约翰，在圣凯瑟琳节第二天，为领主理查德·卡佩尔和西蒙·阿特·克伦格斯做耙地工作，然而，约翰打破了他的头，并让他流血。二人都求助于邻居组成的陪审团，陪审团

称，上述看护员威廉想要得到领主租役之外的劳役，而这对上述约翰是陌生和未知的，这个约翰为自保而进行攻击，并打破了他的头。因此上述约翰离开，而上述威廉因错误主张被处罚。

19. PRO, SC 2, Port. 209, no. 52, m. 3: 看护员斯蒂芬被处罚，因为天使报喜节后的第一个周五没有更多的犁把式来干活；no. 53, m. 3d: 看护员(庄头被划掉)罗伯特被处罚，因为人们没有很好地收割领主的谷物；m. 4: 看护员罗伯特被处罚，因为他允许领主的土地没有被很好地翻耕；no. 55, m. 3: 看护员和庄头罗杰被处罚，因为没有在圣灵降临节之前清理好谷仓。

20. F. W. Maitland and W. P. Baildon, *The Court Baron*, 140.

21. 见 *Wakefield Court Rolls*, II, Introduction。

22. *Fleta* (1685) 164 (lib. II, cap. 76) 和 E. Lamond, ed., *Walter of Henley's Husbandry*, 97。对于庄头的系统论述见 H. S. Bennett, "The Reeve and the Manor in the Fourteenth Century," *English Hist. Rev.*, XLI (1926) 358 ff。

23. *Eng. Hist. Rev.*, XLI (1926), 361.

24. *Gloucester Cartulary*, III, 221. 也见威尔特郡布朗厄姆法庭案卷的一个案例：PRO, SC 2, Port. 208, no. 15, m. 3: 整个村庄共同体选举约翰·卡朋特担任庄头一职，并保证他能够忠诚尽责地履行庄头一职，所有土地也都要为此担责。

25. 见 *Halesowen Court Rolls*, III, 49。

26. 对这一点有一个有趣的解释见于 G. Oliver, *Monasticon Diocesis Exoniensis*, 256。

27. PRO, SC 2, Port. 209, no.59, m. 4(爱德华一世治下第七年威尔特郡斯特拉顿)：庄头亨利被处罚金，因为他将领主谷仓的钥匙转交给他人，而不是自己保有；PRO, SC 2, Port. 209, no. 52, m. 3(爱德华一世治下第八年威尔特郡塞文汉普顿)：庄头约翰因为没有清理干净谷仓里的谷物；PRO, SC 2, Port. 171, no. 63, m. 15d(爱德华二世治下第十三年埃塞克斯郡登特诺)：上述人称，这个庄头没有让土地得到很好的翻耕，造成领主损失12便士；PRO, SC 2, Port. 183, no. 56, m. 1(亨利三世治下第四十八年威尔特郡波贝奇)：W. 德·伊斯顿的儿子威廉，因为不愿意做庄头命令的事情——6便士。

28. E. Lamond, ed., *Walter of Henley's Husbandry*, 101.

29. 见爱德华一世治下第十八年赫特福德郡巴内特的一个案例：Brit. Mus., Add. MS. 40,167, f. 22v：全部陪审员称，按照他在这个村庄的老田中持有地的账目来看，沃尔特·巴斯对于征收租役能够是个较好的庄头，等等；*Gloucester Cartulary*, III, 219: 此外, 庄头要有对任何农奴做出授予的能力, 以使他能够不论是否依靠领主的土地都能成家; *Ramsey Cartulary*, I, 384 (赫明福德的码地农的劳役): 他可以自由地订立他的遗嘱, 在领主的仆人和庄头不在场的情况下也是如此; PRO, SC 2, Port. 179, no. 12, m. 9d (爱德华一世治下第三十四年亨廷顿的韦斯顿): 关于农事佾和庄头约翰·勒邦德，因为他没有扣押威廉·德·桑星顿来向领主表示效忠, 而威廉持有领主的 11 英亩土地; W. Kennett, *Parochial Antiquities* (1685), 458 (爱德华三世治下第十八年莱茨威克的法庭): 他们出庭称, 领主的农奴托马斯·巴瓦尔德去世, 他持有领主的 1 块宅地和 1 维尔格特农奴份地……他们（陪审员们）称, 他的妻子因贫困不能持有上述宅地和土地, 因此, 庄头可以将上述宅地和土地收回到领主手中。PRO, SC 2, Port. 179, no. 5, m. 2d (爱德华一世治下第十六年亨廷顿的布劳顿): 关于庄头阿布索松, 因为他没有庄园法庭调查和诉讼的最终案卷, 罚金 6 便士。

30. B. Pass. V, 1. 427.

31. H. S. Bennett, "The Reeve and the Manor in the Fourteenth Century," *English Hist. Rev.*, XLI (1926), 363.

32. Stenton, *Danelaw Documents*, cvi-cvii.

33. *Rotuli Hundredorum*, II, 153.

34. Maitland, *Manorial Courts*, 95.

35. 见 F. J. Roethlisberger and W. J. Dickson, *Management and the Worker*, Part IV.

36. C. Pass. I, l. 93.

37. 见 F. M. Page, *The Estates of Crowland Abbey*, 30。

38. R. G. Griffiths and W. W. Capes, eds., *Registrum Thome de Cantilupo* (Canterbury and York Soc.), I, 109-110.

39. C. Pass. VI, ll. 11-21.

第 20 章

1. Maitland, *Manorial Courts*. 也见 F. W. Maitland and W. P. Baildon, eds., *The Court Baron*, 和 W. O. Ault, ed., *Court Rolls of the Abbey of Ramsey and of the Honor of Clare*。
2. *Wakefield Court Rolls*, II, 导论; *Halesowen Court Rolls*, III, 111-112.
3. *Fleta* (1685), 159 (lib. II, cap. 72).
4. 《马尔伯勒法令》(The Statute of Marlborough)(1267) 认为,一个自由持有者需要出席法庭,如果这种出席行为在 1230 年亨利三世造访布列塔尼之前曾出现过的话。
5. Maitland, *Manorial Courts*, 94. 也见 *Halesowen Court Rolls*, I, xxix; II, 309, 等等。对这种联系,也应考虑萨塞克斯的斯特宁百户区(Stenyng hundred)的一个案例: *Rotuli Hundredorum*, II, 203:他们称,菲斯坎普修院长,过去为他的自由人在斯特宁及相邻地区召开法庭,现在他通过他们来召开他的自由人的法庭,通过他们召开新边界的法庭,在他们缺席的情况下做出处罚,而且习惯于在整个法庭面前处罚他们。
6. 见 *Halesowen Court Rolls*, II, 356, 371, 389; *Wakefield Court Rolls*, 190, 235。
7. J. E. A. Jolliffe, *The Constitutional History of Medieval England*, 148.
8. 例如,见赫特福德郡帕克法庭文书中的一个案例,Brit. Mus., Add. MS. 40,625, f. 57r:迈克尔·奥德威的儿子约翰,被帕克的陪审员们推选来持有原属约翰·德·奇森恩的土地,等等。还有其他类似的案例。
9. PRO, SC 2, Port. 179, no. 6, m. 16d: Et predictus Iohannes venit et defendit vim et iniuriam et ius predicti Willelmi quando etc. Et dicit quod non tenetur narracioni sue respondere eo quod narrando non dicit quod idem Iohannes ei deforciat predictum tenementum cum pertinenciis nec dicit narrando in qua villa predicta tenementa sunt nec quis antecessor suus fuit seisitus nec quo modo ius ei descendere debet nec tempore cuius regis antecessor suus fuit inde seisitus nec que expletia cepit nec vllam producit sectam, que omnia narracioni sunt necessaria. Et ideo petit iudicium si ad huius narracionem debeat ei respondere. Et do hoc ponit se super consideracionem curie. Et predictus Willelmus similiter. Et ideo per consideracionem tocius curie consideratum

est quod predictus Willelmus nichil capiat per breue suum set sit in misericordia pro falso clamore. Et predictus Iohannes inde sine die.

10. Ibid., m. 22.

11. PRO, Eccl. I, Bundle 16, no. 43, m. 5: Quando contentio mota fuerat inter dominum Robertum rectorem ecclesie de Halton' ex parte vna et Thomam de Merden' ex altera per amicos interuenientes facti sunt amici sub hac forma, quod predicti rector et Thomas similiter concedunt quod si quis eorum conuictus fuerit iuste de aliquo maleficio versus alium dabit domino quatuor solidos sine alicuius placite recognitione.

12. 爱德华一世治下第二十六年汉普顿郡洪德（Hound, Hants.）案卷中的一个案例：PRO, SC 2, Port. 201, no. 24, m. 3：在罗宾与约翰·卡朋特及其妻子之间关于侵害事项的控告，如果这项争执以这种方式和平解决，也就是说，如果其中一人撤回争议而让他们无人被处罚金，那么犯错者就会被放在一个房间中，当市场持续期间在那里忏悔一天；还有1319年萨默塞特瑟罗克斯顿（Thurloxton, Somerset）案卷中的一个案例；Brit. Mus., Add. Roll 16332, m. 1：约翰·阿特·斯通为一方，托马斯·德·哈登为另一方，二者之间达成如下协议，他们不再计较在那天之前对方因言行造成的所有损失。如果二者之间因这个原因发生争议，他们都同意，先犯错的一方要为维护教堂建筑缴纳2先令。

13. J. Brownbill, ed., *Ledger-Book of Vale Royal Abbey* (Lancs, and Cheshire Record Soc.), 31.

14. *Handlyng Synne* (EETS), ll. 5421-26, 5489-94. E. Lamond ed., *Walter of Henley's Husbandry*, 5：作者设想，一个老人正在告诉他的儿子如何管理自己的地产："如果任何人来到你的法庭上，让他由同侪来惩罚；如果你的直觉告诉你，他们对他的罚金过高，你将其降低，那么你就不会在这里或上帝面前遭到指责。"能够降低的罚金也能被提高。

15. *Chichester Custumal*, 12.

16. PRO, SC 2, Port. 208, no. 15, m. 3: Dicunt etiam per sacramentum suum quod omnes tam libere tenentes quam alii dederunt domino pro ingressu post decessum predecessorum suorum quod dare debuerunt secundum quanti-

tatem tenementi sui. Natiui non pacificauerunt domino ad ipsius voluntatem. 页边注：调查。
17. PRO, SC 2, Port. 179, no. 10, m. 11d: Willelmus filius Iacoby, Ricardus Blakeman, Willelmus Chyld, Reginaldus le Wyse, Henricus in Venella, Ricardus Carectarius, Iohannes Trune, Radulphus de Wassingle, et Galfridus ad Crucem attachiati fuerunt per Hugonem Prest Clauigerum et calumpniati pro eo quod fugauerunt bestias suas per viam quod vocatur Le Greneweye quando culture domini Abbatis ibidem abuttantes sunt seminate. Et predicti homines dicunt quod ipsi et omnes de villa de Aylington dictam chaciam omnibus temporibus anni de iure debent habere, desicut omnes extranei per eandem viam transeuntes cum omnimodis animalibus suis liberam chaciam sine calumpnia et impedimento possunt habere. Et predictus Hugo dicit quod licet extranei chaciam suam habeant ibidem dicti tamen custumarii et participes sui contulerunt quandoque .iiij.[or] s. ad opus domini pro chacia ibidem habenda quando culture domini ibi fuerant seminate. Et prefati custumarii et omnes alii de villa tam liberi quam alii et similiter .xjj. iurati quorum nomina in principio rotuli sunt contenta dicunt et iurant quod si aliqua pecunia per custumarios villa pro chacia sua ibidem habenda fuerit collata, dictus Clauiger per districtionem et extorsionem voluntarie pecuniam illam cepit et iniuste leuauit de eisdem. Vnde dictus Senescallus videns discensionem et discordiam inter Clauigerum petentem et dictos homines contradicentes noluit pronunciare iudicium contra dictum Clauigerum. Set istud iudicium disposicioni domini Abbatis penitus reliquid, ut idem dominus scrutato registro de consuetudine super isto demando faciat et ordinet prout viderit fore faciendum secundum den'.
18. 关于这个主题的一般论述见 W. A. Morris, *The Frankpledge System*。
19. *De Legibus et Consuetudinibus Angliae*, fol. 124b.
20. *The Frankpledge System*, 45.
21. PRO, SC 2, Port. 208, no. 15.
22. 见肯特郡刘易舍姆法庭案卷，PRO, SC 2, Port. 181, nos. 46, 47, 48, 等等。

23. *Rotuli Hundredorum*, I, 240.

第 21 章

1. *Halesowen Court Rolls*, I, 56.
2. W. S. Brassington, *Historic Worcestershire*, 220.
3. J. E. Morris, *The Welsh Wars of King Edward the First*, 92.
4. *Halesowen Court Rolls*, II, 318-319, 324-325, 329. 也见 *Wakefield Court Rolls*, I, 253, 257; IV, 137, 139, 140; *Durham Hallmotes*, 1; F. W. Maitland and W. P. Baildon, eds., *The Court Baron*, 141。
5. Maitland, *Manorial Courts*, 172.
6. 这些村庄的完整名单如下：沃特利、罗雷斯、维克福德、埃塞克斯 (*Pipe Roll*, 30 Henry II, 135); 大布兰菲尔德和小霍克顿 (*Calendar of Inquisitions, Miscellaneous*, I, no. 846); 约克郡斯考比 (*Rotuli Hundredorum*, I, 108); 林肯郡扬卡斯特 (ibid., I, 265); 萨默塞特郡萨莫顿 (ibid., II, 121); 威尔特郡格利特尔顿 (*Glastonbury Rentalia*, 67); 伍斯特郡蒂伯顿 (W. H. Hale, ed., *Registrum … Prioratus Beatae Mariae Wigorniensis*, 54); 亨廷顿郡赫明福德 (*Ramsey Cartulary*, II, 224-6); 赫里福德郡塞尔韦克 (R. G. Griffiths and W. W. Capes, eds., *Registrum Thome de Cantilupo*, I, 22); 伯克郡布雷 (C. Kerry, *Hundred of Bray*, 3)。
7. *Ramsey Cartulary*, II, 244-246.
8. PRO, SC 2, Port. 179, no. 16, m. 2d: Inhibitum est per dominum .I. Abbatem omnibus custumariis de Elyngton qui habent predictam villam ad firmam quod decetero non permittant aliquem hominem aut mulierem de natiuis domini recedere extra foedum domini super alienum foedum comorandum, nec aliquem extraneum infra predictam villam recipiant residendum sine licencia domini speciali et fine coram predicto domino faciendo, et eciam inhibitum est eisdem quod nulle gersume nec fines decetero fiant nisi coram dicto domino Abbate. Et si predicti custumarii contra predictam formam videlicet in parte vel in toto fuerint conuicti facientes, erunt in graui misericordia ad voluntate domini taxata. 在同一份案卷中的另一个有趣案例如下：因兰 (In

Lond）的巴塞洛缪去世，此人持有领主1码地，在他死后，庄头与全体农奴允许外来人约翰·布兰贝通过缴纳继承税的方式进入了原属死者巴塞洛缪的土地，而这没有领主的许可，也违反了村庄的习惯。因此，所有人……被处以罚金40先令。

9. PRO, SC 2, Port. 208, no. 15, m. 3: Omnes custumarii fecerunt finem quia fecerunt sigillum commune in contemptum domini. 页边注：C. S.
10. PRO, DL 30, Bundle 85, no. 1157, m. 6d: Et Willelmus Bridde et alii in querela defendunt vim etc. et aduocant capcionem bonam et iustam in loco predicto quia dicunt quod Robertus Galardon agistatus fuit ad dimidium quarterium auene die Mercurii proximo post mediam Quadragesimam anno vltimo preterito per communem assensum tocius ville et hoc per mandatum vicecomitis ad opus domini regis et quia predictus Robertus noluit predictum bladum soluere ideo ceperunt aueria sua vt bene eis licuit etc. Et Robertus dicit quod non fuit agistatus per assensum ville nec aueria habuit vltra sustentacionem suam, et hoc etc. Ideo veniat inquisicio. Et acceptum est per inquisicionem quod Robertus Galardon agistatus fuit ad dimidium quarterium auene per communitatem ville tanquam habens vltra sustentacionem suam, ideo in misericordia pro falso clamore.
11. W. A. Morris, "The Early English County Court," *Univ. of California Publications in History*, XIV, 104.
12. F. W. Maitland, *Domesday Book and Beyond*, 24.
13. *Leges Henrici Primi*, 7 § 7, in F. Liebermann, *Die Gesetze der Angelsachsen*, 或任何其他汇编。
14. *Leges Edwardi Confessoris*, c. 24. 也见 7 Ethelred, ii. 5。
15. R. W. Eyton, *Antiquities of Shropshire*, VI, 19.
16. *Rotuli Hundredorum*, I, 364.
17. J. F. Nichols, *Custodia Essexae* (Thesis for degree of Ph.D., Univ. of London), 引自埃塞克斯的鲍里（Borley, Essex）的一份土地估价册，Brit. Mus., Add. MS. 6159, f. 25v；领主应该找两个人来面对法官，由他负责开支。鲍里村由他承担开支找来的人有三个。它的依据是无法追忆和言说的习惯。

18. *Placita de Quo Warranto*, 10. 拉姆西修院长被问及，他以何种令状宣称对贝德福德郡克兰弗德和希灵顿的十户联保法庭和自由兔场的所有权。这个案例继续说道：他要求，如果十户长或四个人与庄头来到郡法庭上，等等，并称每个庄园的自由持有者都到了。这个事实为 *Ramsey Cartulary*, III, 301, 307 所证明。

19. B. A. Lees, "The Statute of Winchester and Villa Integra," *English Hist. Rev.*, XLI (1926), 98 ff.

20. Ibid., 101.

21. T. D. Hardy, ed., *Rotuli Normanniae*, I, 122-143；尤其见第131、135页。

22. C. W. Foster, ed., *Final Concords of the County of Lincoln*, II, xlvi.

23. PRO, SC 2, Port. 193, no. 33, m. 3: Memorandum quod omnes terras et tenementa traduntur in custodia Radulphi prepositi, Iohanni fratri eius, Iohanni Hermers, Hugoni Palmer, Ricardo de Wrthestede, Ricardo Sprinhald et Waltero Page, ita quod respondunt de qualibet acra viciata .ij. s. siue sit seminata siue non, et de omnibus aliis rebus ad dictum manerium spectantibus. 应该注意这个案例的语法。J. Brand, *History of Newcastle-upon-Tyne*, II, 594, 刊印了一份来自泰恩茅斯契据集（Tynemouth cartulary）中的泰恩茅斯地租簿的选段：所有持有土地和宅地的佃农都要在秋天只带上一个人做三次布恩工，并带上自己的全家做四分之一个布恩工，曾是该村看护员的四名陪审员除外。

24. 见 W. Sombart, *Der Moderne Kapitalismus* (IV Aufl.), I, 180-187。

25. *Rotuli Hundredorum*, II, 12.

26. Ibid., I, 468, etc.

第22章

1. *The English Husbandman* (1635), 95.

第23章

1. L. 雷蒙特（L. Reymont）的小说《农民》（*The Peasants*）将一个波兰村庄生活的一年设为其背景，它对农民关于当年的季节和假日以及许多其他中世纪事情的态度进行了非常有趣的论述。我怀疑,雷蒙特所说的波兰农民的情况与欧洲旧秩序下许多国家农民的状况相似。我们应该记住,在考察诸如13世纪的农民一年的劳动和节日的关系时,多亏了一份长期流传的不完善日历,被那时的人称为8月1日的日期几乎是太阳年的同一天,即我们的8月9日。关于英国民俗课题的一般性研究见 E. Hull, *Folklore of the British Isles*。
2. *Chichester Custumal*, vii.
3. Tusser, 181.
4. E. Gutch, *Examples of Printed Folk-lore concerning Lincolnshire*, 210.
5. Tusser, 223.
6. J. Thorpe, ed., *Custumale Roffense*, 1. 但也见皮丁顿(Piddington)的惯例租役簿(1363), W. Kennett, *Parochial Antiquities* (1695), 496。
7. Tusser, 55.
8. T. M. Allison, "The Flail and Its Varieties," *Archaeologia Aeliana*, 3rd Ser., II, 94 ff.
9. Tusser, 68.
10. N. Neilson, ed., *A Terrier of Fleet, Lincolnshire* (The British Academy: Records of the Social and Economic History of England and Wales, Vol. IV), lxix.
11. *Historical MSS. Commission: Calendar of the MSS. of the Dean and Chapter of Wells*, I, 332-335, 在一篇有意思的文章中被引用: C. R. Baskervill, "Dramatic Aspects of Medieval Folk-Festivals in England," *Studies in Philology*, XVII (1920), 35。对于另一次圣诞晚宴的详细论述见另一份萨默塞特郡庄园,即布林登的惯例租役簿: *Bleadon Custumal*, 204。
12. W. H. Hale, ed., *The Domesday of St. Paul's* (Camden Soc.), lxxiii.
13. 见 E. K. Chambers, *The English Folk Play* 和 C. R. Baskervill, "Mummers' Wooing Plays in England," *Modern Philology*, XXI (1924), 225 ff. 另一个尚未得到深入理解的圣诞节仪式(如果它是一种仪式的话)是前进游戏(forthdrove)。见 C. R. Baskervill, "Dramatic Aspects of Medieval Folk-Festivals in England," *Studies in Philology*, XVII (1920), 33: "驱逐(冬季),或'前进游戏'和狂饮作为中世纪英格兰圣诞节的特色,在1369—1370年和1401—1402

年伯里圣埃德蒙兹都有记载。"也见 N. Neilson, *Customary Rents*, 79。

14. *Folk-lore*, XII, 350. 也见 E. M. Leather, *The Folk-lore of Herefordshire*, 91 ff。

15. H. Parker, *Dives and Pauper* (1534), f. 50. 耕犁常用于巫术中。见 H. Christmas, ed., *Select Works of John Bale* (Parker Soc.), 528。贝尔, 出生于1495年, 在《两个教会的形象》(*The Image of Both Churches*)中写道: "除了为圣枝、圣烛、圣灰和死者的坟墓祝祷, 乳香还经常笼罩着他们, 因为它是他们供奉偶像, 庆祝复活节、祈福耕犁的必要之物, 与之相伴随的是安息的祷告(*requiescant in pace*)"。

16. 关于首耕周一, 尤其见 J. G. Frazer, *The Golden Bough: Spirits of the Corn and of the Wild* (3rd ed.) II, 325-335 的总结。C. R. Baskervill, "Dramatic Aspects of Medieval Folk-Festivals in England," *Studies in Philology*, XVII (1920), 38 说明, 早在1378年, 达勒姆就记载了一次首耕周一集会。

17. 见 G. L. Gomme, *Folk-lore Relics of Early Village Life*, 147; E. Gutch, *Examples of Printed Folk-lore concerning Lincolnshire*, 171-173; W. C. Hazlitt, *Faiths and Folklore*, II, 496。描述诺福克郡宾汉姆农奴的劳役的一段文字出现在宾汉姆小修院(Binham Priory)的一份契据集和惯例租役簿中, 时间可能是在爱德华一世时期, 为一种农民公会(a husbandmen's gild)的存在提供了证据: Brit. Mus., Cotton MS. Claudius, D. XIII, f. 18v: 上述所有人, 负担对领主的布恩或耕地劳役, 将按照习惯为犁或草获得来自公会的两桶麦酒, 这是在万圣节, 其余的则是以村庄共同体布施的名义支出。

18. Sir F. Pollock and F. W. Maitland, *The History of English Law* (1st ed.), 623。

19. 见 the custumal of Piddington, Oxon. (1363), in W. Kennett, *Parochial Antiquities* (1695), 496: 此外, 任何主佃农都将从圣母净化节到复活节期间为领主耕地一天……; *Gloucester Cartulary*, 217: 此外, 领主的草场和其他围圈地, 应在圣母净化节后立即用栅栏保护起来, 然后它们将以安全的方式被看管起来。

20. 见拉克汉姆的案例, *Chichester Custumal*, 65: "威廉·勒弗伦茨和威廉·雷德将在领主需要的时候成为庄头。然后, 从米迦勒节到报喜节(Lady Day),

他们将看管庄园上属于领主的上了轭的牛。"

21. H. J. Feasey, *Ancient English Holy Week Ceremonial*; 也见 K.Young, *The Drama of the Medieval Church*。

22. 在亨利三世治下第四十年的一份惯例租役簿中,林肯郡弗里斯科尼(Friskney, Lincs.)的庄头理查德·德·哈灵顿(Richard de Harington),据记载持有 1/3 半码地,并为之申辩。他的劳役如下:PRO, Rentals and Surveys, Gen. Ser., Port. 10, no. 33, m. 1:他应该看管领主的一头牲畜,从圣马丁节到第二年五朔节,有人说,而且他也坦承自己只完成了上述看管工作的三分之一。还有,在林肯郡大斯特顿(Great Sturton, Lincs.)爱德华二世治下第十二至十三年(?)的一份庄园账簿中出现了以下案例:Brit. Mus., Add. Roll 25,858, m. 1:他向账簿上缴 4 先令 10 便士的所得,来自五朔节到圣马丁节期间的公共牧场,不包括领主的牲畜的产出。

23. H. R. Luard, ed., *Roberti Grosseteste Epistolae* (Rolls Series), 317.

24. Wilkins, *Concilia*, I, 673.

25. *Handlyng Synne* (EETS), ll. 997-1004.

26. *Rotuli Hundredorum*, I, 174.

27. 在 J. Earle, *A Hand-book to the Land-Charters and other Saxonic Documents*, 344-345 中,拉姆西修院的一份特许状提到"在圣诞节、复活节、圣周和团伙日"。

28. 一个令人好奇的案例出现在 1295 年约克附近邓宁顿的一份土地估价册中:T. A. M. Bishop, ed., "Extents of the Prebends of York," *Miscellanea* (Yorks. Arch. Soc., Record Ser.), IV, 7:"上述佃农将在圣灵降临节周的周四组成一个游行队伍,并歌唱如下:*Gif i na thing for mi land*, etc."我们很想知道这首歌的其余部分。

29. Tusser, 181.

30. Brit. Mus., Harleian MS. 2345, f. 50, 被引用于 J. M. Kemble, *The Saxons in England*, I, 361。

31. *Glastonbury Rentalia*,139. 在亨利三世时期,在沃敏斯特(Warminster)和沙夫茨伯里之间的东蒙克顿(east Monkton),犁把式被允许在施洗者约翰节前夜得到一只公羊,当时他们举着火把围绕领主的谷物行走。—G. L.

Gomme, *Folk-lore Relics of Early Village Life*, 147.

32. 按照格洛斯特郡国王的巴顿的一份惯例租役簿, *Gloucester Cartulary*, III, 70-72, 在圣约翰节前夜, 几个佃农必须缴纳一小笔地租, 名为 *wivenewed-dinge*。对这种地租未见解释。它与圣约翰节前夜是年轻人选择伴侣的传统时间有关吗?

33. Tusser, 120. 刊印于 *Lincolnshire Notes and Queries*, VIII (1904-1905), 59, 1288 年贝叶男爵领 (barony of Bayeux) 的一份调查册出现了关于威尔伯顿的如下案例: "施洗者圣约翰节, 在领主草场的割草工作进行时, 上述农奴将缴纳 5 先令 1 便士。"

34. C, Pass. IX, ll. 314-315.

35. T. C. Cockayne, ed., *Leechdoms, Wortcunning, and Starcraft* (Rolls Ser.), III, 291.

36. 根据亨利三世时期威斯敏斯特修院的一份惯例租役簿: Brit. Mus., Add. Roll 8139, m. 5, 兰顿的一个农奴在收获结束后得到领主的一顿饭: 他与他的妻子和一个仆人也应在米迦勒节期间或之后得到他的食物。他得到了一盘肉、鱼、奶酪和麦酒。

37. Tusser, 132.

38. W. Kennett, *Parochial Antiquities* (1695), 320 and Glossary s. v. *precaria*.

39. Tusser, 181. N. Neilson, *Economic Conditions on the Manors of Ramsey Abbey*, 84: "在收割期间, 有一种特别的习惯叫作'收割鹅游戏'('le Rypgos' or 'Repegos')……在'收割鹅游戏'时, 农奴得到 2 先令, 以及肉、鹅和谷物。"

40. H. R. Luard, *Roberti Grosseteste Epistolae* (Rolls Ser.), 75.

41. W. Kennett, *Parochial Antiquities* (1695), 611.

42. F. W. Maitland and W. P. Baildon, eds., *The Court Baron* (Selden Soc.), 57.

43. C. S. Burne, *Shropshire Folklore*, 437 ff.

44. Tusser, 181.

45. C. J. Billson, *County Folk-lore, No. 3: Leicestershire & Rutland*, 98.

46. W. Warner, *Albion's England* (1612), Book V, ch. 25. 一盏教堂灯 (kirk-sight) 很明显是所有教堂的仪式, 见 *Piers Plowman*, C, Pass. VII, ll. 281-282:

无人能够安慰我,在那个时间,

不论是晨祷还是弥撒,或是其他的景象。

17 世纪初 T. 奥夫伯里爵士(Sir T. Overbury)在对他的《弗兰克林》(*A Franklin*)的角色的描述中提到乡下人的节日,载于 *Miscellaneous Works* (1856), E. F. Rimbault, ed., 150:"尽管晚祷之后村里的姑娘们会在教堂院中跳舞,但他允许诚实的消遣活动,认为这不会对死者的遗骨造成任何伤害,或因此导致更糟糕的结果。首织周一、夏日守夜、忏悔节、圣诞节前夕的夜游、霍克节,或种子糕,他每年都坚持,却不认为它们是教会的遗风。"

47. 以下要论述的大部分已经在 G. C. Homans, "Men and the Land in the Middle Ages," *Speculum*, XI (1936), 338-351 中得到阐述。

48. 看起来没必要在这里对社会学理论进行展开讨论。所使用的概念框架大体上来自 V. Pareto, *The Mind and Society* (他的 *Trattato di Sociologia generale* 的英译本)。

49. B. Malinowski, "Magic, Science, and Religion," 载于 J. Needham, ed., *Science, Religion, and Reality*, 32。该文是这里所提观点的另一个重要来源。

50. W. I. Thomas and F. Znaniecki, *The Polish Peasant in Europe and America*, I,174.

51. 在 *Trans. of the Cumberland and Westmoreland Anliquarian and Archaeological Soc.*, Part II, vol. II (1875-1876), 280 ff., 富勒(J. Fowler)描绘了卡莱尔主教座堂关于月份的雕刻柱顶。他说,在英格兰,没有另一个样本如卡莱尔那样拥有一个完整的系列。也见他的论文 "Medieval Representations of the Months and Seasons," *Archaeologia*, XLIV, 137-224。

52. 关于农业巫术在组织农场劳动中的功能的讨论见 B. Malinowski, *Coral Gardens and their Magic*。

第 24 章

1. Wilkins, *Concilia*, II, 280; Lyndwood, *Provinciale*, 252.

2. Wilkins, *Concilia*, I, 636: Constitutions of St. Edmund Rich (1236): 因为巫术,圣水应该被锁起来。圣油也应该被锁上保护起来。

3. Lyndwood, *Provinciale*, 253. 见 F. A. Gasquet, *Parish Life in Medieval Eng-*

land, 53。

4. 关于亨利三世治下第三十六年亨廷顿郡布劳顿拉姆西庄园习惯的一项调查，Brit. Mus., Add. Roll 34,333, m. 2 显示，如下案例出现于描述教会收入的众多案例之中：至于负担照明捐的人，如果他有家室，每年要为教会照明缴纳1便士，如果他没有妻子，或是寡妇或其他女，每年对上述照明的缴费减半。

5. 爱德华一世治下第二十八年，圣埃夫斯的拉姆西庄园法庭案卷中的一个案例如下：PRO, SC 2, Port. 179, no. 10, m. 6d：陪审员们发现，约翰·艾尔玛向尼古拉斯·坦纳在乌尔德赫斯特的堂区监理支付了2先令6便士以便被授予助祭一职，他们以此名义获得了这笔钱，前述尼古拉斯就要满足约翰的要求，因此为不公正的延迟行为支付3便士罚金。

6. *Rotuli Hundredorum*, II, 92.

7. Ibid. I, 308.

8. C. Deedes, ed., *Registrum Johannis de Pontissara Episcopi Wintonensis* (Canterbury and York Soc.), I, 352.

9. G. J. Turner, ed., *Select Pleas of the Forest* (Selden Soc.), 84.

10. 见埃塞雷德法（law of Aethelred），F. Liebermann, *Die Gesetze der Angelsachsen*, I, 261：我们要求，爱上帝和全部圣徒的所有人，都要将自己收入的1/10给予堂区，这在我们祖先的时代已经确立，而且当时做得更好：这就如耕犁划过了第十英亩。比较爱德华一世治下第二十八年，亨廷顿郡吉丁（Gidding, Hunts.）一个拉姆西庄园的法庭案卷中的一个案例：PRO, SC 2, Port. 179, no. 10, m. 13d：他们（陪审员们）称，约翰·勒莫内克宣誓与堂区主持人做出不利于吉丁村的行为，上述堂区主持人在高斯希尔为自己的十英亩土地获得九垄地，他此前从未在那里得到过，除了七垄地，上述行为给领主和全村造成损失。因此，他被处以罚金12便士。也见 W. H. Hale, *Register of Worcester Priory* (Camden Soc.), 67b。

11. *Glastonbury Rentalia, passim*.

12. *Rotuli Hundredorum*, I, 47. 也见 H. G. Richardson, "The Parish Clergy of the Thirteenth and Fourteenth Centuries," *Royal Hist. Soc. Trans.*, 3rd Ser., VI (1912), 108。这篇文章充满重要信息。

13. 例如，见 Wilkins, *Concilia*, 671, 733。

14. F. A. Gasquet, *Parish Life in Medieval England*, 114.
15. 见 R. Mannyng of Brunne, *Handlyng Synne*, (EETS), ll. 11589 ff。
16. 见 F. A. Stevenson, *Robert Grosseteste*, 139。
17. R. A. R. Hartridge, *A History of Vicarages in the Middle Ages*, 130. 所有涉及代理人的问题应该参看这本书。
18. Ibid., 29.
19. Ibid., 79, 引自 E. L. Cutts, *Parish Priests and their People in the Middle Ages*。
20. Lyndwood, *Provinciale*, 64, 65.
21. N. S. B. Gras, *The Economic and Social History of an English Village*, 71-72.
22. H. G. Richardson, "The Parish Clergy of the Thirteenth and Fourteenth Centuries," *Royal Hist. Soc. Trans.*, 3rd. Ser., VI (1912), 115.
23. G. G. Coulton, *Ten Medieval Studies*, 112. 也见 F. Hobhouse, ed., *Drokensford's Register* (Somerset Record Soc.), xxiii。
24. A., Prol., ll. 80-81.
25. A. Jessopp, *Before the Great Pillage*, 105.
26. G. G. Coulton, *The Medieval Village*, 258, 引用了 W. H. R. Jones, ed., *The Register of S. Osmund* (Rolls Ser.), I, 304。
27. Maitland, *Manorial Courts*, 164.
28. C. Deedes, ed., *Registrum Johannis de Ponitssara Episcopi Wintonensis* (Canterbury and York Soc.), 753.
29. F. C. Hingeston-Randolph, ed., *Episcopal Registers, Diocese of Exeter: The Register of Walter of Stapeldon*, 337.
30. Ibid., 378. 这两段文字已经在 G. G. Coulton, *Social Life in Britain from the Conquest to the Reformation*, 267 中被引用和翻译。
31. Wilkins, *Concilia*, II, 54.
32. 见 A. Van Gennep, *Les Rites de passage*。
33. PRO, SC 2, Port. 179, no. 11, m. 9d: Et (iurati) dicunt [*quod*] Iohannes Willem, Iohannes Ryngedele, Willelmus seruiens Roberti Godhosebonde,

Iohannes le Taillur, Robertus filius Iohannis Olyner, Hugo Curteys, Thomas le Akerman, Robertus filius Thome Manger, et duo bercarii abbatis omnes de Wystowe venerunt apud magnam Rauele ad vigilandum corpus Simonis de Sutbyr' per noctem et redeundo iacuerunt lapides ad hostia vicinorum et male se habuerunt per quod vicini iuste leuauerunt vthesium super eos. Ideo preceptum est preposito et bedello quod sequantur versus eos in curia de Wystowe.

34. H. R. Luard, ed., *Roberti Grosseteste Epistolae* (Rolls Ser.), 74. 守灵的开支来自死者的遗产。见 J. Brownbill, ed., *The Ledger Book of Vale Royal Abbey* (Lancs. and Cheshire Record Soc.), 119-120。

35. 下面关于弥撒的具体观点主要来自与我的朋友阿伦伯格（C. M. Arensberg）的谈话，他是《爱尔兰村民》（*The Irish Countryman*）的作者，关于仪式的观点主要来自 V. Pareto, *The Mind and Society*, § 167; A. R. Brown, *The Andaman Islanders*; W. L. Warner, *A Black Civilization* 和 B. Malinowski, *Foundations of Faith and Morals* (Riddell Memorial Lectures)。

36. G. G. Coulton, *The Medieval Village*, 339.

37. H. R. Luard, ed., *Roberti Grosseteste Epistolae* (Rolls Ser.), 162：我们对此增加规定，祝圣之时，任何俗人都不要站在或坐在教士之中；除非出于强烈尊重或其他合理的理由和证明，这个赞助人才被允许这样。

38. 这种被系统组织起来的信仰，被称为"绝对逻辑"。见 W. L. Warner, *A Black Civilization*, 10-11。

第 25 章

1. 这里提出的设想主要归功于 C. I. Barnard, *The Functions of the Executive*（尤其见第 82 页）和 V. Pareto, *The Mind and Society*。

2. E. D. Chapple, "Measuring Human Relations: An Introduction to the Study of the Interaction of Individuals," *Genetic Psychology Monographs* (1940) 22, 143-147.

3. 见 R. Firth, *We, The Tikopia*。

4. M. Sylvester, ed., *Reliquiae Baxterianae* (1696), 30.

5. J. Dollard, *Caste and Class in a Southern Town*, 77 etc.
6. L. J. Henolerson, *Pareto's General Sociology*, 12.
7. 见 E. Durkheim, *Les Règles de la méthode sociologique* (1927), 12。

索　引

（索引中的页码为原书页码，即本书边码）

Abstractions　抽象　402
Account rolls　账簿　8，300，310，354
Accrual　增加　111，114—115
"Acquired" land　"新获的"土地　132，195
Acre　英亩　49，70，97，385
Actions　行为，参见 Logical actions；Non-logical actions
Adam　亚当　80，360，397
Advent　基督降临节　356
Advowson　圣职推荐权　224，331，387—388
Affeerors　罚金评估员　313，319
Aftermath　再生新草　60，370
Agricultural Revolution　农业革命　41
Agriculture, methods of　农业方法　17—19，21，38—51，54；原始的～53。另参见 Champion husbandry
Akermen　阿克曼　241。另参见 Plowman
Aldenham, Herts.　赫特福德郡奥尔德纳姆　246
Aldingbourne, Sussex　萨塞克斯郡奥丁伯恩　211，286
Ale　麦酒　39，358—359，370—371，375，393；～法令　238，312—313，326；为领主酿造～　269，357
Ale-tasters　品酒师　238，312
Alienation of land　土地转让　180，194—207，214，251，338；新获土地的～　132；法定继承人同意的～　124，197—198，254；由国王进行的～　218
All Saints Day　万圣节　355—356，363，366
All Souls Day　万灵节　356
Alms　施舍　386—387。另参见 Frank almoigne
Alrewas, Staffs.　斯塔福德郡奥尔勒斯　72，124

Altarage 祭品 385
Althorp, Northants. 北安普顿郡奥尔索普 94
Alton, Hants. 汉普郡奥尔顿 78
Amberley, Sussex 萨塞克斯郡安伯利 149
Amercements 罚金 80,273,310,312,318—320,324—326；～的评估 276,313,319
America, discovery of 美洲的发现 33,37
Ancient demesne of crown 国王的古自营地，参见 Villein sokemen
Anglo-Saxons 盎格鲁-撒克逊人 26,29,74,214,356,380
Anilepimen 单身男工 136—137,210—211
Anilepiwymen 单身女工 136,139,210—211
Annunciation, feast of 天使报喜节 364
Anthropology 人类学 4—5,7,192,342,382,402,404,412—413
Anwick, Lincs. 林肯郡安维克 246
Anxiety 焦虑 376—378,381,396
Apprentices 学徒 32,135,251
Appropriation of benefices 挪用圣俸 334,386—388
Araire 轻犁 42—44,46
Arms, assize of 武装法令 329

Army 军队 238,329—330
Array, commissioners of 统帅 329
Ascension, feast of 耶稣升天节 47,368
Assarts 新垦地 83—85,102,144,205,225,249,363；由西多会开垦的～ 32；～的继承 132,195
Assessment 评估 332—333,335。另参见 Amercements
Assizes 法令，参见 Ale；Arms；Bread
Astrier 守灶之人 142,190—191
Auditors 审计员 300,306
Australia 澳大利亚 404
Auvergne 奥弗涅 112—113,119
Average 平均，参见 Carrying services
Axholme, Isle of, Lincs. 林肯郡艾克斯霍姆岛 79
Aylesbury, Bucks. 白金汉郡艾尔斯伯里 385

Bailiff 管家 69,72,102,134,146,148,165,229,256,260,263,278,290,299,301,307,331；他的账簿 8,300,306,354；法庭的～ 332；～选庄头 298；～听取遗嘱 134；～和权利令状 234,317
Ball 彩球 173
Banners 旗帜 368,383
Banns 禁令 168—170

Banstead, Surrey 萨里班斯特德 80
Baptism 洗礼 391—392
Barforth, Yorks. 约克郡巴弗斯 94
Barley 大麦 40, 78。另参见 Spring corn
Barnet, Herts. 赫特福德郡巴内特 127—129, 130—131, 146, 179, 193
Barton in the Clay, Beds. 贝德福德郡泥中巴顿 77, 270
Battle Abbey 巴特尔修院 294, 330; ～的庄园, 另参见 Brightwalton
Beadle 农事倌 226, 282, 292, 296, 299, 312, 392
Beam, of plow 犁辕 43, 291
Beans 豌豆 39, 102—103。另参见 Spring corn
Beauce 博斯 13, 23
Beauchamp, Angareta de 安加蕾塔·德·博尚 224
Becket, St.Thomas 圣托马斯·贝克特 251
Bede, the Venerable 尊者比德 26
Bee, New England 新英格兰聚会 81, 265—267, 348
Beef 牛肉 356
Bell, church 教堂的钟 52, 103, 383, 391, 393
Belper, Derbyshire 德比郡贝尔珀 140
Belton, Lincs. 林肯郡贝尔顿 79
Bench, free 寡妇产 125, 177—184, 187, 193, 196, 199, 217; 捐赠的结果 161, 170—172, 175, 177—180; 定居的结果 180; 因不贞而失去～ 181—182
Bench, King's, court of 国王的御座法庭 276—277, 282, 361
Benes 布恩 136, 260—268, 273—274, 293, 323, 346—348, 414。另参见 Bidreaps; Mowing, boon; Plowing, boon
Bennett, H. S., *Life on the English Manor* 亨利·贝内特《英国庄园生活》4
Beoley, Worcs. 伍斯特郡贝奥利 281
Berrick, Oxon. 牛津郡贝里克 295—296
Bidreaps 布恩收割 212, 226, 257, 261—263, 275, 301, 371; ～的食物 261—263; ～的监工 249—250, 371; ～的出席人 210—211
Bier 棺木 383
Bishops 主教 33, 53, 373, 388; ～许可挪用 387; ～许可离开堂区 386。另参见 Chichester; Ely; Hereford; Lincoln; Salisbury; Winchester; Worcester

Bishopstone, Sussex 萨塞克斯毕肖普斯通 261
Black Death 黑死病 33, 388—389
Blackfellows 土著 404
Bleadon, Somerset 萨默塞特郡布林登 8, 47, 288
Blood 血缘 121, 132, 166, 187—189, 193, 196, 199; 村庄的～ 122, 216
Blood-month 流血月 356
Boar, free 自由公猪 61—62
Bocage 波卡奇 13, 23
Bonfires 篝火 356, 369, 375
Bookham, Surrey 萨里布克姆 126
Bordars 边地农 211, 244
Bordels 边地 244
Borgesaldre 十户长 325, 335, 364, 383
Borough English, custom of 幼子继承制习惯 118, 123—128, 130—131, 136, 142, 181, 213
Boroughs 市镇 31, 34—35, 251, 332—333; ～的农场 330; ～的自由 236; ～的继承 217, 338; ～和村庄 337—338
Boundaries, of strips 条田的边界 72; 村庄的～ 86, 368, 382
Bovate 半码地, 参见 Oxgang
Bramford, Suffolk 萨福克布拉姆福德 186

Brancaster, Norfolk 诺福克布兰克斯特 116
Brandon, Suffolk 萨福克布兰登 211
Bransdale, Yorks. 约克郡布兰斯代尔 76
Bray, Berks. 伯克郡布雷 142
Bread 面包 39, 148, 399; ～法令 385
Breckland 布雷克兰 54
Brecks 布雷克斯 54, 361—363
Brewsters 酿酒者 312
Bridal 婚礼的 172—173
Bridgnorth, Salop. 什罗普郡布里奇诺斯 283
Brightwalton, Berks. 伯克郡布莱特沃尔顿 294, 330, 390
Brittany, emigration from 来自布列塔尼 25; ～的景观 23; ～的种族 25; 定居～ 27
Bromham, Wilts. 威尔特郡布朗厄姆 321, 325, 332
Brookhampton, Oxon. 牛津郡布鲁克汉普顿 197
Droughton, Hunts. 亨廷顿的布劳顿 57, 140, 262, 273
Broughton Hackett, Worcs. 伍斯特的布劳顿哈凯特 58, 60
Browis 布洛伊斯 358
Buckinghamshire 白金汉郡 101
Bucknall, Lincs. 林肯郡巴克纳尔 96

Bucksteep in Warbleton, Sussex 萨塞克斯沃布尔顿的巴克斯迪普 124—125，181

Bull, free 自由公牛 61—62

Burgage tenure 市民土地保有权 217，338

Burgesses 市民 333，337—338

Burial 葬礼 97，385，392

Burley, Rutland 拉特兰郡伯利 196，203

Burton, Salop. 什罗普郡伯顿 384

Bury St.Edmunds, Abbey of 伯里圣埃德蒙兹修院 62

Butt 巴特 69

Bylaw 村会 102—106，289—290，291，313，363，383

Byram, Yorks. 约克郡拜拉姆 173

Byre 牛棚 46—47，49，64，77，355—356，366

Byrlawmen 村事佰 104

Byzantium 拜占庭 30—31

Caddington, Beds. 贝德福德郡卡丁顿 204

Caen, nuns of 卡昂的修女们 291。另参见 Minchinhampton

Cakeham, Sussex 萨塞克斯郡卡克汉姆 245，320

Calendar 日历 379—381

Cambridgeshire 剑桥郡 45

Candelabrum 枝状烛台 383

Candlemas 圣烛节 60，67，363，379

Candles 蜡烛 363，392—393；逾越节～，364，383

Canon law 教会法 168

Canons 教士 252

Canterbury, archbishops of 坎特伯雷大主教 163，383，388，391

Canterbury Priory 坎特伯雷小修院，参见 Halton, Newington

Cantilupe, Thomas de, Bishop of Hereford 赫里福德主教托马斯·德·坎蒂鲁普 251，306

Cantilupe, Walter de, Bishop of Worcester 伍斯特主教沃尔特·德·坎蒂鲁普 367

Cantley, Norfolk 诺福克郡坎特利 389

Carbrook, Norfolk 诺福克郡卡布鲁克 116

Care-cloth 罩巾 172

Carlton in Lindrick, Notts. 诺丁汉郡林德里克的卡尔顿 361—363

Carolling 唱歌 367，384

Carrying services 运输役 258，301

Carters 马车夫 287，361

Caruca 卡鲁卡 43—44

Carucate 犁地，参见 Plowland

Cashio, Herts. 赫特福德郡卡西欧 151, 162, 174, 185

Cathedrals 主教座堂 13, 32, 39

Cattle 牛 15, 54, 58—67, 102—103, 224, 293—295, 321—322, 354—356, 361, 363, 366, 370, 372, 376, 390; 扣押～ 278, 295, 338; 被赶往和赶出牧场的～ 355, 366; 定居点的～ 145—146; 被盗的～ 224; 走失的～ 293, 326。另参见 Byre; Fodder; Fold; Hayward; Hedges; Herd; Neatherd; Oxen; Pasture; Plowman; Pound

Cellarer 司窖员 62, 142, 322

Celts 凯尔特人 25—27

Ceremonies 仪式, 参见 Ritual

Chace 通过权 321—322

Champagne, county of 香槟地区 13, 23

Champart 田租, 参见 Share-cropping

Champion country 原野乡村 6—7, 13—29, 74, 116, 118—119, 368

Champion husbandry 原野农业 17—18, 51—68, 101, 105—106, 291, 413; ～和继承 116, 118—119, 206—207, 215, 414; ～和庄园制度 323, 414

Chancel 祭坛 383, 386, 394

Chaplain 忏悔神父 329, 336, 386, 389—390, 392

Charcoal 木炭 287

Charlemagne 查理曼 29, 120

Charter 特许状 278—280; 市镇的～ 31, 338; 根据～保有 254, 311

Chartres 沙特尔 13

Chatteris, Cambs. 剑桥郡查特里斯 188

Chaucer, *Canterbury Tales* 乔叟《坎特伯雷故事集》 61, 170, 250, 285, 359

Chertsey Abbey 切特西修院 187; ～的庄园, 参见 Bookham

Cheshire 柴郡 19

Chevage 迁徙税 229, 236

Chichester, bishop of 奇彻斯特主教 320; ～惯例租役簿 8; ～庄园, 参见 Aldingbourne; Bishopstone; Cakeham; Denton; Preston

Childwite 私生子费 169

China 中国 216, 361

Chislehampton, Oxon. 牛津郡奇斯尔汉普顿 178

Christchurch Priory, Canterbury, manors of 坎特伯雷基督堂小修院的庄园, 参见 Balton, Newington

Christmas 圣诞节 357—359; ～圣

索引

餐 393；～晚餐 269，357—358；异教节日 380；～和农业 47，67，77，288—289，357，379；地租 226，258—259，268—269，357，365；～假期 274，357，365

Church, parish 堂区教堂 13，52—53，96，382—384，390；～奉养的 372—373；～的维修 104，319，383，386；集会地 310，334，384；～里的神龛 361，378。另参见 Chancel；Nave

Church, Roman Catholic 罗马天主教会 32，36，382—401；～的发展 251—252，388；～和离婚 173；～的教义 412；～的节日 353，356；～和异教仪式 373—374，380；～和婚姻 163，168，175，178，181；～和遗嘱 134

Church door 教堂门口，参见 Wedding

Churching of women 妇女们去教堂接受仪式 363

Churchyard 教堂庭院 52—53，301—302，373，384，390，392

Churchwardens 堂区监理 383

Circulation of the elite 精英的循环 135，232，250—252，388

Cirencester, Glos. 格洛斯特郡塞伦塞斯特 210

Cistercian abbeys 西多会修院 32，82

Civil War 内战 409

Clan 部落 216

Classes, social 社会阶级 31，33—35，72—74，227，232—252，342，403，409；～和教堂 388—389，394；～和婚姻 160；～和地产单位 73—74，206，414。另参见 Circulation of the elite；Cotters；Franklins；*Husbonds*；*Laboureurs*；*Manouvriers*

Classificatory kinship terminology 亲属关系术语分类 216—217

Claviger 保管员 263，321—322

Clearings 清理，参见 Assarts

Clent, Worcs. 伍斯特郡克伦特 328—329，390

Clerks 教士 8，10，322，326，387，392；圣水 386，389；堂区 386

"Closed time" "关闭时间" 65

Closes 围圈地 53，71，102

Cloth 衣物 384

Cloth industry 纺织业 36

Clothing 衣物 145—146，148

Codes of behavior 行为准则 395—397，400—401

Co-heirs 联合继承人 111—115

Commandments, the Ten 十诫 395

Common law 普通法 32，112，128，164—165，180，186，217，232，235

Commonplaces 老生常谈 403，408

Commons 公地，参见 Pasture

Communication, element of social system 社会制度的沟通要素 405，408

Communication, in mass 在弥撒中领受圣餐 385，393

Commutation of services 劳役折算 35，240，259，272，282—283

Compost 施肥 40，58，362

Compoti 庄园账簿，参见 Account rolls

Concentration of holdings 土地集中 18

Conceptual scheme 概念框架 402，411

Congrua portio 相应部分 387

Constancy of phenomena 现象的不变因素 182，206，382

Consuetudines Singularum Personarum《古人习俗》223

Contract, social 社会契约 255—256

Cookham, Berks. 伯克郡库克姆 142

Coöperation 合作 81—82，347，406，410—411

Coördination 协调 406

Copyholders 公簿持有农 18

Cornbote 罚谷 295

Cornwall, enclosures in 康沃尔的圈地 19，21；～的继承 118，414；～的景观 13—14，23；～的种族 25；定居～ 26—28，414

Coroner 验尸官 301，384

Cosmology, popular 大众宇宙学 96，101

Cost of living 生活成本 388—380

Coterells 茅舍农 136，211，244

Cotland 薄田 73

Cottenham, Cambs. 剑桥郡科特纳姆 137—139

Cotters 茅舍农 72—74，136，211，225—226，240—248，263，272，371，409；从事手工业的～ 287，337；～的住房 208；出身～的庄园官吏 299；缺乏耕牛的～ 73，246—248

Coulter 犁刀 43，286

Coulton, G. G. G. G. 库尔顿 4

Council, earl's 伯爵的委员会 165

County court 郡法庭 249，278，284，311，333，335

Court books 法庭文书 9，56，327。另参见 Chertsey；Fountains；St. Albans

Court de Baron, La 男爵法庭 373

Court rolls, bylaws entered in 被记入

法庭案卷的村法 102—103；～的特征 66，190，219；～的保管 300；～中的典型案例 18，65，110，133，315，326—327；作为资料的～ 6，9—10，110，229，276，309，316；附于～上的权利令状 317。另参见 Court books；Halesowen；Halton；Newington；Ramsey；Wakefield

Courts 法庭，参见 County court；Ecclesiastical court；Eyre；Hallmote；Hundred court；King's Bench；King's courts；Seigniorial courts

Coutances 库唐斯 13

Coverdale, Miles, *The Christen State Matrimonye* 迈尔斯·科弗代尔《基督教的婚姻》164

Crafts 手工业 34—35，337

Cranfield, Beds. 贝德福德郡克兰菲尔德 144

Crawley, Hants. 汉普郡克劳利 388

Crofts 自留地 53，55，71，371

Cross 十字架 364，368

Crowd, behavior in 群体行为 394

Crusades 十字军东征 30

Cuddington, Bucks. 白金汉郡卡丁顿 211，242，257，294

Cumberland 坎伯兰 19

Curtesy of England 英格兰的鳏夫产 136，184—193，196

Custom 习惯 10，24，101，105，264，303，305，380—381，404—405；乡村的～ 165；庄园法庭的～ 128；～的地理差异 6—7；庄园的～ 109—110，318，320，323，346；村庄的～ 128，197—198，236。另参见 Customers；Custumals；Services

Customers 惯例佃农 240，246，269，271，321，343。另参见 Villeins

Custumals, how drawn up 如何起草惯例租役簿 9—10，272，344；～的材料 32，63，84，110，200，229，241，257，269，271—272，320，343，353；作为资料的～ 8—10，205。另参见 Bleadon；Chichester；Ely；Glastonbury；Gloucester；Ramsey, register；Rochester；Stoke Courcy；Westminster

Damages awarded 损失得到补偿 79—80，104，294—295，302，332，363

Dancing 跳舞 53，374，384

Danelaw 丹法区 101，118，127，227，301

Danes 丹麦人 30，101

Darnhall, Cheshire 柴郡达恩府 148，

243, 276, 319

Dartmoor 达特穆尔 17

Daughters, inheritance by 由女儿继承 139, 141

Daywork 日工 81

Dead, feast of 死者的节日 356; ~弥撒 393

Death-dues 死手捐, 参见 Heriot; Mortuary

Debt 债务 338

Deer 鹿 54, 64, 384

Detaults in services 未偿付役务 273

Demesne, manorial 庄园自营地 87, 227, 331; ~周围的篱笆 65; ~的官吏 173, 296, 299, 300, 306; 出租~ 35, 205, 228, 241; ~上的劳役 6, 200, 225, 227, 243, 245; ~的规模 224, 227, 240

Demesne, royal, alienation of 王室自营地的转让 195, 218; ~上的自由, 236。另参见 Burley; Cirencester; North Curry; Villein sokemen

Denmark 丹麦 23, 97, 98, 101

Denton, Sussex 萨塞克斯登顿 249, 261

Derby 德比 127

Derbyshire 德比郡 74

Desertions from army 从军队逃跑 329

Des Roches, Peter, Bishop of Winchester 温彻斯特主教彼得·德斯·罗彻斯 276

Devon 德文 15—16, 19, 21, 23

Differentiation 差异 408

Dinner, Christmas 圣诞晚宴 269, 289, 357—358; 复活节~ 365; 为庄园仆人提供的~ 173, 268, 287, 289, 365; 在结婚日的~ 173, 268

Discourse of the Common Weal of this Realm of England 《论英国本土的公共福利》 15

Disgavelling 非均分继承 112

Disraeli, B. B. 迪斯雷利 231; ~的《恩底弥翁》 340

Distaff 蒂斯塔弗 360

Distraints 扣押 278, 292—293, 295, 300, 315, 317, 338

Ditches 沟渠 13—16, 42, 44—45

Dittany 小曲儿 372

Dives and Pauper 《财主和穷人》 360

Division of land 土地分割 90, 93—94。另参见 Partible inheritance

Divorce 离婚 173—174

Dog, shepherd 羊倌的狗 289

Domesday Book 《末日审判书》 224, 244, 279—280, 334

Doves 鸽子 367

Dower 寡妇产, 参见 Bench, free

索 引

Dowry 嫁妆 140—142, 161, 170, 174
Drage 德拉奇 40, 45
Dragons 龙 369
Drains 排水 44—45
Drayton, Cambs. 剑桥郡德雷顿 137—139
Driver of plow 犁把式 46, 49—50
Dudley, Worcs. 伍斯特郡达德利 329, 390
Duffield, Derbyshire 德比郡达菲尔德 140
Dunmow, Essex 埃塞克斯登莫 141, 145

Earl 伯爵, 参见 Gloucester ; Warenne and Surrey
East Anglia 东盎格利亚 116—117, 120, 201, 204。另参见 Norfolk ; Suffolk
Easter 复活节 268, 274, 364—365, 374, 379, 380, 393
Eccles, Norfolk 诺福克郡埃克尔斯 61
Ecclesiastical court 教会法庭 169, 174, 178
Economic interests 经济利益 229—230, 343, 347, 349
Economic interpretation of history 历史的经济解释 23, 35
Edward I 爱德华一世 223, 238, 278, 329
Edward III 爱德华三世 243
Edwinstowe, Notts. 诺丁汉郡埃德温斯托 336
Efficiency, logic of 效率的逻辑 303, 305, 344—345
Eggs 鸡蛋 268 ; 复活节～ 365
Election, of manorial officers 庄园官吏的选举 238, 289—293, 296, 298, 304, 313, 414 ; 士兵的～ 329—330
Elford, Staffs. 斯塔福德郡埃尔夫德 87—89
Elsworth, Cambs. 剑桥郡埃尔斯沃思 260
Elton, Hunts. 亨廷顿郡埃尔顿 262—263, 272, 301—302, 312, 321—322, 331—332
Elves 小精灵 375, 398
Ely, bishop of, custumals of 伊利主教的惯例租役簿 8, 115, 205, 275 ; ～的庄园, 参见 Bramford ; Brandon ; Hartest ; Horningsea ; Leverington ; Littleport ; Rettendon ; Somersham ; Stretham ; Terrington ; Thriplow ; Tydd ; Walpole ; Walton ; Wilburton ; Wisbech

Eme 舅舅 131，191—193，374
Enches 恩茨 242
Enclosure 圈地 14—21，54，105，204，206；～法案 18—21
Environment 环境 407，410
Epiphany 主显节 357，360—362
Equality, economic 经济平等 83—94，201，206，337，414
Equilibrium 平衡 28，412
Eriung 土地单位 117
Escheat 转归领主 122，300，336
Esplees 土地所得 316
Essex, enclosures in 埃塞克斯的圈地 15—16，19，21；～的民俗 355；～的森林 15；～的继承 116，119；～的地垄 45
Essoins 缺席允准 310，312，315，317
Estates 地产 237—239，245，263
Eve 前夕 360
Ewell, Surrey 萨里郡尤厄尔 86
Exchanges of land 土地交换 18，19，203
Excommunication 革除教籍 393
Exeter, Synod of 埃克塞特宗教会议 134
Exeter Book 《埃克塞特书》 50
Extreme unction 终傅圣事 392
Eyre, justices in 巡回法庭的法官 61，110，153，249，278，328，333，335

Factory, modern 现代工厂 302—305，343—349
Fairies 精灵 375，398
Fairs 集市 53，299，337，374，384
Fallow 休耕地 40—42，55—60，363，366；～牧场 59—60，63，67，363。另参见 Fallow plowings
Fallow plowings 休耕地翻耕 59，67，357，366
Family 家庭 51，68，215，403，410，413；～和海德 75；神圣～ 219，398。另参见 Inheritance；Joint-family；Marriage；Stem-family
Famine 饥荒 33
Farm, of borough 市镇农场 338；庄园的～ 202，330—332，338
Farmer 农场主 147
Fastens E'en 忏悔周二 364，374
Fealty 宣誓效忠 109，254—255，283，343
Felons 重罪犯 384
Fence-viewer 巡逻员 67，293
Fens 沼泽 59，63，86，116，212
Ferthling 弗斯灵 152
Feudal system 封建制度 31，211，340—341，411
Fictions 虚构 341，387

索 引

Fields, of boroughs 市镇的农田 337；原野农业的～ 52—68, 354—355, 357, 363, 366, 413—414；法国的～ 43；～上的仪式 359—360, 369—370。另参见 "Town and field"
Fifteenth century 15 世纪 33—37
Fines 罚金，参见 Amercements
Fish-pond 鱼塘 331
Fitzherbert, *Book of Husbandry* 菲茨赫伯特《农书》 45
Five Boroughs 五个市镇 127
Flail 连枷 243, 356, 361
Flanders, cities of 弗兰德尔的城市 31, 34—35；～的圈地 23；settlement in 定居～ 24
Flawns 弗劳恩 374
Fleet, Lincs. 林肯郡弗利特 86, 116
Fleta 《弗莱塔》 293—294, 296—297, 311
Fodder 饲料 41—42, 59
Fold 羊圈 14—15, 40, 117, 288—289, 357
Folklore 民俗 353
Folk-songs 民谣 55
Font 圣水盆 391
Fool 愚人 361
Fools, Feast of 愚人节 359
Force, use of 使用武力 342—343
Forefeng 解救费 224

Forest, royal 王室森林 15, 64, 384
Forestalling 囤积居奇 337
Forinsec service 外来役务 225, 249
"Fork and flail" "叉和枷" 243
Forlond 弗隆 84, 144。另参见 Assarts
Fornication 通奸 167, 169, 178, 182
Fosdyke, Lincs. 林肯郡弗斯代克 384
Fostering 抚养 192—193
Fountains Abbey 喷泉修院 56
Fourteenth century 14 世纪 5, 33—37
France, classes in 法国的阶级 73, 247, 287；～的农田 43；～的景观 13, 23；～的婚姻 172；～的堂区精神 382；～的档案 7；～的统一 32
Frank almoigne 教役保有权 233, 387
Franklins 弗兰克林 156, 225, 242, 248—250, 335, 371, 409
Frankpledge 十户联保 312, 324—326；～的法庭 224—225, 311, 313, 325—326, 331, 385
Franks 法兰克人 120
Free tenements 自由地产 154, 226,

233，254

Freemen　自由人　233—240；作为～的神职人员　390；作为～的茅舍农　244；在郡法庭上的～　333，335；在王室法庭上的～　313；在庄园法庭上的～　58，102，237—239，263，311—313，321—322，325；～和新田　362；～的牧场　18，57—58，83；～在庄园上的地位　225，228，248—250，259；～的特权　229，298，309，324；～的劳役　261；～的租佃　254，311。另参见 Franklins

Friars　修士　391

Function　功能　405—413

Furlong, as measure of length　作为长度单位的弗隆　49，68—70；作为土地单位的～　68—69，92，93，95，97—98，103

Furrow　垄沟　43—45，48—50，71—72，362

Gallows　绞刑架　224，313

Games　游戏　273，358，364，366—367，373

Gangdays　团伙日，参见 Rogation Days

Garden　菜园　53

Garford, Berks.　伯克郡加福德　136

Gavelkind　均分继承　110—121，192，201，204

Geese　鹅　39，295—296；收获入仓　372

Geography, and distribution of custom　习惯的地理分布　414；～和定居，24，28，407，410

Germany, inheritance in　德国的继承　127，130，213—214；～的婚姻　172—173，213—214；～的部落　29—30，72，192；～的统一　32；～的村庄　23，25

Gersum　继承税，参见 Relief

Giants　巨人　96

Gibbs, Willard　威拉德·吉布斯　413

Gifts, Christmas　圣诞节礼物，参见 Lok

Gilds　公会　34—35，361

Glastonbury Abbey, custumals of　格拉斯顿伯里修院的惯例租役簿　8，205；～的庄园，385。另参见 Longbridge；Wrington

Gleaning　拾穗　102—103，139，292，372

Glebe　教堂属地　362—363，385

Gloucester　格洛斯特　257

Gloucester, Earl of　格洛斯特伯爵　338

Gloucester, Robert of, *Metrical Chronicle*　格洛斯特的罗伯特《格律编年》　156—157，160

Gloucester Abbey 格洛斯特修院 45，298；～的庄园，参见 Northleach
Goad 尖头棒 38，47—48，50，70，361
Go-between 中间人 160
Good Friday 耶稣受难日 364
Goods and chattels 个人动产，参见 Movables
Gore 高尔 69
Grain 谷物 39—40，45。另参见 Barley；Drage；Maslin；Oats；Rye；Spring corn；Wheat；Winter corn
Gras, N.S.B. N.S.B.格拉斯 4
Graserthe 草布恩 259—260，347
Grasses, cultivated 种草 41—42，59
Grave 格雷夫 297。另参见 Reeve
Graveley, Cambs. 剑桥郡格雷夫利 126
Gray, H.L. H.L.格雷 4，《英格兰土地制度》 22
Green, village 村庄绿地 374
Griggs, Messrs. 格里格斯先生们 15—16
Grosseteste, Robert, Bishop of Lincoln 林肯主教罗伯特·格罗斯泰斯特 135，172，251，366，373，388，392
Groups, social 社会群体 304—305，345—348，403
Guisborough, canons of 吉斯伯勒的修士 98
Guy Fawkes Day 盖伊福克斯节 356
Haddenham, Bucks. 白金汉郡哈德纳姆 211，242，257，294
Hales, of plow 犁扶手 38，42—43，46，48
Halesowen, Worcs., abbot and convent of 伍斯特郡黑尔斯欧文的修院长和女修院 237，276—284，348；～的庄园，9，65，188，208，237—239，276—284，310，312，328—330，390；～的成员，参见 Ridgeacre；Romsley
Hall, manorial 庄园大厅 87，227，310，359
Halingbury, Essex 埃塞克斯哈灵伯里 290
Hallmote 庄园法庭 8—10，309—327，346；～的职责 58，66，154，169，302，313—314；～和村会 102，313—314；～的社会阶级 148，233，237—238；～的习惯 128；～的选举，298；农场上的～ 331；～的官吏 292—293，295—297，300，306，312—313，332；～的集会地点 52，227，310；召开的特权 229，309；

~的程序 182，314—319；~的占有权 109，253—255，313，341；~的总管 306，311—312，314—315，318—322；~上的土地转让 144—145，161

Halloween 万圣节前夕 355—356

Halton, Bucks. 白金汉郡霍尔顿 9，102，131，183，196，198，204，291，319，327

Hampton Poyle, Oxon. 牛津郡汉普顿波伊尔 65

Hand-fasting 订婚，参见 Trothplight

Hand works 手工 246

Harald Fairhair 金发哈拉尔德 30

Harlaxton, Lincs. 林肯郡哈拉克斯顿 94

Harleston, Northants 北安普顿郡哈尔斯顿 62，84，92

Harrison, W., *Description of England* W. 哈里森《英格兰概览》21，53

Harrower 耙地农 370

Harrowing 耙地 77，243，354—355

Hartest, Suffolk 萨福克郡哈特斯特 274

Harvest 收获 390—372；~村法 102—104，291—292；原野农业上的~ 55，59—60；~的看护员 294—295；~和篱笆 65；领主和夫人 371；~庄头 299；四季之一 354，366；~工人 136，139。另参见 Bidreaps；Harvest Home；Reaping

Harvest Home 收获入仓 364，372

Hay 干草 47；非培育作物 41—42；~收获 60，245，263，301，366，370，380；不充足的~ 42，46，59。另参见 Meadow；Mowing

Haya 篱笆，参见 Hedges

Hayward 看护员 66—67，290—297，307，355，370，410，413；~的阶级地位 245—246，299；庄园法庭的官吏 312

Headington, Oxon. 牛津郡黑丁顿 372

Headland 头田 50，68

Hearth 壁炉 111，142，180，190—191；巫术中的~ 360，398

Hedges, in champion husbandry 原野农业的篱笆 63—67，101，293—294，354—355，413；~和圈地 13—16，203；~的木材 64，85，259，291

Heir 继承人 209；~的继承 109，144，149；~的选择 127—131；~的同意 124，197—198，254；~和鳏夫产 185—189；~和寡妇产 191；他对器具的继承 134；~的婚姻 144—159，174，213；

索 引

~的需求，166；放弃土地给~ 200
Heiresses 女继承人 136，139，184—188，197
Heirlooms 遗物 133—134
Hemingford, Hunts. 亨廷顿郡赫明福德 146，199，331
Henry III 亨利三世 34，329
Henry VIII 亨利八世 373
Hens 母鸡 39，225—226，258—260，268，347，357
Herd, village 村庄牧人 60—67，101，265，413
Herdsmen 牧人，参见 Neatherd；Shepherd；Swineherd
Hereford, bishop of 赫里福德主教 251，306
Heriot 死手捐 109，133，349，253，311
Herrick, R. R. 赫利克 360
Herring 鲱鱼 257，371
Hertfordshire, enclosures in 赫特福德郡的圈地 19，66；~的圣奥尔本斯的庄园 9，66，131，204；~的地垄 45
Heybote 取材权 64，259，291
Hide 海德 75，81
Hierarchies 等级 405—408
Highway, king's 国王的大路 326
Hindringham, Norfolk 诺福克欣德林汉 150

Hock-cart 尾车 372
Hocktide 霍克节 365—366
Holbrook, Derbyshire 德比郡霍尔布鲁克 140
Holding 份地，参见 Tenement
Holidays 假日，参见 names of holidays
Holy water 圣水 383，386，389
Holy Week 圣周 364
Hopper 料斗 292，355
Hopper-cakes 料斗糕 355
Horn, hayward's 看护员的号角 294
Horningsea, Cambs. 剑桥郡霍宁西 77，169
Horses 马 42，46，48—49，79，102，105，243，299
Horseshoes 马蹄铁 286
Houghton, Hunts. 亨廷顿郡霍顿 69，161
Household 户 209—212
Houses, and social classes 住房和社会阶级 72，211，242—244；依附 158，161—162，208；寡妇产 184，208；~和联合家庭 112，119；~和宅地 130；~规划 130，145，213—214，287；定居点的~ 144—148，153—154；~的木材 85，184，259，290。另参见 Hall；Rooms
Housewife 主妇 209—210，371

Hue and cry 呼喊 326, 328, 359
Hundred 百户区 333; ~法庭 249, 278, 311, 333—336
Hundred Rolls 百户区案卷 8, 78, 212, 224, 235—236, 249, 275, 301, 325, 338, 367, 384
Hundred Years War 百年战争 34—35
Hundredors 百户长 249, 335
Hunting 打猎 64, 85
Husband, power of 丈夫的权力 197
Husbonds 农夫 72—74, 137, 208—209, 242—243, 299, 409
Husbote 取材权 259, 290

Iceland 冰岛 30, 112, 119, 192, 315
Ideology 意识形态 253, 339—343, 349, 396—401, 405, 411—412
Illegitimacy 私生 138, 164—166, 169
Illuminations, in MSS. 手稿中的插图 46
Images 肖像 383
Impartible inheritance 不可分继承 110, 118, 121—132, 213—214, 413。另参见 Borough English; Heir; Primogeniture
Industrial Revolution 工业革命 41

Infield-outfield system 内外田制度 54, 57
Inheritance, and champion husbandry 继承和原野农业 116, 118—119, 206—207, 215, 414; ~和私生子 164—166; ~和婚姻 125, 136—139, 142—143, 149—160, 174, 213; ~和身份 124。另参见 Acquired land; Impartible inheritance; Movables; Partible inheritance
Inhoc 新田 57—58, 60。另参见 Intakes
Innocent IV 英诺森四世 390
Inquests, of countryside 乡村调查 362; 关于惯例租役簿的~ 9—10, 79, 205, 262, 272, 323, 344; 在庄园法庭上的~ 182, 199, 264, 311, 317—318, 320—322; royal 王室的~ 279, 333, 335—336
Institutions 机构 405, 409, 413
Intakes 新田 54, 84, 102, 362
Interaction 互动 403, 405—410, 413
Ireland, inheritance in 爱尔兰的继承 118, 120, 138, 157, 187; ~的景观 13; ~的婚姻 157—158, 161; ~的民族 25; 定居~ 27; ~的守夜 392

Italian cities 意大利的城市 30

January 1月 363，379
Janus 雅努斯 359，379
Jessopp, A. A.杰索普 389
Jocelin of Brakelond 布雷克隆的乔斯林 62
John, King 约翰王 276，329，336
Joint-family 联合家庭 119—120，207
Jolliffe, J.E.A., *Pre-Feudal England: The Jutes* J.E.A.乔利夫《前封建时代的英格兰：朱特人》 111
July 7月 379
Jury 陪审团 238，281，311—312，318，321—324，346。另参见 Inquests
Justices, royal 王室法官 32，177，280，283，336，390。另参见 Eyre
Jutes 朱特人 26，120

Kennett, White, *Parochial Antiquities* 怀特·肯尼特《堂区古史》 373
Kent, enclosures in 肯特的圈地 15，19，21；～的家庭 207；～的继承 110—121，192，201，204；～的景观 14，23；～的庄园 414；～的民族 26，120；～的劳役 121；定居～ 414；～的什一税 325，335；～的监护权 192
Kermesse 守夜 374
Kerry, county 凯里郡 13
Kettleby, Leics 莱斯特郡凯特尔比 325
Kind 继承权 121—123，153
King of England 英王 195，203，218，277—280
King of the Bean 豆王 358
King's courts 国王的法庭 233—235，279—281，301，313，316。参见 Eyre；King's Bench
King's Ripton, Hunts. 亨廷顿郡国王的利普顿 65，79，122—123，275，316—317
Kingship 王权 218，398
Kinship 亲属 27，216—217
Kirtlington, Oxon. 牛津郡科特灵顿 336
Knights 骑士 248，255—256

Laboureurs 大农 73，247—248
Lady Day 圣母节 364
Lammas 收获节 60，77，363，370—371，380
Lancashire 兰开夏郡 19
Land, dealing in 土地交易 18，100，117，202，204，206，326，331；

~的重要性 193，339。另参见 Alienation；Exchanges；Leases；Sales；Share-cropping；Surrender and admission

Lands, result of plowing 翻耕土地的成果 45，48—49。另参见 Ridges

Landscape 景观 12—28。另参见 Champion country；Woodland

Language of landholding 土地持有的用语 340—342

Law 法律，参见 Canon law；Common law；Roman law

Lear, King 李尔王 156—157

Leases of land 土地出租 202，212

Leaving manor 离开庄园 281

Leges Edwardi Confessoris 《忏悔者爱德华法典》334

Leges Henrici Primi 《亨利一世法典》334

Legsby, Lincs. 林肯郡莱格斯比 98

Leicester 莱斯特 127

Leicestershire 莱斯特郡 74

Lent 大斋节 354，364，366

Lenten seed 大斋节种子 354，364。另参见 Spring Corn

LePlay, F., *Les Ouvriers Européens* F. 勒普莱《欧洲的工人》113，119，215

Leverington, Cambs. 剑桥郡莱弗灵顿 136

Lewisham, Kent 肯特刘易舍姆 111

Leyrwite 通奸罚金 169，313

Licence of lord, to alienate land 转让土地的领主许可 201；离开庄园的~ 135，236，251，313，331，389；结婚的~ 149—152，161，179，182，188，300，313。另参见 Merchet

Life-tenancy 终身租佃 129—131，147，149，194，196。另参见 Bench；Curtesy

Light, in parish church 堂区教堂的烛光 361，383

Lincoln, bishop of 林肯主教，参见 Grosseteste, Welles；~的教士 252；~的教区长和教士团 336

Lincolnshire 林肯郡 74，101，355，366

Literature, medieval 中世纪文学 154

Little Brampton, Northants. 北安普顿郡小布兰普顿 95

Littleport, Cambs. 剑桥郡小港 212，291，296

Loaves 面包 262，269，294，357，371

Logical actions 逻辑行为 376—377，379

Lok 礼物 269，357

Lollards 罗拉德派 35—36

London 伦敦 135，204

Longbridge, Wilts. 威尔特郡朗布里奇 369—370

Lookmete 礼物 357

Lord of manor 庄园领主 35, 226—231, 406；~的地位的模棱两可 323—324, 346；~的利益 200—201；~和他的官吏 289—290, 298；教堂赞助人 387；~与佃农的关系 229—231, 253—256, 339—349；~的权利 18, 61, 285, 319, 361—362。另参见 Reciprocities

Lot, right of 抽签权 337—338

Lovebenes 爱布恩，参见 *Benes*

Love-days 和好日 300, 318—319

Luneburg 吕内堡 213—214

Lychwake 利茨维克 392—393

Machiavelli 马基雅维利 375

Magic 巫术 287, 360, 371, 375—379, 391, 398, 411

Maids 女仆 137

Mainpast 帮手 209—210

Maitland, F. W. F. W. 梅特兰 4, 8, 178, 233, 275, 309, 362

Malt 麦芽 390

Management, modern factory 现代工厂管理 303—304, 346, 348

Mannyng, Robert, of Brunne, *Handlyng Synne* 布鲁恩的罗伯特·曼宁《涤罪》 155, 163, 167, 320, 367

Manor 庄园 32, 223—229, 239, 323, 335, 403, 410。另参见 institutions of manor

Manorial court 庄园法庭，参见 Hallmote

Manouvriers 小农 73, 247—248

Manuals for holding courts 召开法庭手册 254, 314, 373

Manumission 解放 236

Manure 粪肥 40—42, 54, 58, 60, 63, 91, 245, 362

Mapledurham, Hants. 汉普郡马普尔德莱姆 182

Maps of villages 村庄地图 87

Markets 市场 53, 277, 299, 319, 337, 373—374, 384

Markham, Gervase 杰维斯·马克姆 344—345

Marl 泥灰 40—41, 91

Marriage, age of 结婚年龄 158；~仪式，参见 Wedding；童~ 162—163；~契约 140, 154, 160—162, 164, 166, 169, 174；~和继承 125, 136—139, 142—143, 149—160, 174, 213；~许可，参见 Licence；领主赐~ 188；嫁妆，参见 Dowry；~协议 150—154, 161, 198

Marriageable daughter 待嫁女儿 210

Marrows 伙伴 81
Marsh 沼泽 59，86，246
Martham, Norfolk 诺福克马瑟姆 116
Martinmas 圣马丁节 226，294—295，355—356，366，372，375，379
Marton in Dishforth, Yorks. 约克郡迪什福思的马顿 56
Marx, K. 卡尔·马克思 230，339
Maslin 玛斯林 40
Mass, ceremony of the 弥撒仪式 36，52—53，364，373—375，390，393—401，412；婚礼~ 172
Mast 桅杆 39
May 5月 379
May queen 五月皇后 354，366
May day 五朔节 353，363，366—367，374，380
Mayor and aldermen 市长和市政官 338
Meadow 草场 42，59—60，85，86，98，294，363。另参见 Hay；Mowing
Measures of land 土地丈量 49
Medale 割草酒 358
Melanesia 梅拉尼西亚 5，376
Merchants 商人 31—32，34，295
Merchet 迁徙税 122，149，236，275—276，280

Merton, council of 莫顿会议 164；~法令 18，83
Messenger, king's 国王的信使 295
Messor 看护员，参见 Hayward
Messuage 宅地 53，55，71，97—99，110，208
Methwold, Norfolk 诺福克梅斯沃尔德 202
Michaelmas 米迦勒节 67，77，297，300，354，372
Middle Ages, attitudes toward 对中世纪的态度 10
Middlesex 米德尔塞克斯 19，45
Midsummer 仲夏，参见 St.John's Day
Military service, tenure by 按照军役持有 110，118，191，233，248，329
Mill 磨坊 276，285，331
Miller 磨坊主 225，285—286，361
Milton, Kent 肯特米尔顿 192
Minchinhampton, Glos. 格洛斯特郡明钦汉普顿 66，191，236，262，291
Mir 米尔 207
Misrule, lords of 无序之王 359
Modus Tenendi Curias 《法庭召开方式指南》 254
Molmen 摩尔曼 240，301—302
Mondaymen 周一工 241
Monstraverunt 指示令状 234，275

Montfort, Simon de, Earl of Leicester 莱斯特伯爵西蒙·德·孟福尔 34, 251, 329

Months, works of 每月的劳动 379

Moorland 沼泽 16—17, 54, 59, 63

Morris Dance 莫里斯舞 366, 374

Mortuary 丧葬费 109, 133, 385

Mould-board 翻板 43—44, 48

Movables, inheritance of 动产的继承 133—135, 139—143, 177

Mowing 割草 270, 358, 370, 379; 布恩 225—226

Multure 磨谷费 285

Mummer's Play 哑剧 359—361

Murrain 兽疫 376

Mutual dependence of phenomena 现象的相互依赖 28, 105, 206—207, 349, 400—401, 407, 412—415

Names, family 姓氏 187, 196, 205, 217

Nave 中殿 383, 394

Neatherd 牧牛人 47, 63—64, 101, 245—246, 289, 292, 296, 299

Neats 尼茨 242

Neighborhood, sentiment of 邻里之情 82, 106, 408

Nepotism 任人唯亲 390

New England, bees 新英格兰聚会 81—82, 265—267, 348; ~的亲属关系 27; ~的景观 12; ~市镇 25, 51—52, 67, 293—294, 337

New Year's Day 新年 359—360, 377

Newington, Oxon. 牛津郡纽因顿 9, 61, 80, 152, 161, 183, 189, 197—198, 204, 295—296, 327

Newton, Isaac 艾萨克·牛顿 413

Nivernais 尼维奈 112—113, 119

Njal's Saga 《尼亚尔》萨迦 112

Non-logical actions 非逻辑行为 377

Norfolk, agriculture of 诺福克的农业 21, 54, 117, 119, 288; ~的圈地 19; ~的继承 207

Normandy, barons of 诺曼底男爵 336; 来自~ 25; ~的统治 32; ~的景观 13, 23; 定居~ 30

Normans 诺曼人 32

North Curry, Somerset 萨默塞特北柯里 358

North of England, characteristics of 英格兰北部的特征 6, 45, 71, 81, 97, 104, 165, 173, 242, 297, 335, 359—360, 374

Northampton 北安普顿郡 62

Northleach, Glos. 格洛斯特郡诺斯利奇 250

Norway, agriculture of 挪威的农业 43；～的扩张 30—31；～的继承 120，218

Norwich Priory 诺里奇小修院 150

Nottingham 诺丁汉 127

November 11月 356

Nurse 保姆 210，371

Nuts 坚果 226

Oakington, Cambs. 剑桥郡奥金顿 137—139

Oare, Kent 肯特郡奥尔 111

Oats 燕麦 40，54。另参见 Spring corn

October 10月 354—355

Officers, manorial 庄园官吏 227，289—308，323，346；～的阶级地位 245；～的选举 238，289—293，296，298，304，313，414。另参见 names of officers

Old, care of the 养老，参见 Retirement

Open-field system 敞田制，参见 Champion husbandry

"Open time" "开放时间" 66，85，363

Operational definition of concepts 概念的操作性界定 405

Organization, social 社会组织 402，405—408，410—411

Orgies, periodic 周期性狂欢 358

Orlingbury, Northants. 北安普顿郡奥灵伯里 338

Ormsby, Lincs., nuns of 林肯郡奥姆斯比修女们 84，98

Oseney Abbey 奥森尼修院 64

Oswaldsbeck, Notts. 诺丁汉郡奥斯瓦尔兹贝克 118

Outfield 外田 54，57

Over, Cambs. 剑桥郡欧弗 142

Over, Cheshire 柴郡欧弗 276

Owen, David ap 欧文的儿子大卫 276

Oxen, plow 耕牛 38—40，42—43，46—50，73，75—81；借～ 76，79；～和社会阶级 73，246—248，287；租～ 76，80；在脱粒中使用的～ 356。另参见 Cattle；Plow team

Oxford 牛津 257

Oxfordshire 牛津郡 16，66，101，414

Oxgang 半码地 74—76，81，84，90—96，99，100，243，254

Oxherd 牧牛人，参见 Neatherd

Oxnead, Norfolk 诺福克郡奥克斯尼德 336

Oyer and terminer, commission of 听讼裁决任命状 283

Palm Sunday 圣枝主日 364

Paris, Matthew 马修·帕里斯 252

Parish 堂区 52, 86, 373, 382—390, 411

Park, Herts. 赫特福德郡帕克 129, 151, 164, 179, 185, 197

Parliament 议会 279

Partible inheritance 可分继承 26, 110—120, 127, 201, 204；～发生在继承往往是不可分的地方 118, 130, 140, 254

Pasture 牧场 57—64；～的围圈 17—18, 54, 83, 361—363；休耕的～ 67, 90；黑尔斯欧文的～ 277—278, 328；领主的～ 259, 330, 347；在新英格兰的～ 265；～和村庄的布局 85—86；～的村民权利 79, 212

Paths 道路 102

Patriotism 爱国主义 399—400

Patron of church 教堂赞助人 224, 331, 387, 394

Pavenham, Beds. 贝德福德郡佩文纳姆 212

Pax 圣像牌 383

Peas 豌豆 39—40, 45, 102—103, 383

Peasants' Revolt 农民起义 33, 36, 119, 276, 282—283, 327, 342

Peat 泥煤 85

Perambulation 巡视 368

Perch 杆 70

Pershore, Worcs. 伍斯特郡珀肖尔 388

Pershore, dean of 珀肖尔教区长 281

Picardy 皮卡第 23

Piddington, Oxon. 牛津郡皮丁顿 373

Piers Plowman 《农夫皮尔斯》 5, 47—48, 71, 96, 155, 160, 255—256, 294, 295, 300, 306—307, 318, 389, 394

Plague 瘟疫 33, 388—389

Pleas of the crown 国王的诉讼 313, 326, 335

Plenae terrae 土地单位 117

Pliny 普林尼 44

Plow 耕犁 38, 42—50；仪式中的～ 360—361, 377。另参见 Beam; Coulter; Share

Plow-gild 耕犁公会 361

Plow-light 犁灯 361

Plow Monday 首耕周一 359—365, 375

Plow-staff 犁柄 46, 47

Plow team 犁队 42—50, 68, 71, 93；公共～ 75—81, 246—247, 414

Plowing boon 耕地布恩 69, 200,

225，243，246—247，259，292—293，301，355；～和社会阶级 243，247，287；～的日工 273；对～征税 80；～的方法 44—50，69，71；～种族 361—363；～季节 59，67，354—355，379；～的标准 70，76，92。另参见 Fallow plowings；Graserthe；Plowman；Plowteam

Plowland 犁地 75，81，93，98—99，224

Plowmen 犁把式 46—50，69，241，245—248，288，296，353，360—361，364，370

Plowshare 犁铧 43，48，243，286

Poland 波兰 378

Polstead, Suffolk 萨福克郡波尔斯特德 79

Polybius 波利比乌斯 375

Population 人口 33，139，158—159，215

Portland, Isle of, Dorset 多塞特波特兰岛 166

Portions 份额 134 135，139—140，214；婚姻～，参见 Dowry

Pound 扣留场 294，332

Preaching 布道 35，391，399

Precaria 布恩，参见 Benes

Premonstratensian order 普雷蒙特雷修会 276，282

Prepositus 庄头，参见 Reeve

Presentation of offences 提交罪行 237—238，272，312

Preston, Sussex 萨塞克斯普雷斯顿 292

Prices 物价 33

Priests, parish 堂区神父 383—394；～听取算账 300，318；养牛 63；他们的圣职领耕地 361—363；～的淫荡 61；他们的布道 399；～在争吵 319，329；～的收入 334；～在婚礼上 168—172，177；～订立遗嘱时在场 134；威克里夫关于～的观点 35

Primitive societies 原始社会 4—5，375—376，408，410，412

Primogeniture 长子继承制 110，112，118，123—132，218

Prison 监狱 52，310，384

Procedure in courts 法庭程序 314—319

Processions 游行 363—364，372—373

Protection of trade 贸易保护 35

Ptolemaic system 托勒密体系 411

Puddings 布丁 39，148

Punder 扣留场 294

Purification, rites of 净化仪式 378，396

Purification of the Virgin 圣母马利

索 引

亚行洁净礼, 参见 Candlemas
Puritans　清教徒　265
Purpose　目的　407, 409
Pyx　圣体容器　383

Quadrata divisio　四分　98
Quarterly feasts　季度节日　355, 363, 366, 370—371
Quebec　魁北克　25
Quern　手推磨　286
Quo warranto proceedings　特权追查程序　223, 278, 280

Racial interpretation of settlement　关于定居的种族解释　25—28
Raeti　莱蒂人　44
Ramsey Abbey, abbot of　拉姆西修院长　58, 123, 262—263, 321—322; ~的布恩工　261; ~契据集　79, 248—249, 330—331; ~的司窖员　142; ~的保管员　263, 321—322; ~法庭案卷　9, 327; ~的收获官吏　291; ~海德税　248; ~登记簿　79, 262—263, 322, 344; ~的总管　263, 321—322; ~的庄园, 参见 Barton in the Clay; Broughton; Chatteris; Cranfield; Elsworth; Elton; Graveley; Hemingford; Houghton; King's Ripton; Over; Raveley; Shillington; Upwood; Wistow
Rastrick, Yorks.　约克郡拉斯特里克　78
Rationalization　理性化　377, 380, 412
Rattlesden, Suffolk　萨福克拉特尔斯登　301
Raveley, Hunts.　亨廷顿郡拉夫利　72, 392
Reap-reeve　收割庄头　104, 290—291, 294, 307
Reaping　收割　45, 63, 68, 102—103, 361, 371。另参见 Bidreaps
Rebinatio　翻耕　366
Reciprocities of rents and services　租役的互惠性　253, 255—258, 268—269, 340, 347—348, 357, 365; 扩展到领主　287, 346, 414
Redemption, doctrine of　救赎的教义　397, 399
Redistribution of land　土地再分配　100, 207
Reeve　庄头　136, 161, 199, 225, 296—307; ~的账簿　8, 318, 354; ~设置边界　72; ~的阶级地位　245—246; ~在法庭上　392; 被选举的~　282; 相当于其他官吏　165, 325; 负责庄园农业　263, 346—347, 355; 农奴　236; ~订立遗嘱时在场　134。另参见 Reeve

and four

Reeve and four 庄头和四个人 333—338

Registers 登记簿 8，10，79，262—263，322，344。另参见 Custumals

Regrating 囤积居奇 337

Relief 继承税 109，144，149—151，161，253，255，276，311，321，331

Religion 宗教 375，407，414—412。另参见 Mass；Parish；Priests

Religious houses 寺院 8，227，386—388。另参见 names of religious houses

Rents 地租 256—259，341—343；～的减免 203；仪式性～ 268—269；～和社会阶级 230—241，249，301—302；～的征收 292，300；集体负责～ 201；土地～ 228；与交纳～成正比 244—245；斯佩尔斯伯里的～ 225—226

Repegos 收割鹅 372

Reprisal 补偿 246，263，269

Requisitions 索取 332—333

Responsibility, social 社会责任 348

Restriction in amounts of land held 持有土地数量的限制 200

Retirement 退休 144—159，213

Retrait lignager 亲属收回 199

Rettendon, Essex 埃塞克斯雷腾顿 262

Reversion 重回 129，144，147，197—198

Rheims 兰斯 13

Ridgeacre, Worcs. 伍斯特郡里奇埃克 237

Ridges 地垄 44—45，48—50，68—71，203，273，299，360，362，371

Ring 戒指 167—168，170—172，175

Rites de passage 过渡仪式 391—392

Ritual 仪式 411—412；教会～ 375—381，391—401；法庭～ 253—255，341；～中使用的东西 399；地租～ 268—271；～和劳动季节 379—380；放弃～ 154；婚礼～ 175—176

Robin Hood games 罗宾汉游戏 366，374

Rochester, Kent 肯特罗彻斯特 257

Rochester, bishop of, his custumal 罗彻斯特主教的惯例租役簿 242，355；他的庄园，参见 Cuddington；Haddenham: Southfleet

Rock 筹克 360

Rock Monday 首织周一 360，375

Rod 杆 49，70

Rogation Days 祈祷节 368，374，

377, 383

Roman Empire 罗马帝国 29—30

Roman law 罗马法 235, 324

Rome, religion of 罗马的宗教 375

Romsley, Salop. 什罗普郡罗姆斯利 282—283

Rood 路得 70

Rood screen 圣坛屏风 364

Rooms 房间 130, 145—146, 148, 209, 214；西～ 157

Rope 绳子 69

Roses, Wars of 玫瑰战争 35

Rotation of crops 谷物轮作 17, 53—56, 90, 413；～的变化 57；与土地丈量的关系 75。另参见 Three-field system; Two-field system

Rotation of strips 条田的轮作 92—101

Rothley, Leics. 莱斯特郡罗斯里 118

Rothwell, Northants 北安普顿郡罗斯威尔 338

Rowen 再生草 370

Rushes 灯芯草 104, 167

Russia 俄国 207

Rye 黑麦 40。另参见 Winter corn

Saint, patron 圣徒保护人 372—373, 383

St. Albans Abbey, abbot of 圣奥尔本斯修院院长 197；～的司窖员 322；～的法庭文书 9, 151, 327；～的佃农的继承习惯 152；～的庄园 131, 204, 206；～的佃农的结婚协议 180, 184—186。另参见 Barnet; Cashio; Park; Tittenhanger

St. Distaff's Day 圣蒂斯塔弗节 360

St. George play 圣乔治剧 359

St. James outside Northampton, abbot of 北安普顿郡外圣詹姆斯修院长 62

St. John's Day 圣约翰节 294—295, 366, 368—370, 375

St. Mary Church, Devon 德文郡圣玛丽教堂 390

St. Paul's, London 伦敦圣保罗 359

St. Peter *ad Vincula* 圣彼得受缚，参见 Lammas

St. Swithin's Prioy, Winchester 温彻斯特圣斯维森小修院 8。另参见 Bleadon

Salisbury, bishop of 索尔兹伯里主教 167；～的教区长和教士团 390；在仪式中～的使用 169—170

Salting 腌 356

Saturday 周六 247

Scholasticism 经院哲学 32

Scot and lot 分担税收 337—338

Scotland, agriculture of 苏格兰的农业 54；~的茅舍农 211；~的"农场" 27；~的岛屿 30，43；~的战争 329

Scutage 免役金 329

Scythe 长柄大镰刀 210

Seal, common 公共印章 332，336，338

Seasons 季节 354。另参见 Harvest；Lent；Summer，Winter

"Seasons"，name for fields 农田名"塞森斯" 55

Security, social 社会保障 143，215

Seebohm, F. F.西博姆 4；*The English Village Community* 《英格兰的村庄共同体》 54

Seed Cake 种子糕 355，364

Seedlip 播种筐 292，355

Seigniorial courts 领主法庭 309

Seisin 占有 109，129，149，253—255，343，412

Selectmen 地方行政委员 265，337

Selfodes 自立者 209—210

Seliones 地垄，参见 Ridges

Seneschal 管家，参见 Steward

Seneschaucie 总管 297，299

Sentiments, of burgesses 市民的情感 337；~阻止变化 344；~团结领主和佃农 229—231，348；~和神话 341；邻里之间的~ 106；在仪式中表达的~ 175，376—379，395—401；社会制度的要素 404—413

September 9月 355，379

Sepulchre, Easter 复活节神龛 364

Sergeant 警役 250，263，290，299

Sergeantry, tenure by 服役保有权 233

Servants, household 家仆 210—211；庄园~ 173，227，287—289

Services 劳役 253—284，343—349；核算~ 300；~和转让 200—201；~和社会阶级 239—250；惯例~ 293，323，343—345，348；被记录在惯例租役簿中的~ 10，79；自~来的假日 357；~的增加 234，274—275，277—278；~在北方较少 6；一个神父的~ 385；由庄头监督~ 298—299，302，306；在佃农之间分担的~ 189—190；在斯佩尔斯伯里的~ 225—229；~的标准 76。另参见 Benes；Carrying services；Commutation；Week-work

Settlement, types of 定居点的类型 21—28，53，414

Sevenhampton, Wilts. 威尔特郡塞文汉普顿 69，137—139，296

Shakespeare 莎士比亚 40，368—369

Share-cropping 分成制 202

Sheaves 谷物捆 59, 101, 356, 371—372

Sheep, and enclosures 羊和圈地 18; 领主给的礼物 270, 370; ～的牧场 54, 59, 102—103; 被屠宰的～ 39; ～毛 145—146。另参见 Folds; Sheep shearing; Shepherd

Sheep shearing 剪羊毛 364, 366, 369

Shepherd, family 家庭羊倌 210—211, 371; 领主的～ 245—246, 288—289, 299, 357; 村庄～ 63—64, 101, 210, 288—289, 296

Sheriff 郡守 325, 329, 332—335; 什罗普郡的～ 277, 279, 283

Sherwood Forest 舍伍德森林 17, 54

Shetland Islands 设德兰群岛 43

Shillington, Beds. 贝德福德郡希灵顿 273

Shoes 鞋 145—146

Shrewsbury, Salop. 什罗普郡什鲁斯伯里 278, 284, 328, 330

Shropshire 什罗普郡 277—299, 335; ～的郡守 277, 279, 283

Shrove Tuesday 忏悔周二 364, 374

Sibs 亲属 374—375

Sickle 镰刀 361, 372, 379

Sickness 疾病 274, 392

Sin 罪 396, 400

Siston, Glos. 格洛斯特郡希斯顿 269

Sithale 干草 370

Slater, G, *The English Peasantry and the Enclosure of Common Fields* G. 斯莱特《英格兰农民和公地的围圈》 20

Slaughtering 屠宰 8, 356, 357

Slaves 奴隶 235

Smith 铁匠 225, 286—287, 361, 410

Snetterton, Norfolk 诺福克郡斯奈特顿 150

Socage 索克奇 110, 113, 118, 192, 233, 249。另参见 Villein sokemen

Soil, exhaustion 地力耗竭 40—41; ～和土地丈量 75; ～和犁队 46; ～和谷物轮作 56; ～和定居 24; ～和条田 90—91

Solar 屋顶室 130

Solskift 日分 92—101

Somersham, Hunts. 亨廷顿郡萨默舍姆 80, 242

Sons of priests 神父的儿子 390

Sources, character of 资料的特征 4—10

Southfleet, Kent 肯特南弗利特 355

Sowing 播种 47, 68, 78, 293, 354—357, 380

Spade 锹 80, 360

Spaldington, Yorks. 约克郡斯波尔丁顿 84, 98

Specialization 专业化 407, 410

Spells 咒语 377

Spelsbury, Oxon. 牛津郡斯佩尔斯伯里 223—227, 240, 242, 249, 258—259, 285—286, 299, 311

spirits, evil 恶魔 376

"Sporting chance" "公平挑战" 269—271, 370

Spring corn 春季谷物 40, 55—59, 67, 354, 363—364

Springs 泉水 369, 373

Staffordshire 斯塔福德郡 279

Stamford, Lincs. 林肯郡斯坦福 127

Stanley, Yorks. 约克郡斯坦利 105

Staplegrove, Somerset 萨默塞特郡塔普格拉夫 298

Status 身份 233, 235

Staverton, Devon 德文郡斯泰弗顿 390

Steeple, spirit of 尖塔精神 382

Stem-family 主干家庭 119—120, 206, 215, 217

Stenton, F.M. F.M. 斯滕顿 4, 301

Stevenage, Herts. 赫特福德郡斯蒂夫尼奇 116

Steward 总管 306—307; 审计账目 300; 改变习惯 126; 在郡法庭 333; 在庄园法庭 123, 129, 182, 254—255, 263, 292, 297, 311, 314—315, 318—322, 346; 管理地产 229, 338

Steward of the forest 森林的总管 64

Stile 台阶 65

Stocks 牲畜 310

Stoke Courcy, Somerset 萨莫塞特斯托克库西 246—247

Stratford St.Mary, Suffolk 萨福克郡斯特拉特福-圣玛丽 118

Stratton, Wilts. 威尔特郡斯特拉顿 189

Stretham, Cambs. 剑桥郡斯特雷特姆 275

Strips in fields 农田中的条田 71, 81, 85, 90—101, 103, 203

Stubbles 残茬 59, 66—67, 85, 102—103, 354, 372

Sudborough, Northants. 北安普顿郡萨德伯勒 64, 384

Suffolk, agriculture of 萨福克的农业 54; ~的圈地 19, 21; ~的民俗 355; ~的继承 116, 119; ~的景观 15

Suicide 自杀 384

Suit at law 诉讼 314, 316—317

Suit of court 法庭诉讼 148, 311—312, 317

Summer 夏季 354, 366—367

Summer games 夏季游戏 366—367

索　引

Summer queen 夏季女王 354，366
Summonses 传唤 292—293，315，317
Sun-division 日分 92—101
Supervisor, in factory 工厂的监工 229，302—305，346—347
Sureties 保证人 314
Surrender and admission 放弃和承认 129—130，144，147，149—150，161，198，201，203
Sussex 萨塞克斯 127。另参见 Chichester
Sutton, Lincs. 林肯郡萨顿 114—116，332—333
Sweden 瑞典 23，97—98
Swine 猪 39，85，103
Swineherd 猪倌 63，101
Sword dance 剑舞 359
Symbolism 象征主义 399—400
Sysonby, Leics. 莱斯特郡西松比 325
System, social 社会制度 4—7，12，28，214—215，402，412—415

Tacitus 塔西佗 192
Tallage 捐税 226，236，275—277
Taverns 酒馆 299，361
Taxatio of Pope Nicholas 教宗尼古拉斯的《税收档案》 388
Techniques 技术 28，52，376—379，407，410
Tenebrae 晨祷 364
Tenement 地产 70；与血统有关的～ 187，193—194，218；～的平等 83—94，201，206，414；～的维持 205—206；单位 73—76，83，117，131—132，138，158—159，200，204，207
"Tenth acre" "1/10英亩" 385
Tenure, forms of 保有权的形式 233—235
Tenure at will 任意保有权 109，235—236，271，281，344
Terrington, Norfolk 诺福克郡特灵顿 115—116
Theft 偷盗 208
Theology 神学 375，396—398
Therfield, Herts. 赫特福德郡瑟菲尔德 103
Thirteenth century, character of 13世纪的特征 4—5，29—37，202
Three-field system 三圃制 55—58，66—67，87，90，189
Threshing 脱粒 47，273，356，361
Thriplow, Cambs. 剑桥郡特里普罗 275
Tilney, Norfolk 诺福克郡蒂尔尼 116
Tithes 什一税 133，385，393
Tithing 十户区，参见 Frankpledge
Tithingman 十户长 324—325，334

Tittenhanger, Herts. 赫特福德郡蒂滕汉格 66
Tivetshall, Norfolk 诺福克郡蒂韦歇尔 116
Toft 宅地，参见 Messuage
Toms, E. E.汤姆斯 187
Town 村镇 51—53，61，265
"Town and field" "村镇和农田" 52，155，367
Transubstantiation 变体论 36
Tref 特雷弗 26—28，119
Trothplight 订婚 164—171，175，178
Turbaries 泥煤田 85
Turnips 芜菁 41
Tusser, Thomas, *Five Hundred Points of Good Husbandry* 托马斯·塔瑟《农事五百条》 15—16，45，63，353—357，361，364，369—370，372，374
Twelfthday 主显节 357，360—362
Two-field system 两圃制 55—58，67，94，137
Tydd, Cambs. 剑桥郡泰德 115—116

Uncle, maternal 舅舅 131，191—193，374；父系的~ 139，214
Undersettles 房客 136，145，211—212，228，244

Universities 大学 32，386，389
Upton Snodsbury, Worcs. 伍斯特郡阿普顿斯诺兹伯里 58
Upwood, Hunts. 亨廷顿郡阿普伍德 72，78，203，392

Vacations 假期 274，357，365，368
Vale Royal Abbey, abbot of 皇家河谷修道院长 243，276，320；~的庄园，参见 Darnhall；Over
Vegetables 蔬菜 39—40
Veil, lenten 大斋节的幔子 364，383
Verge, tenure by the 凭树枝保有 254
Vetches 野豌豆 40
Vicarage, perpetual 永久代理人 387—388
Vicars 代理人 334，386—390
Vikings 维京人 30—31
Villa integra 集体庄园 335
Village, blood of 村庄的血缘 122，216；~和自治市 337—338；~共同体 58，68，84，102，104—106，285，289—290，301，328，330—338，346，348，362，384，413—414；~的布局 63，86—101；~和庄园 227—228，323，335，414；~的官员 63，289—308，414；~和堂区 382；在法庭中被代表 301；~的印章 332；~作为定居类型 21—25，29，

51—53，414；～和守夜日 374

Villein sokemen　农奴索克曼　234，276—280，317，319

Villeinage　农奴制 233—248；惯例租佃 271；黑尔斯欧文的～ 280—282；～的继承 109—110，113，124，136，164，253，255；～涉及法庭诉讼 311；～的监护权 192；包含劳役 200，256—257，298

Villeins　农奴 240—248，344；制定村法 102；在教会 388—389；～是"惯例佃农" 271；～在庄园法庭 310，313，319；～的假日 365；由～调查 334；～的牧场 57；～和庄头 298，301，335；斯佩尔斯伯里的～ 225—229；～的劳役 65

Vinogradoff, P.　P.维诺格拉多夫 4

Virgate　码地，参见 Yardland

Visitation of the Sepulchre　神龛的巡游 364

Visitations　巡游 282，389—390

Wager of law　宣誓断讼法 314，373

Waif　无主地 224

Waits　侍者 359

Wake Day　守夜日 337，364，372—375，379，384

Wake of dead　为死者守夜，参见 Lychwake

Wakefield, Yorks.　约克郡维克菲尔德 6，9，90，104，165，227，233，254，310，329；～的庄园的成员，参见 Rastrick, Stanley

Wales, enclosures in　威尔士的圈地 19，21；～的继承 118—120；～的种族 25；定居～ 26—28；～的战争 238，329—330

Wallas, G.　G.华莱士 30

Wallingford, Berks.　伯克郡沃灵福德 257

Walpole, Norfolk　诺福克郡沃波尔 115—116

Walton, Norfolk　诺福克郡沃尔顿 115—116

War　战争 34—35，329—330

Wardship　监护权 124—125，162，181，191—193

Warenne and Surrey, Earl of　瓦伦和萨里伯爵 165，224，227，233

Warner, W., Albion's England　W.沃纳《阿尔比恩的英格兰》 374—375，398

Warranty　担保 196

Warwick, dean of　沃里克教区长 281

Warwickshire　沃里克郡 101

Wastes　荒地 17，19，32，60，368

Wealth, distribution of　财富分配 339—

343, 349

Weather 天气 380—381

Wed 礼物 171, 295

Wedding 婚礼 160, 164—172, 175, 178—179, 392

Weeding 除草 366

Week-work 周工 235, 244, 257, 274, 370

Welles, Hugh, Bishop of Lincoln 林肯主教休·威尔斯 177

Wellow, Notts. 诺丁汉郡威洛 336

Wells, dean and chapter of 威尔斯的教区长和教士团 358

Werkmen 沃克曼 240

Wessex 威塞克斯 242, 324—325, 334, 359

West Newton, Norfolk 诺福克郡西牛顿 113

West Wickham, Cambs. 剑桥郡西威科姆 61

Westminster, statute of (1285) 《威斯敏斯特法令》(1285) 18, 82

Westminster Abbey 威斯敏斯特修院 246

Westmoreland 威斯特摩兰 19

Westoning, Beds. 贝德福德郡韦斯托宁 275

Wheat 小麦 40, 78。另参见 Winter corn

Wheels, of plow 犁轮 43；在圣约翰节前夜 369—370

Whissonsett, Norfolk 诺福克郡维松塞特 116

Whitforde, R., *A Werke for Housholders* 理查德·惠特福德《户主之业》167

Whitsun 圣灵降临节 274, 365, 368, 393

Wick, dean of 威克的教区长 281

Wickham, Essex 埃塞克斯威克姆 359

Widow, her share of movables 寡妇的动产份额 134；～的改嫁 181, 187—188, 190。另参见 Bench

Wilburton, Cambs. 剑桥郡威尔伯顿 104, 245, 259, 270, 275

Will, last 临终遗嘱 134, 195, 300

William the Conqueror 征服者威廉 32, 223, 334

Winchcomb, monk of 温什科姆的僧侣 369

Winchester, bishop of 温彻斯特主教 276, 298

Winchester Priory 温彻斯特小修院 8

Winnowing 扬场 356

Winslow, Bucks. 白金汉郡温斯洛 92

Winter 冬季 77, 354, 366

Winter corn 冬季谷物 40, 55—56, 59, 67, 354—355, 363

索　引

Wisbech, Cambs.　剑桥郡威斯贝奇　115—116

Wistow, Hunts.　亨廷顿郡威斯托　173, 392

Witches　女巫　356, 383

Withershins　逆时针　97

Wodehen　木鸡　226, 258—260, 268, 347

Wood, dead　枯木　258—259；篱笆中的～　13, 16；建房用～　184；制作犁的～　291。另参见 *Heybote*；*Husbote*

Woodland, form of landscape　林地景观形式　13—28, 53

Woods　林地　59, 63, 85, 224, 258—259, 290—291, 323, 330, 347, 368

Woodward　护林倌　290—291

Worcester　伍斯特　58

Worcester, bishop of　伍斯特主教　224, 281, 367, 390

Worcestershire　伍斯特郡　281

Workland　服劳役土地　201

Wotton Underwood, Bucks.　白金汉郡沃顿安德伍德　134

Wrestling-matches　摔跤比赛　299

Wrington, Somerset　萨默塞特郡灵顿　247

Writ, little, of right　小权利封闭令状　234, 317

Writs　令状　311

Wychwood　威奇伍德　224, 226, 258

Wyclif　威克里夫　35—36

Wycombe, Bucks.　白金汉郡威科姆　257

Yard　码　69—70

Yardlands　码地　73—77；～和社会阶级　242—243；～的传承　195—196, 205；～的分割　142；土地交易中的～　147, 152, 189, 200, 204；附属～的草场　85；～和犁队　81；斯佩尔斯伯里的～　225；～的条田　92—94；～的副佃农　212

Yardlings　码地农　73, 77, 79—80, 225, 242, 276, 388

Yarm, Yorks.　约克郡亚姆　98

Year, cycle of　一年的周期　67, 353—381, 391

York, ritual manual of　约克的仪式手册　171

Yorkshire　约克郡　100—101, 266

Young, Arthur　阿瑟·扬　16；《在法国旅行》　23

图书在版编目（CIP）数据

十三世纪英格兰村民 /（美）乔治·C. 霍曼斯著；王超华译. --北京：商务印书馆，2025. --（汉译世界学术名著丛书）. --ISBN 978-7-100-24645-3

I. D756.183

中国国家版本馆CIP数据核字第2024J2R091号

权利保留，侵权必究。

汉译世界学术名著丛书
十三世纪英格兰村民
〔美〕乔治·C. 霍曼斯　著
王超华　译

商 务 印 书 馆 出 版
（北京王府井大街36号　邮政编码100710）
商 务 印 书 馆 发 行
北京市白帆印务有限公司印刷
ISBN 978-7-100-24645-3

2025年4月第1版	开本 850×1168　1/32
2025年4月北京第1次印刷	印张 19¾

定价：88.00元